“岭南教育文库”· 教育理论著作类

高等教育向美国学习什么

GAODENG JIAOYU XIANG MEIGUO XUEXI SHENME

肖建彬◎著

广东高等教育出版社
Guangdong Higher Education Press
·广州·

图书在版编目（CIP）数据

高等教育：向美国学习什么/肖建彬著．—广州：广东高等教育出版社，2018.12

（岭南教育文库）

ISBN 978－7－5361－6325－6

Ⅰ.①高…　Ⅱ.①肖…　Ⅲ.①高等教育－研究－美国
Ⅳ.①G649.712

中国版本图书馆CIP数据核字（2018）第262054号

出版发行	广东高等教育出版社 社址：广州市天河区林和西横路 邮编：510500　营销电话：（020）87551436 http://www.gdgjs.com.cn
印　　刷	佛山市浩文彩色印刷有限公司
开　　本	787毫米×1 092毫米　1/16
印　　张	24.5
字　　数	360千
版　　次	2018年12月第1版
印　　次	2018年12月第1次印刷
定　　价	65.00元

前　言

教育的对外开放

这是一个有着开放心态的学习者的一篇学习心得。

教育的对外开放，既是一种心态，也是一项行动。高水平的心态，应该是一种相互影响；高水平的行动，应该是一种合作共赢。

对于我国来说，教育的对外开放首先应该从勇于指出自己的不足、虚心学习别人的长处开始。

改革开放后，我们一直是这样做的。

我国教育向美国教育学习是最多的，特别在高等教育领域的学习尤其如此。

美国有各类高等院校 4 300 多所，是世界上高等教育资源最为丰富的国家，高等教育也非常普及。我国高校扩招后，升格和新建了一大批高校，就 2017 年，全国有 2 311 所高校，在校生 3 017.5 万多人。这种规模曾经饱受社会诟病，被讥讽为“高教大跃进”“注水的文凭”“稀释的学历”。但如果人们把我国所拥有的高等教育资源与美国做一比较的话，就会发现差距不是一般的大。

1900 年，美国有 977 所高等学校；1950 年增至 1 851 所，而现在获得认证和有学位授予权的高校达 4 350 所，注册生数将近 1 800 万。[①] 这带给我们很多信息：①美国是高等教育发达较早的国家，当我国新式学堂还处在凤毛麟角的时候，美国已有近千所大学了。②在过去的 100 多年里，美国高等教育进入了大发展时期，新增高校 3 000 多所，其中，最近这 50 来年，新增高校 2 500 多所，给人以加速发展的感觉，而且，高校总数还在不断被刷新，特别是营利性高校。那么，是不是美国也存在

---

① 道格拉斯．寻求高等教育的明智增长：美国高等教育结构的历史与趋势[J]. 徐丹，译．大学教育科学，2010（5）：78－83.

“高教大跃进”呢？

美国高等教育早已进入了普及化时代，高等学校招生整体上属于“宽进”，那么，高等教育质量有没有保障呢？

美国高等教育国际化程度很高，成千上万的有志学者负笈前往求学，它的吸引力到底在哪呢？

美国既有“巨无霸”大学，也有“小巧玲珑”的大学，但各自都能找到自己繁荣的支点，它们是怎样管学术、管学生的呢？

自我国改革开放以来，有关美国高等教育的研究成果可以说是汗牛充栋，不断刷新人们对美国高等教育的认识。

2011 年 1 月，广东省委教育工委举办了第二期高校领导干部赴美培训班。在美国学习的课程主要有：“美国教育与高等教育体系”“美国大学现代化的再认识和方法论的借鉴”“大学的学术地位、学术管理和发展”“国家实验室管理”“大学学科建设和管理”“大学教师的选任机制、管理机制和考核评价体系”，以及“高校的科研工作管理”等。培训班除了讲座、访问，还有实地考察。时间虽短，方案执行虽然有调整，但收获还是非常大的。回来之后，笔者一直在消化思考所见所闻，一直在研读有关美国高等教育的相关文献，一直在琢磨一件事，即中国的高等教育应该向美国学习什么。

虽然笔者没有在美国接受过系统的教育，研读和使用的大量文献都是第二手资料，但笔者不想重复也无意推翻先行者的观点，只想就所获得的数据、观察的现象和研究的感想谈谈由此引发的一些体会，当中有体系性的，也有细节性的，更多的是追问其背后的理念：人家这么做，总是有因由的。

虽然笔者大量列举美国高等教育值得学习的地方，但笔者并不认为美国高等教育就是完美无缺的。只不过“批判和揭露”不是本书的任务，因为这次我们是去人家那里接受培训，是去学习的。笔者认为这是教育对外开放应有的心态。

虽然笔者非常主张学以致用，总想把学到的东西付诸实践，先哲如是说，组织如是说，老师如是说，同学如是说，但笔者也觉得，学不尽用也是非常普遍的现象。君不见，许许多多的培训基本上反映出这样的规律：学习时很容易“激动”，大家一互动，“激动”就变成了“冲动”，学习结束后，就不见有“行动”。其中的机理是很复杂的，笔者也不能免俗，只不过“基于理性的冲动”不那么容易熄灭而已，总想别让它淡忘了。笔者认为这是教育对外开放可以有的行动。

权当作业吧！

MULU

目录

第一章　美国的高等教育体系

教育是一个体系，通常由学制来规定。在美国学制中，高等教育体系体现出丰富多彩、非常复杂的特点。

美国学制的框架是“六三三四”制（基础教育阶段12年，还有“六六”制、“八四”制和“四四四”制等），这是我国1922年学制的蓝本。整个学程包括学前教育、初等教育、中等教育和高等教育四个阶段，其中，学前教育三年（学前一年教育纳入免费范围），初等教育六年，中等教育分为初中三年、高中三年，高等教育分为社区学院两年，本科教育四年，硕士研究生教育一般为三年左右，博士研究生教育的时间长短不一，取决于“活”（研究项目或学位论文）干完了没有，以及导师想不想让学生毕业，通常一般三年左右。高等教育机构实行学分制，具体到个体的修业年限则有长有短。

关于美国高等教育发展史，相关的专著、教材或论文已有详细介绍，而美国太平洋大学校长帕米拉·艾贝克于2010年6月3日应邀在国家教育行政学院的演讲为人们提供了十分简明的描述①。

美国第一所大学是私立的，是以教育精英为使命的基督教教育机构。② 从17世纪中期到19世纪，宗教组织建立一些院校来培育精英以提

---

① 艾贝克．美国高等教育面临的挑战及未来发展趋势：在国家教育行政学院的演讲[J]．国家教育行政学院学报，2010（9）：3－7.

② 在美国，有“先有哈佛后有美国”的说法。许多研究者认为美国高等教育是从哈佛学院开始的。曾天山主编的《外国教育管理发展史略》（教育科学出版社，1995年版，第225页）认为美国的中等教育（准高等教育）始于1636年哈佛学院的成立。由此看来，美国最初的中等教育和高等教育并没有截然的界线。

高未来宗教领袖的道德修养。因此，早期的大学更倾向于文理艺术，如数学、逻辑、英语、拉丁文、希腊文以及宗教的学习。美国的开国先贤，特别是托马斯·杰斐逊认为，政府民主体制需要一批受过教育的、能够在被告知的情况下做出明智投票决定的公民。这使得很多公立学校在18世纪80年代纷纷建立起来。然而直到19世纪中期，只有2%的美国人接受了高等教育。

从1865年到1940年，也就是美国内战到“二战”时期，美国高等教育的重心有所转移。宗教组织对高等教育的影响力消退了，铺天盖地的产业化浪潮急需大量的受过教育的劳动力。美国政府希望能够通过教育来提高农业、矿业、材料制造业、土木工程和机械工程的产值。政府也希望培育出更多的教师和商业领导者。因此，传统教育不得不让位于更具有应用性的职业培训。同时，基础科学成为高等教育使命的重要组成部分。大学开始在科研方面展开竞争且引入了博士学位。联邦政府意识到高等教育的重要性后，开始赠予土地以兴建更多的大学。私人捐助者也影响着高等教育的进程，像慈善家佛比·赫兹和珍妮·斯坦福，捐赠了巨额款项建立了加州大学伯克利分校和斯坦福大学。在全国，住校生活和学生的社会生活，例如联谊会和足球赛，也被看作是校园经历的重要组成部分。这些举措大力推进了高等教育的进程，但是到了1940年，仍然只有5%的美国成年人拥有学士学位。由此可知，美国高等教育还是以培育精英为目的。

“二战”是美国高等教育的一个转折点。1944年的《士兵福利法案》① 使得教育更加民主化，许多退伍士兵入读大学，第一次打破了只有

---

① 该法案有多种译法，《教育大辞典（第12卷）》第383页：1944年退伍军人权利法案（G. I. Bill of Rights，1944）。正式命名“军人再适应法”。美国旨在帮助退伍军人就业和接受教育的法令，于1944年通过。法令规定向退伍军人提供联邦就业安置服务、失业救济、借贷抵押保证金和包括学费、书本费和每月生活费在内地教育资助。1944—1951年，法令使780万退伍军人进入各级各类学校，其中223.2万人步入大学，使高等学校的在校学生人数增长了1倍，法令于1952年经修订，同时适用于朝鲜战争的退伍军人，1966年再次修订以用于越南战争的退伍军人，后又经多次修订而适用于所有复员军人。

精英才能读大学的陈规。1945—2000 年，拥有学士学位的人数为原来的 7.6 倍（从 15.7 万人到后来的 120 万人），就读高等学府的女性也越来越多。这些新学生改变了美国大学的氛围，也增强了他们自身的重要性和竞争力。这些有着新目标的新学生也影响了课程的设置，他们常会选择专业性教育而非经典的文理教育，所以专业性教育应运而生。教职工作者不断增加，专业也更细化。

“二战”以后，美国大学数量仍不断增长。因为 1940 年太平洋战争所使用的原子弹，使得教育和科研被认为是国家安全的重要环节。这刺激了科研机构的增长，包括专为国防部和能源部进行科研的机构。同时还激发了国家科学基金会（NSF）的产生。在过去的这些年中，国防科研不仅提高了国防能力，也最终实现了其商业用途，如材料工程和网络技术。

全国范围内的大学教职人员扩增，教授们的研究也在不断细化。这就是美国研究型大学的时代。研究，特别是科学和工程方面的研究，专注于基础知识的开发。同时，在全国范围内对科学家和工程师的需求很大。因此，培养这些领域的合格的博士生也变得非常重要。美国研究生教育突飞猛进，同时也开始吸纳更多的国际学生。由于高等教育研究需求的增加，以及更多的学生涌进高校，老大学开始扩张，新大学不断建立。

在过去的 30 年里，美国研究型大学同时着重于应用性研究、技术转化和基础研究。国家科学基金开始转向投入一些跨学科项目和用于满足产业需求的项目。学校开始与产业合作研究，因为越来越多的美国公司正在削减自主研究。

从帕米拉·艾贝克校长的演讲可以看到，美国近400 年的高等教育发展史，真正快速发展的时期还是在 20 世纪以后，特别是“二战”后的几十年，大致的发展情况可以这样描述：在 20 世纪前 50 年里，美国高等学校数翻了一番，而在 1950 年后的 60 年时间里，美国高等学校数增加将近 1.5 倍，到达 4 350 所，成为世界上最大规模的高等教育体系。当然，更仔细的分析还可进一步确认：美国高等教育的历史与欧洲传统大学相比是很短的，但现当代美国高等教育对世界高等教育的发展贡献是巨大的，其中最为突出的就是“威斯康星思想”和“产学研合作模式”，前者扩大了大学的职能（社会服务），后者成为当代大学争相效法的办学模式。此外，还有学分制，它不仅最大限度地增加了学生的自主权，而且最大限度地满足了学生的学习需要，从而使人才培养的多样性和适切性得以实现。这是一个非常值得研究且值得学习的高等教育体系。

一、政府、社会与高校

在美国，政府、社会和高校的关系既简单又非常复杂。所谓简单，是指政府、社会和高校各自的角色非常清晰，各自按法律履行自己的职责，权力范围内的事务不受任何干扰；所谓复杂，是指政府、社会、高校之间的相互影响往往需要通过“立法”而不是“领导批示”或“机关发文”的渠道，而涉及立法的事务错综复杂，程序繁文缛节，即使整个过程非常顺利，也需要耗费许多时间和精力，要做非常多的沟通工作。要了解美国的高等教育体系，不能单纯了解高校与政府之间的关系，还必须把高校放在整个社会的大背景下去考察，才有可能获得真实的认识。

（一）大学的举办者

在美国，举办大学既自由又不自由。所谓自由，是说除联邦政府外谁都可以举办大学；所谓不自由，是说举办者要举办大学首先必须获得州政府的批准，其次必须依法办学，再次必须按教育规律和市场规律办学，三者缺一不可，否则要么开办不了，要么办不下去。在美国，大学的举办者通常有州政府、教会、财团、私人等。

1. 州政府。美国宪法第十修正案规定：“本宪法未授予合众国，也未禁止各州行使的权力，由各州各自保留，或由人民保留。”因为联邦宪法并未授权国会为美国公民提供教育，所以，对公立教育的法律控制权实际上保留在各州，属于一种州的自治权。所有州的宪法都明确规定，州负有建立公立学校的法律责任，而这种法律责任通常由州议会来承担——为本州公民提供统一的、完整有效的、充分的公立教育系统。由于州议会拥有州宪法和联邦宪法没有明确禁止的所有权力，因此，在制定法律管理教育方面，州议会拥有充分的或者说是绝对的权力。①

州议会或者说州政府是美国高等教育机构的主要举办者，全美所有的“公立”高等教育机构（公立大学）均由政府举办，但联邦政府并不直接举办高等教育机构，就是说在美国，没有“国立”大学，所有公立大学均由地方政府举办，都是地方公立大学。

美国实行地方分治制，各州拥有许多独立自主权，同样也承担许多责任，包括举办教育机构的责任。但在地方，教育机构举办权或者说教育机构举办的责任也是有划分的，地方的州、郡（县）、市政府中，只有州政府有举办大学的权力和责任，因此，所谓地方公立大学，实质上是“州”立大学。这跟我国四级政府办大学有很大不同。

在美国，“州”立大学的概念要比“州立大学”的概念大。比如，加利福尼亚州的公立大学体系里就包括了加州大学系统、加州州立大学系统和加州社区大学系统，这三大系统都是“州”立大学，即其举办者都是加利福尼亚州政府，但只有加州州立大学系统的大学才叫“州立大学”。这种情况在其他州也屡见不鲜，例如：在爱荷华州，既有爱荷华大学，也有爱荷华州立大学，其实都是“州”立大学。

2. 教会。联邦宪法第一修正案规定：“国会不得制定关于下列事项的法律：确立国教或禁止宗教活动。”但这并不妨碍教会成为美国高等教育机构的重要举办者。美国建国之初，兴办教育多被认为是私人与教会的责任，全美历史较为悠久的私立大学几乎都有教会背景。帕米拉·艾贝克校长甚至认为，美国高等教育起源于教会设立的教育机构。在当代美国，凡是历史悠久、影响较大、颇具特色的大学，往往具有宗教的背景或渊源。

教会举办的大学通常也叫宗教学校。宗教学校只是由宗教组织资助或信仰某个教派的学校，而不是培养宗教类人才的学校。在美国，几乎每个主要教派都有至少一所本科院校，多的甚至有上百所。例如，诺特丹大学是美国著名的天主教学校，而布朗基则是美国著名的犹太学校。

---

① 麦凯布，麦卡锡，托马斯．教育法学：教师与学生的权利［M］．5版．江雪梅，茅锐，王晓玲，译．北京：中国人民大学出版社，2010：1.

3. 财团。财团是美国高等教育机构的重要举办者。除了慈善性质的财团外，财团举办的高等学校主要是营利型大学。营利型大学在美国私立大学中占有相当的比例，近几十年来，这一比例有上升的趋势。

4. 私人。私人也是美国高等教育机构的重要举办者。私立大学不等于私人拥有的大学，而是最初的设立人是“私人”和办学经费主要来源于私人捐助或缴交的资金。帕米拉·艾贝克校长在演讲时这样说：“我想简单地解释一下美国私立大学或者说‘独立’大学与公立大学的不同。其实，最重要的不同点在于资金的来源。公立院校资金主要来源于各州的税收。各州的当地学生交‘本州’学费，这通常为实际教育费用的三分之一或更少。虽然有州政府的支持和学费收入，公立大学也会依赖其他经费来源，如私人捐助、投资收益、项目和合同经费、技术转让费以及其他服务收费。相比之下，私立学校教育支出的很大部分是由学生学费来负担。私立和公立学校的学费差距悬殊。一般而言，公立大学的本州学生学费为每年13 000美元，而私立学校则需36 000美元（不包括住宿和伙食费用）。私立学校非常依赖其他基金来源，比如说私人捐助、投资回报、项目和合同经费、技术转让费以及其他服务收费来保证高质量的教育。”① 在美国，著名的私人捐助办学者有很多，像慈善家佛比·赫兹和珍妮·斯坦福，捐赠了巨额款项建立的加州大学伯克利分校（伯克利加州大学）和斯坦福大学便是其中的典型，但加州大学伯克利分校和斯坦福大学并非佛比·赫兹和珍妮·斯坦福的私有财产，学校不是他们家族可以世袭的公司。这与我国私立学校有很大的不同。

美国私立高等教育机构非常发达，据1996年统计，在美国3 786所普通高等学校中，私立大学占了2 144所。经过10多年的发展，美国的高等学校已经发展到4 000多所，其中主要得益于私立大学的发展。目前，美国有私立大学2 600多所，占全国高校的60.8%。②

---

① 艾见克. 美国高等教育面临的挑战及未来发展趋势：在国家教育行政学院的演讲[J]. 国家教育行政学院学报，2010（9）：3－7.

② 李小晓. 美国教育部副部长谈教育[J]. 青年教师，2011（11）：15－17.

（二）大学与政府的关系

美国作为超级大国，美国政府的强势是世人有目共睹的，正如“没有什么是政府做不来的”这句美国俚语所说的那样。但在美国国内，政府不是老板，只是个管家，它强硬不起来，即使作为政府“老大”“一把手”的总统、州长，也不能随心所欲，乱表态、乱批条、乱花钱，如果违法，立法机关和司法机关是不会等闲视之的。以联邦政府为例，如果国会不提供资金，联邦政府就得关门。因为美国《宪法》第一条第九款规定：“除依照法律规定拨款外，不得从国库中提出任何款项。一切公款的收支报告和账目应定期公布。”《反预算过度法》（1870）禁止政府超预算花钱，政府没钱，除重要部门外，都应当关门。根据刘植荣的统计，美国联邦政府从1977—1996年间共关门17次，最长的关门达21天。除联邦政府外，州县政府也时有关门的情况，如纽约州政府和明尼苏达州政府（2005）、新泽西州政府（2006）、宾夕法尼亚州政府和密歇根州政府（2007）以及纽约市政府（2010）。[①] 了解这一点，对理解政府与大学之间的关系就很有意义。如果以我国政府与大学的关系来理解美国高等教育，那就大错特错了。

在美国，法律比政府大。包括政府在内的任何组织和个人都必须在法律许可的范围内行动。对政府来说，只有法律规定可以做的才能做；而对公民来说，只有法律没有规定不可以做的都可以做。所以，在美国，政府受到的制约是比较多的，这也是政府总体上比较少过问大学事务特别是大学内部事务的主要原因。

许多人认为，政府级别越高权力越大。这是有一定普遍性的，但也有例外。在美国，就教育管理而言，联邦政府就不如州政府。根据美国《宪法》第十修正案的有关规定，宪法不授予联邦而又不禁止给州的权力属于各州或人民。联邦政府因而无权确定国家教育制度，教育政策及课程设置等均由各州与地方政府决定。美国联邦教育部作为内阁级的政府

① 刘植荣．美国政府关门为哪般？［N/OL］．（2011－03－07）［2018－03－05］．http：www. ycwb. com/epaper/ycwb/html/2011－03/07/content_ 1055187. htm.

部门，主要负责协调美国国内教育，甚至没有代表美国政府进行教育对外交流的授权，这与我国教育部的职能有天壤之别。当然，我们不能据此认为，美国联邦政府对教育包括高等教育无所作为。其实，自美国建国以来，联邦政府就一直积极扶持高等教育的发展，虽然联邦政府一直没有制定过关于高等教育运行和体制方面的规范性文件。联邦政府对高等教育主要是提供经费和发展项目的支持，虽然所提供的经费只占高等学校总经费的15%，但是为大学生提供直接贷款和对大学科研及发展提供经费的额度却远远超过各州政府、工业界及其他捐助者。此外，联邦政府还在税收政策等方面支持高等教育，如规定高等学校筹借的经费以及为子女准备的教育费用可以减税等。所以，对于美国高校，政府最大的作用就是金钱资助。用美国教育部副部长埃德华多·奥乔亚的话说："我们不会直接控制或管理高校的运行。联邦政府对高校起的最大作用就是提供奖学金和助学贷款。我们有专门的经费，来根据需要提供给各大院校的学生。今年我们一共拨款1 500亿美元，其中既包括奖学金，也包括助学贷款。"① 当然，美国政府对教育也不是仅仅出钱就了事，"政府在教育系统中的另一个功能就是保证学校质量。政府不会介入学校的管理，学校拥有高度的自治权。他们所需要做的就是向评定机构证明他们的质量合格。在我们给这些学校提供了这么多资金的情况下，我们要求这些学校的质量要达到一个标准。为了确保学校质量，我们雇佣专门的评定机构对学校进行审核，政府不直接接触学校，而只负责评定机构的挑选。学校的教职工之间也会互访，来互相检查彼此的运行状况，并且给评定机构提交意见书，作为评定机构的参考标准之一。一个学校如果想从政府获得资金，就必须通过评定机构的审核"②。

相比联邦政府而言，州政府对高等教育的影响是比较巨大而直接的，主要原因是州政府有权对州内高等教育立法并对州内公立大学直接提供财政拨款。一个州的高等学校采用什么体制，如何运行，是由各州法律和规范性文件规定的。高等学校办学不能违背本州的法律、法规和政策

---

①② 李小晓. 美国教育部长谈教育［J］. 青年教师，2011（11）：15－17.

性规定。但在美国，高等学校并非州政府的下属机构或派出机构，州政府只是为高等学校的运行提供法律框架，并不插手高等学校内部的具体事务。所以说，美国的政府与高等学校之间虽然有明确的管理关系，但也有明确的界线，并且管理事项也比较少。

当然，在美国，高校和政府相互独立的关系即高校自治格局也不是一开始就如此，而是经过长期斗争和磨合才形成的。就州政府能否干预大学管理问题，自独立起至1935年，就有47个州共发生过265起相关案件，包括最早最有影响的达特默斯学院诉讼案①。这些案件的审理和判决逐步确立了政府和高校的关系。

在同一管理体系下，美国公立大学与政府的关系要比私立大学更为紧密，或者说，美国政府对公立大学的控制要比私立大学多。主要原因是公立大学的办学经费主要来源于州政府的财政拨款。为此，州政府部分控制着公立大学的发展规模和速度、服务方向和招生政策、收费标准和项目资助，对办学行为和教育质量也有监督作用。比如，州政府对州内公立大学的办学类别和层次就拥有决定权。

美国私立大学与政府的关系比较松散。只要私立大学不违背相关法律，一般不受政府管辖，也就是说享有更多的自治权。这一方面与美国高度分权的政体有关，也与“达特默斯学院诉讼案”有关。1819年，美国联邦最高法院审理了一宗诉讼案，诉讼双方为达特默斯学院院长与学院董事会。诉讼的焦点在于决定此学院是公立还是私立。1817年9月，经州法院裁决，学院属公立组合性质。学院董事会不服上诉。1818年3月，由联邦最高法院受理。董事会的辩护律师、该院毕业生韦伯斯特做了长达5个小时的演说。1819年2月董事会胜诉。最高法院在判决书中提出两项理由：一是学院属私人慈善团体。其特许状本身就是一种契约。契约的原先关系单位是董事、信托者和皇室，故政府无权予以控制。二是新罕布夏议会于1816年的决议将学院行政权转移到州长手中，这是权

① 教育大辞典编纂委员会. 教育大辞典：第11卷［M］. 上海：上海教育出版社，1991：363.（“达特默斯学院”也有译作“达特茅斯学院”的。）

利侵犯，违反美国宪法，应为无效。该案件不仅对达特默斯学院而且对美国高等教育的发展产生了重要影响。当然，这不是说私立高校就可以“天马行空，独往独来”，除了法律红线不能踩外，政府对私立学校的资助（包括对学生提供奖学金和助学贷款）也要求私立学校必须高度关注“政府意愿”，按“游戏规则”提供质量证明。

总之，美国大学与政府的关系都在法律框架之内，既严格又明确，既相互依存又各自独立。在管理体系上，它们有管理与被管理的隶属关系，在具体运作上，它们分别又是职能独立的行政组织和社会组织。这种关系，保障了高校享有高度的办学自主权。大学无须经常参加联邦教育部和州教育委员会或教育厅召开的工作布置会，更不需要安全防护期每天向主管当局“零报告”，当然，联邦教育部和州教育委员会或教育厅也不会召开这样的会议，甚至不会颁布类似的文件。这或许就是美国高等学校没有“文山会海”、充满生机活力的根本原因。这种关系有很多好处：①政府可以完全站在人民群众一边，扮演监督者或裁判员的角色。②政府无须为办得不好的学校承担直接责任。③学校可以在法律框架下充分发挥积极性、自主性和创造性，按教育规律和教育理想办学。④以学生发展为核心的教育质量是主办方、监管方、评判方、受益（使用）方和无直接关联方共同认可的指标，促使各方力量寻求最大公约数，从而较好地达成利益平衡。⑤学生作为教育的重要主体，其选择和表现制约着各方的教育行动。这样，大家都比较接纳的活动“边界”就非常清晰，责任也随之清晰。

（三）大学与社会的关系

现当代美国大学与欧洲古典大学有很大的不同。欧洲古典大学是“学者的行会”，是以培养人才为主要职能的，但它主要不是为社会培养人才，而是为教育者的理想培养人才。所以，古典大学的传统讲求个体修养，注重人文教育，培养君子或绅士。近代大学以德国柏林洪堡大学为代表，在培养人才的基础上增加了科学研究的职能，这使大学开始关注现实问题，但还是没有摆脱“象牙塔”的传统。美国现代大学在培养人才、科学研究两大职能的基础上又增加了社会服务职能，这使大学摆脱了“象牙塔”的孤芳自赏的习气，而与社会建立起更为密切的联系。在当代美国，大学与社会的关系甚至比与政府的关系还要密切。

大学与社会的关系主要有五种类型：一是按社会需要培养人才；二是争取社会捐助和支持；三是与社会团体（特别是企业）合作开展研究；四是接受社会监督；五是接受专业社团的评鉴与指导。我国驻美国大使馆教育处认为，美国高等教育的运行和管理体制比较复杂，其中联邦政府、州政府和高等院校的全国性组织作为三个最关键的环节，发挥着不同的作用。① 乔玉全分析说：“泛义上讲，由于高等教育涉及美国社会的各个方面，各种社会力量和组织都对高等教育有直接或间接的影响。狭义上讲，高等院校通常感到有三种社会组织或势力的影响。”认为除了联邦政府和州政府外，还有民间和个人构成的公益性和商业性的两类社会组织，同样对高等教育有直接的影响，例如，教育专业协会组织、基金会组织以及跨校、跨地区组织。② 事实的确如此。美国专业社会组织（专业中介组织）非常发达，其中，各种全国性或区域性的组织对高等院校的影响非常大，当然，与高等院校的关系也非常密切。例如，不同类型的高校之间成立的全国性组织，对不同类型的高等院校的运行和体制规范起着非常重要的作用；覆盖全国的六个区域性中等后教育认证机构也对美国高等教育的发展影响深远。正如帕米拉·艾贝克校长在国家教育行政学院演讲时所描述的那样：“在过去的100年中，美国高校成为‘认证系统’的一员。这是一种民间的、自发性的自我鉴定和同行审查系统。认证保证了毕业生学位的质量和联邦助学金的合理使用，同时也保证了私人的捐赠都用于合理之处。在美国，这种认证和评估非常重要，也使得联邦政府不再像管理中小学那样来控制和管理高校。”高校越来越重视认证和评估是美国高等教育的一个重要的趋势。其他的一些专业机构也发挥着非常重要的作用。

① 中华人民共和国教育部国际合作与交流司．世界62个国家教育概况［M］．北京：首都师范大学出版社，2001：595.

② 乔玉全．21世纪美国高等教育［M］．北京：高等教育出版社，2000：109－110.

美国各类高校非常注重与社会各界的合作，尤其是与企业界的合作。学校聘请企业界的专家、权威担任各系科、专业的顾问委员会成员，直接参与学校的教学管理和专业建设，对有关学科、专业的培养目标、人才规格、课程设置、教学内容、实验室建设等提出具体意见。企业会利用学校的人才优势，学校则需要企业的资金、技术优势，在科学研究、技术服务上广泛合作，有的企业提供课题、资金，有的企业提供设备，使科研与教育融会贯通，使教学与生产有机结合起来。因此，许多名牌学校附近形成了依托高素质人才的高新技术产业区。可见，美国高校与社会、企业各界紧密相连，优势互补，良性互动，共同推进经济的发展。

知识与技术转化为政府的充分肯定和学界的自我褒扬，与转化为社会的劳动生产率特别是产业领域的现实生产力是有很大区别的。当知识和技术与生产力挂钩时，才会导致推陈出新、层出不穷，才会焕发创新驱动发展的无穷魅力。这或许就是美国高校充满创新创造活力的根本原因。

（四）大学的自主权

美国大学实行“大学自治”，这是美国现代大学制度三大核心要义之一。

美国大学自治的法律依据是以特许状为核心建立起来的大学章程体系。这个章程体系获得了州宪法和法律的认可。在大学章程体系中列定的权力都是大学神圣不可侵犯的“自主权”。大学自主权通常包括：①法人资格和法人地位以及与此相应的权力、特许权、特权、豁免权。②受法律保护的财产权以及相关的受赠的权利。③与选任校长和聘用雇员相关的人事权。④自由与学术权。

（五）大学的改制、升格或撤并

由于高等院校的举办必须得到州政府的批准才能注册成立，所以，一般来说，州政府对高等院校的改制、升格或撤并拥有最终裁决权。具体地说，除了批准权和撤销权之外，州政府只对公立院校的改制和升格拥有决定权，对私立院校的改制和升格拥有核准权。

在美国，公办院校一般都有明确的定位，这种定位受法律保护，不能随意更改，所以，公立大学一般不存在改制和升格的问题，例如，社区学院不能因为办学质量高、社会声誉好就升格为州立大学，州立大学也不能因为办学质量高、社会声誉好就升格为州的大学（研究型大学）。

（六）大学之间的关系

美国大学之间的关系可以用“竞争”和“合作”这两个关键词来表述。

高等院校之间的竞争是美国高等教育永恒的主题。从理论上讲，当一个国家的高等教育存量达到一定程度——高等教育大众化的时候，高等教育的竞争将不仅普遍存在，而且还将异常激烈。早在冷战时期，美国的高等教育就迎来了优胜劣汰的残酷局面，一些新大学站起来了，一些旧大学倒下去了。据材料显示，“在1969年到1975年，美国大约新建各类大学院校800所，而同期有大约300所院校关门或被合并。”① 为什么美国大学会不断上演“你方唱罢我登场”“城头变幻大王旗”的大戏呢？乔玉全认为，市场机制主导是美国高等教育最本质的特征。“自然选择，适者生存”法则广泛发挥着作用，特别是在有关生源和社会支持的竞争以及大学办学质量和特色的竞争两个方面，大学是不能不高度关注的。为了在激烈的竞争中胜出或不至于被淘汰，美国各大学虽然不至于公开“踩”同行，但不放弃一切机会“抬”自己，这是相当普遍的。当然，最根本的还是提高自己的核心竞争力，包括一流的服务、广泛的沟通、较好的质量和鲜明的特色。

美国大学之间的关系非常密切。这主要得力于各种关系组织。在美国，这种关系并非由政府出面来组织，而是基于自愿的民间组织，包括三种方式：一是同类院校的自愿组织；二是不同类别层次院校的区域性组织；三是基于项目合作的姐妹学校组织。三种方式中，以同类院校的自愿组织最具影响力，以基于项目合作的姐妹学校组织最为灵活。例如美国大学联合会，是美国研究型大学的联合组织，虽然是会员数最少的团体，但是影响相当大。1900年，14所大学的代表集会，讨论哈佛大学

① 乔玉全. 21世纪美国高等教育［M］. 北京：高等教育出版社，2000：19.

校长提出的研究生学位标准问题，最后经大会讨论通过。该会规定大学作为集体会员参加，办事机构——执行委员会设在华盛顿特区，旨在对大学有关政策特别是研究生学习和研究方面的政策发表意见，阐明大学的办学目的、职责和需要，加强与其他国家大学的合作，附设的分支机构有：美国学院标准化委员会。承担大学、学院鉴定认可任务。研究生院联合会。由会员（大学）所属的研究生院院长组成，讨论研究生教育并向大学联合会提出建议。联邦关系理事会。主要任务是关注联邦政府对大学有影响的一切活动，如高等教育资助等问题，与美国教育理事会、全国州立大学和土地赠予学院以及其他高等教育联合会密切关系，共同研究制定对策，并向会员（大学）提出建议。又如美国社区学院和初级学院联合会，是美国非营利的全国性教育团体，代表两年制的学院及中等后教育机构的教师、管理人员和董事会的利益。该联合会于1920年成立，旨在促进美国社区学院和初级学院（含技术学院）的合理发展，如设立特别计划帮助会员（学校）在本区开展职业教育和社区服务，为国会或政府机构提供有利于社区学院和初级学院教育立法的背景材料，并向会员报告发展情况和趋势。除了这三种组织化的合作方式外，还有非固定组织化的学术交流，如各种主题性论坛，学者就共同关心的主题进行探讨，交换观点和材料，也对大学的发展及相互关系的密切产生较好的影响。

1. 大学联盟。大学联盟实际上是美国同类型大学的校际合作组织，组织成员地位平等，没有盟主。在美国，大学联盟组织非常多。据校际领导协会1996年出版的《大学联盟名录》所载，共1 800多所院校，组成了80多个大学联盟。大学联盟的活动十分广泛，服务项目包括共享图书馆、专业培训活动、联合购买教学仪器设备、共同开放项目、中学生和大学生咨询等，特别是在如下7个领域，大学联盟的活动十分活跃和有效：管理和办公服务、在校生和招生、包括继续教育在内的教学项目、图书信息和计算机服务、学生服务、教师服务、社区服务。大学联盟的活动方式也多种多样。常春藤大学可以说是美国最具影响力的大学联盟。

2. 区域性高校组织。如果说大学联盟是美国同类型大学的合作组织，带有全国性的特点，那么，区域性高校组织则是本区域内高校的一种合作组织，具有区域性和成员地位平等性，但未必是同类型。区域性高校组织合作的领域同样非常广泛。

3. 高校之间的项目合作。高校之间基于项目的合作是多种多样的，但绝大多数项目都与“学术”有关，其中科研项目占比最大。这种合作通常以一个“项目小组”的形式进行运作，有牵头或主导单位，即有“盟主”，它基于项目的立项而成立，一般也会因为项目的结项而解散。因为项目合作是出自自愿，而合作各方均基于权利义务的约定，故从根本地位上说，合作过程中各方也是“人格平等”的。

4. 校际学术交流。校际学术交流本身严格说来不是一种组织，而是基于平台的一种学术活动方式，而且常常依据对等原则进行组织，以交流学术成果或研究进展为主，所以，它具有比较明显的指向性和主题性。在有关美国高等教育的研究材料里，未见有空泛（近似溜达的或开开眼界的活动）的“学习考察活动”或“参观考察活动”的介绍。

从政府、社会和高校的关系看，美国高等教育是一个严谨、开放、自律的体系。

二、高校的类别及其关系

（一）大学的类别

美国没有“国立”大学。根据联邦宪法，美国教育举办权在各州，联邦政府没有独立举办教育的权力。所以，美国的大学用不同的标准来划分，可以有不同的类别。

1. 就举办者而言，分为“公立”大学和“私立”大学。公立大学和私立大学最大的区别在于经费来源的不同。公立大学是由政府举办的，也就是说，学校的办学经费主要是靠政府的预算拨款，其来源是各州的税收。①

私立大学是由政府之外的机构和个人举办的，办学经费主要来源于学杂费收入和捐助。美国的私立大学一般有两种，即营利性大学和非营

① 道格拉斯．寻求高等教育的明智增长：美国高等教育结构的历史与趋势［J］．徐丹，译．大学教育科学，2010（5）：78－83.

利性（公益性）大学。作为非营利性大学，其所有盈余将投入学校建设；作为营利性大学，多余的营利会支付给投资者，使得学校更类似于一个公司，但需要交税。目前，美国有 1 400 多所营利性大学，其中凤凰城大学（University of Phoenix）是美国最大最知名的营利性学校，也是美国仅次于纽约州立大学系统的第二大高等教育系统。尽管许多学生几乎完全在网上学习，但丝毫不改变作为凤凰城大学学生的性质。凤凰城大学在全美 39 个州、加拿大、墨西哥和荷兰，共建有 200 个校园。1995 年，凤凰城大学已招收了 25 100 名学生。

约翰·奥布雷·道格拉斯根据 2007 年的数据分析得出结论，公立高等教育是美国高等教育实施的重要依赖，而营利性高等教育的市场正在不断扩张。总体而言，大约 75% 的美国学生就读公立高校，20% 就读私立及非营利性独立学院，另有 6% 左右就读营利性高校（见图 1－1）。

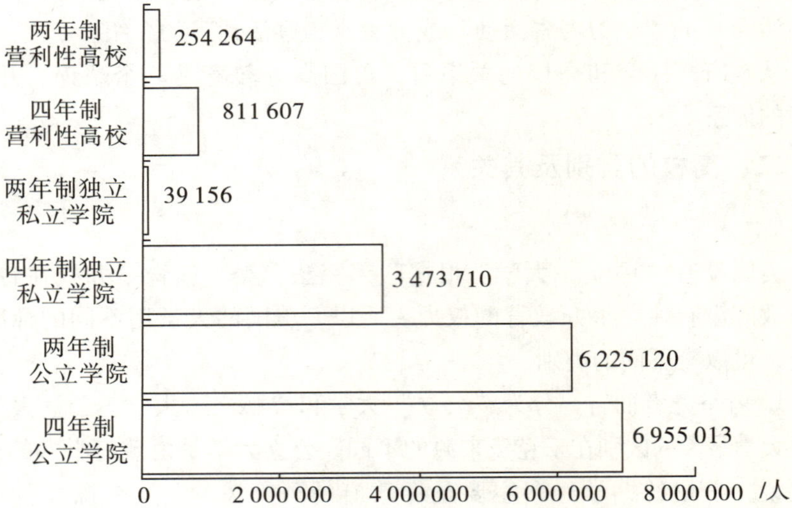

图 1－1　美国公立、私立及营利性高等学校注册生数（2007 年）[①]

---

① 图 1 所列注册生数为美国各类别高校录取并注册的学生人数，包括外国学生（留学生）数，而文中所列比例为美国学生就读不同类别高校的比例。参见上引道格拉斯《导求高等教育的明智增长：美国高等教育结构的历史与趋势》一文。

2. 就学校的科类来看，有综合性大学和单科性大学。所谓综合性大学，一般是指一所大学里开设学科门类比较多，具有多种不同性质的学科门类综合在一起的意思；所谓单科性大学，一般是指一所大学里开设的学科门类比较单一，如理工类、人文社会科学类、艺术类等，虽然可能有几个学科，但它们的性质比较接近，或者主要的学科门类性质比较接近。当然，随着大学学科的发展，这种区分也不是绝对的。

3. 就学制来看，主要有四年制、两年制和短期大学。四年制高校一般叫大学或学院，是指在一所大学里，学生要获得最低层次的学位，必须在校学习四年左右的时间，即获得本科学历或学士学位。在我国则称为本科院校，通常需要四年的学习时间。在美国，有相当数量的本科院校也提供研究生课程，一般为硕士学位课程 2 ~ 3 年，博士学位课程 3 年左右，但都属于四年制大学。

两年制高校一般叫学院，不能叫大学，是指为学生提供两年学习课程的高校，学生修业完成后即可毕业，并可获得“副学士”学位，相当四年制高校的一、二年级，在我国则称为专科院校。

短期大学实质是职业教育高校或技能训练型高校，修业时间低于两年，并且长短不一，严格地说，它们是以就业为导向、以职业训练为主要内容的高中后教育。

按照卡内基分类系统，美国高等院校可以分为研究型大学、授予博士学位的大学、综合性大学、文理学院和两年制大学等。这一分类是被普遍采用的。

（二）怎样确定大学的层次

在美国，大学的职能层次是由政府确定的。对于现代公立大学而言，一旦办学层次被确定，基本上是不会改变的，这跟我国的学校升格制度不同，中专可以升格为大专，大专可以升格为本科，本科院校可以由学院升格为大学。但美国私立大学则不同，如果办学业绩突出，教学质量和研究水平不断提高，就可以不断“升格”，如著名的加州理工学院前身就是一所工艺技术学校。

美国大学一般有三个层次：研究性大学，教学型大学，社区大学

（或社区学院）。这与加利福尼亚州的高等教育体系有关。1959年，加利福尼亚州制定了一份有关高等教育组织和规划的重要文件，即《加利福尼亚州高等教育计划》［California Master Plan for Higher Education，1959也有译作《美国加利福尼亚州高等教育总体规划》的，见《发达国家教育改革的动向和趋势》（特辑）］，1960年成为州法令。根据该法律，接受高等教育是全州公民的权利，所有中学毕业生和具有同等学力的成人均有接受高等教育的机会。加利福尼亚州高等院校分为三级：最高一级为加州大学系统，称为"主要学术研究机构"，要求所有教师开展科学研究，有权授予各科博士学位和提供法律、牙医学、医学和兽医等专业教育。中间一级为加州州立学院和大学系统，基本职能是实施本科生教育和授予硕士学位的研究生教育，也鼓励教师从事科研，但应在与教学这一主要任务相一致的前提下进行。最低一级为社区大学，开展终结性的职业教育、转学性教育和补习教育。加州中学毕业生中有12.5%的最优秀者可升入加州大学系统，位于前33%的良好学生可升入加州州立学院和大学系统，其余学生均可进入社区学院。这一计划在加州实施成功后，对美国其他州的公立高等教育体制产生了重大影响。

在美国，如果按照教育水平（以学位授予主要指标）来分，可以将高等学校分为四级：一是授予博士学位的高校，占总数的6%左右；二是授予硕士学位的高校，占总数的14%左右；三是授予学士学位的高校，占总数的30%左右；四是社区学院，占总数的50%左右。[①] 这是一个金字塔式结构，体现了高等教育由大众化教育逐步提升至精英化教育。其中，社区学院是大众化教育的主阵地，而实施博士学位教育的大学则是精英教育的殿堂。当然，这种区分也非截然，只是一种大致的划分。例如，无论是授予博士学位的高校，还是授予硕士学位的高校，都和授予学士学位的高校一样，把本科教育作为自己的重要任务。

此外，还有许多学者有另外的划分。这对我们理解美国大学的类别

---

① 郭际，吴先华，陈斐．美国高等教育对中国大学生能力培养的启示［J］．文教资料，2008（6）：91－93.

和层次还是有一定帮助的。例如，帕米拉·艾贝克在我国国家教育行政学院的同一讲演中就把高等教育机构分成研究型大学、文理学院、综合性大学和其他类型的教育机构等四个层次。

1. 研究型大学。这些机构把科研放在非常重要的位置上。它们提供多样的本科专业，但是更集中于博士教育和教授科研。研究型大学每年授予大量的博士学位，也得到数百万美金的联邦科研经费。它们的使命在于发现和推进基础科学。这些机构对美国来说是很重要的，它们能帮助美国保持国际竞争力，特别是科技、经济和国防方面的竞争力。它们也为美国提供了新的科技环境下的创新型劳动力。

这些大学也遇到了很多挑战。研究成本在不断上升而联邦经费却在削减。这意味着研究型大学不得不转向其他的经费来源，包括美国本土和外国的工业界。而工业界或者公司的投资也影响着学校可选择的科研课题方向，如美国科学基金会资助基础科学，而商业界却对影响他们的应用型研究更有兴趣。

2. 文理学院。虽然研究型大学享有最高的声誉，但是它们并不是美国唯一的高等教育模式。事实上，只有282所，也就是仅有7%的美国高校可以授予博士学位。另一类高校是文理学院。这些学校强调本科学习，且主攻人文、自然科学和社会科学。因此，它们着重于学生的个人发展而不是职业培训。文理学院的教学环境融洽，班级规模小，师生关系更为密切。在这种情况下，住校学习变得非常重要。文理学院主要强调学生的学习。当然，教师也应该是学者，而且要有一些研究基金，因为只有这样才能拿到终身教职。但是，教师的首要任务还是投身于教学。

3. 综合性大学。太平洋大学是以上两者的结合，可以作为“综合性大学”的例子。太平洋大学既强调文理教育也同时发展职业教育，采取一种“双赢”的模式。因此，学校会像文理学院那样强调人文发展，但同时也提供应用型的专业技能教育。学校招收本科生，同时也授予“学士后”学位，或者说硕士、博士学位（主要是硕士和专业学位，仅少部分博士学位）。相比文理学院，学校设有更多不同的专业；相比研究型大学，学校更专注于本科教学。在文理学院，教与学建立在师生间的互动上。教师着重于上课，但自身学识也不容忽视，因为这能更好地保证教师上课的质量并符合大学的宗旨。综合性大学的学生很多或者大部分来自当地，这使得综合性大学的学生很多会成为地方建设的栋梁。地方综合性大学为当地居民提供高等教育，为当地提供受教育的劳动力，同时他们还研究和关心当地的特殊需求。

4. 其他类型的教育机构。除了研究型大学、文理学院和综合性大学外，美国还有很多特别的教育机构。这些机构致力于特定领域的教育，如艺术、商业、经济、科技或者宗教。另外，它们也有两年制的教育机构，如社区大学、技术学校和初等院校。它们提供比本科院校时间短的项目，通过这些项目你可以拿到专科学位或者技术学位。它们更注重于职业或专业领域，学生可以将他们的学分转到四年制院校以拿到学士学位，但并不是所有两年制课程都可以转换。两年制院校的优势在于开销相对较小，学费较低且学生可以在家附近上课。这些学校单一地注重教学，教师只需有硕士学位而不需要有研究背景。

在 2008 年秋季，全美各高等院校约有 1 900 万学生入学，其中 35% 入读两年制学校，21% 在公立研究型学校学习，6% 在私立研究型学校，6% 参与营利性机构，4% 在私立文理学院入学，28% 的学生就读于其他类型的学校。[①]

又如，约翰·奥布雷·道格拉斯把获得认证的 4 356 所高校按照学术程度分为六种：密集型博士学位研究性大学，约占 2%；广延型博士学位研究性大学，约占 3%；硕士型大学与学院，约占 15%；学士型学院，约占 15%；两年制学院，约占 39%；职业学院及其他，约占 26%。[②]

再如，麦彻同曾将美国 2 100 所本科大学分成五个层次：第一层次为“最好的学校——常春藤盟校加上其他一些学校”，共有 13 所；第二层次为“很好，但并不拔尖的学校”，有 36 所；第三层次为“不错的学校”，

---

① 艾贝克. 美国高等教育面临的挑战及未来发展趋势：在国家教育行政学院的演讲［J］. 国家教育行政学院学报，2010（9）：3－7.

② 道格拉斯. 寻求高等教育的明智增长：美国高等教育结构的历史与趋势［J］. 徐丹，译. 大学教育科学，2010（5）：78－83.

有400所；第四层次为“水准较低，但也不差的学校”，有1 000所；第五层次为“水准很低的学校”，并建议留学生尽量不要去这些学校，有600所。在此基础上，他进一步把五个层次的大学归并成三类或三个层次：第一层次的大学叫作“顶级学校”，第二层次、第三层次和第四层次的一部分叫作“中等学校”，第五层次和第四层次的一部分叫作“底层学校”。[①] 这样看来，美国本科大学之间的差异也是非常大的，既有世界顶级的大学，也有数量不少的专家不赞同读的“差校”。同样本科毕业，读的大学不同，“含金量”也不尽相同。

（三）大学命名的规则

孔子说，名不正则言不顺，言不顺则事不行。中国非常重视学校的称谓。在我国，人们普遍认为，“大学”优于“学院”，“学院”优于“专科学校”，而“专科学校”优于“职业学院”；国立高校优于省立高校，省立高校优于市立高校；公办高校优于民办高校；在同一层次中，冠名所涉及的地域大的学校优于冠名所涉及的地域小的学校。这种差异往往从命名中可以看出。而在美国，仅从大学名称很难区分出学校的类别和层次。翻检美国的大学名称，一些很普通的高校叫“大学”，一些很响名的高校叫“学院”，而且叫开了的名字一般不更名。总结美国大学的命名，一般有如下一些规则：①以行政区划名称为关键词命名。②以地方名为关键词命名。③以举办者为关键词命名。④以被纪念者名字为关键词命名。⑤以重要事件名称为关键词命名。

一般来说，没有特别的原因，大学是不随便更名的。正如沙场上的英雄“行不更名、坐不改姓”一样，非常珍惜自己的名字。

三、高校的格局

美国高校的格局与我国过去大学的格局也有很大的不同，如大学既有学院，也有分校等。

首先，大学与分校的关系。美国很多大学是有分校的。例如，加利

① 麦彻同．美国本科留学解读［M］．2版．袁锐，等译．北京：电子工业出版社，2009：23－24．

福尼亚大学（简称加州大学）就是一所由10个分校组成的大学系统。加州大学起源于1853年，建立在加州奥克兰市的加利福尼亚学院，1868年更名为加州大学。为纪念18世纪最伟大的哲学家之一乔治·贝克莱（George Berkeley，也有译作伯克利的），最终定为加州大学伯克利分校（University of California，Berkeley）。如今，加州大学已发展成一所拥有10个分校（大学）的巨型大学系统，包括伯克利分校（UCB）、戴维斯分校（UCD）、欧文分校（UCI）、洛杉矶分校（UCLA）、莫塞德分校（UCM）、河滨分校（UCR）、圣巴巴拉分校（UCSB）、圣克鲁斯分校（UCSC）、圣地亚哥分校（UCSD）和旧金山分校（UCSF）。

在美国，大学与分校的关系有两种：一是实质性隶属关系，即一所学校分若干个校区，每个分校区都不是一个独立的办学机构；二是名义性隶属关系，如加州大学系统的分校与加州大学的关系就是名义上的，因为加州大学实质上是一个行政系统，不是一所学校，各分校是独立的。

其次，大学与学院的关系。在美国，冠名为“大学”的高校，一般下设学院，也有学院和系并设的；冠名为“学院”的高校，一般下设系，没发现有“学院”和“系”并设的，不像国内，许多学院还下设有学院。在美国大学，大学和学院是有隶属关系的，学院不是独立的法人社团。

美国大学的学院未必按学科的划分来设置，跨学科设置学院非常普遍，且规模通常很大，下辖好些系，办好些专业，学生过千的学院很常见，这为其低重心管理提出了要求也提供了条件，也因如此，美国大学的学院通常很独立，绝大多数的事是在学院层面办理和解决的。这可能与美国分权的传统有关。

美国大学的内设机构似乎不需要政府审批，而通常按照职能来设置。那么，美国大学是怎样协调三大职能呢？一般情况下，培养人才的职能由院系承担，研究生层次的往往由院系和研究所（中心）承担；科学研究的职能主要由研究机构承担；社会服务的职能由院系和研究机构共担，学校通常会设立一些专职机构或平台来推进这一职能的落实。“产学研”结合模式得到推广后，大学与社会的结合更加紧密，各类特别的“机构”也应运而生。在这方面，似乎特别“灵活”。

美国的大学有没有办企业？是否像我国的大学那样，不仅拥有企业，还有上市公司？关于这一点，就现有材料所见，并未发现。自“产学研”合作以来，学校在技术开发和成果转让方面收益良多，研究人员也得益颇丰，但未见大学直接或合作举办企业。似乎投资这类活动是由基金会操作的，而不是由学校操作的。

美国很多大学都设有基金会（或专项基金、主题基金），但似乎不归学校行政系统管辖。基金的投资运营往往给大学增加了不少财富，也方便接受捐赠。哈佛大学受捐资金位居世界科研机构之首，2013 年已累计达到 230 亿美元，年平均科研经费超过 7.5 亿美元。

四、大学的内部治理

美国大学的内部治理总体上比较流畅和规范，极少发生争权夺利或推诿扯皮的严重事件，这与其管理体制有关。美国大学的内部治理是一个基于大学章程（也叫大学宪章，实际上是受法律保护的规范体系）的比较严密的自治体系，它始于依法设立，终于依法管理，所以，在美国，大学章程是大学理念的重要体现，也是大学治理的重要依据。这些内容往往会在教师手册中列出来。

美国高校的内部治理受哈佛大学的影响很大。哈佛大学治理体系的建构是一个经历了斗争的历史过程[①]，自 1636 年设立到 1650 年获得特许，再到 1780 年州宪法对哈佛学院法人地位进一步确认和保护，哈佛大学内部治理的基本理念和基本框架才真正定型。而这一切都反映在哈佛大学的章程之中。

哈佛宪章

1650 年，哈佛学院从马萨诸塞州殖民地议会获得了“特许状”，俗称“哈佛宪章”。最原始的特许状是记录在羊皮纸上的，并有总督的签名和殖民地的印章，由哈佛学院的校长和同僚们保管，同时也被记录在马萨诸塞州的法律中（第 4 卷第 10 页）。

---

① 李卓欣．从特许状到州宪法：1650—1780 年的哈佛大学章程变迁［C/OL］//中国教育学会教育史分会第 13 届学术年会．北京：北京师范大学，2012.

特许状共980个单词，包含了哈佛学院的办学目的、内部管理体制、财务管理、人事管理等内容，初步确立了哈佛学院的法人地位。

哈佛大学章程属于典型的复合型章程，州政府签发的特许状、立法机构通过的法案，以及监事会和校董会（院务委员会）根据特许状及法案赋予的自治权力而制定的内部章程和规章制度，共同组成了哈佛大学的章程体系。其基本精神是：

首先，哈佛大学是一个法人社团。这是欧洲中世纪大学的传统。中世纪大学首要的特征或前提性条件是学校的性质必须是“法人社团”，而法人社团的设立必须由有成立法人社团权力的教会或国家王权的特许。作为美国最古老的私立大学和法人社团，哈佛学院直到1650年才获得所在地马萨诸塞州殖民地议会颁发的“特许状”，才真正获得法人社团的资格。这算是比较典型的“先上车后买票”的那种。

其次，哈佛大学实行权责清晰、相互制衡的民主集中制，有两个管理委员会负责学校的管理，即实行双委员会制。学校拥有的权力很多很大，个人和部门拥有的权力很少很小。

哈佛大学的“双委员会”包括负责日常管理的“校董会”和作为校产托管人的“监事会”。无论是校董会（即校董委员会，初名哈佛学院校董会，也称哈佛理事会）还是监事会（即监察委员会），都实行集体领导集体负责，基本制度是民主集中制，基本决策方式是票决制。这些最基本的规定都在特许状中有列明，或者根据特许状的精神做出明确的规定。

第一，校董会。校董会是哈佛大学两个管理委员会中更为基础的一个，初始形式是一个小组，经本地法院依法同意在米德尔塞克斯成立，是哈佛学院的法人代表，由七人共同组成，包括一位校长和五位同僚，以及一位财务主管（司库）。他们均为当地海湾居民，拥有永久继任权，校长和同事中的任何三个人（即包括校长在内的四人，超过半数）即有权在他们认为合适的时间指定一枚公章，作为法人团体使用。在需要选举新的法人团体成员时，“他们七人超过半数的法人团体，在取得监事会同意的前提下，有权力在任何时候选举一位新的校长、司库长或同僚；如果他们中有人去世或者被开除，在经过监事会同意的前提下，可以选举产生新的校长、同僚或者财务主管（司库）。继任者拥有和被继任者一样的各项权利。"① 特许状规定："哈佛学院的法人团体可以被起诉和控告。"② 可见，这个小组实际上是一个法人团体，也是哈佛学院的一个"领导班子"。

校董会的主要职能是宏观决策。"为了使学院更好地运作，校长和他的同僚们可以随时制定一些规则和内部章程，但是前提是必须经过监事会的首肯。"③"为了学院和法人团体更好的管理，在碰到以下情况需要举行会议进行讨论：决定土地及其他财产的收益的相关事务（这些交易须有利于对青年人的教育以及文学、艺术及科学的发展）；决定紧急情况的处理办法；执行规划和内部章程；以及一些无法达成一致的学院事务，首先需要校长发出告示，然后由校长和三人以上的同僚即可举行会议，前述所有事务的最终决定是根据多数人的意见决定并最终通过校长宣布，此外还须经过监事会的同意。"④

在财务管理方面，"法人团体及他们的继任者在马萨诸塞州司法权的许可下，可以获得免费赠予土地、房屋及世袭财产，但总额每年不得超过500英镑。"⑤"学院每年不超过500英镑的各种收入不被征收市政税。""法人团体或学者的物品也被免除税收"⑥"校长和他的同僚或法人团体的半数以上，与司库长一起有权做出关于土地和房屋交易的最终决定。"⑦

关于人事管理，"校长及他的同僚或他们中的大部分人可以为他们的学院挑选一些雇员，并给他们发放工资，也有权开除他们；在这些雇员去世或者被开除后，校长及他的同僚有权力再另行选人。""学院的校长、同事、学者最多可以雇佣十个雇员，校长最多可以指定三人、其余合计指定不超过七人，以上最多不超过十七人可以被免除税赋、参军的义务，每个人的财产不超过100英镑的部分不被征税。"⑧

总之，哈佛大学校董会可以说是一个由若干成员组成的、决定学校

---

①②③④⑤⑥⑦ 李卓欣．从特许状到州宪法：1650—1780年的哈佛大学章程变迁［C/OL］//中国教育学会教育史分会第13届学术年会．北京：北京师范大学，2012.

⑧ 李卓欣．从特许状到州宪法：1650—1780年的哈佛大学章程变迁［C/OL］//中国教育学会教育史分会第13届学术年会．北京：北京师范大学，2012.

内部运作但不涉及学校每日具体事务的外部实体，由会长组织定期开会讨论决定大学重大事项，这个法人实体是永久存在，并在有委员空缺时委任新的委员加入。会长通常由校长担任或由其委任。过去，校董会除了会长以外还有其他六个委员。2010 年 12 月，官方决定变更其现有的“组成、结构和管辖事务”：委员将由 7 名增加至 13 名，并各司其职；几个新的下设委员会也将努力维持与以全校为整体的统一性，特别是在长期规划方面，但总的框架没有改变。

第二，监事会。马萨诸塞州殖民地议会于 1636 年通过成立哈佛学院的法案，1637 年指定一个由外行人士和牧师组成的委员会推动筹建计划。这个委员会既不是校董会，也不是监事会。1642 年，马萨诸塞州殖民地议会在波士顿召开会议，确立并通过成立哈佛学院监事会的法案。法案指定监事会由州长、副州长、法官、校长以及部分牧师组成。监事会被议会确定为学院财产的托管人，对哈佛学院行使监督权和重大事情的决策权，因而它就拥有了对哈佛学院的实际所有权和永久管理权，拥有日常事务管理权的法人团体处于从属地位，每做一项决策都要获得监事会的批准，这充满了“监事会领导下的法人团体负责制”的意味。这种体制于 1650 年得到了特许状的认可，成为哈佛大学管理的基本制度。

在哈佛大学的管理实践中，基本管理体制经过多次修正才得以完善。第一次修正是在 1657 年 10 月 14 日，马萨诸塞州殖民地议会通过一项法案，并被批准作为 1650 年哈佛宪章的补充，其中指出：“为了更好地管理学院和开展学院事务，学院法人团体有权力随时制定规则和章程，并且不需要经过学院监事会的同意。但是，学院法人团体应当对这些规则和章程负责，并且，学院监事会可以根据他们的自由裁量权对上述规则和章程进行必要的修改。在征得学院员工同意的情况下，学院法人团体可以举行会议并制定规则和章程，讨论和决定与土地和捐赠收益等一切有关的事宜，依据捐赠者的意愿处理土地和捐赠的事情，包括处理突发状况；并可以在重大困难的事情处理中获得监事会和社会陪审团会议的同意，以及一些无法达成一致意见的情况下，经学院法人团体大多数成员同意所做出的决定和结论都是有效的，并且需要由校长宣布。但是，和前文提到的一样，法人团体应该在这些决定和结论上对监事会负责。如果学院法人团体提出要求召集监事们召开监事会议，或者监事们需要开会讨论，应立刻通知居住在1642年法案中提到的六座城镇的那些监事（不包括由于住所比较偏僻的监事而无法便捷的得到通知的监事），这样才能保证学院法案的准确性。"① 1780年，马萨诸塞州联邦议会通过州宪法，对哈佛学院财产、权力、特权以及监事会权力予以永久性的确认和保护。关于法人社团的法律效力，州宪法规定："由校长和同僚们组成的法人团体以及他们雇佣的职员在一定范围内拥有并可以行使相应的权力、自由、特权、豁免权、特许权等，法人团体的继任者及新雇工也相应地拥有这些权力。② 关于学院财产，如学院以自己或者是法人团体的名义得到捐赠人的捐助，包括物品、土地、房屋、遗产等，州宪法认定，根据这些赠予品的捐赠人的意愿，这些物品及赠予被永久性地认定为法人团体及他们的继任者所有。同时，按照逻辑顺延，确认了州长、副州长、州议会和参议院是之前殖民地议会时期州长、副州长、法官的继任者，他们及哈佛学院校长、公理会教堂的牧师们拥有哈佛学院监事会获得的所有权力。"③

监事会章程也是哈佛大学章程体系的重要组成部分。1781—1869年间，哈佛大学监事会章程进行了一系列修订和变革，扩大了监事会的自主权力，调整了监事会成员的选举制度和办法，加强了对宗教人士和政府官员作为监事会成员的限制，增加了校友等校外人士。监事会成员结构呈现出多元化、世俗化趋势。

（一）大学的组织架构

大学作为法人社团，是一个特殊的社会组织，它具备一般社会组织所有的特性，拥有法人资格及相应的法人地位，同时又具有鲜明的个性，

---

①② 李卓欣．从特许状到州宪法：1650—1780年的哈佛大学章程变迁［C/OL］//中国教育学会教育史分会第13届学术年会．北京：北京师范大学，2012.

③ 李子江，李卓欣．哈佛大学监事会章程的调整与变革［J］．大学教育科学，2014，2（2）：28－32.

主要业务是基于学术的研究与培育活动，这与军队、企业、政府、研究机构甚至民间社团都很不同。所以，在美国大学，一般都建立起了以校长治校、教授治学、大学自治为核心的现代大学制度，相应地也建立起了扁平化的组织架构，实施低重心管理，也叫校本管理。学校内组织名目繁多，除了决策机构、审（咨）议机构和执行机构外，还有五花八门的自治组织。不管大学的组织架构如何，以董事会、校长为首的行政系统和教师评议会通常被认为是大学的权力机构，或者说是最具广泛权威性的组织。

美国大学一般实行董事会领导下的校长负责制或校长分工负责制，实行校、院（系、所、中心等）两级管理。大学未必都有监事会，但基本上都有董事会（或理事会）；在公立大学，有的一个大学有一个董事会，有的几个大学共有一个董事会；共有董事会一般会指派一人出任学监（总校长），让主管的大学对其负责。除非规模很小，否则，学校是不会直接管理院系的具体教育教学活动和研究机构的具体研究活动的。

加州理工学院的组织架构①

加州理工学院由董事会作为最高权力机构，校长由董事会选举产生。董事会现有主席1人，副主席3人，董事60人。除校长外，还有6位副校长，分管教学和科研（兼教务长）、喷气推进实验室、学生事务、企业和财政、公共关系、天文学设施等6个方面。教务长和副教务长直接领导校内进行教学和基础研究的6个学部和1个研究所，各学部设主任1名，所设所长1名。这6个学部和1个研究所是：生物学部，化学与化学工程学部，工程与应用科学学部，地质与行星科学学部，人文学科与社会科学学部，物理学、数学与天文学部，贝克曼研究所（研究生物和化学相互关联的一些课题）。董事会下设执行、审计、预算、房地产、投资、喷气推进实验室、提名等7个委员会。学校行政下设20个委员会（成员大多是兼职）。学生事务办公室是校内最大的“机关”，负责本科生和研究生的招生、注册、经济资助、体育、职业辅导等事宜。学校还设

① 资源来源于百度百科。

有教授会，内分22个委员会。

美国大学校长作为学校最高行政首脑，要执行董事会的决定和决策，行使行政管理权，对校内各项工作拥有最终决定权，但校长通常只注重抓关系学校发展的重大政策性问题和处理与董事会、政府、社会的关系，并广泛筹集办学资金，并不参与具体的事务性工作，因此，校长有时被称为是“搞政治的”。美国大学一般会设若干个副校长（通常5人以上，多的有10人左右），分别负责学术、学生、庶务等事务，大的名校甚至还设有负责国际事务的副校长，其中，兼任教务长的常务副校长承担着日常行政管理工作，在学校的人事、教学、科研等方面拥有很大的权力，其他副校长根据校长的授权分工各管一部分。至于教育教学活动，主要由院系负责，科学研究活动则由研究所（中心）组织实施，许多大学的实验室甚至还实行项目负责人制。在美国，大学通常会有庞大的行政系统，管理部门特别是服务类机构比较多。1989年，有职务的管理人员占教职工总数的5.8%，其他办事员、秘书之类的人员占18.4%，还不包括教辅、研辅人员以及除教师之外的其他专业技术人员。[1] 又由于院系是美国大学管理的重心，美国大学往往非常重视做大做强院系，因此，大学设置的院系一般也不会太多。

哈佛大学的院系设置[2]

截至2014年，哈佛大学下设13个学院，分别为哈佛大学文理学院、商学院、教育学院、医学院、公共卫生学院、肯尼迪政治学院、工程与应用科学院、研究生院和哈佛学院，另设有拉德克利夫高等研究学院，总共有46个本科专业、134个研究生专业招生；有本科生6 700余人，研究生14 500余人，其中本科生教育主体由哈佛学院承担。

（二）大学的决策机构

分级决策是大学管理的常规，它不仅仅是教育民主化和权力分享的

---

① 中华人民共和国教育部国际合作与交流司. 国外高等教育调研报告［M］. 北京：首都师范大学出版社，2001：119－123.

② 资料来源于百度百科。

必然结果，更是现代大学提高管理效能和绩效的必然要求。但无论如何分级决策，董事会都是大学最高决策机构。

美国大学管理采用董事会制度可谓历史悠久，它始创于1642年的哈佛学院。董事会是美国公立高校的最高权力机关，主要职责是制定学校的大政方针，规定发展的方向与目标，通过年度财政预算，招聘、解雇校长等。董事会在学校与政府、社会之间还起缓冲作用，避免外界对学校的直接干预，保证学校的相对独立和校长能集中精力办学。公立大学的经费主要是州政府拨款，使用情况自然要受到公众的监督。公立大学的董事会成员一般由州政府任命或由公众选举，州长、州教育厅长、大学校长、大学事务局长是基本成员。由于现在公立大学也向社会筹资，董事中工商界知名人士、企业财团老总等人员逐步增加。目前公立高校的董事会由关心教育的社会贤达及教育家组成，包括企业家、慈善家、教育家、社区内有影响力的人士、社会团体的名人、大学生代表以及在任或卸任的政府官员。董事一般由州长任命，经州立法机构确认后正式生效。美国高校董事会运行有相应的法律、法规保障，董事会的权限清晰，责权明确。董事会侧重于吸引更多的社会人士参与大学建设，保证大学办学经费的供给，同时，是高校的“最高法院”，享有裁决大学事务的全权，决定学校发展的方向。

（三）大学的审（咨）议机构

美国大学把广泛的民主参与看作是大学管理的基本法则，非常重视审议、评议和咨议。大学设有很多的这类机构，有的是常设机构，有的是临设机构，按照决策事项或需要审议事项的类别和层次开展审议活动。例如，学术争议事项是由学术委员会或专门的审议小组来审议和裁决，学术道德问题则由学术道德委员会负责评议。哈佛大学在选拔第28任校长时还创立了教师顾问团和学生顾问团这样的咨议机构。根据《国外高等教育调研报告》以伊利诺伊州为例提供的材料，学校设有各种委员会参与学校的管理工作，其中校一级主要是校务委员会和教授参议会。校务委员会由校长（兼主任）、若干副校长、院长、系主任、管理人员、教授、学生代表组成，主要职责是制定学校的教育和学术政策、对人员工资职务晋升、学术休假、终身岗位等问题提出建议和具体办法。校务委员会内又分设了许多专门委员会。教授参议会是基于共同管理的原则设立的，它作为全校专任教师的正式代表机构对学校的大政方针进行咨询，并提出教师对学校建设的基本主张，它在促进教师参与学校管理、维护教师权益等方面起着重要作用。有的私立学校如斯坦福大学则有教授治校的传统，涉及教学或教师权益的问题必须先由教师参议会讨论通过后才能报校长批准执行。①

（四）大学的执行机构

美国大学的执行机构由校长及其管理团队、行政机关和学校所属部门以及全体雇员组成，这些部门除了二级院系、研究所（中心、实验室）等教学和研究机构之外，还包括图书馆、体育馆、学生服务中心甚至消防处等，也包括设在学校的自治组织执行机构。执行机构一般分成三个层次，都必须按照董事会的指令或学校依法制定的规则和章程行事，或者说执行并完成学校依法指派的任务。

美国大学校长由董事会任命，在学校管理中具有很大的权力。除了决定学校行政财政的大政方针、任命校长、制定学校长期的教育规划和最终审判权之外，董事会一般会把自己的行政权力交给校长。所以，美国大学的校长，掌握着有关大学管理的最强有力的权限，大学的命运决定于校长的能力。为了确保校长既胜任董事会的重托，又符合大部分教师的意愿，同时还能保证以校长为核心的领导团队推动学校获得持续的发展，大学董事会均会制定规范的管理制度和严格的选拔程序。校长治校要为董事会和全体师生服务，以教授治学为基础，实行民主和科学的管理，所以说，校长或校长及其团队是美国大学第一执行人。

中层管理机构（行政机关）和所属部门是美国大学的第二执行人，其中，行政机关不仅机构精干、队伍精悍，而且与所属部门的关系除了管理和指导职能外，更多的是服务职能。

---

① 中华人民共和国教育部国际合作与交流司．国外高等教育调研报告［M］．北京：首都师范大学出版社，2001：120.

美国大学的所有雇员都是学校决策或学校任务的执行人，不管他身处什么岗位，处在什么层级，都属于第三层次。他们不是一个机构，但他们是一个非常大的群体。人们都认为，美国人很自由，很特立独行，但美国大学的雇员履职意识都非常强。这跟个体对自己在集体中执行人的岗位角色的认知有密切关系。所有人都是被雇佣的，但大家都有强烈的主人翁意识，这是非常值得探究的美国大学文化。其背后的机理可能与退出机制有关，而我国公立大学的管理偏偏就缺乏这种机制。

（五）大学的自治组织

美国大学的自治组织比较多，尤其是学生组织和教师组织，如学生会、教授会之类，由于这些组织是依法成立的，所以按章程或法律规定自主管理，在法定的大学事务外，往往不受大学节制。学校与这些组织的关系是平行关系，因为设在学校，学校希望它们能够发挥正能量，所以会加强对这些自治组织的服务、资助和引导。当然，如果触及大学的法定事务的底线，大学的态度还是很强硬的。

美国大学还有一类准自治组织，一般是依需要由学校批准设立的，按规程和业务分类实现自我管理，如学术委员会、教授委员会、××专业委员会、××研究会等，多数为专业性特别强的组织或机构，主要是研究、决定、审议或裁判专业技术事项。当然，也有校际或区域性学术组织，其独立性更强。因为高深学问和学术权力主要掌握在专家、教授手中，学校往往想方设法让他们参与学校管理，特别是参与专业学术方面的重大决策，从而成为大学内部治理的重要组成部分或重要环节。

五、校长的职责

关于大学校长的职责，可以从理论职责、制度职责和实际职责来加以分析。从理论上说，大学校长作为“一校之长”，对大学的管理和发展负有主要责任。从制度上说，不同的制度设计，大学校长所负的责任是不同的。从实际层面上说，校长实际所能承担或所履行的职责与理论职责和制度职责并不完全对等，这与高校管理体制和选拔任用校长的制度有关。

（一）校长的选拔与任用[①]

美国大学管理体制与我国大学管理体制有很大的不同，美国大学校长的选拔任用制度也与我国现代公立大学校长的选拔任用制度有很大的不同。根据约翰·内森等所著的《搜寻校长：选拔与任命大学校长过程指南》一书所说，美国大学校长的选拔大致需要经历 9 个步骤：确立搜寻与选拔的机制；建立搜寻委员会；确定人选的标准；选择大量的候选人；甄别候选人；面试候选人；选出最终的候选人；任命校长以及最后的任务。在这个实际上为 8 个步骤的搜寻和选拔过程中，要考虑的因素很多，诸如：搜寻和选拔委员会的组成问题；如何获取业内人士的帮助、公众的信息与档案记录；当然还要考虑大学是私立的还是公立的，四年制大学还是两年制学院以及各自需要面对的不同问题；最终要写出总结报告。除此之外，还需要一些附加的材料，如搜寻时间表、大学的有关信息、提供女性与少数族裔候选人的机构、面试的程序与问题、推荐信的格式以及备忘录等。哈佛大学第 28 任校长的遴选足以说明美国大学校长选拔的“三严”（组织严密、程序严谨、要求严格）风格。

哈佛大学有两大管理机构，一个是董事会，一个是校监会。董事会由校长与另外 6 名成员共计 7 人组成，是学校的最高机构也是执行机构，而校监会则由 30 位成员组成，它在这一事项上更主要的是扮演一个咨询机构的角色。根据哈佛大学宪章，新校长的选拔与产生由董事会负责、会商并获得校监会的同意。2005 年 1 月，哈佛大学第 27 任校长劳伦斯·萨默斯在一片谴责和声讨声中无奈宣布，将于 2006 年 6 月底辞去校长职务。哈佛大学董事会随即宣布，由德里克·博克出任临时校长，接着，哈佛大学成立“校长搜寻委员会”，其组成人员包括除了校长之外的董事会 6 名成员，外加校监会 3 名成员，搜寻新校长的工作开始启动。

2006 年春天，校长搜寻委员会拟就了一封信函，然后发给大约 24.5 万人。信函内容有三点，一是希望给大学所面临的挑战和机遇提供建议，

① 郭英剑．哈佛大学的校长是怎么产生的［EB/OL］．（2008－11－25）［2018－03－05］．http：//www.cas.cn/xw/kjsm/kjsm/gjdt/200906/t20090608 635294.shtml.

二是就新任校长应具备哪些最为重要的品质提供咨询意见，三是邀请各位在认真考虑后提出候选人名单。此后，搜寻委员会开始了大规模的征询意见活动，进行访谈，召开会议，与个人或是团体组织代表见面，其中既有哈佛大学校内的人员与团体，也有哈佛大学之外的高校、研究机构以及一些基金会的人员。

校长搜寻委员会还积极听取来自校友的意见。除了通过邮件获知哈佛大学校友的观点之外，校长搜寻委员会还在各地如波士顿、芝加哥、洛杉矶、纽约、旧金山以及瑞士的苏黎世等地召开校友会，专门就选拔校长问题进行咨询。在校内，校长搜寻委员会成员还参加了无数次校友聚会，听取他们对新任校长人选的意见和建议。哈佛大学校友会主席保罗·芬尼根就说："我非常感谢校长搜寻委员会在选拔的过程中，广泛征集各地校友的意见和建议。"

与此同时，哈佛大学还成立了校长搜寻教师顾问团和校长搜寻学生顾问团。前者由校内13位教师代表组成，后者则由14位来自不同学院的学生代表组成。教师顾问团召开过9次会议，每次都有校长搜寻委员会的代表参加。学生顾问团则召开过8次会议，校长搜寻委员会的代表也参加了大部分的会议。学生顾问团还写出了一份报告，总结了自己的发现，推荐了自己认为合适的候选人。另外，在搜寻过程中，两个顾问团的主席也经常与校长搜寻委员会的全体成员或者代表就某些问题交换意见。整体而言，校长搜寻委员会很好地采纳并传达了教师和学生的意见。

在搜寻的后期，校长搜寻委员会与最有希望的几位候选人进行了接触和面谈，还通过打电话或者其他方式，与许多熟识这些候选人的人进行交流，从而对候选人有了进一步的了解。另外，校长搜寻委员会（包括3名校监会成员）都会参加在校监会每次例会，与所有校监会成员见面，向校监会成员通报搜寻的过程，并征询他们的意见。

2007年2月11日，哈佛大学董事会在坎布里奇召开了一次特别会议，董事会最终选举德鲁·福斯特担任哈佛大学第28任校长，履新之日为2007年7月1日，校监会成员投票表决同意。至此，校长人选一锤定音，历时一年多的搜寻工作到此结束。

哈佛大学的校长遴选模式虽然不会被全盘照搬，但其理念和基本流程还是具有普遍性的。

美国大学的校长不是由政府选拔任命的，而是由学校董事会组织公开选拔产生的。由于美国形成了有利于校长展示管理才能和实现治校理念的组织环境，因此，在美国高等教育历史上涌现出许多有影响的大学校长，推动了大学的发展。在校长选拔过程中，首先由董事会指定一个校长选拔委员会。校长选拔委员会一般由校董事会成员、教师代表、职工代表以及校友代表组成，有的学校还请学生代表和社区代表参加。新校长的任职资格由学校董事会讨论决定，然后在美国著名的媒体上发布招聘校长广告，同时，还要写信给该校的知名校友、其他学校的校长、教务长以及科研机构的负责人等，请他们推荐人选。校长选拔委员会通过几轮选择淘汰之后，最后以投票等方式推举出至少 2 名候选人，在董事会讨论的基础上决定校长人选，并马上通过媒体公布结果。① 新校长一上任，就可以行使董事会所委任的权力。

韩骏曾对美东著名大学校长的任命程序做过考察，认为美东著名大学的校长任命程序大概包括以下 7 个环节。

1. 董事会指定校长搜寻委员会。校长搜寻委员会的人数大多为十几名到二十几名，主体是董事会成员和退休的前董事会成员，也适当吸收一定数量的教职员工参与。

2. 校长搜寻委员会以多种形式征寻候选人。其中很重要的一个方式是向师生、校友以及高教领域、政府和非政府机构发出信件，请求推荐。

3. 形成初始候选人名单。校长搜寻委员会仅仅是依照大学的宪章所规定的资格，将不合格的候选人剔除，而不做任何主观评论。

4. 广泛咨询，形成评价标准。

5. 缩小候选人范围，形成最终候选人。按照评价标准不断将名单缩小到数十名的时候，校长搜寻委员会到候选人所在的单位进行面谈，进

① 张婕，王保华. 美国高校实现新校长“软着陆”的策略［J］. 辽宁高等教育研究，1999（4）：50－53.

行严格的调查之后，形成最终的候选人，通常为三人左右。

6. 校长搜寻委员会将最终候选人提交校董事会，由董事会进行表决。

7. 董事会发布公告，任命新校长。数月后新校长发表就职演说，正式上任。

校长选拔的整个过程长达半年以上。①

什么样的人有可能被选任为大学校长呢？在美国，关于校长必备的资格，私立名校有自己的标准，至于公立大学，各州有不同的规定，但至少必须具备以下两个条件：一是至少有3~5年的教育工作经验并有优秀业绩；二是必须修得州教育厅规定的研究生院有关教育行政学学科的学分或取得硕士学位。校长必须在个人品质、学术背景及政治（治理）方面具有突出的能力。大学校长选名家似乎正成为趋势，尤其是像哈佛大学这样的名校。

什么人可以成为哈佛大学校长？②

自1640年以来，哈佛大学有28位校长。有10位以上的校长任期都在15年以上。

引用哈佛的解释，校长是大学学术和管理上的执行官。校长必须在这两个方面都要有相当出众的才能，才可出任校长一职。看看哈佛现任校长，或许可以使我们对此有更深的体会。

校长搜寻委员会主席詹姆斯·休顿说："德鲁·福斯特是一个鼓舞人心、成就卓著的领导人，一位卓越的学者，一位热心的教师，一个善良的人。""她了解哈佛、了解高等教育，她的兴趣涵盖了所有大学的学科，包括文学艺术与科学以及职业领域。"而哈佛校监会2006—2007年度主席、哈佛大学校长搜寻委员会成员、加州大学伯克利分校电子工程与计算机科学专业的知名教授苏珊·格雷姆说："德鲁·福斯特是一位眼望未来的历史学家。"

---

① 韩骏. 美东著名大学校长的任命［J］. 世界教育信息，2004（1）：62－66.

② 郭英剑. 哈佛大学的校长是怎样产生的［EB/OL］.（2008－11－25）［2018－03－05］. http：//www.cas.cn/xw/kjsm/gjdt/200906/t20090608_635294.shtml.

福斯特1968年毕业于布莱恩·摩尔学院，1971年和1975年分别在宾夕法尼亚大学获得硕士学位和博士学位。在就任哈佛校长之前，福斯特在宾夕法尼亚大学工作了25年。1984年升任教授；1982年和1996年，她两度荣获“杰出教学奖”；在1993—1994年度，曾担任宾夕法尼亚大学校长搜寻委员会委员；1994年，曾担任校长就职委员会主席；1988—1990年，她担任宾夕法尼亚大学校长生活委员会的主席。到哈佛之后，福斯特继续教书和写作，主要研究领域在美国南方与内战史。2008年出版了她的第六部著作《这个痛苦的共和国》。她的第五本书《发明之母：美国内战时蓄奴南方的女人们》获得了美国历史学家协会奖，该奖是奖给该年度美国主题的最佳非小说类著作的。

福斯特是美国艺术与科学院院士。在1999—2000年间，她曾担任美国南方历史学研究会的会长；1992—1996年，担任美国历史学研究会的副会长。

无论是作为教师、学者，还是作为院长、主任，福斯特都显示出了她的学识、智慧、见识、经验以及作为领导人的独特的才能。正如休顿教授所说，通过福斯特担任拉德克利夫学院的院长，“她在规划设计和努力完成学院未来计划上，显示了非同寻常的领导艺术”。另外，“通过她多年在宾夕法尼亚大学和哈佛的领导实践，她早已把个人的激情和想象力投入在了教育与研究之中，忠诚于学术生涯至高无上的理想。”

（二）校长的角色与权限

“校长是学校的最高负责人”，这是通常意义上的表述，它强调了校长的地位和作用。实际上，不同的高校，校长的角色与权限是不一样的。这与大学的体制和管理制度设计有关，如英国大学真正履行校长权责的是常务副校长。最起码的一点是：校长是由学校董事会遴选任命的，必须对董事会负责，说校长是学校的最高负责人，并不等于说校长是学校的最高决策者。大学校长拥有多少权限，与其扮演的角色有密切的关系，反过来说，学校校长的角色不同，其所拥有的权限也不一样。

美国大学校长的角色与权限大致有三种情形：其一，校长是大学的行政首长，对学校的运作和发展负责，拥有一定的决策权。其二，校长是大学学术与管理的最高执行官，负责大学最高决策机构所做决策的贯彻执行，拥有少量决策权。其三，校长是大学的象征，主要职责是筹款和对外交往、出席典礼和颁发荣衔，基本上没有决策权。

虽然美国大学脱胎于英国，但美国大学校长不像英国那样属于象征性的，而基本属于第一和第二种情形。无论是第一种还是第二种情形或是混合型，美国大学校长对大学来说都是非常重要的。

（三）校长的主要职责

作为大学行政首长的校长，其职务一般包括下列各项职责：规定学校教育目标；编制教育计划并组织实施、评价；保护、指导学生；指导、评估教职员；管理设施、设备；同家长、社区、校外团体进行联系。① 这是一种通用职责，而且是概括的结果，实际上不同大学，其校长的职责是有很大不同的。

六、大学的招生广告

美国大学没有指标生，也没有招生批次，要招到足够的好学生，光"学"办得好还不够，还得招生的功夫做到家。招生是美国大学重要且相对独立的一个系统。

（一）招生在美国大学中的地位

美国大学不像义务教育阶段学校或基础教育学校，有比较固定的生源，有比较固定的服务地域，它的服务对象在就读学校方面没有太多的选择余地，一般来说也无须做太多的选择。而招生则是美国大学办学的最为重要的环节之一，也是首要环节。美国大学竞争最集中的表现在于对生源的竞争上，因为没有生源或生源不足，美国大学就无法开张，开办之后也难以为继，最终将导致关门。可见招生对美国大学所具有的重要意义和地位。明白这一点，就很容易克服"官本位""师本位"倾向。所以，招生是美国大学最看重的业务之一。

① 吴吟音．中美学校领导理念之比较［J］．艺术研究，2009（3）：102－103.

（二）美国大学招生怎样做广告

为了招生，为了招到足够的学生，为了招到足够好的学生，美国大学都像公司推销自己的服务和产品那样，千方百计地向社会特别是学生宣传自己。“学会做广告推销自己，树立好形象，是美国办大学的基本功。像每年不断更新电话号码本一样，美国数家公司每年都更新出版许多版本的大学概览和介绍的图书。各大学十分慷慨地送发介绍本校的资料，并在网上设有专门的电子邮箱，可以说是有问必答，有求必应。”[①] 但凡有客来访，或要对外交流，有关人员都会呈上自己学校的宣传资料；如果时间允许，他们还会很卖力地利用笔记本电脑播放宣传片，或者展示学校主页。利用集会做展板宣传，也是比较通常的做法。在一些重要的学术会议，无论演讲主旨是什么，演讲者总会兜兜转转地扯出自己的学校“秀”一番。至于对招生负有职责的部门和员工，更是不遗余力地大力宣传。通常，他们还会走出去，到生源目的地举行推介会，或委托中介代为推广。一旦学校取得了一点成绩，就会大吹大擂。可以说，在招生推介上，不分强校弱校，没有不竭尽全力的。

（三）大学招生广告展示的主要内容

根据乔玉全在《21世纪美国高等教育》中所提到的，美国大学的广告资料一般都强调以下内容。

1. 建校时间和背景、地理位置、占地面积、教师概况等大学的基本情况。

2. 大学获得哪家高等教育认证机构的定期评估和认证。

3. 大学设置的专业项目及其特色。

4. 大学的生活娱乐设施和丰富多彩的学生活动。

5. 与多少国家或地区建立多少国际交流合作项目。

当然，如果是好大学，还会展示一下自己在排行榜上的最好位次。

（四）大学招生广告的审批与否

在中国，高校发布招生简章是需要省级招生考试机关审批的，主要

---

① 乔玉全. 21世纪美国高等教育［M］. 北京：高等教育出版社，2000：19.

是为了防止虚假招生宣传。但在美国似乎并没有这种审批制度，这可能与美国有比较健全的诚信制度有关。大学是法人单位，要对自己的言行负责，弄虚作假的代价是沉重的。当然，这并不能杜绝美国同样有“野鸡大学”“虚假招生”和“非法办学”，即使在实行审批制的我国，这类现象也是屡禁不止的。

七、大学的重要仪式

美国实用主义哲学流行，但也非常注重形式，特别是与“任命”和“颁授”有关的活动，仪式性都非常强。可以说，仪式是大学教育体系的重要门面。

很少听说美国大学有开学仪式，但毕业典礼却是非常的隆重。

据新东方留学频道2015年6月5日转载《北美留学生日报》祝梓馨文称，在美国，毕业典礼是每个在校学生都虔诚向往的一个隆重仪式，作为学子人生中的“里程碑”，有着十分重要的意义。下面就介绍9所大学的毕业典礼。

哈佛大学的毕业典礼固定在每年6月的第一周举行，地点固定在300周年剧场，位于纪念教堂和怀德纳图书馆（Widener Library）之间的大草坪。毕业典礼历时三天，每天都有不同的主题。毕业典礼演讲分英语和拉丁语。在毕业典礼前，毕业生的家长都会收到参加毕业典礼的邀请函，来自世界各地的亲友不远万里齐聚哈佛。值得一提的是，哈佛大学为自己的每位学生终身保留ID。

俄亥俄州立大学是美国规模最大的大学之一，它由哥伦布的主校园和位于利马、曼斯菲尔德、马里恩、直布罗陀岛、纽瓦克和渥斯特的分校组成。要把这样一所大学的所有毕业证书在现场准确无误地发到毕业生手上，着实不易。该大学的毕业典礼组织严密，纪律严格，行动有序。2013年，奥巴马曾作为嘉宾在毕业典例上演讲。

普渡大学最初的橄榄球队由蒸汽机工人组成，因此火车头成为普渡大学的吉祥物，“Boilermaker”也成为普渡人的昵称。在毕业典礼开始前，火车头在毕业典礼会场周边巡游。紧接着是即将获得学位的学生和研究生导师，穿上不同的学位服和导师服，也在会场附近巡游。在授予博士学位时，当广播中念到学生名字，大屏幕会同时显示这个学生姓名和导师姓名。在主席台右侧，研究生院院长协助学生的导师为毕业生系上一条深蓝色的头巾，而校长则站在主席台中间为每一位博士生颁发学位证书。在授予硕士学位时，大屏幕上只显示学生姓名，校长同样为每一位硕士毕业生颁发学位证书。

纽约大学毕业典礼在纽约布朗士扬基广场举办，时间为每年 5 月 20 日，520 正好谐音“我爱你”，双双出席毕业典礼的情侣毕业生也为典礼增加甜蜜气氛。毕业典礼当天的夜晚，帝国大厦将为纽约大学的毕业生亮起代表本校的紫色和白色的灯。

哥伦比亚大学毕业典礼显得尤其庄重，毕业典礼在校园广场举行，学生们在柔和美妙的音乐声中入场，在毕业典礼中还会配备哑语手势翻译，考虑十分周到。

加州大学洛杉矶分校的毕业典礼可谓最亲切，毕业典礼会场并不奢华，也不讲究排场，注重无拘无束。毕业典礼的主场地便是校园里带花圃的草坪广场，毕业典礼有时会请固定乐队，乐队队员穿着正式的苏格兰短裙装。

耶鲁大学的毕业典礼相比之下就朴素很多，除了名人演讲、校长握手之外，还有一个传统风俗，就是在毕业典例上“戴怪帽”。离毕业典礼还有几个星期，耶鲁大学的毕业生们就忙着挖空心思设计帽子，为了在千奇百怪的“戴怪帽”大会上一展风采。

斯坦福大学的毕业典礼应该是最热闹的，身穿华丽黑色毕业礼服的毕业生步入会场，一开始的庄重随着时间渐逝成了狂欢派对，参加典礼的毕业生以种种不同的方式表达内心的喜悦，有互相拥抱、对教授恶作剧等。

美国西点军校一向以严谨的风格著名，伴随着铿锵有力的管弦乐，准军官们身着灰色军装入场。随后西点军校指挥官们一起为每一位毕业学员颁发证书，尾声时大家一起脱帽行礼。

如果一所大学在意学生，把学生毕业看作是一件非常重要的大事，而隆重其事，那么，学生肯定很感动且终生难忘，母校与校友的关系由此而真正建立。如果一所大学的毕业证书或学位证书，叫班干部发放，或自行到院系办公室工作人员处取回，人们会觉得这些证书是“珍贵”的吗？会珍惜吗？在实用主义横行的美国，大学还如此大张旗鼓地搞“形式主义”，这也是很值得我们思考的。

八、大学的主要标识

美国大学注重文化建设，凡是能够凸显大学精神、象征大学成就、体现大学追求、证明大学历史的人、物、图形、建筑、格言甚至事件，往往都会成为大学的标识。公众甚至包括大学生自己对大学的体系或大学内部系统通常不甚了解的，但通过大学的标识往往可以识别到对应的大学。

古老的大学会以古老的建筑作为代言人，高水平的大学会向人们展示它的杰出人物或它的发明创造，至于设计校徽、校旗或制定校训之类的标识物，几乎是所有大学的通例。就像哈佛大学，它的校训是“真理”（1643 年），1650 年改为“荣耀归于基督”，1692 年改为“为基督为教会”，后来恢复为“真理”，与此相关的还有流传甚广的三句话：“与柏拉图为友，与亚里士多德为友，更要与真理为友。”当人们听到这三句话，就自然而然地想到哈佛。这就是标识的意义。

美国大学很重视通过运营自己的标识来宣传学校。首先，学校的标识物会出现在各种场合和各种类型的媒介上，获得大力的推广以宣扬学习，甚至连讲学用的 PPT 都会烙下校徽、主要景点、建筑、著名人物等，让人在潜移默化中理解、接纳学校；其次，许多大学会把学校标识制作成礼品，如纪念章、工艺品、日常用品、衣物等，借助商业手法进行推广。可以说，在美国大学管理中，“经营学校”的理念是牢固而鲜明的。这一点很值得我们借鉴。

由上可见，美国高等教育体系是庞大的、复杂的、开放的，但政府、社会与高校的边界以及公立大学的级类是清晰的。所有这一切，都由法律来规定，国家和政府依法治教，为大学的治理体系建设和治理能力水平提高奠定了基础。大学拥有很充分的办学自主权，即使是公立学校，学校的资产也被定性为“校产”，这使“经营学校”成为大学管理的主要法则，可以把大学的优势、水平和特色“发挥”到极致；公立大学只有州一级政府办学，只有层次类型的差异，没有身份等级的不同，更没有所谓的“规格”和“级别”，大家都“安分”走分类发展的道路，做最好的自己。美国大学普遍实行董事会领导下的校长负责制，但董事会不管具体事务、常规事务和专业事务，学校一般不干涉日常的学术活动和业务工作，行政系统按职责做好服务工作，管理的重心在院系一级；学校内部的决策则实行民主集中制，基本表决方式是“票决制”，但常规工作都按“规矩”办理，不会反复决策；学术和专业技术问题由以专家为主体的委员会处理，必要的时候，学校才会办理程序性手续。美国大学的治理体现了民主、法治的精神，也有非常鲜明的精细、服务的风格。这些都非常值得我国当今的大学学习。

第二章　美国大学的办学理念

笔者觉得美国大学的办学理念都非常清晰、明确，虽然各有各的口号，但也有共同之处，其中，给人印象特别深刻的有两条：实行学术至上，坚持服务社会。

一、实行学术至上

美国大学奉行“学术至上”主义。大学办学就是“办学术”。这主要表现在以下三个方面。

首先，学术是大学治理的最优先选项。美国各大学普遍实行教授治学，严控行政权对学术事项的控制和干预，出台很多政策，鼓励和支持教职工特别是“学术力量”参与学校管理。教师聘任也非常强调学术水平。大学还设立许多委员会，审议甚至处理专业技术问题。在办学资源配置上，学校也把维护学术地位和提升学术水平作为最优先的选项。最近十余年来，美国一方面频频用兵，另一方面又遭遇金融危机，经济很不景气。在这种困境下，各大学无论实施怎样的财政紧缩政策，都以不伤害学术水平为原则。印第安纳大学又以“多元、长远、全方位”的发展新理念为指导制定应对策略，就始终把学术看作是学校的生命。可以说，美国大学建立起了一个学术至上的办学体制。

其次，设定严格的学术标准，并不断提高学术水平。美国大学对教师有一套严格的学术标准，并进行严格的遴选和考核，对学生也有一套严格的学术标准，严格评定课程成绩，严格审定毕业条件，严格保障学位的含金量。从大学有关“个人专业”的设置来看，美国大学在学术问题上对科学性、严谨性的追求到了近乎烦琐的地步。在这方面，没有什么“人情”可讲。

最后，严厉打击学术造假。美国大学对学术造假几乎是零容忍，一旦发现，即高度重视，一旦核实，即严肃处理。美国并非没有“学术事故”，但美国国会朝野一致、官民同心的口诛笔伐，毫不留情，当事人的下场往往也会比较“惨”。这与我国对待同类情况时社会各方一致地做“老好人”，媒体组织围攻，甚至实施“舆论审判”，口诛笔伐“执法”者，法院甚至判无过错的校方或当事人（教师）担责，是有很大不同的。

这可能就是美国大学的“元”，它是大学力量的源泉。

教育部赴美调查“文凭工厂”　将公布处理意见①

据《北京晚报》2012 年 2 月 16 日报道：

美国高等教育界再爆丑闻。耐人寻味的是，涉案的美国狄克森州立大学在中国国内却非常受欢迎。该校与中国 19 所大学建立了合作关系；在教育部涉外教育监管网上，为帮助自费出国留学人员正确选择国外高校，教育部公布的美国高校名单中，该校也赫然在列。

一份由美国北达科他州立大学系统和北达科他州高等教育委员会组织的审计报告指出，数百名不具备入学资格的外国学生被狄克森州立大学录取，并且在没有完成课程的情况下被授予学位。其中大多数是中国学生，也有一些来自俄罗斯。狄克森州立大学主管留学生事务的副校长乔恩·布拉迪格已于上周五辞职，而教育、商业及应用科学学院院长道格·拉普兰特在当天开枪自杀。

当日上午，记者从狄克森州立大学中国中心的搜索快照中看到，与美国狄克森州立大学有合作的中国高校有：中央民族大学、北京工业大学、首都经贸大学、四川外语学院、四川师范大学、苏州大学、大连交通大学、大连外语学院、大连东软信息学院、太原理工大学等。

在首都经贸大学外语系的网站上，记者发现，在 2010 年一份外语系

① 巩育华，李莉．教育部赴美调查“文凭工厂”将公布处理意见［N/OL］．北京晚报，（2012 - 02 - 16）［2018 - 03 - 15］．http：//news. cntv. cn/china/20120216/117274. shtml.

学生参加国际交换生项目的名单中，14 位交换生中有 7 位签约美国狄克森州立大学，而“狄克森州立大学—中美双学位交流计划”也是该系的重点计划。据了解，美国狄克森州立大学自 2002 年起，与首都经贸大学、北京工业大学等 19 所中国高校签订了“全球通道项目”交流计划合作协议，目前已有近十期项目学生完成学业，取得学位。

当日，记者致电与狄克森州立大学有合作项目的北京三所高校。北京工业大学宣传部王部长表示目前尚不清楚此事，正在核实情况；首都经贸大学负责人表示，已与狄克森州立大学中国中心联系，正在等待对方书面文件。但该负责人强调，美国狄克森州立大学是我国教育部认可的大学，所授予的学位得到教育部认可，因此她认为，有报道将狄克森州立大学称为“野鸡大学”的做法，十分欠妥当。

对于该校学位被认证一事，当日记者采访教育部新闻发言人续梅，得知教育部已派员赴美调查，之后会公布处理意见。

二、坚持服务社会

众所周知，基于欧洲大学的古老传统，大学的职能是培养人才，19 世纪德国柏林洪堡大学首创把科学研究作为大学的重要责任，大学的职能增加了科学研究。这种局面维持了好几十年。到了 20 世纪初，美国的威斯康星大学第十任校长查尔斯·范海斯在其就职演讲中具体阐述了大学目标及其实现途径，指出大学应当是为本州全体人民服务的机构，它将努力寻求把英国的寄宿制学院和德国研究型大学的主要优点结合起来，人文学科、应用学科和创造性的研究将共同发展，兴趣各异的学生均可从这些密切相关的学科中得到益处。大学将是“瞭望塔”，应作为“公共事业”的基本工具积极参加改造社会的活动。为了真正实现为社会服务的目的，“威斯康星理念”在具体的实践上主要采取了传播知识、推广技术以及提供信息咨询服务的方法。范海斯还指出，大学的目标就是要把知识的亮度和发展的机会带给全国各地的人民。在麦卡锡等人的大力支持下，他和路易斯·罗伯建立了一个能影响全州的知识推广部。该部设立了函授、学术讲座、辩论与公开研讨、提供一般信息与福利 4 个服务项目。1912年，威斯康星州公共图书馆委员会主管立法资料的查尔斯·麦卡锡在其介绍威斯康星州立法改革方面的著作——《威斯康星理念》中，第一次使用了“威斯康星理念”一词来总结威斯康星大学的办学经验，提出了独具特色的办学模式。

“威斯康星理念”（Wisconsin Idea，1904），也叫作“威斯康星思想”，即威斯康星大学在教学和科研的基础上，通过培养人才和输送知识两条渠道，打破大学的传统封闭状态，努力发挥大学为社会服务的职能，积极促进全州的社会和经济发展。“威斯康星思想”创造性地提出了大学的第三职能——为社会提供直接的服务，使大学与社会生产、生活实际更紧密地联系在一起，高等农业教育的社会服务职能同步得到强化。此后，威斯康星大学以其卓越的成就受到世人的称赞，为各州大学所效仿。

“威斯康星思想”是世界高等教育史上具有划时代意义的思想，它主张高等学校应该为区域经济与社会发展服务。由此，世界高等教育的职能从教学、科研扩展到社会服务，形成了高等教育的三大职能。在这种思想的指引下，一种新的大学办学模式随之产生，这就是“产学研”结合。

“产学研”结合的“产”是指产业，“学”是指学校，“研”是指研究机构。“产学研”结合是指产业、学校、科研机构相互配合，发挥各自优势，形成强大的研究、开发、生产一体化的先进系统并在运行过程中体现出综合优势。从大学教育的角度看，“产学研”结合，也叫“产学研”教育，即把生产、教学、科研紧密结合起来，是“产学研”合作的一种特别形式。

“产学研”合作是指企业、科研院所和高等学校之间的合作，通常指以企业为技术需求方，与以科研院所或高等学校为技术供给方之间的合作，其实质是促进技术创新所需各种生产要素的有效组合。随着高校功能从人才培育、科学研究到社会服务的延伸，高等教育、科技、经济一体化的趋势越来越强。尤其是在知识经济社会中，大学将被推向社会发展的中心，成为社会经济发展的重要动力。以信息技术为标志的第三次科技革命对“产学研”合作起到了推波助澜的作用，其中，斯坦福大学对师生创业和建立学术界与产业界合作的积极支持，创造了“硅谷”的经济奇迹，使“产学研”合作在高新技术飞速发展的当今世界，成为推动经济和整个社会发展的一种最强劲的动力。

20世纪50年代，斯坦福大学工程系主任和工程学院院长，人称“硅谷之父”的特曼首先提出了学术界和财富界理当结成伙伴关系，始创“硅谷模式”。依靠斯坦福大学强大的科研实力和校方对“产学研”合作的鼎力支持，硅谷模式有力地促成了区域经济发展，同时与工业界的紧密联系也促进了斯坦福大学的科研与教学。硅谷模式标志着“产学研”合作这一形式的正式确立。在美国的示范下，英国、日本等国的“产学研”合作也取得了很大的成功。

比较流行的“产学研”合作方式①

项目纽带合作模式。它是比较松散的合作模式，主要特点是企业、大学、科研院所以具体项目为纽带，签订合作协议，建立合作关系，项目完成，合作即解散。这种合作模式主要有三种具体形式：技术转让模式、项目委托模式、联合研发模式。

建设平台合作模式。这是一种关系比较紧密的合作模式，其特点是企业、大学、科研院所共同投入资源建立平台，以平台为主体进行科学研究。具体形式有共建科研基地模式和衍生企业模式。

产业技术联盟合作模式。它由企业和科研机构围绕创新技术创制、共性技术攻关组建相应的产业技术联盟，集中优势力量实现产业技术创新，共担风险，共享利益。具体模式有契约产业技术联盟方式和实体产业技术联盟方式。

“产学研”合作突出的是技术的开发、应用及其产业化，而“产学研”结合则在此基础上突出了人才培养的意义，一方面，借助“产学研”合作来培养人才，另一方面，通过培养人才来推进“产学研”合作，不管哪种情况，人才培养是在“产学研”合作过程中完成的。

---

① 资料来源于百度知道。

现在，“产学研”结合已经成为现代大学办学的基本模式之一，而且其内涵也在不断扩充，一是“产”的内涵不断扩充，由初始的物质生产部门拓展到了服务部门，再进一步拓展到用人部门和技术应用部门；二是“产学研”结合的主体也在不断增加，由原来的“产”“学”“研”增加到“政”“产”“学”“研”和“用”等部门，即围绕着高新技术和创新型人才这两个核心，各有关方面开展合作，形成了“协同创新联盟”。这可能是美国大学的“用”，它是大学存在的价值。

将追求普世价值、实行学术至上、坚持服务社会作为大学的办学理念是相互关联的，构成了一个整体。对普世价值的追求，表明了大学的使命，它是大学精神的最集中体现，对人类和社会最具感召力，将使大学成为社会的灯塔。实行学术至上，可以说抓住了大学的“本质”和“本职”，学术是大学之所以称为大学和成为大学的根本，没有学术做基础，大学对普世价值的追求也就是一句口号，当然也谈不上服务社会。服务社会是大学理想、大学价值的体现，是大学学术的直接检验，也是大学实现可持续发展的必经之路。套用一个句型，如果大学不走与工农业（产业）相结合的道路，大学不走与工农（劳动者）相结合的道路，大学教育是没有出路的。这就是美国的经验告诉我们的重要启示。

反观我国的大学教育，似乎对“大学精神”“大学体用”之类的问题不太在意，所以，谈到办学理念，往往不知所云。以致大学精神缺失，不断走向“山寨”，高等教育变成高代价的教育。[①] 特别是在相当长的一段时间里，我们把自由、民主、平等看作是资本主义独有的东西，而不是把它看作包括中华民族在内的人类的共同财富、《中华人民共和国宪法》确认的基本精神、社会主义价值观的应有之义和中国共产党人的矢志追寻，百般论说，作茧自缚；同时，一方面强化了行政对学术的管制，另一方面又对教育进行市场化改革导致学术受到政治和市场的双重影响，例如，为了稳定，必须保障就业率，而为了提高就业率，必须提高毕业率，

① 肖建彬．中国教育问题分析：基于政策与实践的思考［M］．广州：广东人民出版社，2015．

并且提高课程的分数和绩点，因为我国实行了“专业设置与就业率挂钩”的政策。证书已被注水，学术不再神圣。此外，学不管用的做法在我国大学也是非常普遍的。这与美国大学的理念相比，真的还有很大差距。

大学到底该怎么办？怎么看待三大职能？各利益关系方的最大公约数是什么？在笔者看来，看似明白的事还需要我们认真的思考。

第三章　美国大学的专业与资源

说到大学的办学，人们讨论最多的就是专业和资源。没有合适或恰当的专业，要办好大学是不可能的；有了合适或恰当的专业，没有丰富的资源也是不行的。在这方面，美国大学也有很多可资借鉴的经验。

一、学科与专业

学科和专业是大学安身立命之所。离开了学科和专业，大学就不能称其为大学了。

学科和专业与科学技术和经济社会发展关系密切，随着科学技术和经济社会的发展，一些学科和专业消失了，一些学科和专业产生了。但总的发展趋势是不断增加的。在此过程中，高等教育大众化和大学管理民主化也是重要的影响因素。基于上述原因，在这一个多世纪以来，特别是近几十年来，美国高等教育的学科和专业发展就起着风向标的作用。从资料上显示，美国高等教育的专业种数从1985年的431种增加到1990年的912种，5年中增加了481种，增幅为111.6%。到了2000年，这一数字又被刷新到1 358种，10年间又增加446种。[①] 所以，如果在专业方面管得过紧，显然是不适宜的。

（一）学科的类别与设置的标准

在美国高等教育管理的理念中，专业设置作为大学一项重要的学术工作，长期以来一直被认为是大学自己的事务，因而，大学在自己的专

① 刘小强，彭隆辉．当前我国高等教育家专业制度的困境与出路［J］．中国高教研究，2009（5）：7－9．

业设置上具有充分的自主权。[①] 即使是州政府，对公立大学的专业设置通常也是不干预的，除非公立大学额外向州政府要资源。

美国联邦政府没有统一、强制全国高校执行的学科专业目录。这为大学创新专业设置，满足市场多元需要，促进人才的个性化、多元化培养提供了空间，也使大学专业设置更具个性和特色。[②]

在美国，也有一个类似于我国专业目录的指导性课程计划分类标准（Classification of Instructional Programs，以下简称 CIP），它是由美国国家教育统计中心研究开发并由联邦教育部颁布的，广泛应用于教育部的各部门和其他政府机构，并被大学所接受。在收集、报道、整理有关学科专业目录资料、指导教育规划和资源配置以及教育整体布局等方面发挥着自身的作用。[③] 但美国的这一"专业目录"不像我国的专业目录那样具有政府的权威性和对高校的控制力。CIP 不是政府规范性文件，更不是法律，而是国家信息服务的一种方式。CIP 特别强调自己所使用的代码和名称是"标准的统计工具"，反映的是当前的实际情况，而不是官方承认或许可的学科专业的目录。名称和代码的增加、删减与移动，反映的则是自上次分类标准修订后学科专业设置上的实际变化。[④]

有专业参考，无政府标准，这是美国大学教育的非常显著的特色之一。

（二）专业设置的要求与程序

专业的设置是学生知识、能力结构的设计，是对学生学习进程的计划安排，对于人才培养和教育质量具有重要的意义。

美国非常重视专业设置，认为专业就是组合，本质上是知识能力的

---

① 乔玉全. 21 世纪美国高等教育［M］. 北京：高等教育出版社，2000：1－55.

② 刘小强. 美国本科教育"个人专业"的启示［J］. 中国高教研究，2009（7）：38－43.

③ 刘念才，程莹，刘少雪. 美国高等院校学科专业的设置与借鉴［J］. 世界教育信息，2003（Z1）：27－44.

④ 鲍嵘. 美国学科专业分类系统的特点及其启示［J］. 比较教育研究，2004，25（4）：1－5.

组合，形式上是课程的有机结合，因此，它不是学科的细分，而是围绕特定领域组织的知识能力结构。专业的设置必须顾及各个利益关系主体的需要，大学需要因地制宜，发挥优势、突出特色，实现可持续发展，社会需要大学培养有用的专业人才，学生希望借由专业教育获得较好的职业发展。而大学作为专业教育提供方，在专业设置方面便负有重要责任，处于重要地位，沟通和整合着社会需要和学生需要，有义务充分考虑并最大限度地满足社会的需要和学生的需要。于是，在美国，形成了主体协调、权力共享的专业设置体制，即在专业设置的过程中，以大学为主，社会、政府和学生共同参与，体现了市场的引导性、学术的严肃性与学生的选择性的有机统一。

美国大学的专业其实是一个复杂有序的学术体系和人才培育体系，既覆盖一定的学科领域，又有关联的级类，包括公共专业和个人专业，而公共专业又分为常规专业和特别专业。

1. 公共专业。公共专业是学校设置为学生选学的。常规专业是指一个大学经常性设置和许多大学普遍性设置（或招生）的专业，也是招生人数比较多的专业。这类专业具有传统性、通用性的特点，但往往不适应新兴行业、小众职业和特别岗位的需求。为此，许多大学开始设置一些特别的专业，来应对社会人才需求对大学的挑战。人们从中可以看到美国大学在专业设置上对行业、职业甚至工种的覆盖面，也可以看出大学的社会责任感。详细专业如表 3 - 1 所示[①]。

---

① 吴宪. 美国前 218 所大学简介［M］. 上海：上海科学技术出版社，2008.（依据该书所列各大学专业，选其名称特别的专业，以英文字母为序，以汉字声母分类。）

表 3－1　名称特别的专业列举表

序号	名称特别的专业
A	—
B	办公管理/办公室管理、波多黎各裔美国人研究
C	创造性写作、初等教育、城市社区地区规划、成人教育、城市研究
D	电影技术和电影、多媒体学、动物学和动物生物学、地区研究、电视影像和特殊效果、地区/民族/文化和性别研究有关科目
E	俄罗斯研究
F	妇女研究、非洲裔美国人研究、服饰和纺织、发展经济和国际发展、法律管理助手/秘书
G	古典文学与语言、公共政策分析、国际和全球研究、公共卫生教育和推广、公共管理和社会服务、公园娱乐休闲研究、古典文学和古典文学语言关系、古典研究、古典地中海民族和近东研究和考古学、工程学、古典近东和圣经语言学、国际农业、公共/运用历史和档案管理、国际学生中亚裔美国人研究、公共健康
H	环境研究、和平研究和缓解冲突、后勤和物资管理、环境健康工程
I	—
J	交叉学科研究/跨学科研究、技术和商务写作、健康学、健康教师教育、家庭和消费学、家庭和消费者经济、健康和体育教育、家禽学、计算机制图学、爵士乐研究、家庭社区服务、教育学（幼教 1 至 2 年级）、交流障碍学
K	跨学科研究、科学技术哲学和历史、客机驾驶员和机组学、科学技术和社会、科技和社会
L	老人医学、拉美裔美国人研究、旅店和餐馆管理、历史关系、历史文物保管和收藏、劳工和工业关系、劳动关系和人事关系、历史和哲学和科技、历史记载的保护和收藏

续上表

序号	名称特别的专业
M	美术艺术关系、美国研究、墨西哥裔美国人研究、贸易和工业教师教育、美国政府和政治、民族和地区音乐研究、美国印第安人/美国土著居民研究
N	农业传播新闻、农业教师教育、农业生物工程、农业商务、农牧场管理
O	欧洲研究、欧洲研究（中部和东部）、欧洲研究（西）
P	平面造型设计和图解
Q	企业家研究
R	人体保健运动学、人类服务、人类发展和家庭研究、人文学、认识心理学和语言心理学、人类生态学、乳制品研究
S	视觉和表演艺术、生物物理学、司法和法律实施管理学、设计和视觉传播学、商务远洋、社会服务、森林学、森林学和生物、商业管理和运作关系、社会科学、双语教育、生理心理学/心理生理学、双语和多语种教育、水中动植物栽培、数码/多媒体和信息资料设计、社区健康服务咨询、手语翻译、斯拉夫研究、商务/企业交通
T	体育教育与训练、陶瓷艺术与陶瓷、陶瓷学和工程、听能工程学、体育教育教学和教练、同性恋研究、特殊产品营销
U	—
V	—
W	文学和语言学、外语和文学、文科和文科学/文科研究、无线电和电视广播、外语教师教育、网页设计
X	戏剧舞台艺术、现代语言、消费者经济、戏剧设计与技术、休闲娱乐研究、销售运输与市场、戏剧和电影剧本创造、西方文明、西班牙裔美国人研究、行星和太阳系学

续上表

序号	名称特别的专业
Y	娱乐疗法、运动健康行政管理、运动行政管理、言语交流和修辞学、犹太人研究、运输和高速公路工程学、野生生物学、野生动植物管理、言语修辞研究、运筹学、艺术评价和收藏、亚洲研究（东）、亚洲研究（南）、亚洲研究（东南）、娱乐休闲设备管理、亚洲裔美国人研究、银行和财政支持服务、鱼类猎物管理、言语病理学、娱乐和休闲用品服务和营销、言语疗法、音乐疗法
Z	宗教研究、中等教育、自然科学教师教育、自然资源保护和批评、自然科学教育、中学管理和校长训练、中世纪和文艺复兴研究、组织行为学、自然资源管理和政策、职业病疗法、珠宝艺术、自然科学/技术和社会学、宗教/圣乐

现代大学都会开设许多专业，美国大学也不例外。但开设多少专业，开设哪些专业，各大学是有差异的。通过考察好大学的专业设置，人们可以发现某些颇值得思考的特点。（详情见附录一《美国大学的专业设置列举表》）

从部分（约5%）办得比较好的美国大学的专业设置来看，我们可以发现：在样本中，以贝勒大学100个本科专业为最高，以罗斯—哈尔曼理工学院的17个本科专业为最低。不同的大学，其专业数量差异是很大的，有5~6倍的差距。但大学的专业设置数大致也有一个区间，至少也要有十几个专业，而超出100个专业的大学也不多。我们是否可以得出这样的结论：即一所大学的专业不能太少，也不能太多。专业太少，不利于专业的集群发展和优势学科的形成，也不利于学生规模的扩张和学生专业的选择，甚至影响就业；专业太多，建设压力和管理跨度大，不利于把专业和学科做大做强。

在这218所大学中，学校的专业规模大致呈现“M”型特征，即绝大多数大学的专业规模介乎30~90个之间，其中，专业数在40~49个和80~89个的大学为最多，前者多为小型大学，甚至是微型大学，后者多为大型大学，甚至是巨型大学。我们是否可以推断，在美国，中小规模的大学，其专业数一般为40多个，而大规模的大学，其专业数一般是80多个（如表3－2所示）。

表3－2 学校的专业规模统计表

专业数/个	20以下	20～29	30～39	40～49	50～59	60～69	70～79	80～89	90～99	100以上
学校数/所	1	10	29	42	36	28	24	41	6	1

专业与规模对应的具体情况如下：

不足20个专业的大学1所，其学生数为1 963人。20～29个专业的大学10所，学生规模介乎于822～4 829人之间，其中，学生不足1 000人的有3所，1 000多人的有5所，3 000多人的有1所，4 000多人的有1所。30～39个专业的大学29所，其中，1 000多人的大学有13所，2 000多人的大学有8所，3 000多人的大学有2所，4 000多人、5 000多人、6 000多人和8 000多人的大学各1所，而麻省理工学院和乔治亚理工学院的学生则分别有10 253人和17 936人。

40～49个专业的大学42所，其中，学生不足1 000人的大学有6所，以大西洋大学393人为最低；学生1 000多人的大学有12所；学生2 000多人的大学有14所；学生4 000多人、5 000多人和6 000多人的大学各1所；7 000多人的大学有3所，10 000多人到17 000多人的大学有4所。

50～59个专业的大学36所，其中，1 000多人的大学有6所，2 000多人的大学有11所，3 000多人的大学有6所，5 000多人和7 000多人的大学各有2所，11 000多人的大学有3所，4 000多人、6 000多人、8 000多人、13 000多人、17 000多人、18 000多人和24 000多人的大学各1所。

60～69个专业的大学28所，其中，不足1 000人的大学有2所，1 000多人的大学有4所，2 000多人的大学4所，5 000多人的大学3所，6 000多人的大学2所，3 000多人、4 000多人和9 000多人的大学各1所，其余均超过10 000人，以31 000多人为最多。

70～79 个专业的大学有 24 所，其中，学生规模最少的只有 400 人，学生有 1 000 多人、2 000 多人、6 000 多人和 7 000 多人的大学各 1 所，其余均为万人大学，分别有 10 000 多人的大学有 8 所，20 000 多人的大学有 6 所，30 000 多人的大学有 3 所，40 000 多人的大学有 2 所。

80～89 个专业的大学 41 所，其中，学生规模最少的只有 1 153 人，不满 10 000 人的大学共有 4 所，10 000 多人的大学有 12 所，20 000 多人的大学有 9 所，30 000 多人的大学有 7 所，40 000 多人的大学有 6 所，超过 50 000 人的大学有 2 所。

90～99 个专业的大学有 6 所，其中，学生规模最少的只有 657 人，2 000多人、10 000 多人和 20 000 多人各 1 所，超过 30 000 人的大学 2 所。

100 个专业以上的大学只有 1 所。

如果按照生均专业（即平均每个专业的学生规模）来看，专业学生规模最少的是马尔伯勒学院，平均每个专业的学生只有 5.06 人；专业规模最大的是佛罗里达大学，平均每个专业的学生达到 598.61 人，但多数大学专业的学生规模均在 100 人以内，尤以平均每个专业的学生规模40～60 的大学为最多（如表 3－3 所示）。

表 3－3　专业学生规模统计表

平均每个专业的学生规模/人	学校数/所	平均每个专业的学生规模/人	学校数/所
1～20（不含，下同）	12	300～320	4
20～40	33	320～340	7
40～60	43	340～360	3
60～80	16	360～380	3
80～100	9	380～400	3
100～120	7	400～420	7
120～140	6	420～440	1

续上表

平均每个专业的学生规模/人	学校数/所	平均每个专业的学生规模/人	学校数/所
140 ~ 160	7	440 ~ 460	3
160 ~ 180	8	460 ~ 480	3
180 ~ 200	6	480 ~ 500	2
200 ~ 220	9	500 ~ 520	1
220 ~ 240	6	520 ~ 540	1
240 ~ 260	2	540 ~ 560	1
260 ~ 280	7	560 ~ 580	2
280 ~ 300	2	580 ~ 600	4

从附录一可以看出，不管专业总数是多少，总有一些是热门专业。如此看来，好的大学都有热门专业，同时，即使是好的大学，也可能只有部分是热门专业。

2. 个人专业。除了公共专业外，美国高校中普遍存在着“个人专业”。这是我国大学所没有的，也是美国大学专业设置最具特色的地方之一。个人专业是在学校公布的公共专业之外，由学生个人发起申请并进行课程设计，以满足其独特兴趣需要和发展目标的个性化的跨学科的专业。在大部分的高校中，它们被称为“个人专业”，在其他一些高校则被称为“独立学习计划”或“未明确专业”。它具有以下 5 个特点：①个人专业是学生发动、设计，以兴趣和发展目标为导向的专业。②个人专业是个性化的专业和学习进程，与已经公布的常规专业和已批准的其他个人专业有较大差别。③个人专业是跨学科、跨系的专业，如威斯康星大学麦迪逊分校就明确规定个人专业的课程必须由两个以上的系开设。④个人专业的提出和批准是严肃的学术事务，有非常严格的程序。⑤个人专业不是课程的自由松散组合，而是一个经过科学架构，有逻辑、有结构的课程整体。也就是说，个人专业的设置是有严格的学术要求的。首先，所有高校的个人专业都要求学生必须围绕一个中心领域或集约焦点来组织课程、发展专业。其次，对于个人专业的课程还有结构上的明确规定，不同水平层次、不同院系开设的课程要分别达到一定数量。如加州大学戴维斯分校文理学院的个人专业要求课程分为数量不等的初级预备性课程和45～54个单位学分的高级深度课程，其中后者又必须有不少于30个单位学分是在文理学院内部取得的，等等。又如威斯康星大学麦迪逊分校文理学院对个人专业要求修满36～40个学分的课程，其中在一个系里修满的课程不能超过24个学分，20个学分的课程必须是中级或高级水平的课程，等等。在威尔斯利女子学院，其个人专业要求必须围绕一个特殊的中心领域来构建，完成个人专业的学习必须能够有利于学生在其兴趣领域内知识、技能的积累性发展，其课程必须包括高级水平的理论课和方法课等。①

尽管个人专业是为了满足学生的个性需要，但是个人专业的管理却是非常严肃的。学生提出的个人专业并不都能得到学校的批准，个人专业的发展和形成要经过严格的程序。个人专业不是学生单凭兴趣爱好提出来的，它还需要顾问教师的帮助并且得到他们的支持与同意，最后还必须经过教师委员会以及学院委员会等不同学术组织的严格审查。在个人专业的实施过程中，任何对课程设置的修改都必须得到顾问教师和委员会的批准才能生效。有的大学甚至还规定当修改达到三次之多时，个人专业就需要重新提交和审核。

个人专业的提出和实施需要经过复杂的程序，尽管不同的个人专业情况会因学科性质和学校校情而有所不同，但个人专业的发展过程总体上还是基本一致的。一般来说，这一过程包括确定兴趣、发展设计个人专业、提出申请、审核与批准、执行与修改等环节。刘小强在《美国本科教育“个人专业”的启示》中以加州大学戴维斯分校文理学院的个人专业设置为例，详细介绍了美国大学个人专业的发展过程和步骤，具体如下：

---

① 刘小强. 美国本科教育“个人专业”的启示［J］. 中国高教研究，2009（7）：38－43.

（1）明确兴趣和目标。确定个人专业的前提和基础就是要明确学生的个性兴趣和人生目标。一般来说，各大学不鼓励学生轻易申请个人专业。如果学生无法完成其个人专业的所有课程，或是课程结构最后证明是不合理的，那对学生个人和学校来说都是极大的资源浪费。所以各大学在学生申请个人专业之前都希望学生谨慎、明确地确认自己的兴趣和目标，并要求学生尽量在学校已设专业和已批准的其他个人专业中选择适合自己的专业。

当学生需要确定专业时，学校要求学生仔细阅读校方设置专业的简介并尽量在其中选择自己的专业。如果学生不能在这些专业中发现自己感兴趣的专业，他们可以把那些培养目标及学术领域令其感兴趣的专业记录下来，即使这些专业还不能完全符合他的兴趣，还是最大限度地在这些专业的课程设置中寻找最接近他兴趣的课程。然后，学校建议学生可以请教那些看起来与他自己有同样学术兴趣的教师，这些教师经常是他感兴趣的课程的授课教师。学生还可以在咨询处与专业顾问或职业生涯顾问谈谈，探讨他们自己的学术兴趣与专业或生涯目标的关系。

学校还要求学生仔细考察过去已经得到批准的个人专业，确定是否存在能满足他们特定需要和兴趣的个人专业，或是能够对他们提出新专业有参考价值的个人专业。

（2）发展个人专业计划。当学生决定要发展其个人专业时，他需要初步确定专业课程和专业名称。在学校开设的课程中，学生可以将那些打算包含在自己学习计划中的课程列出清单，并且根据课程名称或学术领域进行分组，初步形成一个结构性的课程计划，并尝试性地确定一个专业名称。这个专业名称要求能大致反映所选择课程的内容，并且能精要地概括课程计划的中心主题。学生必须就其组合的课程计划的主题和他自己的教育目标形成一个书面的说明，其中要特别说明他所形成的课程计划如何能够实现他们的发展目标。然后，学生可以从开设了他选择的课程的院系中选择两名教师作为他们的顾问，并把已初步确定的课程计划和书面说明提交给顾问，请求顾问为个人专业的发展和实现提供帮助。一般来说，学生应该选择其课程计划中最核心课程的授课教师作为专业的顾问，并且指定其中来自于文理学院的教师作为首席顾问，另外一位作为第二顾问。这里所指的顾问都必须是学术委员会的成员。学生要与顾问进行商讨，以确定他所选择的课程是否适合他的兴趣，课程计划中是否还有课程需要增删修改，顾问是否认同这种课程计划，课程是否能最大限度地实现他们的目标，是否有必要加入学位论文、独立学习课程和实习等。在完成上述步骤后，学生可以约见文理学院院长办公室的一位顾问，这位顾问将会对学生们的课程计划进行一般的技术性修改，如有必要，也可能指引他向其他教师咨询。

（3）提出申请。当课程计划得到了顾问们的批准后，学生就开始填写个人专业申请表格。在向学院提交申请时，申请表格还必须得到学生个人专业顾问的签名和同意支持，还要提交一份个人陈述和顾问填写的个人专业评价表。个人陈述主要是介绍申请者的教育目的、个人的或专业的目标及与所选课程之间的统一性和整体性，还要对课程计划中的任何可能与个人专业看起来不大相容的课程进行申辩。如果已经存在与他所申请的个人专业相似的专业，那他还要在陈述中解释为什么他的目标不能在已经存在的专业中得到实现。而个人专业评价表则主要是顾问对个人专业的新颖性、对学生的合适性、内容的科学性等方面进行的评价。如果学生提交的个人课程计划中包含了注册学生数过多或者有专业限制的课程，学生还应该与相关院系咨询，以确保他能够选修到所需的课程。

（4）审核与批准。在加州大学戴维斯分校的文理学院，院方专门设置了一个个人专业教师委员会，对学生所提交的个人专业申请最后做出是否批准的决定。该委员会由 5 名教师代表和 1 名学生代表组成。在 5 名教师成员中，至少有 4 名教师必须分别来自人文科学、社会科学、心理科学和生物科学。学院的 1 名助理院长列席委员会会议，但没有投票权。委员会实行一票否决制，只有在全体成员意见一致时，委员会是否批准个人专业申请的决定才有效。如果意见不一致，个人专业申请将会被提交到学院的执行委员会进行最后处置。在某些情况下，如果学生同意修改某些指定内容，教师委员会则会批准个人专业申请，有时执行委员会也可能要求进行较大修改，并且建议推迟申请。

个人专业教师委员会关于个人专业的评价标准主要有：申请的个人专业是否能代表一个已确认的学科或学习领域；申请者的兴趣和目标是否能够在已经存在的专业中得到满足；学习计划是否具有严肃的学术性，是否与其他专业在学术性标准上一致；课程计划是否具有内在一致性，课程之间是否是互补相关并且形成一个统一中心；是否包含了合适的理论和方法课程等；学习计划看起来是否领域分得太散或太窄、太专业化；个人的陈述和课程选择是否相关；个人申请的课程计划是否适合于实现其目标，或者是否有其他的专业更适合这一目标；专业名称相对于课程计划是否合适，是否与学院里设置的其他专业一致；课程计划在技术上是否正确，譬如学分要求或学分限制等。

（5）执行与修改。当学生接受了经批准的个人专业，就必须全力完成这些专业课程并实现其专业目标，除非所选课程被取消开设，或者课程开设上存在一些不可避免的矛盾和冲突等，学校不鼓励学生在其个人专业得到批准之后再进行任何改变和修改。在上述那些情况下，学生必须向文理学院院长办公室提交修改个人专业的申请和顾问的书面证明或支持，并详细解释修改原因。一般来说，选择替换课程，而不是删除课程，更容易得到批准。总之，在个人专业的实施过程中，任何对课程设置的修改都必须得到顾问和委员会的批准才能生效，有的高校甚至还规定了当修改达到三次之多时，个人专业就需要重新提交和审核。①

个人专业到底是怎样的专业？有什么特点？我们可以从加州大学戴维斯分校文理学院和农业与环境科学学院已经批准的个人专业中获得一些感性的认识。该校下属的两个学院已经批准的个人专业有：非洲文化，政治与发展，基因保健，工程管理，体育经济学，媒体时尚，农业植物种类学，酿酒与营销，农业教育学，文化城市设计，动物科学与政策，

① 刘小强．美国本科教育“个人专业”的启示［J］．中国高教研究，2009（7）：38－43.

国际酒业商务等。[①] 由此分析可知，个人专业至少有三个特点：一是这些专业很难被划归传统的单一学科之内，它们大多聚焦于两门或两门以上学科的交叉地带，涉及两个以上的行业；二是这些专业大多具有实用性，或者说大多是应用型专业；三是这些专业对应的是社会热点地带或产业的薄弱环节。当然，前提是个人兴趣和现有专业不能满足个人需要，即合理而有可能实现的兴趣或专业需要超出常规设置的专业范围。

美国大学“个人专业”的制度安排，体现了以人为本的现代精神和不拘一格育人才的教育理念，这很可能也是其充满创造（创新）活力、英才辈出的重要原因之一。能够这样设置专业，谁还敢说人家不以人为本呢？办大学能做到这个境界，当然很少能有出其右者。

（三）延续学科与专业的生命

大学再大，也不可能无所不包。大学的生命在于其教育质量，归根结底还是在其学科与专业的生命力。美国大学虽然学科和专业汇总起来数量不多，基本上都在这些学科和专业框架下办学，但出现雷同的很少，这与他们注重发展学科和专业的生命力有关。

美国大学办学，基本上不会贪大求全，而是错位发展，突出某些学科和专业，并致力于把它们做大、做强、做优、做特。如加州理工学院，占地50.2公顷，学生人数2 000人左右，却是世界著名且非常精致的私立研究型大学，世界上诺贝尔奖获奖密度最高的学府，也是公认的最典型的精英大学之一。基础理科是其最具优势的学科，当中首推物理，其次是工程、化学、生物、航天航空、天文学和地质学。学校有20多门特色课程，并以教学严格、学生刻苦和20%左右的淘汰率著称。哈佛大学实力位居全球前列，主要也是几个学科强大。哈里森学院是一所一般的本科院校，但它坚持走应用型大学发展之路，特别注重为当地培养高素质应用型人才，它的毕业生很受欢迎，其烹饪专业在全美都有影响。在美国东部特别是马萨诸塞州，可谓名校林立，跻身在波士顿名校丛林中

---

① 刘小强．美国本科教育“个人专业”的启示［J］．中国高教研究，2009（7）：38－43.

的东北大学，有着自己闪光的地方，最突出的优势是跨学科研究，特别是“安全”学科非常强，很多专业都突出“安全”这个方向，如信息安全、公共安全、食品安全等，此外，坚持课堂学习与实习相结合的教学模式，有最优势的实习项目（CO－OP），最独特的毕业制度（COOP＋5年），使其成为闻名遐迩的特色鲜明的大学，综合排名位居全美大学前五十。

错位发展、注重交叉、突出重点、办出特色，是美国大学延续学科与职业生命力的基本策略。美国大学的专业设置是非常能体现大学理念的，虽然无须审批或备案，但整个程序充分体现了科学、严谨、民主、求实的精神。对比之下，我国大学的专业设置就存在很多不理想的地方，如层层审批，本科专业省里批了部里批，后来美其名曰备案，但常常有不同意备案现象；对新兴专业设置“一窝蜂”，有条件上，没条件也上；成本低的专业普遍办；学校热衷上专业而不重视上条件；学校已有的条件和已有教师的专业是确定专业的首要因素，社会和学生需要基本上是微弱的影响因素；先决策后论证，或邀请“有关系的第三方”论证；严控转专业，更不会开设个人专业；人才培养方案大多雷同；生均专业规模过大；专业名称统得过死。凡此种种，其实是很妨碍大学功能的发挥和多样化人才的成长的。在专业管理问题上，美国政府放得那么开，并未见得大学就乱来，相反，大学的功夫做得比我们深且细，有力促进了多样化人才的成长，有效地适应了社会的多样化需求。详究起来，恐怕有许多问题值得我们深思。

二、经费的筹措与使用

（一）美国大学的经费筹措

办大学是要很多钱的，办现代大学尤其如此，没有充裕的经费，不可能聘请一流的教师，不可能购买一流的设备，不可能配合时代一流的脚步。

美国大学的经费从总体上看还是比较充裕的，虽然有不少的大学老在“叫穷”，但不同类别的大学经费的差异是非常巨大的。

谁办学谁负责经费，没人负责经费就收费，这是世界各国办学的通例。美国公立大学的经费主要靠州政府依靠税收来筹措，州政府将大学的教育拨款列入预算。这是公立大学主要的经费来源，但还很不够，因为各州学生只交“本州”学费，这通常仅为实际教育费用的三分之一甚至更少。虽然有州政府的支持和学费收入，公立大学也会依赖其他经费来源，还要多渠道筹措，如私人捐助、投资收益、出租收益、项目和合同经费、技术转让费以及其他服务收费。私立大学的经费主要靠大学举办者负责筹措，但大学举办者或创办者通常在完成大学基本建设后很少像政府那样再定期拨付教育运作经费，特别是非营利性大学，它的经费更需要多渠道筹措。美国大学经费的来源主要有：政府拨款或政府资助、学费、社会捐助、基金会运作、校产经营以及研究专项经费（包括产学研项目经费）、教育改革专项经费等。这些渠道，公立、私立大学侧重各有不同。联邦政府也有教育预算，但其教育经费更多的属于资助性质，主要是研究专项经费、教育改革专项经费，也包括学生资助和奖励经费。这是需要专门申请的。除研究性大学和贫困学生外，一般大学和社区学院能够获得的机会比较少。

1. 学费。学费是大学的主要收入，特别是私立大学，收费是最主要的渠道。私立大学由于没有政府拨款，故其学费要比公立大学高出许多，一般而言，公立大学的本州学生学费为每年 13 000 美元，而私立学校则需 36 000 美元（不包括住宿和伙食费用）。因此，美国公立大学都有“外招”的冲动，而私立大学特别是私立名牌大学往往乐意招收富贵人家的子女。从美国公立、私立大学的学费比较表中可以看出美国大学之间的学费差异（如表 3－4、表 3－5 所示）。

表 3－4　美国私立大学的费用①

单位：美元

序号	大学名称	总花费	年学杂费用	年食宿费用
1	乔治·华盛顿大学	203 040	39 240	11 520
2	乔治城大学	190 480	36 140	11 480
3	卡耐基梅隆大学	188 816	37 544	9 660
4	哥伦比亚大学	188 640	37 223	9 937
5	纽约大学	188 252	35 283	11 780
6	芝加哥大学	188 028	35 868	11 139
7	德雷塞尔大学	188 020	35 395	11 610
8	约翰·霍普金斯大学	187 968	35 900	11 092
9	卫斯理大学	187 744	36 806	10 130
10	米德伯利学院	187 640	不详	不详
11	巴德学院	187 520	36 534	10 364
12	科尔盖特大学	187 320	37 660	9 170
13	范德毕尔特大学	186 986	33 278	11 446
14	波士顿学院	186 936	35 674	11 060
15	塔夫茨大学	186 900	36 565	10 160
16	瓦萨尔学院	186 740	38 115	8 570
17	南加利福尼亚大学	186 672	35 810	10 858
18	华盛顿大学—圣路易斯校区	185 584	35 524	10 872
19	波士顿大学	185 472	35 418	10 950
20	伦斯勒理工学院	185 192	35 878	10 420

① 麦彻同. 美国本科留学解读［M］. 2 版. 袁锐，等译. 北京：电子工业出版社，2007.

续上表

序号	大学名称	总花费	年学杂费用	年食宿费用
21	西北大学	184 820	35 429	10 776
22	宾夕法尼亚大学	184 496	35 916	10 208
23	科尔比大学	184 400	不详	不详
24	康奈尔大学	184 080	34 781	11 239
25	布朗大学	183 792	36 342	9 606
26	罗彻斯特大学	183 320	35 190	10 640
27	贝森学院	183 128	34 112	11 670
28	艾默斯特学院	182 608	36 232	9 420
29	卡尔顿学院	182 580	36 156	9 489
30	杜克大学	18 2544	35 856	9 780
31	哈佛大学	182 480	34 998	10 622
32	斯坦福大学	182 432	34 800	10 808
33	富兰克林马歇尔学院	182 416	36 430	9 174
34	奥博林学院	182 248	36 282	9 280
35	达特茅斯学院	181 932	35 178	10 305
36	杜兰大学	181 200	36 610	8 690
37	麻省理工学院	181 544	34 986	10 400
38	伍斯特理工学院	180 960	34 830	10 410
39	威廉姆斯学院	180 560	35 670	9 470
40	耶鲁大学	180 000	34 530	10 470
41	里士满大学	179 240	37 610	7 200
42	狄金森学院	179 056	35 784	8 980
43	艾默里大学	178 144	34 336	10 200

续上表

序号	大学名称	总花费	年学杂费用	年食宿费用
44	佩珀丁大学	178 040	34 580	9 930
45	诺特丹大学	177 920	35 190	9 290
46	维拉诺瓦大学	177 720	34 620	9 810
47	拉法叶学院	176 752	33 811	10 377
48	普林斯顿大学	175 920	33 000	10 980
49	凯斯西储大学	175 384	33 908	9 938
50	布兰代斯大学	173 992	34 035	9 463
51	美国大学	172 948	31 425	11 812
52	迈阿密大学	171 200	33 000	9 800
53	雪城大学	170 504	31 686	10 940
54	纽约市库珀高级科学艺术联合学院	170 200	33 050	9 500
55	东北大学	170 040	31 500	11 010
56	格林内尔学院	169 688	34 392	8 030
57	加利福尼亚理工学院	16 9500	32 835	9 540
58	曼哈顿维尔学院	167 680	29 680	12 240
59	麦卡利斯特学院	167 656	33 694	8 220
60	南卫理公会大学	166 848	30 880	10 832
61	丹尼逊大学	166 320	33 010	8 570
62	丹佛大学	162 516	31 932	8 697
63	俄亥俄卫斯理大学	159 840	31 930	8 030
64	埃萨卡学院	157 592	28 670	10 728
65	湖林学院	153 160	30 964	7 326
66	莱奥纳大学芝加哥分校	151 584	27 966	9 930

续上表

序号	大学名称	总花费	年学杂费用	年食宿费用
67	赫福斯特拉大学	144 000	25 700	10 300
68	罗彻斯特理工学院	140 556	26 085	9 054
69	马奎特大学	140 360	26 270	8 820
70	德宝大学	135 644	24 110	9 801
71	得克萨斯基督大学	132 272	24 868	8 200
72	贝勒大学	126 912	24 490	7 238
73	塔尔萨大学	116 376	21 690	7 404
74	霍华德大学	83 984	14 020	6 976

从表 3－4 来看，作为样本的私立大学的学费差异还是比较大的，总费用超过 20 万美元，年学杂费接近 4 万美元的，也有总费用 8 万多美元的，年学杂费不足 1.5 万美元的。

表 3－5　美国公立大学的费用①

单位：美元

序号	大学名称	总花费	年学杂费用	年食宿费用
1	伊利诺依大学厄巴纳香槟分校	177 600	31 950	12 450
2	迈阿密大学	171 200	33 000	9 800
3	加州大学伯克利分校	167 408	28 004	13 848
4	加州大学戴维斯分校	160 260	28 532	11 533
5	加州大学圣克鲁兹分校	158 996	27 266	12 483
6	密歇根大学安那堡分校	157 968	31 302	8 190
7	加州大学洛杉矶分校	156 312	26 658	12 420

① 麦彻同．美国本科留学解读［M］．2 版．袁锐，等译．北京：电子工业出版社，2007.

续上表

序号	大学名称	总花费	年学杂费用	年食宿费用
8	加州大学圣地亚哥分校	149 056	27 027	10 237
9	加州大学圣巴巴拉分校	146 492	25 445	11 178
10	加州大学河滨分校	144 804	26 001	10 200
11	科罗拉多大学波德分校	144 352	27 000	9 088
12	弗吉尼亚大学	141 500	27 940	7 435
13	康涅狄格大学	133 320	24 030	9 300
14	得克萨斯大学奥斯汀分校	13 2480	24 544	8 576
15	迈阿密大学牛津分校	131 628	24 307	8 600
16	宾夕法尼亚州立大学	129 632	24 708	7 700
17	马里兰大学大学园	124 248	22 208	8 854
18	匹兹堡大学	122 744	22 386	8 300
19	乔治亚科技学院	122 640	23 366	7 294
20	威斯康星大学	122 492	20 730	9 893
21	华盛顿大学	121 872	22 131	8 337
22	普渡大学	120 744	22 224	7 962
23	罗格斯大学（新泽西州大学）	119 548	19 653	10 234
24	密歇根州立大学	117 776	22 260	7 184
25	印第安纳大学布鲁明顿分校	115 968	22 316	6 676
26	北卡罗来纳大学教堂山分校	115 792	20 988	7 960
27	俄亥俄州立大学	115 464	21 285	7 581
28	明尼苏达大学双城分校	114 308	21 515	7 062
29	缅因大学	112 096	20 540	7 484
30	乔治亚大学	112 072	20 726	7 292

续上表

序号	大学名称	总花费	年学杂费用	年食宿费用
31	南卡罗莱纳大学哥伦比亚分校	111 888	21 632	6 340
32	坦普尔大学	111 352	19 320	8 518
33	特拉华大学	109 392	19 400	7 948
34	俄勒冈大学	108 744	19 338	7 848
35	乔治梅森大学	107 808	18 552	8 400
36	俄亥俄大学	104 748	17 871	8 316
37	科罗拉多州立大学	104 720	18 798	7 382
38	佛罗里达大学	104 680	17 840	8 330
39	爱荷华大学	104 600	19 465	6 685
40	麻省大学艾默斯特校区	102 800	19 500	6 200
41	华盛顿州立大学	99 880	17 180	7 790
42	弗吉尼亚理工大学	98 828	1 975	4 932
43	北卡罗来纳州立大学	98 740	17 315	7 370
44	亚利桑那州立大学	97 652	17 003	7 410
45	佛罗里达州立大学	95 812	16 487	7 466
46	堪萨斯大学	94 800	17 556	6 144
47	亚利桑那大学	94 608	16 282	7 370
48	爱荷华州立大学	94 536	16 919	6 715
49	俄克拉荷马大学	93 744	15 621	7 815
50	德州农工大学	93 224	15 606	7 700
51	内布拉斯加大学林肯分校	91 828	16 304	6 653
52	詹姆斯麦迪逊大学	90 928	16 236	6 496
53	阿拉巴马大学	89 544	16 518	5 868

续上表

序号	大学名称	总花费	年学杂费用	年食宿费用
54	纽约州立大学阿尔巴尼分校	88 956	13 207	9 032
55	夏威夷大学马诺分校	87 956	14 654	7 335
56	西弗吉尼亚大学	86 584	14 600	7 046
57	犹他大学	86 552	15 662	5 976
58	纽约州立大学宾汉姆顿分校	84 956	12 272	8 967
59	纽约州立大学石溪分校	83 760	12 020	8 920
60	爱达荷大学	83 656	14 490	6 424
61	阿肯色大学	83 600	14 492	6 408
62	肯塔基大学	82 820	14 896	5 809
63	堪萨斯州立大学	81 680	14 336	6 084
64	蒙大拿大学	81 472	14 342	6 026
65	密西西比大学	80 664	11 436	8 730
66	路易斯安那州立大学	79 176	12 942	6 852
67	北达科他大学	78 648	14 532	5 139
68	怀俄明大学	68 096	9 750	7 274
69	纽约市立大学—亨特学院	59 108	11 149	3 628
70	纽约市立大学—皇后学院	不详	11 177	不详

从表 3－5 来看，美国公立大学的费用总体上要低于私立大学，作为样本的公立大学总费用最高不超过 18 万美元，最低的不足 6 万美元，年学杂费高的 3.3 万美元，低的不足 1.2 万美元。

公立大学的收费标准要受政府制约，不能随便涨价，但在政府拨款紧缩的情况下，公立大学普遍都有涨价的冲动。在 20 世纪 90 年代，私立学校的学费骤涨，而在 21 世纪前 10 年，公立学校的学费也大幅度的上涨。这是连奥巴马总统都大为光火的事。以加州大学伯克利分校为例，政府投入占学校总费用的比例自2003年的26.5%逐年下降至2012年的11%，而学费占比则从2003年的15.5%不断增长到2011年的26.5%。[①] 可以说，面对经费紧张，许多大学首先想到的就是涨价。据美国公共政策及高等教育中心2008年发表的报告，美国大学学费在过去25年增长惊人。美国大学委员会2008年10月29日公布的《大学费用趋势调查》指出，2008年秋季美国各大学的平均学费至少上涨了5%，2009年还会继续上涨。2009年11月，由于国际金融危机引发加州财政拮据，致使州政府对加州大学的拨款力度下降，加州大学董事会被迫通过新的学费方案，规定2010年加州大学系统的十所分校学生学费上涨32%。[②] 有专家预测，在加州，一流的公立大学如加州大学系统的学费预计在未来10年中将上涨123%，稍差一点的南加州大学系统的学费也将上涨128%，私立大学会上涨68%。尤其是当今的美国有越来越多的人认为高等教育的受益者为学生本人而非整个社会，这为学费的持续上涨提供了舆论氛围，同时也将进一步巩固和提升学费在大学收入中的比重和地位。

但世事无绝对，学费不可能持续无限度上涨。最近几十年，美国高等教育费用高涨，而个人所得却停滞不前，导致许多美国家庭越来越付不起学费。经济衰退期间，大学毕业生的平均起薪锐减，为了读大学背负的贷款债务却越来越重，引发读大学是否还值得的辩论。所以，无论是公立大学还是私立大学，学费都不可能无限度地上涨，公立大学受政府的制约，私立大学受教育消费者的制约。政府不允许涨价，大学就没办法涨价；而教育消费者是讲究“性价比”的，大学必须提供“物有所值”的服务，否则，它招收不到学生，将陷入恶性循环的境地。在美国，总体上私立大学的服务和质量要优于公立大学，所以，有条件的人还是很喜欢选择私立大学，这使私立大学的学费收入成为其办学经费的主要支撑，当然，公立大学的学费收入也是其办学经费的重要支撑。但无产阶级或低收入家庭祈求通过高等教育来改变阶层和命运的希望变得越来越渺茫。

---

①② 张师平. 美国公立研究型大学财政危机及对策研究：以加州大学伯克利分校为例［J］. 大学（学术版），2013（1）：63－70.

奥巴马痛批美国大学高学费　称要进行改革[①]

据《光明日报》2012 年 1 月 29 日报道：美国总统奥巴马 27 日批评美国高校学费越来越高昂，在过去 20 年上涨了一倍多。他提出要进行高校学费改革，大学必须要采取更多措施降低大学生的费用。

奥巴马强调，今后那些无法控制学费高涨的高校每年获得的联邦拨款将随之减少。他承诺将给那些遏制费用上涨的大学提供更多的资金援助。奥巴马还敦促美国国会通过他提出的有关助学金和减税的法案，并要改变联邦政府给美国高等院校拨款的方式，以降低大学学费。

奥巴马当天在密歇根大学当着 4 000 名大学生的面严厉地批评了美国越来越高昂的大学费用。他指出，学费上涨迫使学生们增加贷款，承担更多的债务。以 2010 年为例，借助贷款完成学业的美国大学生们离开校园时平均负债为 24 000 美元。

2. 社会捐助。社会捐助是美国大学重要的经费来源。在美国，依靠社会集资方式创办和资助大学一直是美国高等教育的优良传统和优势特色。与一些国家的大学主要或完全依靠政府拨款的情况不同，捐赠是美国高校尤其是私立高校重要的资金来源，例如康奈尔大学全部经费预算中有 11% 来自捐赠，而普林斯顿大学更是高达 47%。[②] 社会捐助包括个人捐助、团体（或财团）捐助，其中校友捐助是各大学竭力开拓的财源，特别是私立大学，这方面的工作堪称世界各大学的典范。

林天伦、洪成文以印第安纳大学为例，系统探讨了美国公立大学发展新理念与筹资战略的有效性，由此可见美国公立大学筹资的一般特点。[③]

印第安纳大学创建于 1820 年，在全美共有 8 个分校，是一所公立的综合性大学，其办学定位是为印第安纳州的建设与发展培养优秀人才，

---

① 徐启生. 奥巴马痛批美国大学高学费　称要进行改革 [EB/OL]. （2012 - 01 - 29）[2018 - 03 - 15]. http：//edu. hsw. cn/system/2012/01/29/051225275. shtml.

② 阚阅. 金融危机中的美国高等教育财政 [J]. 教育发展研究，2009（9）：72.

③ 林天伦，洪成文 . 美国公立大学发展新理念与筹资战略有效性研究：以印第安纳大学为例 [J] . 比较教育研究，2010（5）：63 - 67.

州政府的拨款是其办学经费的主要来源。8 个分校共有教师 4 000 多人，学生 93 000 人，其中研究生占 19 000 人，生源主要来自于本州。印第安纳大学以文理科为基础，拥有世界领先的医疗和技术教育专业。然而，一方面，因学校办学规模逐步扩大，不同大学间的激烈竞争，对学生资助的增长等原因导致办学成本急速增加；另一方面，自 20 世纪 70 年代以来，美国政府对公立院校的财政供给不断减少。在这种困境下，印第安纳大学及时主动地调整了发展战略，确立了“多元、长远、全方位”的发展新理念，不仅推动了教育教学、科研以及管理工作，而且奠定了多元化筹资战略的基础，为有效解决学校发展的资金瓶颈提供了依据。

近 5 年来，印第安纳大学以其独特的筹资战略走出了办学经费困境，筹资数量逐年递增，稳居全美大学前 20 名，公立大学前 10 名。《自愿援助教育年度调查报告》显示，2007—2008 年度全美大学慈善捐赠收入比 2006—2007 年度增长 6.2%，而捐赠收入总量位于前 20 名的大学平均增长 11.5%，印第安纳大学却增长了 47%，尽管该年度美国经济出现了衰退。

印第安纳大学面向个人及私营部门的筹资机构是基金会，然而，基金会筹资的有效性离不开该校的高等教育倡导机构以及校友会的运作。

高等教育倡导机构是一个专门协调政府与公共关系的筹资机构，由印第安纳大学校友会与印第安纳大学副校长办公室共同运作。有成员 1 万人，担负筹资和高等教育倡导义务，通过对高等教育重要性的宣传提高人们对高等教育的认识，从而动员社会人士对高等教育的支持。

印第安纳大学校友会是专门负责向校友筹款的机构。校友会在世界各地有 100 个分会，8 个分校（校园）校友协会，30 个分支机构或特殊利益的校友群体。校友会非常重视培养在校学生的捐赠意识，正如资金筹集委员会成员罗拉所说：“资金筹集委员会的目标是帮助年轻校友理解作为校友回馈学校应该是他们生命的一部分。”许多在校学生也都乐意捐赠，但从 2008 年起，委员会就不要求他们在就读期间捐赠，而是将捐赠留到毕业之后。

印第安纳大学基金会于 1936 年成立，这是一个非营利性组织，筹款对象为个人及私营部门，其筹资理念是“你的慷慨就是印第安纳大学的未来”。基金会在2008年接受了超过11万人次的个人或单位的捐赠，募集到的款项将近1.5亿美元。截至2008年6月30日，印第安纳大学基金会管理的捐赠市场价值超过15亿美元；基金会在接受捐赠的同时还管理4 000多个私人资助账户，并为大学与捐助者提供相关的筹款咨询服务。2008年印第安纳大学来自私营部门（非政府研究资助）的筹资总额占全国大学总额的2%，拥有的捐赠的市场价值在公立大学中排第14位。

林天伦、洪成文认为，印第安纳大学每年都能获得数量不菲的自愿捐款，原因是多方面的。第一，美国是一个倡导慈善事业的国家，联邦和州政府都会对热心慈善事业的人士在政策上予以一定支持，如税收减免。这种政策导向有利于促进资金向慈善方向流动。第二，印第安纳大学根据不同的筹款对象成立了专门的筹款机构，这些机构构成了一个互动的系统，起着殊途同归的作用。[①] 第三，捐赠物及捐赠形式多元化。第四，按照捐款者意愿用款。第五，便捷的捐赠通道。第六，捐款使用的监督。第七，注重培养未来校友的奉献意识。这种在校期间就得到塑造的捐赠意识会促进日后捐赠行为的产生。第八，校友捐赠与校友发展联结在一起。第九，增强社会对高等教育重要性的认识。第十，把提升学校地位与筹资结合起来。2007年捐款收入前20名的大学分别是斯坦福大学、哈佛大学、南加利福尼亚大学、约翰·霍普金斯大学、哥伦比亚大学、康奈尔大学、宾夕法尼亚大学、耶鲁大学、杜克大学、加利福尼亚大学洛杉矶分校、麻省理工学院、芝加哥大学、威斯康星大学、华盛顿大学、密歇根大学、明尼苏达大学、纽约大学、弗吉尼亚大学、印第安

---

① 印第安纳大学校友会的职责定位在8个方面：a. 寻求建立有意义和长期的校友和朋友关系，以促进校友会和大学之间的忠诚度和紧密联系。b. 呼吁50多万大学毕业生和朋友采取行动为大学服务以及宣传大学。c. 协助在国际范围内促进大学的发展。d. 协助大学招聘最优秀的学生、教师和工作人员。e. 协助大学增加参与决策人员的多样性。f. 倡导所有公众与政府机构为大学服务。g. 帮助经营大学的辉煌事业，并且一直持续下去。h. 协助大学及大学基金会筹集私人慈善捐赠以实现大学的使命和远景。

纳大学、加利福尼亚大学旧金山分校。这些筹资上的佼佼者无一不是在社会上享有很高声望的大学。这与经济学名言“资源流向回报率高的地方”是相吻合的。正是基于这种认识，印第安纳大学不断促进自身的建设，通过自身的发展引来更多的捐赠收入。

林天伦、洪成文提供的研究案例从一个侧面反映了美国公立大学筹资的特点，即公立院校在主要依靠政府投资办学的基础上，正逐渐走上多元化筹资的轨道，政府、学生、企业、社会机构等已发展成为学校的办学主体。这种筹资战略使学校有效地走出了资金困境，获得了丰厚而稳定的资金来源。从印第安纳大学的筹资过程可知，筹资总额的逐年增加既得益于其多层次的筹资机构，更有赖于这些机构的协调运作，而这与学校发展的新理念又是密切相关的。大学在筹资过程中把校友的捐赠与校友的成长、大学的筹资与大学对社会的贡献结合起来，这种既重视“索取”又强调“奉献”的行为使得大学的筹资行为具有源源不断的物质基础。这种基于“造血”而不仅是“抽血”的筹资方式正是大学“长远”发展理念的具体化。可见，印第安纳大学筹资有效性在于其工具的丰富性与目标专一性的统一，在于其取与舍的统一，这种筹资战略思想正是其“多元、长远、全方位”发展新理念的反映，没有这种新理念的指导，就没有大学筹资的丰硕成果。① 我们详细援引林天伦、洪成文的研究资料及成果，目的在于使非常缺钱又羞于募捐的中国大学从中获得启发。

3. 基金会运作。基金会运作实际上是以捐助为前提的，即所谓的“捐赠基金”，也就是附加某些约定或是条款而捐献给一个机构的一笔捐款或是一笔资产。一般来说，高校接受捐赠基金的用途包括：学生的经济资助、教学、研究与创新、公共服务、体育等，但捐助未必都成为基金会的资本金。许多美国大学特别是私立非营利性大学都设有基金会，通过基金会的运作，为大学增加财富。自耶鲁大学于1890年创设了第一

① 林天伦，洪成文．美国公立大学发展新理念与筹资战略有效性研究：以印第安纳大学为例［J］．比较教育研究，2010（5）：63－67.

个校友基金会后，其他院校纷纷效仿，使得通过基金会形式向社会筹集资金成为高校资金筹措的一个主要来源渠道。随着美国高等教育的不断发展壮大，高校通过社会筹措资金的数额也越来越大。这些资金并不完全直接用于消费，而是作为资本运作，用营利部分持续地补充办学经费。

美国立法规定，私人基金会每年必须支出其基金总额的5%，但对高校的捐赠基金却无此规定。高校的捐赠基金同样享受免税待遇，这对公立高校和私立高校都一样，加之它可以用于长期的投资，因而基金的总额往往不断攀升，使各高校受益良多。因此，捐赠基金及其运作对于许多高校而言是重要的办学资金。例如，2007年之前，美国大学捐赠基金收益一直处于较高的增长状态。2007年美国各大学平均捐赠基金额度比2006年增加16.9%，2006年的增长率也达到10.6%。从2007年算起近3年平均回报12.8%，5年的平均回报11.5%。哈佛大学2007年的回报率高达23%。

美国高校的基金如何管理，是大家非常关心的问题。美国大学基金投资实行专业管理，强调“谨慎投资者”原则，采取了相对保守的策略，以最大限度地降低了风险。但高风险往往带来高收益。由于高额投资回报的引诱，一些大学基金会也成为风险偏好者，特别是在经济高速增长时期，这种偏好非常明显。一旦经济低迷，损失便在所难免。如哈佛大学的捐赠基金在2008年6月30日时总值高达369亿美元，但随后的几个月里却损失了22%的账面价值，约80亿美元。预计2009年6月底之前，损失将达30%。其他如斯坦福大学、加州大学、威斯敏斯特学院等也在金融市场的投资中损失惨重。[①] 但总体来看，基金收益依然是美国大学办学经费的重要组成部分。

4. 校产经营。校产经营也是美国大学经费筹措的非常有特色的渠道。美国高校在从外部积极筹资的基础上，学校也充分利用自身的资源，采取多种形式的经营模式，积极为学校创造资金来源。

---

① 王洪才，邹海燕．金融危机中的美国高校：现状、对策及思考［J］．比较教育研究，2010（2）：33－38.

宿伟玲、都莉莉的研究提供了一个非常典型的案例，他们以加州州立大学多明戈斯山分校（California State University Dominguez Hills，以下简称 CSUDH）为例，探讨了美国高校的资金筹措与校产经营理念。

CSUDH 将 36.42 公顷的校园土地出租给 The Home Depot Center，租借期限为 55 年。The Home Depot Center 每年付给该校土地租金1 000 000美元。合同期满后，所有的设施都将成为该大学的资产。到第 55 年末，The Home Depot Center 与学校的合同可以延期 10 年。The Home Depot Center 利用土地在该校园里建了多个体育场馆（包括专业足球场、网球场和其他运动场馆等），进行商业运营。经营收入主要包括体育场冠名权收入、各种体育赛事的门票收入、广告收入、出租场馆周围的餐厅和商店收入等。这种灵活的经营方式，既增加了学校的收入，又完善了学校建设，同时在举行体育赛事的同时，还扩大了学校的社会影响，可谓一举多得。

2006 年初 CSUDH 进行了本校学生会大楼重建工程。该工程总共耗资 2 800 万美元，重建后的学生会大楼占地面积是原来的 3 倍，并提供以下服务：书店（出租给私人公司经营，校方收取租金和利润分成）；自助餐厅和其他餐饮服务项目；学生休息和学习用的休闲室；会议室；游戏室（台球室、电子游戏室、乒乓球室等）；学生会和学生组织办公室。该重建工程由一个专门的部门承担，该部门是一个非营利性组织，大部分人员是学生。学生会大楼重建工程没有动用任何纳税人的税款。学生会大楼重建工程的财务预算大体如下：Loker 先生捐款 400 万美元；以前年度学生收费累计 400 万美元；重建开工前发售的免税债券收入 2 000 万美元。工程总成本 2 800 万美元。其中，为了重建学生会大楼所发售的债券称为“免税收入债券”。学生会大楼重建工程竣工交付使用后，学生每年需支付 100 美元作为使用该建筑物的费用。这笔钱将被用来支付经营成本、应付债券的本息、建筑物的维修和维护费用等。①

又如斯坦福大学拥有辽阔的校园，学校划出部分土地合作发展高科

---

① 宿伟玲，都莉莉．美国高等教育体系观察与比较［J］．当代教育论坛（综合研究），2010（4）：117－119.

技产业，形成了“硅谷”。

其实，在美国，许多大学都致力于盘活校产以谋求获得更大的收益。这是一个重要的增收渠道。在中国，公立大学的校产不属于“校产”，而是“国产”，经营校产有诸多限制，且没有规定收益可以归学校使用，而社会捐助往往只有存银行这一途径。这与美国大学也是有很大不同的。

5. 削减开支。美国大学的经费筹集策略是开源与节流相结合的。在经济困难时期，削减开支是美国许多大学的通常做法。例如，在新近发生的席卷全球的金融海啸中，美国许多大学受到严重冲击，仅美联银行就冻结了近 1 000 所大学的账户，直接影响了这些大学的工资支付、校园建设、债务偿还等，导致这些大学流动资金压力大增。于是，许多高校转而采取压缩开支、节省办学成本的措施。一般情况下，校长会带头减薪。根据《新京报》2008 年 11 月 25 日的《金融危机影响到学校 美大学校长自觉降薪》一文中提到，圣路易斯华盛顿大学校长马克·斯蒂文·瑞顿博士表示，将从 2009 年 1 月 1 日起将基本工资削减 5%，到 7 月再次削减 5%。2007 年 7 月 18 日，宾夕法尼亚大学校长艾米·古特曼和她的丈夫向学校捐出 10 万美元，支持本科生研究。华盛顿大学校长马克·爱莫特也宣布将今年增加的部分工资返还给学校。华盛顿州立大学校长埃尔森·弗洛伊德供职于大学的头一年年薪为 60 万美元，2007 年他的工资上涨了 12.5 万美元。但面对财政预算缩紧，他表示会将薪水自动削减 10 万美元。斯坦福大学的校长和教务长也自愿减薪 10%。

美国大学“省钱”的办法五花八门。根据王洪才、邹海燕在《金融危机中的美国高校：现状、对策及思考》中提到：冻结人员雇用计划、停止或者推迟校园建设项目、提高教学资源利用效率等是其中主要的措施。例如，加利福尼亚大学预算削减是分不同性质组织进行的：学术人员的预算在原有基础上削减 2.5%，学术辅助人员的预算削减 3.5%，非学术人员的预算削减 4.5%。波士顿大学宣布冻结新员工雇用并且停止所有未经批准的建设项目。科罗拉多州决定停止一些校园的建设计划。有大学领导人在接受《高等教育编年史》采访时表示，他们已经讨论并提出一些办法，例如要在晚上和周末上课以充分利用教学资源，雇用临时教师取代长期固定教学人员，并想办法提高现金流，通过体育场馆和书店等附属机构来赚钱，等等。另外，如果预算持续紧张，那么买断职位和裁员可能会是备选的方案。达特茅斯学院已经实施雇用冻结，停止招聘新员工。孟菲斯大学也宣布了一项包括115个职位的自愿买断计划，包括管理人员、教授和教学人员，这会节省150万美元。康奈尔大学停止雇用校外人员的计划，其教务长说："我们鼓励以校内雇用代替校外雇用，这会帮助一些因为计划取消而失去工作的人员。这不会影响师生比，康奈尔的人事雇用是暂停而非冻结。"康奈尔大学于2009年2月27日宣布了两项针对老教师的自愿退休计划。第一个计划针对的是55岁以上、至少在康奈尔大学工作10年以上者，可以获得一次性报酬，包括其基本的薪金及依据对学校所做贡献大小而获得的津贴。第二个计划为分阶段退休方案，同样针对55岁及以上、至少在康奈尔大学工作10年以上者，自3月1日开始申请。申请人将减少工作时数，同意接受每周工作20小时、最多再工作3年直至退休的方案。由此，他们可以获得更多的退休金。康奈尔大学称，这样做的目的，一方面，可以给予教师退休的选择；另一方面，又可以使学校通过教师自愿退休而节省开支——在艰难的经济危机时刻，这是双赢的策略。

除了减薪、裁员、延建外，还有许多省钱的法子。例如，为了应对本次金融危机，加州政府在削减公立大学财政拨款的同时，更加注重学校的效率，强化问责，主要体现在裁员（裁撤教师和管理者）、增加学费（增加招收外州学生的比例）、实施基于学生能力的资助政策、加强对公立高校的监督、要求学校建立更加公正透明的制度（例如提交年度财务报告）以回应政府和社会的期许，等等。为此，加州大学伯克利分校削减900个职位，学费增长32%，将州外学生的比例由11%提高到20%，由资助困难学生转而以资助能力优胜学生（可减少资助面），实施"卓越运营计划"，以最大限度地在"开源"的同时"节流"。[①]

① 张师平．美国公立研究型大学财政危机及对策研究：以加州大学伯克利分校为例［J］．大学（学术版），2013（1）：63－70.

（二）经费使用的规则

美国大学经费的使用非常强调计划与预算。就现有材料来看，其预算有“三倾斜”的特点，即向学术倾斜、向教学倾斜、向学生倾斜。在席卷全球的金融危机中，美国常春藤大学盟校就反复强调两点：其一，大学的预算应优先维护学术声誉；其二，在这个经济危机中维持财政支持计划，以确保在经济困难期不会有任何学生因为经济问题而辍学。

美国大学的预算以人员经费为主，不同的大学尽管各有不同，但一般情况下人员经费约占70%。

负债大学一般用预算的3%来偿还利息，近20年来，支付利息的预算比例不断提高，金融危机后，这个数字增加到5%。

支持学生资助体系是美国大学的一个比较普遍的做法，甚至可以说是好大学的共同特征。对学生资助体系的支持是大学预算的主要部分之一。即使在经济困难时期，其预算也被置于优先考量的地位。在全美，大约有50所私立大学在录取学生时，是不考虑学生是否支付得起学费的，因为它们会为学生提供奖助学金，使其能够上得起大学。一些私立学院也通过许多方式增加学生资助。①

看来，好的大学始终把学术和学生放在优先考虑的地位。这或许是美国一流大学层出不穷的重要原因。

（三）一级分配还是二级分配

没有资料显示，美国大学实行二级分配，也没有资料显示美国大学存在有像生产单位一样的分配制度。不像国内的绝大多数高校，为鼓励各院（系）创收，实行二级分配，院系在按比例缴足学校的分成之后，拥有资金的处置权，可以明目张胆地将“创收”的剩余所得在本部门内部进行福利分配。而这种做法跟“文化大革命”结束后安徽凤阳人所进行的“家庭联产承包责任制”改革本质上是一致的。美国大学雇员也讲

① 王洪才，邹海燕．金融危机中的美国高校：现状、对策及思考［J］．比较教育研究，2010（2）：33－38.

究待遇，但不像中国的那么赤裸裸。

（四）谁监督经费的使用

美国大学对经费的使用有一套监督制度。虽然没有资料显示大学的预算和决算要经教代会审议，但政府、董事会、捐赠人、大学雇员、学生和社会公众等将严密监督大学经费的使用。监管的最重要方式是财务公开、审计和项目绩效评估。学校每年都要公布详尽的财务报告，以便接受大家的监督。

三、大学的设施

美国大学的设施与以人为本的理念和低重心管理的治理体系有关。

人们参观或考察美国大学的设施，往往会有这样的印象：土木砖石构筑的东西够老旧；声光电化之类的东西够现代；功能场室比较多，特别是体育、艺术之类的设施很受学校的重视；服务学生的设施特别多，专门服务教师之类的"福利"设施甚少，没见有"老干活动中心"和"工会活动中心"一类的设施或场馆。这与其办学理念有关，也跟学校治理体系有关，很值得我们校园规划借鉴。

美国大学的室内基本上都配置空调，可以说是标配。这与国内大学把空调当作豪华配置很不相同。人们常常对美国教师西装革履的装扮很欣赏，但如果没有空调，他们也许也不会这般打扮了。

美国大学非常重视教学设施建设，除了多媒体设备，影印、复印设备也充足配置，还有教学耗材，只要需要，教师上课资料的影印和复印都有保障。至于实验室、实训室，那更是一应俱全。位于印第安纳州的哈里森学院的烹饪专业在全美都非常有名，学校的烹饪实训场馆非常大，功能分区清晰、实施设备齐全、现代化程度很高，培养的学生供不应求。

至于研究性大学的实验室那更是让人瞠目结舌，只要你资历够深，学校可以让你拥有自己专门的实验室。这在我国的绝大多数大学里是不可想象的。

美国大学很注意配套的工作、生活类设施的建设。如食、住、行、购、修等的设施和场馆，都能满足大学人的基本需要。总之，它会让人感到挺方便的。后面会有专章探讨。

四、大学的藏书及其他学术资源

“上学”和“读书”往往是同义语，上学就是读书。要读书，就得有书可读。从古至今，高等学府都非常注重收集、整理、珍藏图书资料。没有藏书的机构，严格地说不像个学府，或者说不像个好学府。

（一）大学的藏书

1. 图书资料在大学中的地位。图书资料是教学研究的主要凭借。美国大学的教学（课程学习）有两个鲜明的特点：一是不指定教材，教师往往会推荐一系列参考资料；二是教师要求学生在课前课后阅读大量的资料，上课讨论、回答问题。课后作业、课前预习，学生都必须阅读大量的资料。至于学术综述和查新，更需要有充足的文献资料。所以，没有丰富的图书资料，大学的教学科研是难以开展的。

图书资料也是大学实力的重要指标。一所大学要展示自己的实力，往往会在师资和图书资料方面做广告。在美国，很多大学都非常重视图书馆和图书资料建设，大多数大学都建有不止一座图书馆。1998 年，美国联邦教育部根据图书馆的藏书量、经费，列出了全国 50 个最大的高校图书馆，其中有 49 个在研究型大学。这也显示出图书资料的重要性。

哈佛大学的图书馆

哈佛大学拥有美国最大的学术图书馆，规模仅次于美国国会图书馆、大英图书馆、法国国家图书馆、纽约公共图书馆，排全球第五。

哈佛大学图书馆整体馆藏量超过 1 500 万册；包括 90 多个不同专业的学术分馆。加博科学图书馆、拉蒙特图书馆及怀德纳图书馆为本科生最常去的图书馆；霍顿图书馆及亚瑟 · 伊丽莎白施莱辛格图书馆专门收藏有关美国女性地位发展的历史参考；哈佛大学数据库搜罗了各种珍贵的书籍及手抄稿；美国一些最古老的地图、地名册等能在哈佛的蒲赛图书馆内找到；而哈佛燕京图书馆内则保管与东亚古老语言相关的文献。

2. 大学藏书量。学校是读书的地方，因此，藏书量的多少往往显示出一所学校的实力，大学尤其如此。

传统大学的图书资料是以纸质图书资料为标志的，现代大学的图书资料既包括纸质图书资料，也包括电子图书资料（含网络图书）。

美国的信息化水平比较高，可以推断，其电子图书资料是比较丰富的。我们讨论“美国大学藏书量”仅指传统意义上的纸质图书资料，包括图书、期刊以及其他纸质材料。

美国4 000多所大学的藏书量如何，不得而知，需要仔细搜寻统计资料，而且这也是一个历史的过程，无法在某个时段获得一个确数。从218所美国“顶尖大学”近期的藏书情况看（如表3－6所示），美国大学的藏书是非常丰富的。除了罗彻斯特理工大学生均约26册图书、大西洋学院藏书总量5万册这种特别个案外，它有以下几个特点。

（1）图书馆多。许多大学拥有2座以上的图书馆，74所大学拥有超过5座（含5座）的图书馆，伊利诺伊大学厄巴纳—尚佩恩分校有37座，而拥有最多图书馆的大学是哈佛大学，共有80座。

（2）藏书量大。拥有藏书量超过200万册（含200万册）的大学72所，超过了500万册的大学21所，超过1 000万册的大学4所，其中，哈佛大学1 600多万册为最多，加利福尼亚大学伯克利分校1 518.99万册也蔚为壮观。

（3）期刊种类多。美国大学似乎特别重视期刊，在218所大学中只有19所大学不足1 000种期刊，最少的史蒂文斯理工学院为140种，其次是马尔伯勒学院也有275种，但马尔伯勒学院的学生只有400人，而超过10 000种期刊的大学有199所，超过50 000种期刊的大学有25所，以加利福尼亚大学伯克利分校拥有192 000种为最多。

（4）生均图书资料量比较大。其中克莱尔蒙特—麦肯纳学院生均图书超过1 700多册。

表 3-6　美国大学的藏书量列举表①

大学（学生数/人）	图书馆/座	藏书量/万册	期刊/种	大学（学生数/人）	图书馆/座	藏书量/万册	期刊/种
阿格尼斯·斯科特学院（902）	1	22	1 840	路易斯安那州立大学及农机学院（31 264）	8	136.97	58 920
爱达荷州艾伯森学院（822）	1	18.33	700	麦卡莱斯特学院（1 918）	1	44.9	3 560
阿尔比恩学院（1 941）	1	36.3	2 010	马尔伯勒学院（400）	1	7.1	275
艾尔弗雷德大学（2 235）	2	28.813	1 470	马凯特大学（11 548）	2	148.3	23 400
阿勒格尼学院（2 095）	1	29.446	4 540	玛丽华盛顿大学（4 862）	1	35.5	2 500
美国大学（美利坚学院）（11 279）	2	103.7	23 950	马里兰大学科利奇帕克分校（35 300）	7	301.7	34 100
阿默斯特学院（1 648）	6	102.3	12 190	麻省理工学院（10 253）	12	96.6	22 990
亚利桑那大学（36 805）	6	435.9	23 790	迈阿密大学科勒尔盖布尔斯区（15 670）	8	299.3	45 940
阿肯色大学（17 926）	6	176.1	18 170	迈阿密大学俄亥俄州牛津区（16 329）	4	269.8	14 100

① 吴宪. 美国前 218 所大学简介 [M]. 上海：上海科学技术出版社，2008.

续上表

大学（学生数/人）	图书馆/座	藏书量/万册	期刊/种	大学（学生数/人）	图书馆/座	藏书量/万册	期刊/种
大西洋学院（393）	1	5	3 000	密歇根大学安阿伯分校（40 025）	21	795.9	67 700
奥本大学（23 547）	3	369.7	29 360	密歇根州立大学（45 520）	15	483.1	37 800
奥斯汀学院（1 354）	1	24.09	2181	米德尔伯里学院（2 460）	4	85.4	2 900
巴布森学院（3 359）	2	13.14	630	米尔斯学院（1 410）	2	25.5	13 200
巴德学院（2 012）	4	40.2	15 450	米尔萨普斯学院（1 154）	1	19.1	870
巴纳德学院（2 350）	1	20.59	460	明尼苏达大学双城学院（50 402）	8	570.1	45 000
贝茨学院（1 744）	2	58.8	25 670	芒特霍利奥克学院（2 153）	1	—	—
贝勒大学（14 040）	9	225.27	8 420	缪伦堡学院（2 500）	1	30.9	18 400
伯洛伊特学院（1 432）	1	18.37	940	内布拉斯加大学林肯分校（22 106）	11	337.8	50 800
本宁顿学院（657）	2	12.15	13 500	佛罗里达新学院（746）	1	26.83	950
伯明翰—南方学院（1 256）	1	23.233	940	新泽西理工学院（8 209）	2	16.1	1 100

续上表

大学（学生数/人）	图书馆/座	藏书量/万册	期刊/种	大学（学生数/人）	图书馆/座	藏书量/万册	期刊/种
波士顿学院（13 652）	7	212.442	65 330	新泽西学院（6 934）	1	66.215	29 630
波士顿大学（31 574）	19	242.725	33 980	纽约大学（40 870）	12	523.6	48 900
鲍登学院（1 734）	7	100.912	9 120	北卡罗来纳大学阿什维尔分校（3 635）	1	26.5	6 400
布兰代斯大学（5 313）	3	119.164	—	北卡罗来纳大学查珀尔希尔分校（27 717）	15	571.2	53 450
布朗大学（8 125）	6	300	17 000	北卡罗来纳州立大学（31 130）	7	368.8	49 500
布林莫尔学院（1 799）	3	113.549	4 400	西北大学（17 460）	7	468.8	45 260
巴尔内克大学（3 706）	3	80.489	—	圣母大学（11 603）	10	291.4	10 540
加利福尼亚大学伯克利分校（33 558）	31	1518.99	192 000	奥伯林学院（6 686）	4	154.1	4 560
加利福尼亚大学戴维斯分校（28 815）	6	444.756	44 020	奥克西登塔尔学院（1 825）	3	49.7	910
加利福尼亚理工学院（2 172）	11	316.5	3 500	奥格尔索普大学（1 030）	1	15.1	710

续上表

大学（学生数/人）	图书馆/座	藏书量/万册	期刊/种	大学（学生数/人）	图书馆/座	藏书量/万册	期刊/种
加利福尼亚大学洛杉矶分校（37 221）	14	761.601	94 800	俄亥俄州立大学哥伦布分校（51 818）	13	588.1	43 090
加利福尼亚大学河滨分校（16 875）	7	243.529 6	29 940	俄亥俄韦斯利恩大学（1 935）	4	44.2	1 740
加利福尼亚大学圣迭戈分校（26 465）	10	308.687	28 100	俄克拉荷马大学（26 002）	9	460.7	58 400
加利福尼亚大学圣巴巴拉分校（21 062）	1	330.144	36 900	宾夕法尼亚州立大学尤尼弗西蒂帕分校（42 914）	15	503.1	68 450
加利福尼亚大学圣克鲁斯分校（15 364）	2	147.534 4	25 480	宾夕法尼亚大学（18 809）	16	688.1	47 790
卡尔文学院（4 187）	2	82.48	14 460	佩珀丹因大学（7 593）	3	147.1	63 650
卡尔顿学院（1 980）	2	111.349	10 940	匹兹堡大学（26 860）	26	464.1	3 770
卡内基梅隆大学（10 120）	3	108.401	28 760	皮策学院（958）	4	250.1	16 100
森特学院（1 147）	2	21.775	750	波莫纳学院（1 545）	4	250.1	—
查普曼大学（5 908）	2	22.075	1 730	普林斯顿大学（7 242）	15	649.6	63 990

续上表

大学（学生数/人）	图书馆/座	藏书量/万册	期刊/种	大学（学生数/人）	图书馆/座	藏书量/万册	期刊/种
查尔斯顿大学（11 218）	2	70.177	4 090	皮吉特湾大学（2 819）	1	36.5	20 100
芝加哥大学（11 730）	7	700	47 000	普渡大学（39 228）	4	245.9	20 900
克莱尔蒙特—麦肯纳学院（1 153）	4	202.879	6 020	伦道夫学院（715）	1	19.8	620
克拉克大学（3 071）	5	28.965	1 380	雷德兰兹大学（2 407）	—	26.9	11 900
克拉克森大学（2 964）	2	26.905	1 770	里德学院（1 436）	1	56.5	23 300
克莱姆森大学（17 165）	2	123.347	55 870	罗德岛大学（15 062）	2	120.6	7 800
科尔比学院（1 865）	3	35	1 850	罗兹学院（1 696）	4	274.9	1 200
科尔盖特大学（2 788）	2	117.255	29 630	莱斯大学（5 258）	1	247.5	13 500
科罗拉多大学博尔德分校（31 401）	6	335.482	26 150	里士满大学（3 554）	3	109.9	43 800
科罗拉多学院（1 998）	3	53.279	4 640	里彭学院（977）	1	16.1	940
哥伦比亚大学（20 500）	21	720	66 000	罗彻斯特理工大学（15 557）	1	40.9	2 800
康涅狄格学院（1 886）	2	49.681	2 279	罗彻斯特大学（8 846）	6	299.3	11 260

续上表

大学（学生数/人）	图书馆/座	藏书量/万册	期刊/种	大学（学生数/人）	图书馆/座	藏书量/万册	期刊/种
康涅狄格大学（23 557）	4	298.777	17 370	罗林斯学院（2 454）	1	30.4	17 880
康奈尔学院（1 121）	2	19.413	490	罗斯—哈尔曼理工学院（1 963）	1	28.1	20 930
康奈尔大学（19 369）	19	730	64 760	鹿特歌斯新泽西州立大学新不伦瑞克/皮斯卡塔韦分校（34 392）	15	473.8	17 190
达拉斯大学（2 941）	1	22.335	690	圣贝尼迪克特学院（2 059）	4	48.133	5 310
达特茅斯学院（5 753）	6	435.9	23 790	圣路易斯大学（12 034）	3	191.4	14 400
戴维森学院（1 667）	2	42.203	2 760	圣克拉拉大学（7 952）	2	78.7	4 500
代顿大学（7 230）	3	97.382	10 481	萨拉劳伦斯学院（1 709）	3	29.9	920
特拉华大学（19 742）	6	270.498	12 530	斯克里普斯学院（890）	5	254.1	35 030
丹尼森大学（2 263）	1	76.711	6 610	斯基德莫尔学院（2 816）	2	37.7	960
丹佛大学（10 374）	1	121.239	6 280	史密斯学院（3 092）	4	140.9	8 750
迪波夫大学（2 326）	4	33.334	2 030	南卡罗来纳大学（27 390）	8	356.1	53 620

续上表

大学（学生数/人）	图书馆/座	藏书量/万册	期刊/种	大学（学生数/人）	图书馆/座	藏书量/万册	期刊/种
迪金森学院（2 400）	7	51.7	1 300	南加州大学（33 389）	20	398.7	60 720
德鲁大学（2 647）	1	58.173	—	西南大学（1 277）	1	32.4	2 600
德雷克塞尔大学（18 466）	1	57.033	8 321	圣劳伦斯大学（2 303）	2	57.6	1 900
杜克大学（13 373）	15	556.096	31 892	圣奥拉夫学院（3 041）	3	105.5	2 320
埃隆大学（5 230）	1	25.011	4 950	斯坦福大学（17 747）	19	820.1	75 000
埃默森学院（4 324）	2	16.5	10 700	纽约州立大学宾厄姆顿分校（14 373）	2	230.9	41 990
埃默里大学（12 338）	8	324.6	51 500	纽约州立大学布法罗分校（27 230）	8	336.1	34 120
费尔菲尔德大学（5 091）	1	34.724	1 610	纽约州立大学斯哥尼布鲁克分校（22 522）	7	193.6	29 280
佛罗里达州立大学（39 973）	9	294.507	58 090	纽约州立大学杰纳西奥分校（5 530）	1	64.8	25 830
佛罗里达大学（50 882）	9	534.789	25 340	史蒂文斯理工学院（4 829）	1	11.6	140
福德姆大学（14 732）	4	242.198	32 300	萨斯奎汉纳大学（2 009）	1	29.9	15 900

续上表

大学（学生数/人）	图书馆/座	藏书量/万册	期刊/种	大学（学生数/人）	图书馆/座	藏书量/万册	期刊/种
富兰克林和马歇尔学院（2 028）	2	49.409	2 080	斯沃斯莫尔学院（1 484）	7	80.1	8 190
弗曼大学（3 010）	3	45.32	2 050	斯威特布赖尔学院（751）	4	26.4	18 680
乔治·华盛顿大学（24 090）	3	198.094	15 360	锡拉丘兹大学（17 492）	8	316.2	20 650
乔治敦大学（14 148）	7	247.223	31 090	得克萨斯州农业与机械大学（45 380）	5	357.6	43 950
乔治亚理工学院（17 936）	2	244.932	34 570	得克萨斯大学奥斯汀分校（49 697）	1	—	—
乔治亚大学（33 959）	3	402.9	67 268	特里尼蒂学院（2 528）	1	100.9	1 820
葛底斯堡学院（2 689）	1	39.316	4 770	特里尼蒂大学（2 693）	1	93.8	2 120
古彻学院（2 310）	1	30.548	27 410	塔夫茨大学（9 638）	2	174.7	4 341
格林内尔学院（1 589）	3	111.766	20 180	图兰大学（10 606）	9	250.1	12 610
古斯塔夫斯—阿道弗斯学院（2 618）	3	29.786	17 070	塔尔萨大学（4 125）	2	119.1	26 220
哈密尔顿学院（4 421）	4	53.837	3 580	尤宁学院（2 212）	1	60.5	4 460

续上表

大学（学生数/人）	图书馆/座	藏书量/万册	期刊/种	大学（学生数/人）	图书馆/座	藏书量/万册	期刊/种
汉普夏学院（1 448）	1	12.935	2 290	犹他大学（28 619）	4	619.91	33 517
哈佛大学（19 538）	80	1 600	—	范德比尔特大学（11 607）	8	181.3	26 900
哈弗福德学院（1 168）	5	77.34	—	瓦瑟学院（2 424）	2	88.7	5 310
亨德里克斯学院（1 095）	1	21.984	37 160	维拉诺瓦大学（10 456）	3	71.3	12 000
海勒姆学院（1 239）	1	18.745	3 990	弗吉尼亚大学（24 068）	15	539.8	71 830
霍巴特和威廉史密斯学院（1 868）		38.041	2 470	沃巴什学院（874）	1	43.5	5 540
伊利诺伊理工学院（6 795）	6	110.480	21 490	韦克福里斯特大学（6 739）	4	92.4	16 450
伊利诺伊大学厄巴纳—尚佩恩分校（42 728）	37	1 037.146	63 410	华盛顿和李大学（2 148）	3	93.7	8 620
伊利诺伊韦斯利恩大学（2 144）	1	31.349	12 238	华盛顿大学圣路斯校区（13 355）	14	170.4	44 810
爱荷华大学（28 816）	13	402.754	44 644	华盛顿大学西雅图分校（39 524）	2	852.1	50 250
爱荷华州立大学（25 462）	2	247.04	52 530	韦尔斯利学院（2 318）	4	86.5	18 180

续上表

大学（学生数/人）	图书馆/座	藏书量/万册	期刊/种	大学（学生数/人）	图书馆/座	藏书量/万册	期刊/种
伊萨卡学院（6 409）	1	36.4	44 327	韦尔斯学院（481）	1	21.3	390
詹姆斯麦迪逊大学（17 393）	3	65.913	15 990	卫斯利恩大学（3 220）	4	130.2	6 790
约翰·霍普金斯大学（6 124）	7	350.9	30 020	惠顿学院马萨诸塞州诺顿校区（1 561）	2	39.8	10 300
卡拉马祖学院（1 345）	2	34.293	1 590	惠顿学院伊利诺伊州惠顿校区（2 924）	1	46.2	4 020
堪萨斯大学（28 924）	12	485.4	50 990	惠特曼学院（1 455）	2	35.6	12 850
肯塔基大学（25 672）	16	310.3	29 790	威拉米特大学（2 747）	2	31.7	1 400
凯尼恩学院（1 661）	2	82.605	8 570	威廉与玛丽学院（7 709）	10	210.795	36 877
诺斯克学院（1 351）	3	31.688	1 590	威廉斯学院（2 049）	11	93.3	12 063
拉斐特学院（2 381）	2	53	3 500	威斯康星大学麦迪逊分校（41 466）	6	435.9	23 790
莱克福里斯特学院（1 448）	1	26.4	1 790	威腾伯格大学（2 089）	3	40.8	960
劳伦斯大学（1 480）	1	39.5	2 890	沃福德学院（1 240）	1	20.9	26 790

续上表

大学（学生数/人）	图书馆/座	藏书量/万册	期刊/种	大学（学生数/人）	图书馆/座	藏书量/万册	期刊/种
利哈伊大学（6 858）	2	117.7	6 300	伍斯特学院（1 819）	4	58.151	—
刘易斯和克拉克学院（3 641）	2	22.77	7 400	耶鲁大学（11 416）	21	1 110.1	61 650

3. 大学藏书的特色。美国大学藏书的特色可以概括为“多”“全”“主题化”。“多”指藏书数量多；“全”指与大学设置的学科相关的图书资料种类收集比较齐全；“主题化”是指图书馆既有公共收藏，又有专门收藏，即专业馆。专门收藏则突出了“主题”。

哥伦比亚大学拥有20多座图书馆，藏书量位居全美第六，收藏有世界各国关于建筑方面的图书资料，其新闻学院的图书馆收集了20年来的《纽约时报》，教育学院的图书馆则收藏了美国70年来的中小学教科书和世界主要国家的中小学教科书。其东亚图书馆早在1901年就设立丁龙中文讲座并开始收藏中文资料，现以中文藏书丰富而闻名全美，这使哥伦比亚大学成为当代汉学和中国研究的非常重要的学府。由于纽约是美国东部地区的文化中心，哥伦比亚大学的东亚图书馆的图书出借率是全美最高的。① 康奈尔大学图书馆收集的有关美国南北战争、美国历史、亚洲研究、英国工业革命、法国大革命、科技史等方面的图书资料，也非常有特色。

据何仲山介绍，加利福尼亚大学伯克利分校的中国图书馆，和中国近现代史史料学学会合作，将中国从全国政协到省、市、县各级政协出版的文史资料尽量搜集，现搜集到已出版的文史资料的98%以上，约2

① 江乐兴，周国宝．不可不知的50所美国一流大学［M］．北京：中国水利水电出版社，2007：80－84．（关于其图书馆数量和藏书数量，与《美国前218所大学简介》有出入，可能与统计年代及口径有关。参见百度百科的“哥伦比亚大学图书馆”。）

亿字。斯坦福大学的胡佛研究中心图书馆，收藏的中华人民共和国成立前出版的有关中共党史、中国革命史书刊之完整，令其这个曾长期从事党史资料工作的人也为之赞叹。哥伦比亚大学东亚图书馆将收藏的红卫兵小报装订成12大册，并编有一大册目录索引。①

美国大学的图书馆可能是一所大学里比较“现代化”、最具“开放性”的地方。在我国，大学图书馆一般只对本校的师生员工开放，非本校人员一般不能进入，但在美国，大学图书馆似乎对服务对象并不设限。在信息时代，许多大学都非常重视“信息化”，不仅采购大量的电子图书，而且信息网络非常通畅，非常方便。此外，还有不少的大学把以“计算机网络”为标志的信息中心设在图书馆，让人深切地感受到，大学图书馆真是个“信息中心”，而且这样的信息中心一般都24小时开放。

德瑞大学是一所私立大学，提供本科和研究生学位教育，在美国和加拿大拥有94个校区，学生640 00人。德瑞大学非常注重信息化，在德瑞大学图书馆，很难感受到传统大学图书馆汗牛充栋的冲击力，电子资源已经成为大学图书资料的主角，而且，越来越迈向移动化，而不是像过去那样“馆”在一个固定的地方，成为大学“很有学问”的标志。

如今，像德瑞大学图书馆那样的大学图书馆越来越多，特别是新办大学。为了应对信息化、有限经费和馆舍紧张的挑战，同时又为尽量满足教授们对资料的需求，图书馆千方百计想办法：一是与邻近学校分工订阅报刊，共同使用；二是过期报刊均制成缩微胶卷，扩大收藏量；三是在电脑上查询其他学校和社会图书馆的图书目录，只要有书，图书馆便负责邮寄借阅。这样看来，合作共享、数字化、移动学习可能是图书馆自我革新、与时俱进的非常重要的趋势。

4. 大学图书馆的管理。美国大学的图书馆大多数都是“两全开放”的，即除了重大节假日之外，一般是全年开放；除了很特别的情况（有些馆规定凌晨后为整架时间，但一般不拒绝和不赶走客人），一般是全天开放。能够做到“两全开放”，单靠馆方态度好、工作积极还不行，还得

---

① 何仲山．美国高校教师的选拔与培养［J］．新视野，2000（6）：74－76.

有读者光顾。就已有的报道或资料来看，好大学的图书馆基本上都是“两全开放”的，这跟好大学的图书馆“有料、方便、态度好”有关。除了上面所说的“有料”（馆藏丰富有特色）外，美国大学图书馆还特别注重“方便、态度好”，以下五点给人特别深刻的印象。

（1）环境优雅。美国很多大学的图书馆都是非常有特色的建筑，让人感觉坚固厚实，与周边的环境配合协调，里边陈设简洁、温馨、雅致，各种设施配置齐全、摆放合理，检索方便，借阅简便。仿佛读者愿意使用便是馆员最大的光荣似的，或者说越是被麻烦越显示出个人价值似的，工作人员服务态度非常好。整个图书馆绿化、净化、美化，特有文化，入得其中，不敢造次，不忍偷懒，不愿另类。

（2）馆员学科化。大学图书馆一般会根据功能、服务类别和岗位要求来遴选雇员，确保员工队伍的综合素质达到最优化。

（3）服务个性化。图书馆内有非常周详的指引，读者凭指引基本上可以解决所碰到的常见问题。工作人员服务态度非常好，他们以有客人求助于自己而感到自豪，以能帮客人解决问题而感到满足。许多图书馆还可以为有需要的服务对象提供个性化的服务，特别是在专业资料的咨询、推荐、配送方面，让客人觉得非常方便、非常专业。

（4）设施现代化。图书馆会围绕图书资料的检索、阅读、提取、存储、流转、推广等配置设施设备，且都能做到设施齐全，现代化、网络化程度非常高。

（5）组织专业化。大学图书馆非常注重自身专业素质的提升，往往都会加入相应的专业组织，开展交流和合作。

（二）其他学术资源

美国的大学称得上是城市或社区的文化中心，除了图书馆外，许多大学还建有自己的艺术馆、博物馆、纪念馆、展览馆，藏品丰富，主题鲜明，充分展示了大学的学术力量和学术品位。例如，哈佛大学就拥有19座博物馆。这种情形在中国大学绝对是不可想象的。中国的办学条件观需要一个彻底的革命，才有可能把大学这所学术殿堂弄得内涵丰富、底蕴深厚。

综上所述，美国大学特别是好的大学可以说是资源丰富、“家底”丰厚。这与他们的筹款举措有关，与他们的办学理念有关，与他们的经营管理有关，当然也与美国的慈善文化和扶持制度有关。我国如要借鉴这种经验，首要的问题可能是顶层的制度设计。如果大学举办校庆都要报批，建立校友组织都有诸多阻滞的话，很多经验实际上是可知不可学的。此外，要办好一所大学，恐怕全国上下都要更新办学的“条件观”，古人早有教导，“巧妇难为无米之炊”“工欲善其事，必先利其器”。如果认为有课室、桌椅、教材和教师就可以兴办大学，有多媒体设备就算是现代化的话，这样的大学永远都不可能有出息。要成为名校，其中重要的条件就要把设施设备做先进、把文化底蕴做深厚，否则就是免谈。再看看哈佛的博物馆，就知道人家傲视群雄是有道理的。

第四章　美国大学的学生管理

美国大学的学生管理，大体可分为两种：学术性管理和事务性管理，前者主要是指以教学活动和科研活动为中心的教务管理，后者主要是指以学生课外活动为中心的事务管理，类似我国大学的学生工作。在美国，大学对学生的学术性管理最大的特点是宽进严出，对学生的事务性管理最大的特点是细致规范。

一、学校的选择：招收什么样的学生

招生是现代大学的重要工作。孔子主张有教无类，实践“自行束修以上，吾未尝不诲也”的承诺。这种状况到了现代，除了公开大学，已基本上不可能出现。学校的生命取决于声誉，声誉取决于质量，质量与生源素质有关。“好的生源是学校办学成功的一半”。康奈尔大学教授约翰·霍普克罗夫特就认为：“博士生的素质决定研究机构的质量。”精英教育时代是“名师出高徒”，大众教育时代则是“高徒出名师”。故大学无不关注生源质量，都希望能招到“好”学生。所以，招生工作在美国大学占有极其重要的地位。各校都十分重视招生工作，设有招生委员会、招生办公室或类似机构，是大学重要的职能部门。

美国大学的招生标准是分层次的。众所周知，就投资而言，“价值洼地更有投资价值”，而就人才而言，人才高地更具吸引力。这一点在美国高校招生中得到了充分的诠释。但是，因为美国高等教育资源十分充足，除了“好”大学外，一般的大学没有太多的选择余地，故美国大多数大学实际上实行的是放开入学的政策，即所谓的“宽进”。大学是分层次的，大学招生的标准也是分层次的。一般来说，美国大学招生分三个层次，研究性大学一般招收高中毕业生综合排名前15%左右的学生，社区学院招收有意愿升学的高中毕业生或同等学力者，包括成人。其余是便是其他一般本科大学招收的对象。当然，三个层次中，同一层次的大学之间会有激烈的竞争，不同层次的大学之间几乎不存在竞争。

大学招生的基本要求是因校而异的。不在一个档次，就没有可比性。

常春藤盟校有严格的入学标准，能够入校就读的学生，自然是品学兼优的好学生。学校很早就去各个高中挑选合适的人选，许多得到全国优秀学生奖并有各种特长的学生都是他们网罗的对象。不过学习成绩并不是学校录取的唯一条件，学生是否具有独立精神并且能否快速适应紧张而有压力的大一新生生活也是他们考虑的重要因素。学生的能力和特长是衡量学生综合素质的重要一关，高中教师的推荐信和评语对于学生的入学也起到重要的作用。学校财力雄厚，招生办公室可以完全根据考生本人的情况录取，而不必顾虑这个学生家庭支付学费的能力，许多家境贫困的优秀子弟因而受益。有钱人家的子女如果综合素质表现不突出，即使家财万贯，也不能被录取。这也许就是常春藤大学历经数百年而保持"常春"的原因。[①] 但我们不能据此说美国大学招生一点都不考虑家庭背景。

按照麦彻同的介绍，美国顶级大学的入学竞争是极其激烈的，往往只有那些具有"超常才能"的申请者才有可能被接受。不过，"超常才能"没有一个明确的标准。美国大学不会根据一项考试得分来做决定，当它们对申请者进行衡量和评估时，往往会考虑很多因素。这些体现优秀的因素主要有以下几个方面。

（1）标准化测试（如SAT考试）得分情况。学生在标准化考试中得了高分未必会被录取，但如果考试分数低于80%～90%的考生的水平，则很难被录取。

（2）班级排名。大多数大学的招生办公室的工作人员对GPA（平均成绩点数）的分数都不会完全相信，因为有可能掺杂水分。它们更关注

---

① 资料来源百度百科。

申请者在班级中的排名，因为这能更好地反映出申请者是不是在学术上比别人更胜一筹，尤其是学生就读的学校在美国大学招生办公室看来是很有名的时候，这种排名就更加重要。

（3）很强的英语能力，特别是很好的实际语言能力。

（4）被认可的学术成就。如在认可的竞赛中的出色表现。

（5）领导能力证明。美国大学都志在寻找具有领导潜能的学生，比如担任过班长或在课外活动中担任过主要领导职务的学生。

（6）艺术才华证明。有独特艺术才华的学生，他们在标准化考试的得分有望降低 10 个百分点而被录取，也就是说，他们在标准化考试中只要能比 70% ~80% 的考生高，就有可能上顶级大学。

（7）体育能力证明。美国所有的大学都有极富竞争性的体育专业，都希望寻找极富体育天分的学生，虽然这些大学不会接受文化课方面跟不上的体育天才，但一般也会降分录取，但底线是在标准化考试中的得分必须比 70% ~80% 的考生高。

（8）国外生活证明。此项主要针对留学生而言。

（9）出色的家庭背景。虽然美国大学不承认，但事实上它们是比较关注申请者的家庭背景的。如申请者的亲属中有人就读过该校，或者申请者的父母在政界、商界、学术界或艺术界有所建树，可以增加录取概率。①

虽然麦彻同所写内容是给留学生看的，但从中我们也可以看出美国大学招生的倾向性，即大学招生考察的是申请者的综合素质，而不仅仅是一次性考试的分数排名。这对我国高校自主招生还是颇有借鉴意义的。

虽然麦彻同所说的标准化考试排名仅指顶级大学的录取要求，但以此类推还是可以看出不同层次的大学录取的大致要求。当然，底层学校肯定没有太多的挑选余地，但不能说它们对申请者就没有期待。

美国大学几乎都允许学生提前或延期入学，基本上可以说是常年招

---

① 麦彻同．美国本科留学解读［M］．袁锐，等译．2 版．北京：电子工业出版社，2009：11－12．

生，虽然各校都设定申请截止日期。其招生的基本程序一般是：发布招生信息、发动生源、接受申请、审理申请材料、确定录取、发放录取通知书及相关材料、学生注册入学。有的大学还会在发放录取通知书之后、学生注册入学之前，寄发提示注册入学函；有的大学还会以学校所在地的政府长官的名义寄发“邀请信”，除表示祝贺外，还邀请就读本辖地的大学。这些举措，给人以特别温馨的感觉。

除社区学院外，其他大学的招生一般都有筛选。申请数、被录取数、注册入学数之间会大致维持一个比例。不过，不同的大学，其比例也有较大的差距。因此，大学招生机构会根据多年来被录取者注册入学的比例（常数）来确定录取数（即预录数），也会根据多年来的录取比例（常数）开展招生宣传工作，以便有足够多的人提出申请，使录取率维持在一定的水平上。因为，如果申请人数减少，导致录取率大幅度提高，或录取了一定数额的学生后，注册入学人数减少。导致入学率大幅度下降，都是学校吸引力下降的重要标志。大学是很在乎这一指标的。

二、学生的选择：学什么与怎么学

美国大学的学生拥有很多的选择权，这可能是其他国家的大学少有的。归结起来，主要有以下几方面。

（1）选择专业。美国大学一、二年级一般是通识教育，到了第二学年末开始选择专业。选定专业后如果发现不对劲还可以再换。如果觉得学校已有专业都不合适，还可以申请设置个人专业。

（2）选择课程。在专业框架下，美国学生需要选择很多课程来满足专业的学分要求，大学鼓励学生多选，鼓励学生跨学科选，至于学生选择什么课程，自主权在学生，前提是满足学分结构的要求。

（3）选择教师。规模大的大学，往往好些课程是由多位教师担任的，学生可以选择自己满意的教师。排选专业和课程时，师兄师姐往往会提示某位教师最有趣、最容易过关，前提就是有选择。

（4）选择学习进度。美国大学实行的是完全学分制，只要按要求修满学分即可。所以，学生可以自主安排自己的学习进度，可以适当提前或延后毕业，可以一次性修完学分，也可以中间休学打工，或者边学习边工作。

（5）选择转学。如果找到自己更满意的大学，学生随时可以申请转学。

（6）选择喜欢的社团。

（7）选择宿舍和住宿伙伴。

与我国学生主要以社会职业评价来选择专业不同，美国大学生通常依照个人兴趣、学习能力来选择专业，而且有两大特点：一是许多学生往往倾向于选择容易修读的专业甚至容易通过的课程，二是富裕家庭出身的学生往往比不富裕家庭出身的学生更倾向于选择那些不赚钱（工资待遇或起薪点比较低）的专业，诸如社会学、人类学之类的专业。

美国学生选专业不像我国高考学生那样紧张，因为不是一选定终生，没有制度规定一个专业要读到底。入学后，学生还有多次选择的机会，选定后觉得不好还可以换。学生转专业要提出申请，经核准后方能转。在此过程中，校方（顾问等）会提供专业咨询服务，帮助学生做决策。原来修得的学分依然会获得承认，但对新选的专业是否依然有效、是否满足新选专业的结构性学分要求，那要按新选专业的要求办，如果符合要求，可以冲抵，无须再修，如果不符合要求，则要另修。如果属于后一种情况，那就要付出更多的时间、金钱和精力了。

美国大学不同的教育层次有不同的修业年限，甚至同一层次的不同专业也有可能有不同的修业年限，这些都有明确的规定，但都属于大致的规定。大学实行学分制，允许新生提前入学和推迟入学，不要求学生一定要依时毕业。同年录取的新生，不一定同年毕业，所以，通常不存在像我国大学那样有严格的“同届同学”“同班同学”“同组同学”，想不想毕业，想什么时候毕业，都是自己把握。

大学生自动退学似乎不需要办什么手续，但转学是要办手续的，虽然属于程序性事务。美国大学的转学现象比较普遍，难的是有大学愿意接受，而不是现读大学是否意愿放行。一般来说，转入低一层次大学或排名（学校排名或专业排名）比现读大学靠后的大学比较容易，相反，还是有一定难度的。

三、培养目标的设定

培养什么人即大学的培养目标是大学教育最重要的理论和实践问题之一。不同时代、不同高校，培养目标会有很大的不同，但不能据此认为在培养目标的认识上没有共同之处。在教育史上，学生本位论和社会本位论有过长期的论争，各执一词，莫衷一是。在冷战时期，两者还曾分别被贴上“资本主义”和“社会主义”的标签。其实，随着新技术革命的发展和世界格局的变化，兼顾个体与社会的“兼顾论”更为人们所接受。探讨美国大学的培养目标，将是非常有意义的事。

（一）大学的培养目标

美国大学没有共同的培养目标，这是一个常识问题，因为大学的层次和类别不一样，自然有不同的培养目标，即使是同级同类的大学，教育水准和办学风格也有差异，不可能有完全相同的培养目标。但由于美国大学有认证制度，它要求大学的教育质量都要达到一个认可的水准。

虽然不同的高校有不同的关于培养目标的具体表述，但在大学该培养什么样的人的问题上，还是存在一些共识。这些共识成为大学教育目标的主流观点，它们主要是受了高等教育权威的认识和全球有影响的教育组织（如联合国教科文组织）的研究报告的影响。

作为美国当代高等教育权威，不能不提到德里克·博克（Derek Bok）。德里克·博克是美国当代颇具影响力的大学校长之一，也是西方高等教育史上举足轻重的思想家和实践家。他担任哈佛大学校长20余年，始终关注本科教育，对本科教育目标的著述也因此构成了其高等教育理念的重要组成部分。博克任哈佛大学校长后不久就在《论本科教育目标》（1974）一文中较为系统地提出了本科教育的目标，随后在《走出象牙塔：现代大学的社会责任》（1984）、《美国高等教育》（1986）、《大学与美国前途》（1990）等著作中对本科教育目标都有不同篇幅的论述；在《回归大学之道》（2006）一书中，博克在反思哈佛大学乃至美国高等教育实践经验的基础上，再次系统地提出了本科教育的目标。对此，潘金林在《在学生发展和社会需求之间把握高等教育的价值——德里克·

博克的本科教育目标解读》一文中有较为详细的介绍。[①] 教育部反复强调教授要为本科生上课，可能就受了博克思想的影响。

博克在1974年所著的《论本科教育目标》一文中，首次提出了以培养学生能力为核心的五项目标：第一，获取信息和知识；第二，培养思维能力和习惯，包括流利的口头交流能力及清晰流畅的写作能力，细致分析问题的能力，外语的说和读的能力，对学科知识的把握能力；第三，提升心理品质，包括心胸开阔的能力，敢于冒险的能力，尊重事实、追求真理的品质，求知欲以及持续、独立的继续学习的愿望；第四，养成艺术方面的理解能力；第五，培养判断能力和价值观。

1986年，博克在《美国高等教育》一书中重申了其本科教育目标：本科生应获得丰富的基础知识，包括深度和广度两个方面。在深度方面，应集中精力学好一门专业；在广度方面，视野要涉及几门学科。学生应获得恰当而体面的交际能力，大量的实际知识和基本技能，熟练掌握至少一门外语，以及批判性的思维能力，熟悉人类，获得知识，理解自然、社会和人类本身的研究方法和思维方法，了解其他文化及其价值、传统和习惯；通过多次探索，应该对知识和文化产生持久的兴趣，获得自知之明，最终做到能够对自己未来的生活和职业做出正确的选择；通过与各种各样的同学共同学习和生活，应该更加成熟，获得人类所具有的宽容的性格。最后，他们还应当对大学生活感到愉快，这样，他们“以后回想起来会觉得大学生活是充满兴趣和热情的年代”。[②] 潘金林认为，德里克·博克在讨论本科培养目标时强调以下两个观点：一是强调培养学生广泛的兴趣和能力，二是强调培养学生多方面的素养。在德里克·博克看来，道德教育与公民素养是现代大学的基本社会责任，培养多元文化素养是大学任重道远的使命，培养全球化素养就是为美国国家利益服

① 潘金林. 在学生发展和社会需求之间把握高等教育的价值：德里克·博克的本科教育目标解读［J］. 高等教育研究，2010（3）：94－98.

② 博克. 美国高等教育［M］. 乔佳义，编译. 北京：北京师范大学出版社，1991：43.

务，为就业做准备是现代大学不可回避的社会责任。[①] 总结德里克·博克有关本科培养目标的思想，实际上包含了三个相互关联的领域，这也是大学教育的基本职能：增进个人修养，培养合格公民，做好职业准备。

说到有全球影响的教育组织的研究报告，不能不说到联合国教科文组织。该组织有两份教育政策报告对世界学校教育目标的厘定产生了广泛而深刻的影响：一份是《学会生存——教育世界的今天和明天》（1972）；另一份是《教育——财富蕴藏其中》（1996）。其倡导的生存能力和学习能力的培养引起了广泛的共鸣。

北大耶鲁宣传片引热议　望高校回归人才本位[②]

《中国青年报》2012 年 2 月 16 日报道：

近日，北京大学和美国耶鲁大学的校园宣传片被网友放在网上，引起围观和热议。

北大宣传片中没有语言对白，在光影和音乐的牵引下，记录博雅塔、日晷、竹林、伟人像、未名湖等北大特有的景点，呈现 100 多年来北大的变化。

而耶鲁的宣传片，则是一位招生处的老师以说唱的形式介绍耶鲁的情况：“你有机会和喜欢的世界名人会面”……片中，耶鲁大学载歌载舞，满脸洋溢着欢笑。

“两所大学宣传片对比分析，耶鲁的优势是人，北大的优势是景；耶鲁的自信是当下，北大的自信是历史。”发布两个视频链接的网友“光头王凯”说。

网友“巨蚌”认为，宣传片在有限时间里尽可能传播学生关心的信息，这才是实在的。

不少网友认为，虽然两所大学的宣传片的表现形式不同，不能简单

---

① 潘金林．在学生发展和社会需求之间把握高等教育的价值：德里克·博克的本科教育目标解读［J］．高等教育研究，2010（3）：94－98．

② 北大耶鲁宣传片引热议　望高校回归人才本位［EB/OL］．（2012－02－16）［2018－11－05］．http：//www.chsi.com.cn/jyzx/201202/20120216/281206642.html．

地分高下，但是，耶鲁大学宣传片表现的内容和风趣活泼的形式，确实值得国内高校学习。

网友“Allen”认为，大学是教书育人的地方，耶鲁的宣传片直截了当地向观众说明：进耶鲁，就是为了不一样。学的不一样，做的不一样。每个讲解员的亲身经历都是活生生的例子。

网友“Ghost Gentry”说，耶鲁宣传片中的“演员”来自世界各地，有亚裔，黑人、白人，有老人也有孩子。这就体现一种包容的态度。一所国际化的大学当如是。

网友“呆呆”认为，国内高校的宣传片也应该站在学生、家长的立场上思考问题。如果一直摆着高高在上的架子，怎能走向世界?

网友“李云勇”感叹，两个宣传片的对比让我们不得不沉思：大学的成就感从何而来？大学该培养什么样的人才？大学何以为大学。

“国内高校应回归人才本位。”民意中国网一位网友说道。大学无疑是以培养国家民族发展和时代需要的人才为己任。同时应更有眼界和自信，培养具有国际竞争力的人才。这不仅需要传承历史，更要立足现在，展望未来。

网友“大头喜妹”说，大学精神没落一直是社会关注的话题。其中，尤以北大“兼容并包”这一曾照亮一代人思想自由之路的大学精神，为人们讨论缅怀得最多。北大宣传片浓墨重彩地体现了那段辉煌的历史，却在大学精神如何薪火相传上，缺乏有效的阐述。“大学该怎样宣传自己？一部简单的宣传片显然难以尽述。作为最重要的功能，在教育与学术上，大学应该思考如何让师生都产生认同与归属感，思考如何尊重个体思想与学术的自由独立，却又能通过某种笃定统一的价值观凝聚人心。大学如果先做好了这些事情，文化与价值魅力的口碑相传，自然会是大学精神的最好宣传。”

（二）各专业的毕业标准

美国是一个非常讲究标准的国家。美国大学的毕业标准一般要达到州法律规定的要求，各专业的毕业标准则更多地受行业或专业（职业）

组织制定的标准的影响。但在具体标准的表述上则各有各的特色，并且具体体现在学分总量和学分结构上。

是否修满规定的学分是美国大学确定学生能否毕业的依据。如果学生不能修满规定的学分，就不能依时毕业，如果想毕业，就得继续修读。美国社区学院的毕业率高，本科大学一般都有淘汰率（与依时毕业率近似，但不完全一样），但不同学校其淘汰率是不同的，在同一所大学，不同专业也会有不同的淘汰率。一般情况下，名校的淘汰率会比较高，如加州理工学院的淘汰率为20%多。此外，在大学里，社会上的热门专业、起点薪酬高的职业所对应的专业或大学的优势专业，淘汰率会比较高，如医学、法学等。这也是专业毕业标准的一个体现。

四、教学的框架

大学的教学框架主要是指围绕培养目标设计的课程体系和修读要求。不同的大学有不同的教学框架，这与他们对人才培养目标的认识有关。

（一）教学的基本制度

作为美国最古老的大学和美国大学的领导者，哈佛大学一直都在探索完善其教学框架，其培养目标、课程体系、学年安排、学生选修、学业评定等，特别是课程分类（专业课程、核心课程、通识课程、基础课程等）、课程总量、开设次序以及相互关系，对美国大学有广泛的影响，其创立的学分制、自由选课制对世界大学都产生了深刻的影响。

哈佛大学是以英国牛津大学和剑桥大学为模式创办的，初始以培养牧师、律师和官员为目标，注重人文学科，学生不能自由选择课程。19世纪初，高等教育课程改革的号角才在哈佛吹响，崇尚“学术自由”和“讲学自由”，取消“固定的学年”和“固定的课”，自由选修课程的制度逐渐兴起，且多有反复。19世纪60年代的南北战争为美国资本主义的发展开辟了道路，随着生产力突飞猛进，科学技术工作者的地位逐步提高，工程师、自然科学家和工业技术人才得以和律师、官员等并驾齐驱，选修制再次在哈佛兴起。

1869年，在校长埃里奥特的领导和推动下，哈佛大学全面实行选修制。埃里奥特强调高等学校要给予学生三个法宝：一是给学生学习上选择的自由；二是使学生在所擅长的学科上有施展才能的机会；三是使学生的学习从被动的行为转化为自主的行为，使学生从对教师的依赖和从属关系中解放出来。1895 年，哈佛除英语和现代外语仍为必修课外，其他均为选修课。美国许多高校纷纷步哈佛大学后尘，减少或废除必修课，增加选修课。

按照自由选修制的要求，攻读一种学位，学生要选修 16 门课程，只要符合规定，便可取得相应的学位。

1909 年，校长洛厄尔在保留自由选课制优点的前提下又提出了新的教改方案，从 1914 年起，实行“集中与分配”制。所谓“集中”，是指选择的 16 门课程中，必须有 6 门选修本系的专业课，以保证重点；所谓“分配”，是指另外的 6 门课程从 3 个不同的知识领域中各选两门，以保证学生具有比较广泛的知识面。余下的课任学生自由选择。这种制度既保证专业课学习的深度，又能扩大学生的视野，也可给学生的个人爱好留下适当的余地。

1933 年，科南特担任校长，于 1940 年主持成立专门委员会，研究课程改革。经过 5 年的反复研究，提出了专门报告，主张加强普通教育。哈佛大学按照专门报告的建议，又做了 5 年实验，在 1951 年正式推行“普通教育”制度。按照普通教育制度的规定，第一，一、二年级的学生，要从自己所在的系中选修 6 门专业课，再从人文、社会、自然三大类别的普通教育课中各选 1 门，共 3 门课，另外还需从其他系的课程中至少选 3 门；第二，三、四年级也设有普通教育课，没有学过一、二年级普通教育课的，不得选修三、四年级的普通教育课；第三，攻读硕士和博士学位的学生可以选修一部分三、四年级的普通教育课；第四，学生不得选修属于同一个考试组的 2 门课。这样做，普通教育和专业教育结合得很紧密，而且先后有序，互相衔接。这种办法吸取以前制度的优点，加以综合，形成了以通识教育为基础，以集中与分配为指导的自由选修制度。①

其后，哈佛大学进一步研究普通教育中哪些课程是核心课程，或称基础课程。德里克·博克于1971年出任校长，十分关注大学本科的基础教育，采取有力措施予以推进。20世纪初，美国一般大学文科的课程是按照纵与横结合的原则来设置的，既让学生对某一领域有比较深入的理解，又要求学生对其他领域有较为广泛的涉猎。到20世纪中期，则要求学生在知识广度对人文科学、社会科学和自然科学三个领域有概括的基本的理解。1973年，博克校长任命亨利·罗索夫斯基为哈佛文理学院院长，责成他负责研究文理学院的目标及哈佛本科教育中存在的种种问题，号召教师们献计献策，以集思广益，重新制定有关大学教学的目的和方法。罗索夫斯基任命威尔逊教授研究共同基础课问题，于1976年提出一项改革方案，即“威尔逊报告”。这份报告主张制定一种强制性的共同基础课程，以后又经过反复讨论、修改，并由罗索夫斯基院长亲自主持进一步的修改工作，最终于1978年提出了关于共同基础课的报告，并决定于第二年开始付诸实施。

在1978—2008年期间，所有本科生需完成7门主修以外的课程，作为核心课程的一部分；2008年之后，所有本科生除了主修课程，还需完成八类的大学通识教育课程，它们分别是：美学与理解、文化与信仰、数学与简化解释、道德理解、生命科学、物理科学、世界与社会及美国与世界。而哈佛的研究生课程则非常多元化，并与其本科生课程有很大的关联。不过，有部分学生及教育组织批评哈佛的本科生课程过于依赖助教，这样会影响教育质素。

哈佛采用半学年/两学期制教学，每个学年从九月初开始直到五月中旬。本科生在每个学期/半学年里需完成4门指定科目，并须保持这个报读率以维持作为全职本科生的资格。每个主修科目均提供基础课程及高级课程供学生选择。

哈佛大学学生成绩的计分方法一般有四种：第一，按A、B、C、D、

① 资料来源于百度百科。

E 五级计分，A 为最高分；第二，及格和不及格；第三，满意和不满意；第四，有学分和无学分。

以排名前 4% ~5% 成绩毕业的学生会获赋予最高荣誉“summa cum laude”学位，剩下的前 15% 的学生获“magna cum laude”的头衔，还有 30% 则为“cum laude”。

哈佛的教学框架也不是没有批评的声音，乔治·吉尔德就曾不留情面地批评哈佛的课程。作为当今美国著名的未来学家、经济学家，被誉为“数字时代的三大思想家”之一，20 世纪 80 年代供给学派经济学的代表人物，90 年代新经济的倡导者，获得过白宫授予的企业杰出奖的吉尔德，他的批评可以说是别具一格、独树一帜的。他说：“世界正在从昔日科学行会和宗派走向新的信息科学时代，学术科学派受挫悲观，正在通过政治、恐慌、卡特尔来保存他们的既有特权。数年前我看过哈佛的课程目录，认为 80% 的课程会把学生变愚蠢。如今，这些变愚蠢的学生正在治理国家。他们所上的多数课程，要么不证自明，要么错误百出，意识形态有问题，或重复冗余，或扭曲，或无足轻重。”[①] 另一种情况是，虽然大学不同学科部均有不同的奖学金及奖项颁发，但哈佛及很多其他的美国大学被批评出现“等级上涨”的情况，很多奖学金及荣誉的要求不断上升，例如：哈佛大学获得拉丁文学位荣誉的学生人数从 2004 年的 90%，下降至 2005 年的 60%。不过，也有报告指出，学生们的学习动力及拼搏精神却因此得以提升。[②]

不管怎样，基于大学培养目标而设计的教学的框架，是大学学生管理最基本的“游戏规则”，是关乎学生“投资收益”乃至前提命运的，所以它的学科性、严谨性、前瞻性和适用性都非常考究。这与我国大学学生管理有很大不同。我国的着眼点在课外，而在教育目标取向上，课内与课外是两张皮，随意性非常大，经验主义和保守主义盛行。纵观哈佛横跨三个世纪，前后一百多年的“教改”和“课改”历史来看，它的教

---

① 吉尔德. 知识与权力［M］. 蒋宗强，译. 北京：中信出版社，2015：283 -284.

② 资料来源于百度百科。

育让人真切地感受到追求卓越的崇高理想、严谨务实的科学态度、精益求精的工匠精神和与时俱进的豪迈气概。“名校”是一代代积累出的。

（二）教学的管理者

谁是大学教学的最高管理部门？美国许多大学都设有教务长一职，级别同副校长，但常常由副校长或常务副校长兼任，兼任者地位在其他副校长之上，当是学校教学管理的最高长官；其他教学管理机构一般只管理公共的教学事务。教学的实务特别是学术或技术性强的事务主要由院系承担。

谁对大学教学质量负有责任？在大学，质量是个纲，所有人都对教学质量负有责任，但校长、分管学术事务的副校长、教务长、院长、系主任等负有领导责任，有关委员会和教师负有直接责任。

谁监督教学？美国大学的教学要接受很多监督，但主要是来自上级、学生和评估机构的监督。

（三）成绩的评定者

在美国，大学生能否毕业，主要看能否按要求修满学分，而能否取得学分，则需要课程考核及格，或通过课程考核。那么，谁给学生评定成绩呢？是社会考试机构吗？是大学教学管理部门吗？标准的答案是课程的任课教师。到目前为止，没有证据表明，美国大学教学管理部门采用统考或课程抽考的方式直接考核学生，然后组织教师以流水作业方式集中评卷；也没有证据表明，大学在完成课程教学后组织学生参加政府或社会机构举办的考试，并把考试成绩作为课程考核成绩，如我国的“大学英语四六级”“专业英语四八级”和“计算机水平 AB 级”考试等，因为美国大学认为，成绩评定是教学的一个环节，是教师教学权的应有之义。

在我国，教育行政部门为了检查或保障学校包括大学的教学质量，常常采取统考的方式，或指定某些课程为统考科目，或规定必须开设某些课程并参加考级，学校的课程教学变成了考前辅导，这种情况在美国大学似乎不存在。这样看来，尊重教师的教学权是非常重要的，对于树立教师的教学权威，建立“师道尊严”的学术氛围是非常有意义的，而成绩评定权就是教学权的重要体现。

（四）考勤的意义

有研究显示，大学生逃课是世界性难题，特别是在世界杯期间，校方更是束手无策。

美国大学有考勤制度，一般由任课教师来执行。由于教学班一般班额不大，任课教师很容易认识学生，通常情况下，任课教师不会点名，但学生上课需要签到。如果是大班上课，将使签到变得很不方便，在这种情况下，有的教师执行得不够严格。

为了对付逃课，任课教师常常也会出些“招数”，如要求学生签到时填写自己学号的4位尾数，以防止代签；又如经常进行没有预告的随堂测验，或者在课程考核时要求学生回答课堂教学中教师特别讲解的某一内容。如果一个学生被任课教师发现缺课达到三次，大多数情况下，可能面临老师的约谈。

在美国，学生缺课即使达到一定的数量，通常是不会受到“行政”或“纪律”的处分。学生出勤情况会影响课程考核成绩，如果缺勤，会被扣分，进而影响成绩点数，将来影响升学。如果缺勤严重，则可能不合格，即不能通过课程考核，那么，意味着该学生将留有“案底”，需要重修或另选课程修读，不仅浪费时间和金钱，而且有可能需要改换专业。所以，美国大学的学生虽然也有逃课现象，但一般不敢太离谱。

（五）大学教学的一般规程

1. 课堂教学。现代规范意义上的大学，教学工作依然是学校的中心工作，课堂教学依然是实现教育目标的主渠道。所以，课堂教学在美国大学教育中的地位是非常重要的，绝大多数大学都高度重视课堂教学。在有研究生教育的大学，重视本科教学特别是课堂教学已成近20年来大学教育改革的最重要的特征。

美国大学的课堂教学与我国相比，有明显的差异，主要表现在“二多二少”上，即美国大学要求学生为上课而做的阅读多，上课时学生发言多，课程的课时量比较少，上课时教师讲得比较少。而我国的情形正好相反。美国大学非常重视课堂讨论与学生发言，借此不仅可以检验学生有没有按要求阅读，即有没有偷懒，还可以检测到学生有没有思考，有没有学好，即学生的学习习惯怎么样，学生的理解程度怎么样，教师进而可以提高教学的针对性和效率，敦促学生养成良好的自学习惯，还可以培养学生的分析和表达能力。

影响学生课程学习成绩的因素众多，其中，学生的课堂表现最容易被人忽视，包括学生出勤、发言的次数和质量，以及围绕课程学习进行的师生互动。

美国大学的课程考核形式多样，主要有作业、测验和考试。作业多、测验多可能是美国大学课程学习的惯例，很多作业是以直面问题的方式布置，有些甚至需要按照问题解决的思路做成“项目方案”，那是很花工夫的。通常一门专业课程，要做4~6个这样的作业。测验通常是不预先的告知，所以，学生每次上课都要有考试的心理准备，即使觉悟再不高，也没有多少人会与美元和青春过不去。至于考试（综合性的或终结性的），倒不是每门课程都会有，但如果有，一定是总评成绩中占比最高的。

在大学，有没有其他因素影响课程的成绩？比如肤色、颜值、情感等，没有看到有关材料，不敢肯定有还是没有。

2. 实践性教学。为了提高学生解决实际问题的能力，增加学生将所学的理论知识应用于实际生活的机会，美国高校高度重视实践性教学。在课程体系中设计了实践性教学环节。教师在讲授理论课之后，通过实验课、习题课、见习课等形式，鼓励学生运用所学的理论知识设计出相应的实验方案。在理工科大学里，实验、实习占的比重很大，一般为总学时的三分之一。美国的很多大学也特别重视实习，强调大学生在企业、公司实习的时间累计不得少于6个月，让学生在实践中运用所学的知识解决实际问题，了解企业的实际需要，培养学生吃苦耐劳的精神，提高他们的动手操作能力。

“产学研”结合是美国首创的人才培养模式。20世纪50年代，斯坦福大学首先进行了固体电子学等方面的跨学科研究，鼓励教师和学生将尖端技术方面的研究成果运用到公司中，获得良好的效果。紧接着许多电子工业公司相继在斯坦福大学周围建立起来，大大加强了学校与企业界的联系，形成了举世瞩目的“硅谷”。

在高等工程教育中，美国的研究生培养途径主要有三种：高等院校常规培养，高校与企业或科研单位联合培养，企业或科研单位独立培养。其目的都有加强实践教学的考量。

3. 研究性学习。在美国，许多有条件的大学都鼓励学有余力的本科优秀学生参与研究的计划或制度安排，目的在于发挥学生的潜能，提升学生的研究能力，培养精英教育的后备人才。例如，在麻省理工学院，为了让一些本科各年级的优秀学生直接参加各项研究课题，学校推出了UROP（undergraduate research opportunities program）计划，学生可以报名参加其中一项。参与项目研究的学生，每周需要抽出6～20小时投入研究工作，在3个月的暑假期间，每周工作达40小时左右。参加该计划的本科生可以直接和硕士研究生、博士研究生、博士后研究人员、教授等各层次的、不同研究领域的研究人员接触，共同研究，从中培养、锻炼和提高自己的研究能力。通过这个计划，学生还可以得到丰厚的回报，不仅可以得到一定的学分和报酬，还可以利用所取得的研究成果向基金会申请研究经费，公开发表论文、申请专利等。

4. 课外校外活动和社会实践。美国大学非常注重学生在课外校外活动和社会实践中增长才智和能力。为了安排好学生的课外校外活动，美国的许多大学鼓励和资助大学生成立各种课外校外活动团队。在丰富多彩的社会实践活动中，学生形成良好的社会责任感和乐于奉献的精神，培养集体主义精神，提高组织能力、交际能力和动手能力，综合素质得到提高。

五、课程的考核

（一）考核的规则

美国大学的课程考核是比较严格的，要获得通过和取得高的绩点很不容易，这是其“宽进严出”教育管理理念的重要体现。为了确保综合成绩评价的公平性、准确性和客观性，美国大学课程考核往往遵循下列三大规则。

1. 能力为重。课程考核主要看学生分析问题和解决实际问题的能力，而不是单纯地看学生对于所学知识的记忆能力和描述能力。所以考试中同一问题往往没有统一的答案，只要学生能将自己的观点清楚地表述出来，并且能够自圆其说就可以得到高分。这与我国大学课程考核以知识掌握为主不同，学生靠“蒙”是很难过关的，单靠死记硬背也很难拿到高分。

2. 综合评价。美国大学在评定学生课程的综合成绩时参考的因素很多。一门课的综合成绩包括出勤率、课上互动表现、论文成绩、期中考试成绩、期末考试成绩、测验成绩以及作业成绩等，而不是单凭一次性考试来判定学生的学习效果。

3. 关注过程。美国大学把发展性评价作为考核的最基本理念，强调的是学生在整个学习过程中的表现。例如，在众多影响学业成绩评定的因素中，出勤率和课上互动表现占了总成绩的55%左右。又如，美国大学的课程学习往往需要做许多课外作业，每次作业的成绩都对综合成绩的评定有直接的影响。在这种情况下，想要取得一门课程的好成绩，学生就要在该课程的整个学习过程中保持积极思考、积极互动的良好状态，争取在每一次对该课程成绩有影响的相关课程活动中有良好表现。“平时不刻苦，临时抱佛脚”是很难对付过关的。

有人认为，美国大学流行“60分万岁”，学生要过关还是比较容易的。其实这是一种误解。美国大学校园是比较流行“60分万岁”的思想，特别是在美国籍学生群体里，他们往往追求“过关”，而不是特别追求“高分”的好成绩。但即便是要求“过关”，其实也不容易，一连串的规定动作做下来，已经让学生充分体验了学习的艰难。

（二）成绩与学分

美国大学实行学分制，学分是能否毕业的最重要依据。学生修习课程，通过考核，获得学分。当修习的课程和获得的学分满足了相关专业的结构学分的需要，就具备毕业的最重要的条件。如果课程考核成绩差，没有通过，就不能取得学分。不能通过考核的课程如果属于非专业核心课程，那么学生可以重修或另行选修替代课程；如果考核不能通过的课程属于专业的核心课程，那么学生必须重修。通过考核的课程成绩，不管分数（等级）如何，不影响学分的获得，但影响学业的成绩点数。课程绩点反映一个学生学习的质量，而学分则主要反映学生学习了哪些课程并达到了该课程的最低标准。

（三）成绩是否可以商量

在美国许多大学，学生对自己的课程考核成绩不满意，认为教师的评定不客观，给分过低，是可以找任课教师商量的。只要学生有证据证明教师对自己学业表现的评定偏低，往往可以获得更正，前提是理据必须确实充分。如果想通过“走后门”的方式获得高分，结果往往适得其反。

施一公院士曾求老师“放一马”①

2015 年 8 月 28 日，清华大学副校长施一公院士为 2015 级研究生新生做了题为“少年壮志不言愁”的报告，其中说道：

在霍普金斯大学的 5 年读博期间很辛苦，尤其前两年心情很不稳定。由于我数理思维太严谨，常常绕不过这个圈，总觉得学生物怎么这么难。有一门生物学考试三次考试 52、32、22 分，只有第一次及格，我去求老师放我一马：“我是一个好学生，对学生物还在适应。如果我不及格的话，我会失去奖学金，没有奖学金的话我会读不下去，只能退学。”

他戴着眼镜眯着眼睛看了我半天，好像在看我是不是一个好学生（笑声）。他最后给了我一个“B－”，我对他真的非常感激。

在普林斯顿大学做助理教授时，我第一次回霍普金斯大学讲课的时候，我去拜访这位教授。我问他，您还记得我当时求您放我一马给我及格吗？他说，我怎么能忘记呢！

其实因为我对专业没有想好，在读博的前两年一直非常纠结。平时

① 施一公. 清华副校长施一公：最不重要的素质就是智商［EB/OL］.（2015－08－31）［2017－09－30］. http：//www.managershare.com/post/204928.

精力很好，一看文章就睡着；听讲座也是，听了十分钟就睡过去了，大家一鼓掌我就醒了，正好大家一块走。

在座的很多人可能也会这样。我直到博士三年级才出了一点感觉，发现我也能做一点东西；到了博士四年级信心大增，因为结果出来了；到了毕业那年，博士五年级，我感到，原来我也可以在学术界"混"个工作。

(四) 学生成绩的终极裁决者

美国大学学生课程考核的评定权在任课教师手上，教师是学生课程成绩的终极裁决者。这是一种尊重教师教学权的传统，即谁任教，谁说了算。

(五) 考核没有通过怎么办

美国大学对不能通过课程考核者有一套制度安排，其核心理念是"不放弃一个学生"，或者说，宁可让学生放弃学校，学校决不放弃学生。一般的做法是：提供补考机会，提供重修机会，提供另选课程机会，提供转专业机会。这些做法都以延长学制（在校学习年限）作为基础。当然，如果学生需要转学，学校也会提供帮助，前提是学业标准不降低，学分制的规则不改变。这样做的好处是，一方面，学校守住了教育的底线，确保了教育质量；另一方面，学校仁至义尽，学生自然感激不尽，不会怨恨学校，无论今后发展如何，学生对学校还会有归属感的。

六、毕业的标准

(一) 大学的教育目标

有人批评美国大学的教育目标混乱，可能与没有统一表述的教育目标有关，也可能与同一专业不同大学有不同的要求有关。但从另一角度看，这也许是其大学教育多样化和个性化的重要表现之一。

其实，任何一所大学都有明确的毕业要求。这是学校开课的依据，也是学生选课的依据。但是，撇开不同类别、不同层次大学而言，即使是同类别同层次大学的相同专业，其毕业要求也是不同的。这反映出大学对专业人才素养的期盼的差异，也是大学对社会有关专业人才需求认知的差异。这种差异具体体现在毕业学分的数量和类别上。当然，也有不少大学会为毕业生提出若干条要求，作为本校毕业生应该具备的共同素养。例如，哈佛大学（文理学院）要求本科毕业生必须具备五项条件，也即毕业五标准。①必须能够清晰而明白地写作。②应该对认识和理解世界、社会和我们自身的方法具有一种判断鉴别的能力。③必须对自己的文化和其他文化有一个广阔的视野，并在这样的考虑之下安排自己的生活。④了解并思考过道德和伦理问题，在做道德选择时具有正确判断的能力。⑤在某些知识领域具有较高的专业水平。

普林斯顿大学本科毕业的标准有十二项。

①具有清楚地思维、谈吐、写作的能力。②具有批判性和系统性推理的能力。③具有形成概念和解决问题的能力。④具有独立思考的能力。⑤具有敢于创新和独立工作的能力。⑥具有与他人合作的能力。⑦具有判断什么意味着彻底理解某种东西的能力。⑧具有辨识重要的东西和琐碎的东西、持久的东西与短暂的东西的能力。⑨熟悉不同的思维方式（定量、历史、科学、道德、美学）。⑩具有某一领域知识的深度。⑪具有观察不同学科、理念、文化的相关之处的能力。⑫具有一生求学不止的能力。[①]

从美国名校的本科毕业标准看，能力为重、领域宽广、要求很高，突出核心素养，着眼终身发展，是其显著特点，而且，基本上看不出意识形态方面的要求。这与我国大学毕业标准中经常使用的“基本理论”“基础知识”“基本技能”“基本方法”“独立进行研究工作的初步能力”等概念还是有很大不同的。

（二）大学毕业条件的核定

美国大学的课程是按照教育目标来设置的，公共目标通常主要由通识课程来配置，专业目标通常主要由专业课程来配置。所有这些课程都

① 普林斯顿大学对本科生的 12 项衡量标准［EB/OL］.（2016-01-07）［2017-09-30］. http：//wenku. baidu. com/view/8bef0cc4ba1aa8114531d906. html.

着力于价值的探究、能力的训练和习惯的培养，而不是理论的理解和知识的识记。当一个学生按照规定修习了有关课程并获得了学分（即我们通常所说的按照教学计划规定修完全部课程经考核合格），就意味着该生已经具备了相应的条件。所以，美国大学对毕业条件的核定主要就是核定学生是否按部类修够了相应的学分。它的基本工作主要是由计算机来完成的，学生也可以自我核查是否具备毕业条件。由于美国实行的是学分制，而且选修课程所占比例大，即使同时入学或同一专业的学生，学习进度也是不一致的，因此，不可能也没必要像我国大学那样，到了毕业季，学校和院系要分专业甚至分班审核学生毕业条件。

七、学生的社团

美国是崇尚组织社团的国家，最早的学生社团出现在19世纪末20世纪初。“二战”后，在高等教育要培养完整的学生的潮流下，学生社团得到蓬勃发展，学生也非常热衷组织和参加社团，致使学生社团种类、数量繁多，名称五花八门。据说，哈佛大学截至2005年2月共有学生社团600多个，其中建立了网站的学生社团有546个，得到学校认可的有302个，平均不到30个学生就有一个学生社团。这些学生社团分为五类：一是信仰型社团，如共和党俱乐部、巴勒斯坦团结委员会；二是专业学术型社团，如化学俱乐部；三是艺术类社团，如管弦乐队、魔术协会；四是服务型社团，如红十字之友；五是地域性社团，这类社团数量最多，如中国留学生建立的社团除了六个泛亚洲协会外还有中国学生联合会等。[①] 学生社团已成为美国大学教育非常重要的组织、渠道和力量。

（一）学生社团的属性

从性质来看，美国大学的学生社团总体上是学校内部的组织、学生的组织，而非社会的组织或社会团体，虽然也有极少数的学生社团是依法注册的法人社团，但并不占据主流。这一点是研究美国大学学生社团的基点。

---

① 哈佛大学社团管理［EB/OL］.（2011－09－08）［2017－09－30］. https：//wenku. baidu. com/view/69465ac62cc58bd63. html.

美国学生社团比较独立，自主程度比较高，主要包括自主成立、自主管理、自主活动、自我负责。许多大学对学生社团采取审批制度或认可制度，但未被审批或认可的学生社团照样可以存在并活动。虽然几乎所有学生社团都希望获得审批或认可，而真正通过的只是条件比较成熟的一部分，有些学生社团可能永远都得不到批准或认可，但不妨碍它们存在和活动。有没有获得学校正式批准或认可最大的区别就是有没有得到学校的经费支持。这就是其独立性最直接的体现。哈佛大学要求学生社团必须独立。判断一个学生社团是否有自主权，主要看它是否独立地而不是依赖其他上级社团的领导来制定各项方针政策，即使有社团顾问指导社团工作，也要让社团保持相对的自主性。当然，这一切都得在法律和学校制度的框架下进行。

哈佛大学学生社团的活动经费比较充裕。除会费收入外，主要有学校相关部门和基金会的经费支持、自营项目收入（包括举办收费活动）以及校友会和社会团体赞助。会费每人每年 15 ~ 35 美元。学校每年安排 25 000 美元作为所有社团的活动经费补助，此外还提供办公场地和其他设备的支持，为学生社团的音乐、辩论、戏剧、舞蹈指导教师提供一定的报酬，并为现有的基金会、友好团体和新的团队提供募捐建议。学生社团可以自主组织创收项目，在校园内组织一些以营利为目的的服务项目，所得收入全部免税，作为社团活动的经费，如商店、餐厅、书店、理发店等，其工作人员基本上是会员，少数负责人是学校相关管理人员。此外，还可以通过举办音乐会、报告会、组织旅游项目等进行创收。

哈佛大学规定，学生社团的任何收入不能为社团组织者的个人所得，特殊情况下，学生社团支付会员必要的劳务费用或其他形式的报酬均应获得院长办公室认可。学生社团要对自己的财务负责，保管社团财务记录。院长办公室为社团负责财务的学生干部提供培训和财务工作指导。学生社团每年必须向院长办公室提交一份详细的财务报告，并接受一次财务稽查。社团的指导教师要参加由学生工作办公室主办的一年一度的社团财务管理培训班。学生社团向校友和校外单位寻求赞助必须事先经得院长办公室同意。

哈佛大学规定，学生社团活动一般在课余时间开展，学校设有独立的活动期和假期，社团活动一般集中在学生活动中心举办。

（二）学校对学生社团的态度

美国大学对学生社团非常重视，往往把学生社团看作是学校的特色所在，最能体现学校办学理念的载体，所以，学生社团情况是学校自我推介的重要内容，特别是在招生广告上。实际上也是如此，许多名牌大学或特色大学往往最容易被社会感知的便是它的学生社团，至于学术上的成就，往往只有政府、知识（精英）界、高新技术产业界比较感兴趣。

大学对学生社团普遍采取大力支持、积极引导和充分依靠的策略，此外还有一种经常被人忽视的策略，叫作“严格管理”。

以哈佛大学为例，其文理学院是学生社团的管理机构，总体上负责学生社团的成立审批与管理，有副院长、院长助理和学生活动主管三人具体负责学生社团管理工作，学生社团接受院长办公室和生活委员会双重领导。对于每一个有可能成为某一学生社团负责人的学生，院长办公室会在他们入学时提供一本大学生活指南的手册，其中注明了申报成立学生社团的基本程序，学生也可在文理学院官方网站上下载相关内容。哈佛大学制定了《大学生社团管理规则》，以供他们发起学生社团时参考，还在校园网上建立了学生社团申报成立电子注册系统。规则明确规定了正式批准成立学生社团的条件：发起成立社团的学生，要向院长办公室提出申请，出具社团章程，提交会员名单，聘请指导教师。章程中会员入会不得因种族、信仰、肤色、性别、性倾向和身体残疾等受到歧视；必须提供详细的会员名单，会员应该是已注册的表现良好的学生，每个学生社团至少应有 10 个学生会员；必须要有两位指导教师的推荐函，两位指导教师必须是文理学院的行政官员，且其中至少有一人是拥有投票权的全体教师会成员；指导教师要有充分承担协调财务责任的能力，其身份只有通过生活委员会的认可后才能最终确定；学生社团发起人和社团干部要对社团负责，并组织好学生社团会员共同遵守学校关于学生社团的有关规定；社团会员要遵守学校的各项规章制度，一旦学生社团出现违反制度的情况，生活委员会将撤回或取消该学生社团的章程。

在哈佛大学，学校对学生社团的指导是细致的，正式批准成立的学生社团，一般都经过生活委员会长时间的考察并确认条件成熟，学校也会定期在新社团信息发布系统上公布。此外，学校还就组织学生社团出台了一些特别规定，如学校不支持以性别为组织的学生社团，包括兄弟会和妇女会；不得成立像剑桥大学“最后的俱乐部”那样的消极社团；对一些不良的宗教团体在学校招募学生入会，学校也予以高度重视，印制宣传手册，公布州政府和院长办公室的电话与地址，随时供学生咨询和报告。这就很好地体现了引导与约束相结合的策略。

哈佛大学建立了一套有效的学生社团管理制度，主要有年审制度、活动申报制度和活动管理制度。每年秋季，学生社团必须到院长办公室重新注册登记，以获得延续认可资格，社团干部每年秋季入学时也必须尽早进行年度登记，以便尽早讨论社团年度活动方案。连续两年不登记，学生社团就会被学校除名。学生社团活动申报制度规定，学生社团举办的活动必须在学校活动注册系统注册，每个学生社团凭专用户名和密码申请，只有通过活动注册系统的申请，才能获得学校的经费和其他支持。学生社团活动需要使用室内外空间也要通过不同的申请系统进行申请。

《大学生社团管理规则》还规定了校名及校徽的使用、办公室的申请、知名人士的要求、宣传管理与对外合作交流等细则。只有正式批准成立的学生社团才能在社团名称中使用“哈佛”“哈佛大学”等字样和哈佛大学校徽，学生社团负责人和章程有任何变更必须立刻向院长办公室报告，学生社团负责人在筹备会议之前必须得到院长办公室的许可，任何学生社团不得出现在商业性的电视广告与广播中，任何学生社团在媒体、出版物、广播电视、公众活动中的观点不代表哈佛大学或学生所在院系的观点和立场。

（三）学生社团的问题

学生社团对学生综合素质的培养发挥了重要作用，社会的许多精英、名流或被认为杰出的人士，都曾是学生社团的活跃分子。但学生社团也存在一些问题，主要有：一是有些娱乐性社团活动过于频繁，耽误专业学习；二是有些与身份有关的学生社团过于封闭，反而妨碍了他们的成长；三是有一些学生社团品位不高，还可能影响学校形象。

相比之下，我国学生社团似乎拥有更多的自由，管理上似乎更为放任，规则也十分模糊。有些学生社团甚至为“学生强人”所把持，成为营私的工具。这是很值得比较研究的。

八、学生事务管理与辅导

美国大学学生的事务管理是以学生辅导为重心的。大学学生事务管理有悠久的历史，但在相当长的时期里，学生事务管理包括学生辅导并没有专门化，其基本职责由教师担任。一般认为，以人员和机构配置为标准来分析，学生事务管理作为大学学生管理相对独立的一个领域有两个标志性事件：1870 年，哈佛大学校长查尔斯·艾略特（Charles W·Eliot）任命格列（Ephraim Gurney）为第一位专职学生纪律管理的院长；1890 年，哈佛大学建立了新生顾问委员会，并设立了与教务部主任平行的学生事务主任。至 20 世纪初期，美国大部分地区的高等院校都模仿哈佛大学设立了主要负责本科生课外活动的学生事务主任一职。1937 年美国教育委员会颁布了《学生工作宣言》，这标志着学生事务管理在美国高校的正式确立。

关于美国大学学生事务管理的发展历史，方鹏、曲福田综合了各家的研究成果，以美国高等教育的发展阶段和美国高校学生事务管理走向专业化的不同程度作为划分标准，提出了以新的“四阶段”为划分的观点：①起步阶段——替代父母制（哈佛大学及早期殖民地大学到 19 世纪前期）。美国殖民地学院在学生事务管理方面仍然延续英国的管理模式，采用寄宿制，作为教员的牧师兼具教师和学生的生活指导者双重职能，关注的是全体学生的思想、道德、品格培养以及学识的提高。此时的学生事务和学术事务自然合一，尚未区分。②变革阶段——学生人事工作（19 世纪末 20 世纪初至“二战”前）。这个时期学生事务及其管理开始相对独立。除了对理智和知识的培养之外，学生事务还通过娱乐和社会互动的课外场所，鼓励学生的才能和技艺的发展。③成熟阶段——学生服务（“二战”后至 20 世纪 70 年代）。这时期学生事务管理确立了“以服务促发展”的主题，开始将学生事务与学术事务加以区分，成立了专门的学生事务机构以及日益专业化的学生事务专职人员队伍，学生事务迈出了向专业化发展的坚实步伐。④发展阶段——学生发展（20 世纪 70 年代至今）。这时期的典型模式是“学生发展”论，其根本目的是以服务促发展，促进学生的成熟和发展。同时强调学生的学习和发展不可分割，学生事务工作者是学校教育主要组织者之一，是培养人才的主角之一，学生事务能直接促进学生的学习和发展。学生事务和学术事务开始走上了协作与融合的道路。1994 年，美国大学人事协会（American college personnel association，简称 ACPA）发表了《学生的学习是当务之急——学生事务的含义》（student learning imperative，简称 SLI）的报告，正式提出学生事务的工作应当以促进学生学习为中心，要求在学生事务专业人员和学术事务人员之间建立一种互动性的教育性合作伙伴关系，所有的教育者共同担负着实现既定的学生学习与发展目标的主要责任。[①] 这一划分脉络是比较清晰的，有助于人们把握美国大学学生事务管理的演进轨迹。

（一）学生事务管理与辅导的地位

美国大学高度重视学生事务管理与辅导。他们认为，学习的体验包

① 方鹏、曲福田在《美国高校学生事务管理体制与机制及中美差异分析》（载《黑龙江高教研究》2010 年第 5 期）一文中，曾经对美国学生事务管理发展阶段的研究成果做过梳理，概括为“三段论”“四段论”“五段论”和“六段论”等多种观点，主要有 Miller 等的“三段论”：诞生（殖民时期至 19 世纪）、青春（19 世纪至 20 世纪）和成熟（20 世纪至今）三个阶段；Nuss 等的“四段论”：成立与早年史（1636—1850 年）、多样化（1850—1900 年）、现代发展（1900—1945 年）和进一步扩张（1945 年至今）；蔡国春的“五段论”：替代父母制（殖民时期至 19 世纪末 20 世纪初）、学生人事工作（19 世纪末 20 世纪初至“二战”前）、学生服务（“二战”后至 20 世纪 70 年代）、学生发展（20 世纪 70 年代至 20 世纪 90 年代）和“SLI 计划”（20 世纪 90 年代至今）；马健生的“六段论”：混沌期（1636—1776 年）、萌芽期（1776—1890 年）、形成期（1890—1937 年）、发展期（1937—1968 年）、多元扩展期（1968—1994 年）和突破与创新期（1994 年至今）。在此基础上提出新的“四阶段”划分观点。

括专业课程，也包括各种校园活动、同辈咨询、宿舍生活、服务学习、兼职、行为调查等，它们之间会相互产生影响，共同促进学生的学习和个人的发展。根据学生发展理论，学生事务管理的目的不是提供服务本身，而是通过服务促进学生获得全面的发展，所以，学生事务管理是学校促进学生发展的重要组成部分。美国的大学充分利用一切可用的资源来促进学生发展，投放的资源相当多，这一点可能在世界各国大学中是最为突出的。

美国大学学生事务管理的重要性可以从如下六个方面体现出来：

第一，以学生为本的理念成为大学管理的共识。大学把为学生职业准备、发展个性和增长知识作为主要任务，这也成为学生事务管理的根本宗旨。所以美国大学学生事务管理奉行的核心理念就是为学生提供服务，指导思想是培养学生健全的人格。在这种理念引领下，以人为本、服务发展便成为美国大学学生事务管理的公共法则。其整个学生事务管理是以辅导为重心和基础的，学校非常重视与学生的平等交流，非常重视学生自我管理和自我教育，非常尊重学生的正当选择，除了为学生提供注册管理、入学教育、住宿生活、学生纪律、经济资助、学生组织和学生活动、健康服务、个人咨询、就业指导等常规性服务与指导外，还为学生提供涉及种族、投资、疾苦、安全、艾滋病、性暴力等方面的法律咨询服务。美国的大学均认为学生有权根据自己的价值观去选择，学生事务管理和辅导工作的任务是引导学生如何选择，而不是选择什么。学生在学生事务管理过程中能充分表现出个性化，这就体现了大学对学生人格的尊重和对学生人生发展的重视。

第二，有完善的组织机构。在美国的任何一所大学都设有专门负责学生事务管理的副校长，与分管教学、财务等事务的副校长共同对校长负责。学校和各学院也都设立学生事务工作办公室，专职负责学生事务管理。特别是学校一级，机构还是相当完备的，甚至可以用“细致复杂”“兵多将广”来形容，这些机构大多都直接对主管的副校长负责。以加利福尼亚大学圣迭戈分校（UCSD）为例，在学校领导层有一位主管学生事务的副校长，下有副校长财务资源助理、副校长执行助理及副校长特别助理各1人，其中，除副校长财务资源助理下辖2个部门外，其他部门都直接向学生事务副校长负责。这些部门包括就业服务中心、校际体育运动中心、学生研究及信息中心、招生与入学服务中心、学生教育促进中心、学生生活中心、学生政策与法律事务中心等，这些中心大部分都配有1名助理副校长，而且有部分中心还下设一些部门，如学生生活中心下设本科生学生会、研究生协会、学生参与中心、手工艺品中心、快速成功项目办公室、群际联系项目办公室、大学中心、大学活动办公室等。单从这个架构就看出其“架势”来。

第三，有规范的行为规则。作为一个法制比较健全而且非常讲究标准程序的国家，美国针对大学学生事务工作制定了比较完备的各种部门法律和完善的行业规范或专业协会推行的职业标准，所以开展的学生管理工作不仅规范化，而且有极高的透明度和严格的程序，能极大地保证学校教育目标的实现。学生事务管理制度首先明确规定学生的权利和义务。如果学生违反纪律，对学生的处理有严格的程序，律师、法官一应俱全，有学校纪律委员会这样的处理机构，有从听证会、辩论会到依法处理甚至上诉法院等系统严格的程序。我们在强调美国大学学生“自由”“自治”特色的同时，并不是说学生可以享有无限的自由，可以“无纪律”，因为美国各大学已经把综合化的强制措施融入严格的法律与纪律（校规）之中，实行的是依法管理、按章办事。

第四，有严格的准入制度。学生事务管理人员的聘任、提升具有较为明确的要求和程序。通常申请进入这一领域的工作人员需要具有心理咨询、职业指导、学生事务、学生发展等方面的硕士学位。若要取得中层的管理职位还必须拥有相关领域的博士学位，对晋升高级职务的还特别强调其过去学生事务管理的经历和经验。为了满足学生事务管理的职业要求，美国高等教育还为这一职业领域提供职前和在职培训。美国每个州都至少有一所大学开办高等教育学生行政专业，培养学生事务管理的专门人才。在美国高等教育博士的培养计划中，也有针对学生事务的培养方向。这些可以有效保障学生事务管理人员的素质。

第五，有比较充足的资源。美国大学在学生事务管理上强调以学生为中心，为学生提供全方位的服务，在服务中体现学校的管理。在以学生为本理念的指导下，美国大学为学生提供各种人性化的优质服务，可谓细致入微。因此，美国大学不管校园占地面积大或小，学生活动的场地都相对比较充足，一般都有专门的学生活动中心，许多大学的学生宿舍都开辟有学生活动室、健身室、学习交流室。至于运动场馆的建设，更是普遍受到重视。例如，马里兰大学可以为学生提供住宿、餐饮、购物、交通、娱乐、休闲等服务。马里兰大学的学生宿舍设施先进，每一幢楼都有会客室、学习室、电脑室、活动室、烹饪室、邮政信箱等。宿舍管理人性化，学校倡导“生活与学习一体”（living and learning together）的宿舍管理理念，宿舍辅导员经常深入学生宿舍与学生谈心，了解学生的学习和生活情况，及时为他们提供各种咨询服务。马里兰大学的餐饮服务提供营养小贴士，指导学生如何搭配饮食，学生还可根据自己的饮食喜好向学校食堂提出食谱建议。马里兰大学校园内有书店、邮局、电影院、体育馆、高尔夫球场、健康医疗中心，还有穿行于校内的交通车。此外，美国大学的学生事务管理经费预算也比较充足，私立院校靠收费支持，公立院校除了收费外，其学生事务管理的经费还有30% ~ 50%的额度来自州政府和学校的经费预算。

第六，有良好的研究文化。在美国，学生事务管理不仅是一个专业，而且是一个重要的研究领域。美国大学人事协会（ACPA）成立于1924年，现拥有来自500多所学校的近9 000名会员。在美国，辅导员和为大学生提供服务的人通常都加入美国大学人事协会。另一个主要的协会是美国全国学生人事管理者协会（national association of student personnel administrators，简称NASPA），成立于1919年，成员多为具有行政官员身份的工作者。此外还有美国大学招生咨询委员会、大学生健康协会等行业协会。学生事务管理人员在参与协会的过程中能获得专业的教育培训，交流工作心得，提高自身的专业地位和职业责任感。专业协会还创办专业期刊或杂志，如美国大学人事协会的《高等院校学生人事杂志》和美国全国学生人事管理者协会的《全国学生人事管理者协会会刊》等，出版研究成果和传播信息，为学生事务管理人员提供交流心得体会和反思的机会，使他们的工作得到外在的客观评价。

（二）领域广阔的学生事务管理

美国的学生事务管理是一个庞杂的系统，涉及广阔的领域。在大学，除了学术事务，几乎都归为学生事务。

1949 年，美国教育委员会（American council on education，简称 ACE）发布了《学生人事工作宣言（1949）》，它对学生的需求作了概括，包括学生的环境适应、学业目标、生活条件、精神寄托、医疗健康、兴趣和技能、经济状况、职业目标等，并提出大学要为学生发展及其在社会中的地位提供一系列最佳服务。

1966 年，美国健康、教育和福利部（United States department of health，education and welfare，简称 HEW）确认了高校学生服务管理的职能是：①招生；②入学；③非学术记录；④咨询；⑤纪律；⑥测试；⑦财政资助；⑧外国留学；⑨医疗服务；⑩住宿；⑪就业；⑫学生社团；⑬学生活动；⑭体育；⑮宗教。

印第安纳大学图书馆免费发放的一份指引——《印第安纳大学生存手册之图书馆使用指南》（*IU SURVIVAL GUIDE：LIBRARIES EDITION*），内容包括五章和一个附录（详细内容见附录二）[①]，从中人们可以看到，美国大学包括相关部门为学生提供的指导是非常细致全面的，学生在大学可以获得各种帮助，充分体现了学生事务管理的人性化。

（三）学生事务管理与辅导的机构及其运行

方鹏、曲福田认为，美国高校学生事务管理项目呈现多元化和多样性的特色，内容全面而完善，包括招生、注册管理、住宿生活、学生纪律、经济资助、学生组织和学生活动、健康服务、咨询服务、就业指导等方面，以此构建了由学习学业辅导体系、社团组织管理体系、学生活动管理体系、学生宿舍管理体系、学生咨询服务体系等组成的组织机

① 本资料英文版由肖瑶提供、柯志骋翻译。

构。[1] 现代美国高校学生事务的组织形式和结构因学校而有所不同。校长的管理理念和风格、学校的规模、历史等因素都在一定程度上影响学生事务的组织结构，即使如此，也仍有一定的普遍性。根据不同学校的学生事务组织结构可以归纳出一般性的美国大学学生事务管理组织结构模型（如图4－1所示）。

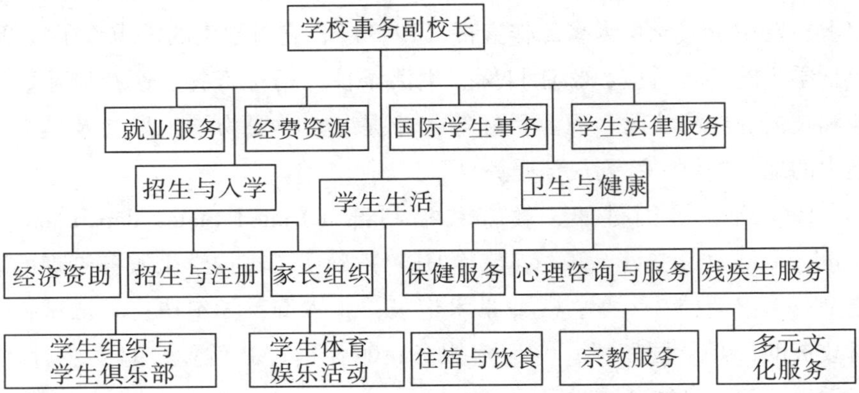

图4－1　美国大学学生事务管理组织结构模型

从图4－1可以看出，美国大学学生事务管理组织的结构呈现扁平化的特点，分管学生事务的副校长直接负责联络各项职能的负责人。根据学生事务工作报告关系方面的差异，可以将美国大学学生事务管理的组织运行模式分为四种类型。①直接报告模式，是指大学的学生事务工作直接向校长报告。②间接报告模式，是指学生事务工作间接通过另外一位行政人员向校长汇报工作。③双重报告模式，分管学生事务的副校长作为校长会议的常务成员参与决策各种问题，日常工作则由一名执行副校长负责，以减轻学生事务副校长的工作任务。④分散型的组织结构模式。学生事务组织的一些功能由学校的其他管理机构承担。如就业指导、学术指导、学生专业活动等功能由教学机构负责，心理服务机构成为心理系的一部分等。以上这四种模式在一所大学里通常不是单独使用，而

① 方鹏，曲福田．美国高校学生事务管理体制与机制及中美差异分析［J］．黑龙江高教研究，2010（5）：39－42.

是综合运用的，这是由学校及其事务的性质、目的等因素来决定。[①] 不管采用哪种模式，与我国大学学生事务管理相比，美国大学学生事务管理更具有扁平化、精细化、规范化、个性化的特点。

（四）学生事务管理人员的属性

美国大学学生事务管理大致可以分为两类，一类是勤务（庶务）性质的，主要为学生提供生活服务或场馆管理等，没有教育管理学生的责任；一类是专业性质的，主要为学生提供诸如辅导、咨询等服务，有教育管理学生的责任，类似我国的辅导员。学生辅导人员有严格的准入条件，包括学位要求和专业要求，一般要有心理咨询、职业指导、学生事务、学生发展等方面的硕士学位，至少要修过相关课程，最好具备相应的执业资格。

美国大学不设班主任，所以专业的学生事务管理人员比较多，一般300个学生配备1个，美国的比例虽然小于我国250：1的比例，但美国大学专业学生事务管理人员是不兼课的。以明尼苏达大学为例，该校的顾问与咨询服务办公室拥有专业咨询师12人、助理咨询师2人、博士实习生4人、高级见习生5人、学生学业咨询师7人，面向全校学生开展心理咨询和测评服务。

随着大学学生事务的发展，学生事务管理者的角色和职能定位由原来的服务者变为既是管理者、服务者，又是教育者、研究者。这种属性反映了学生事务工作的属性。

（五）学生事务管理人员的培养与选拔[②]

美国高度重视学生事务管理人员的培养与选拔，不断提高他们的专业化水平。

早在1913年，哥伦比亚大学教育学院颁授第一个学生人事工作硕士

① 方鹏，曲福田．美国高校学生事务管理体制与机制及中美差异分析［J］．黑龙江高教研究，2010（5）：39－42.

② 李永山．美国高校学生事务队伍专业化发展及其启示［J］．思想教育研究，2009（4）：61－65.

学位，开启了美国大学学生事务专业人员培养的先河。1916 年该校提供了第一个正式的学生事务培训项目——职业指导。1948 年全美已有大约 50 所高校开展学生人事工作培训，其中，有 37 所设有硕士和博士学位的培养课程。1964 年美国大学人事协会（ACPA）颁布了《高等教育学生人事工作者硕士培养指导大纲》。1986 年美国高等教育标准促进委员会（council for advancement of standards in higher education，CAS）发布了一套正式的《学生事务专业人员硕士水平培养指导大纲和专业标准》。2002 年新修订的标准规定，学生事务管理的硕士课程包括专业基础知识、专业知识和督导实习三部分，申请硕士学位必须有相当于两年的全日制学习，完成 42 ~48 个学分。专业基础知识主要学习高等教育和学生事务的历史和哲学原理，内容包括形成高等教育学生事务实践基础的历史、哲学、伦理、文化和研究。专业知识课程主要是学习实践的基础知识，所有的教学计划必须包含学生发展理论、学生特征和大学对学生的影响、个人和团体干预、学生事务的组织和管理，以及评价、评估和研究等 5 个相关领域的学习。督导实习是专为那些已经完成与专业实践的基础知识有关的一系列课程的学生提供的，分为实践和实习两部分，内容包括人际交流的基本知识和技巧、咨询和介绍技巧、专业道德原则和标准。这种学习要求最少涉及两种实践和实习经历，不低于 300 个学时。2003—2005 年美国大学人事协会（ACPA）列出超过 120 个研究生项目，而美国全国学生人事管理者协会（NASPA）列出 186 个项目，有的还有博士和专业学位授予权。伴随着学生事务专业化的发展，学科建设和研究生教育也取得较大的发展，成为美国高等教育的一个重要分支。

因为美国学生事务管理（具有教育管理职能的辅导岗位）人员属于专业人员，所以有严格的聘用程序。美国高校对学生事务设有明确的职业进入门槛，通常申请进入学生事务领域的人员需要具有心理咨询、职业指导、学生事务实践、学生发展等方面的硕士学位。近年来，美国高校对于学生事务管理人员的招聘，除上述基本要求外，还注重从以下 19 个方面对应聘者进行测试和考量：①有效的自我表达能力；②容忍度/对多样性的态度；③对岗位的实际认识程度；④完成岗位职责方面的经验；

⑤理论和专业知识；⑥对教育哲学的认识程度；⑦与公众交流的技巧；⑧日常生活方式；⑨职业形象；⑩幽默感；⑪对局面做出快速分析并采取相应策略的能力；⑫为上级承担压力的意愿性高低；⑬个人外观和衣着；⑭诚实度和坦率性；⑮易分心的个人习惯；⑯对当前部门和上级的忠诚度；⑰智力；⑱个性；⑲在同类型部门的工作经历。当大学需要招聘学生事务管理人员时，一般会经过如下几个环节：公布职位、接受申请、审核材料、组织面试、研究人选、决定聘用。所以，要获得这一职位还是很不容易的。

在我国，一项工作或事业一旦被确认为重要，往往会有许多倾斜政策，包括降低门槛、简化程序等，如高校辅导员的准入条件往往就低于专任教师。这方面美国的做法是值得借鉴的。

（六）学生事务管理人员的管理

美国大学的学生事务管理人员统归主管学生事务的副校长管理，且学生事务管理人员不归属下面的学院或系。

专业的学生事务管理人员一般都会参加相关的行业或专业组织。目前，美国全国性的学生事务专业协会有 37 个，地区性的专业组织就更多。每个协会都有明确的任务和服务范围，内容几乎覆盖学生事务的各个领域。各个协会通过指导学术研究、出版和传播研究成果、提供专业训练、制定专业实践标准、开展专业合作、举办专业研讨、发展专业课程、帮助处理专业问题等方式和途径，提升学生事务管理人员的专业素质和专业技能。

美国大学学生事务管理人员实行职务制度，职务晋升也有较高的标准：初级职务晋升中级职务必须拥有相关领域的博士学位；中级职务晋升高级职务还特别强调学生事务管理的实践经验。学生事务管理人员要晋升为学校学生事务管理的中层干部，除了个人学位（通常需获得相关专业的博士学位）、素质、表现外，还特别注重相关工作业绩。

美国专业的学生事务管理人员需要接受培训。为满足学生事务管理的职业要求，美国十分重视从业人员的岗位培训和工作研修。上岗前必须经过岗前培训，获得上岗资格；上岗后还要接受定期培训。培训一般分为夏季集中培训和日常分散培训两种，其中，集中培训又分为不同的阶段，日常培训主要针对新上岗人员，一般每周一次。培训的形式主要有传统的正式课程教育，课程教学外一切有组织的系统的正式教育，以及研讨会、午餐会、工作坊、技能培训等非正式的教育三种类型。岗位培训和工作进修具有固定的样式和程序，体现出日期明确、计划周密、时间紧凑、内容丰富、形式活泼、效果显著的特点。这是保障和促进专业化的重要条件。

我国高校的学生事务管理人员也应有符合国情的科学的专业阶梯，而不是千军万马只能过“行政”这一条“独木桥”。

（七）学生与学生事务管理人员的关系

在以人为本的工作理念指导下，加上严格的职业操守、专业训练和工作规范，美国大学的学生事务管理人员普遍受到学生的欢迎，学生与学生事务管理人员特别是专业的辅导人员的关系是比较密切的。

此外，在美国的大学里，学生直接参与学生事务管理也是十分普遍的现象。例如，威斯康星大学的食堂有学生经理，宿舍有学生职员，图书馆有学生管理员，计算机房有学生咨询员，各办公室有学生秘书，连学校商店的售货员、校园里的安全巡逻员也有不少是学生。这有助于加强两者的互信关系，增强工作理解，反过来又有助于关系的密切和工作的开展。

（八）美国大学的就业指导

就业指导本是美国大学学生事务管理和辅导工作的一个组成部分。之所以将就业指导作为单独的一个部分来介绍，不仅是因为高校的就业指导在整个学生事务管理和辅导中的地位越来越重要，而且在美国的高校学生事务管理和辅导体系中，就业指导也是相当独立的一个分支。

美国是就业指导理论的发源地，是就业指导实践的领航者。在美国，随着就业指导理论的发展，高校扩招，就业压力大，美国高校的就业指导工作早已从短暂行为扩展到贯穿整个大学生涯的着眼于人的多方面发展的生涯辅导。无论是在理论创新上还是在实践开拓上，都有很多值得我国高校借鉴的地方。有关美国高校就业指导的介绍和研究文献很多，为人们了解美国高校就业指导提供了有益的帮助。

美国高校均设有专门的就业指导机构：毕业生就业指导中心、毕业生就业规划安置中心、就业发展中心、职业规划介绍中心或大学生安置办公室。① 它是学校的一个常设机构，在美国高校学生事务管理和辅导体系中，就业指导和招生与入学、经费资源、学生生活、国际学生事务、学生法律服务、卫生与健康等七大学生事务直接由分管学生事务的副校长领导，是一个相对独立的部门。就业指导人员有明确的岗位分工，设有中心主任、就业顾问、就业主管、对外联络员等。就业指导队伍配有足量的专职和兼职人员，根据学生规模，一般有 10 ~ 40 人，其中，就业专职人员与毕业生的比例大致是 1∶200，使每个毕业生都能获得充分的就业指导。②

由于就业指导的重要性，美国高校都非常重视对就业指导工作的经费投入。美国高校就业指导工作的经费来源主要有两项：一是学校按学生学费的 5% 来拨付，该预算约占就业指导工作总经费的 60%；二是社会捐赠，约占就业指导工作总经费的 40%。例如南加州大学就业指导中心每年经费 42 万美元，加州大学洛杉矶分校就业指导中心每年经费 150 万美元。这些经费，除去工作人员工资，直接用于毕业生就业指导工作的年经费为 50% 左右。就就业指导工作的开展来说，经费还是比较充裕的。③

美国高校就业指导工作有一套完整的体系，从学生入校开始就进行就业指导，并且贯穿整个大学生涯。第一年，帮助学生对就业市场的状况进行接触和了解；第二年，帮助学生发现和了解自己的特性、兴趣和专长；第三年，帮助学生收集雇主资料和市场需求情况，指导学生参加社会实践，使学生对选择职业有直接的感受；第四年，指导学生进行写求职信、参加面试等专题训练，帮助学生收集需求信息，举办各种规模

①②③ 吴祠珍. 美国高校就业指导理论与实践［J］. 安徽教育学院学报，2006，24（1）：104 - 107.

就业市场活动。[1] 美国的就业指导重视大学生的职业生涯设计，强调大学生的自我完善和发展，由关注某一特定职业现状转向分析、预测、研究整个职业世界，逐渐形成发展式就业指导模式。就业指导的手段有：通过开展大学生职业心理测试来了解大学生的职业意向、职业期望，帮助大学生了解自己的心理素质与特定职业的适应性程度，引导大学生进行职业定向和职业选择；开设职业指导课和求职技能培训班，指导大学生进行职业生涯的设计规划，制定择业的行动计划和措施，进行职业生涯管理并积极应对职业生涯危机；模拟应聘面试，推荐大学生实习，举办职业交流洽谈会，增强学生的实践能力；搜集并整理就业信息并及时通过网络向学生发布，建立就业图书馆，备有各类有关就业的图书、报刊、企业介绍等资料，供学生随时阅览。关于职业指导的途径，有人概括为不用预约的及时服务、短时间小组咨询、群体职业指导课程和研讨会四种形式，也有人归纳为举办职业研讨会、开设职业指导课程、开展个体咨询、举办职业介绍会和通过计算机网络提供指导及服务等五种途径。[2] 总之，形式是多种多样的。

高度重视高校学生就业工作并使之法制化，政府与高校密切合作并提供专业性服务以促进就业，就业指导队伍职业化、专业化程度高，是美国的一大特色。从1971年起，美国制定了一系列有关促进就业的法规，如《紧急就业法》(1971年)、《康复法》(1973年)、《充分就业和(经济)平衡增长法》(1978年)、《综合就业与培训法》(1980年)、《工作培训伙伴法》(1982年)、《职业恢复和教育规定》(1983年)、《就业年龄歧视法》(1986年修订)、《家庭支持法》(1988年)、《学校工作机会法案》(1994年)、《劳动力投资法》(2000年)。这些法规不仅有利于保

---

① 聂微菁．中美高校大学生就业指导的比较［J］．交通高教研究，2003（5）：39－41.

② 乔颖．美国高校职业指导制度述评［J］．外国教育研究，2010（5）：24－27.

障充分就业，也有利于促进就业指导工作。[①] 又如，美国劳工部与高校合作，为毕业生在全国各地采集数据，发布未来十年的就业环境和各行业的需求分析，每两年微调一次，并结集出版，成为美国大学生人手一册的就业“圣经”。[②] 再如，美国高等教育标准促进委员会（CAS）的高校学生事务标准化指导中规定：就业指导中心的专职人员要有与其职位相关的学历背景和工作经验；一般工作人员也要有相关的学习背景和工作经验，并需要进行培训和接受专业人员的督导；学生职员和志愿者要经过认真筛选，并进行培训、监督和评价。美国大学就业指导中心的主任一般具有辅导学、咨询学、高等教育学硕士或博士学位，负责学生心理测试、能力评估、求职咨询等工作的就业顾问，一般应具有心理学硕士学位或博士学位，其他从业人员需要学士学位。所有的就业指导人员都要有培训资格证书，即考试达标持证上岗。具体来说，专业就业指导人员必须具备10个方面的能力和学识：①职业发展理论；②个人和群体指导技能；③个人和群体评估；④信息和资源；⑤项目管理和实施；⑥咨询；⑦特殊群体指导；⑧监督；⑨道德和法律；⑩研究和评价。[③] 上述10个方面，是美国高校职业指导确保高质量的重要条件。

九、对学生的惩处

（一）学生受到惩处的情况

美国高校学生事务管理有明确的工作法规及完备的规章制度，如《美国高等学校学生事务管理人员行为规范》《美国高等学校学生事务管理人员伦理标准》《高等院校学生事务管理》《学生服务手册》《学生事

① 马永堂．国外促进就业法研究及对我国的启示与思考［J］．中国劳动，2005（3）：16－19.

② 孙英浩．欧美国家高校大学生就业指导及对我们的启示［J］．中国高教研究，2004（11）：71－72.

③ 乔颖．美国高校职业指导制度述评［J］．外国教育研究，2010（15）：24－27.

务应用手册》等①，不少大学还会制定《荣誉行为守则》（研究显示，有《荣誉行为守则》的大学相比没有该守则的大学，作弊现象减少了四分之一甚至二分之一）。这些法规制度不仅明确了学生应该做什么，不能做什么，也规定了违反后相应的处罚措施。如威斯康星大学仅宿舍就有饮酒、吸烟制度，会客制度，客人留宿制度，安静时间制度，清洁制度，安全撤离制度，赔偿制度等。学生违反制度，就会受到相应的惩处。例如，在斯坦福大学，对于《荣誉行为守则》的初犯者，给予停学四分之一学年和 40 小时的社区服务的处罚。在诺斯伍德大学，学生如果在两门课程中作弊，就会被开除。

美国大学对学生的处分通常分为警告、留校察看、休学/停学、自动退学、开除五种，但严格地说，只有警告、留校察看、责令休学和开除才算惩罚，自动退学则是学生本人根据学校规定标准给予自己的惩罚。当学生的行为违反校规但没有造成严重后果时，学校将会给予口头或书面警告，如果再犯，就会受到更加严厉的惩罚；当学生成绩第一次没有达到学校规定的 GPA（grade point average，即平均学分绩点）要求（本科 2.0，硕士 3.0）时，学校会给予留校察看处分并记录在案，在此期间，学生的 GPA 仍不达标，将会面临开除的处分；如果学校认为学生没有能力（包括学习、身体、心理等因素）继续学习，会责令学生休学（停学）进行反思或调养，时间长短不定，学生须证明自己有能力继续学习方能申请回原校；学生如因身体、精神或学习上的原因不能继续学习时，可以申请退学，但其档案或成绩单上会留有记录。自动退学学生一般很难重返原校，申请其他院校时也需说明清楚当初退学的原因；如果学生的 GPA 过低、作弊、抄袭、严重违反校规、触犯法律，将会被开除。

对学生的惩处是否都由学校做出呢？一般来说，在校学生违反校规，将会由学校做出处罚；如果在校学生违法，则会由执法机构或司法机构

---

① 周德贵．美国高校的学生管理制度及其启思［J］．职业时空，2007（17）：86－87.

做出处罚。其中，由学校做出的惩罚，并不一定是由学校层面来做出的。不同类型的处罚由不同的主体做出。在斯坦福大学，任何处罚都要经过六人陪审团的听证，这六名陪审由四名学生、一名教师和一名行政人员组成，由学生任主席。学校设有处罚办公室负责监督、协调和发布有关学生的一切处罚决定。在肯塔基大学，对学生剽窃或作弊的处罚由任课教师和系主任联合做出决定，两人意见不一时，系主任拥有优先权。

（二）保证惩处的公正性

如果学生违反校规，美国大学对学生的处理有严格的程序，需要律师、法官参与，通过学校纪律委员会，按照听证会、辩论会到依法处理甚至上诉法院等系统严格的程序进行。

以伊利诺斯大学为例，在该校一旦发生涉嫌作弊的行为，一个标准的处罚程序是这样的。

（1）教授或者教师通知学生本人，其被指控有作弊行为。

（2）学生有 8 天的时间来回应作弊的指控。学生既可以承认或否认，也可以向教授提出讨论指控的细节。一旦 8 天之内没有回应，将视为默认指控。

（3）在考虑学生的回应意见之后，教授会审慎考虑。如果教授依然认为学生有作弊行为，就会进行处罚，并将处罚决定告知学生本人和学术办公室。

（4）如果学生认为处理不公，可以向系（所）理事会提出申诉。系（所）理事会的反馈结果，将是最终的处理决定，不能更改。①

美国大学的校规可能是比较严格的一种。学校对违规学生会网开一面吗？一般来说，对初犯者是会比较宽容的，而且在讨论处罚时往往会有探讨“有没有从轻处罚的情节”这一环节，但对再犯者，其处罚是不留情面的。在《荣誉行为守则》中，对违反学术类荣誉行为守则的处罚常常要严于对违反其他类型荣誉行为守则的处罚。

---

① 刘洁，曹玉珍．考试作弊处分与学位授予关系的调研与思考：兼谈美国高校对学生作弊的处理方式［J］．高等理科教育，2013（2）：74 – 79.

美国大学处罚学生时，在程序上有三个特别的设计，一是给解释，让学生有机会做出说明。二是重保密，如果属于初犯者，本人又承认错误，一般不会经公开程序处理。无论哪种处罚，即使需要记录在案，一般也不会完全公开。三是可申诉。这些对于保障公平公正是非常有意义的。

（三）化解校园冲突

美国大学校园不常有冲突，如果有，往往是“大件事”，如枪杀案、种族冲突、教派之争等，见诸媒体的其他类型的群体性事件比较少。“大件事”都有警方等外在的法律和救助力量来处理。“小事件”除了校内或同侪间化解，美国人有维权习惯，动不动就“报警”，这也为学校减少了许多压力和麻烦。不过，美国大学化解校园冲突有两个特别的地方值得学习：一是言行指引非常细致，使人们有很明确的是非界限。一种言行好不好，首先看它有没有违法，在确认没有违法的前提下，才看是否合乎情理，而不是先看当事人是否值得同情，如果值得同情或者属于弱势群体，就采取同情、原谅或支持的态度。这种做法体现了“法”的精神。二是特别重视心理反应，给当事人（不仅仅是受害方）以科学的引导。前者体现公平正义，后者体现人文关怀。

十、奖助学金及其他

美国中小学实行免费教育，学生就读公立学校，家长几乎不需要花什么钱。50 多年前的加利福尼亚州，政府曾经有过为本州学子提供免费高等教育的理想，但因经济原因，这一美好理想无法如愿，且大学生学费有越来越贵的趋势。现在的美国高校，无论是公立还是私立，学生都需要缴费上学，且需要花费不少钱，尤其是高水平私立大学的学费，是一项比较沉重的负担，好在美国有比较完善的学生援助制度，可以帮助学生高中毕业后继续他们的学业。

美国大学为了招到优秀学生，往往是很舍得花本钱的，不仅在世界范围内搜罗优秀学生，还为特别优秀的学生提供奖学金，这是其非常重要的举措。在博士研究生阶段，大学不仅会免除优秀博士生的学费，而且博士生平均每年还能获得2.5万美元的生活补贴，这样的待遇甚至比一些国家的教职人员的工资还要高。可以说，奖助学金制度是美国大学非常重要的制度。

(一) 大学的奖助学金

学生援助制度就是为有需要且符合条件的学生提供奖助学金，以帮助他们继续学习或更好地完成学业的一种制度。奖助学金在本质上是一样的，都是以资金方式对学生予以资助。前者是对学业或某一专项特别优异的学生给予的奖励或诱导，后者是对家庭经济困难学生提供的补助，前提是要达到一定的学业水平。

1. 奖学金。政府奖学金包括联邦政府奖学金和州政府奖学金，奖金由相应的政府提供。政府奖学金又可分为普通奖学金和专项奖学金，普通奖学金只针对家庭经济困难学生提供，专项奖学金则除家庭经济困难条件外还附加有特别的条件，如单亲家庭子女、高危职业人群的子女、愿意在人手短缺行业就业的学生等。

学校奖学金是由学校设立的，一般不属于“补助”性质，而是根据学校发展需要，以学业成绩为主要考量指标，用于表彰成绩优异的学生。美国许多大学都设有学校奖学金。学校奖学金由学校自有经费支付。

企业（团体）与私人奖学金是由企业（团体）与私人设立的，奖励条件根据奖学金设立者的意愿来确定，有纯奖励的，有纯补助的，有兼顾的；有综合的，有单项的，多种多样。由于有税收政策引导和法律保护，美国人做慈善还是比较风行的，特别是富有的企业、团体和私人，很乐意捐助教育，包括出钱设立奖学金。

学业特别优秀或者说综合素质特别高的学生完全有可能依靠各种奖学金“免费”读大学（参见表4-1）。因此，它吸引了全世界有志青年前往美国留学，特别是平民出身的英才赴美留学后，往往都会因为受过这种制度的恩惠而对美国心存感激。

表 4－1　美国大学（部分）奖学金金额排名表①

序号	大学	金额/美元	序号	大学	金额/美元	序号	大学	金额/美元
1	乔治·华盛顿大学	33 196	11	南加州大学	29 365	21	美利坚大学	26 534
2	范德堡大学	31 840	12	芝加哥大学	29 176	22	布朗大学	26 477
3	佩珀代因大学	30 991	13	凯斯西储大学	28 931	23	伦斯勒理工学院	26 072
4	哈佛大学	30 715	14	宾夕法尼亚大学	28 642	24	西北大学	25 831
5	耶鲁大学	30 219	15	加州理工学院	28 508	25	塔夫斯大学	25 749
6	达特茅斯学院	30 019	16	普林斯顿大学	28 368	26	圣路易斯华盛顿大学	25 653
7	杜克大学	29 878	17	哥伦比亚大学	28 138	27	乔治城大学	25 600
8	马萨诸塞州技术研究所	29 831	18	波士顿大学	27 633	28	理海大学	25 403
9	斯坦福大学	29 750	19	埃默里大学	27 599	29	波士顿学院	24 905
10	康奈尔大学	29 500	20	约翰霍普金斯大学	26 553	30	罗切斯特大学	24 474

2. 贷款。贷款是美国大学奖助学金制度的重要组成部分，由国家（政府）主导，属于国家（政府）担保性质，只为美国本籍学生提供。这

① 最全美国大学奖学金排名金额一览［EB/OL］.（2014－10－16）［2017－09－30］. http：//undergrad. tiandaoedu. com/scholarships/465273. html.

一举措一方面让国家收获大批人才；另一方面，让受助学生对国家感恩戴德。助学贷款分为低息贷款、无息贷款和无偿贷款三种，即使是低息贷款，都是非常优惠的。现有材料没有发现，学校要为本校学生的贷款提供担保或提取风险保证金。

3. 项目研究资助。这是鼓励学生开展或参与研究的一种制度安排，也是一种资助方式。可以说，项目研究资助就是为开展或参与项目研究的学生支付的“工钱”，是一种象征性的研究工作报酬。无论是对学生还是对学校都非常有意义。

4. 勤工俭学。勤工俭学本质上是“以工养学”，是贫困学子的一种理想选择，后来发展演变成为一种独特的教育方式，兼具社会实践和积累工作经验的意义。在美国大学，学生开展勤工俭学非常流行，无论是本籍学生还是留学生，许多人都有勤工俭学的经历。

勤工俭学也是非常重要的一种奖助学制度，它的主要内涵是“助”。一般由学校（包括设在学校的单位）提供岗位，学生提供劳务，聘用方按要求支付劳务费（报酬）给应聘方。虽然美国经济地区差异很大，但各州都有勤工俭学劳务费支付标准，通常按小时计算，不会高于正式聘用的全职工人的工资水平。

（二）奖助学金颁发规则

不同的奖助学金有不同的颁发规则，但标准一贯、程序明确、审核细致、事务公开则是共同的。

政府奖助学金由政府主导评审和颁发，核心业务在州一级。许多州都有专门机构负责学生援助计划的实施。在加利福尼亚州，就有一个专门的机构负责这项工作，叫作“加州学生援助委员会”。其实，美国其他州也有类似的机构，虽然名称和运作方式有所不同，但基本职能是近似的。一般流程是：学生在学校指导下向委员会提出远程（网上）申请—审核—批准—经费拨付至学校—学校按照审核批准的标准（金额）和条件（要求）发放。

学校奖助学金由学校主导评审和颁发，核心业务在校一级。企业（团体）和私人奖助学金由其章程指定的评审委员会主导，核心业务在该评审机构，这些机构既可以是学校层面的，也可以是院系层面的，还可能是独立于学校的机构。其流程都和政府奖助学金评审和颁发的流程近似，有的奖学金还会增加“推荐”等环节。

十一、淘汰率、毕业率与就业率

“高进低出”是美国高等教育的显著特点，一方面，反映出美国高等教育学制的灵活性；另一方面，也显示出美国高等教育管理“宽进严出”的风格。所谓高进低出，是指美国高等教育入学率高，保持率低，毕业率低。据统计，美国大学学生学习保持率只有68%，即有近1/3的一年级学生不再继续读二年级。2001—2003年，美国大学学位的完成率也达到近30年来的最低点。2003年，美国四年制大学学位完成率全国平均为51.6%，其中公立大学学士学位完成率为41.2%，硕士学位为38.2%，博士学位为46.6%；私立大学学士学位完成率为54.5%，硕士学位为53.8%，博士学位为64.6%。同时，两年制学院的学位完成率全国平均仅为34.3%。[①]

1. 淘汰率。“淘汰”是一个非常刺耳的词。美国大学一般不使用“淘汰”一词。实际上，美国大学是有淘汰的。淘汰率显示了大学教育的严格程度。加州理工学院的淘汰率高达20%。

美国大学的淘汰一般分为条件性（招生）淘汰和标准性淘汰（包括学业淘汰、行为淘汰）。招生淘汰是指大学招生录取是有选择的，除社区大学履行“普及”义务、普遍实行“有教无类”外，第一、第二层次的大学都会对申请者进行筛选，即淘汰一部分，只不过不同的大学淘汰率不一样。大学录取的依据是大学自行设置的条件，包括客观性条件，如权威性测试的成绩，也包括主观性条件，如学业外的表现等。这些条件虽然是明文规定的，但更主要的是靠录取官员的把握。入学之后，如果学业跟不上，是要被淘汰的，这种淘汰通常是延长学习时间或变换学习方向，当然，强制休学和开除也是有的。如果表现不好、行为违规，则有可能被中止学业。标准性淘汰是严格意义上的淘汰。此外，还有一种

---

① 马琴．美国高等教育的特点探析［J］．中国成人教育，2010（3）：87-88.

情况，对毕业（学业完成）率统计影响很大的，就是自我倾向性淘汰。有些学生，出于志愿、生活、兴趣等个体倾向性原因放弃或暂时中止学业，使得大学的学生保持率、完成率或毕业率不能像我国大学那样统计。

乔玉全认为，美国大学淘汰学生的方法有独到之处，一般都会尽量避免“硬着陆”，即不采用考试不合格就淘汰的策略，而是采用很多“软着陆”的方法。其核心措施是，大学尽量做好学生的咨询指导工作，尽量给学生提供尝试和选择的机会，直到学生自己承认自己不行而结业、分流或退学为止，这就是被称为美国高等教育的“冷处理”功能。为了给处境不利学生提供机会，大学采取多样措施，如延长学制、设置补习课程、多给学生提供补考机会、加强跟踪咨询指导等，适时调整专业或课程，如引导学生选修教育、工商管理、社会科学等相对不难的专业。此外，在高等教育结构中，由于四年制院校对入学要求相对较高，而两年制学院对入学要求不高或基本没要求，而且两年制学院，有一个符合四年制学院要求的学生到四年制学院续读本科的机遇和选拔机制，客观上把两年制学院推到发挥“冷处理”功能的前沿阵地。两年制学院除了在普及高等教育上发挥关键作用外，还承担着筛选分流的重担。[①] 这或许就是大学“挑选适合教育的学生”和学生“挑选适合自己的教育”之间的一种平衡。在无奈的时候，选择是痛苦的，但美国的做法是，我给你明确的规则和足够的机会，选择是你自己的事，你没理由怨天尤人。

2. 毕业率。很多人认为在美国上大学是很容易的事。这句话有对的一面，也有不确切的一面。美国高校特别多，高等教育的普及程度非常高，想上大学是非常容易的，特别是对美国人来说，简直可以说没有什么难度。美国高校录取不像中国那样，仅靠一次性统一的高考成绩录取，偶然性很大，给人以“命运决战”的感觉。但是，想上州立大学以上的高校也不是一件很容易的事，尤其要上全美排名前 50 的大学是非常难的，这一点倒跟中国很相似。但总体上说，如果不是特别“挑”的话，上大学是容易的；当然，入学容易毕业难，因为美国高校的基本模式是

① 乔玉全. 21 世纪美国高等教育［M］. 北京：高等教育出版社，2000：23 - 24.

"宽进严出"。

说美国大学"宽进严出"，这大概是许多人的共识。所谓"宽进"大概有几层意思：一是影响录取的因素很多，不纯然取决于分数的高低；二是所考察的分数（成绩）并非一次性的统考成绩；三是上大学可选择的机会特别多；四是许多大学采用滚动录取的方式，给人的感觉是"随时可以上大学"；五是许多大学为了确保"报到率"（真正入学）都有多录的现象。录取率通常反映出一所大学的热门程度。一般是大学水平越高，录取率就越低，但也不是绝对对应的，有的名牌大学因为录取条件比较苛刻，或因为环境、学习成本、宗教等因素，报考者知难而退，也有可能导致录取率相对较高。所谓"严出"大概有三层意思：一是功课（特别是上课之外要完成的课业如阅读、调研、写作等）比较多；二是要取得好成绩不容易；三是基本上都有"淘汰"，即不能100%毕业。

美国大学的毕业率差异比较大，毕业率低的只有百分之十几，毕业率高的有90%以上。毕业率的高低不能与一所大学的教育水准画等号，有的名牌大学毕业率90%左右，但它们所录取的学生是同龄群体中位居前10%的人群。但有一点是可以确认的，就是低于100%的毕业率较为有效地保障了美国大学的教育质量。

表4-2　美国大学的录取率与毕业率①

序号	大学	录取率/%	毕业率/%	序号	大学	录取率/%	毕业率/%
1	耶鲁大学	10	不详	5	斯坦福大学	12	95
2	哥伦比亚大学	11	94	6	纽约市库珀高级科学艺术联合学院	13	82
3	普林斯顿大学	11	96	7	麻省理工学院	14	93
4	哈佛大学	11	97	8	布朗大学	15	不详

① 麦彻同. 美国本科留学解读［M］. 北京：电子工业出版社，2014.

续上表

序号	大学	录取率/%	毕业率/%	序号	大学	录取率/%	毕业率/%
9	达特茅斯学院	17	95	22	康奈尔大学	27	92
10	加利福尼亚理工学院	17	不详	23	卫斯理大学	28	84
11	华盛顿大学－圣路易斯学院	19	91	24	塔夫茨大学	28	92
12	艾默斯特学院	19	96	25	卡尔顿学院	29	87
13	威廉姆斯大学	19	96	26	瓦萨尔学院	29	90
14	乔治城大学	21	>90	27	西北大学	30	不详
15	宾夕法尼亚大学	21	94	28	波士顿学院	31	不详
16	杜克大学	22	94	29	巴德学院	32	74
17	米德伯利学院	24	92	30	诺特丹大学	32	96
18	加州大学洛杉矶分校	27	59	31	奥博林学院	34	85
19	加州大学伯克利分校	27	61	32	纽约市立大学—亨特学院	35	11
20	科尔盖特大学	27	87	33	范德毕尔特大学	35	89
21	南加利福尼亚大学	27	84	34	约翰霍普金斯大学	35	93

续上表

序号	大学	录取率/%	毕业率/%	序号	大学	录取率/%	毕业率/%
35	佩珀丁大学	37	80	49	加州大学圣迭戈分校	42	85
36	纽约大学	37	80	50	纽约市立大学皇后学院	43	不详
37	贝森学院	37	87	51	麦卡利斯特学院	44	86
38	拉法叶学院	37	87	52	霍华德大学	44	97
39	艾默里大学	37	90	53	杜兰大学	45	73
40	北卡罗来纳大学教堂山分校	37	不详	54	格林内尔学院	45	87
41	乔治·华盛顿大学	38	79	55	富兰克林马歇尔学院	45	81
42	布兰代斯大学	38	84	56	北卡罗来纳州立大学	47	70
43	科尔比大学	38	88	57	特拉华大学	47	76
44	弗吉尼亚大学	38	92	58	东北大学	47	不详
45	卡耐基－梅隆大学	39	69	59	里士满大学	47	84
46	丹尼逊大学	39	74.1	60	罗彻斯特大学	48	80
47	芝加哥大学	40	89	61	马里兰大学大学园	49	79
48	迈阿密大学	42	71	62	狄金森学院	49	82

续上表

序号	大学	录取率/%	毕业率/%	序号	大学	录取率/%	毕业率/%
63	美国大学	51	70	77	赫福斯特拉大学	62	56
64	康涅狄格大学	51	74	78	堪萨斯州立大学	62	59.3
65	得克萨斯大学奥斯汀分校	51	77	79	佛罗里达州立大学	62	66.2
66	维拉诺瓦大学	51	87	80	坦普尔大学	63	58
67	匹兹堡大学	53	73	81	湖林学院	65	65
68	加州大学圣巴巴拉分校	53	75	82	乔治亚大学	65	77
69	佛罗里达大学	57	79	83	雪城大学	65	79
70	波士顿大学	57	81	84	贝勒大学	66	不详
71	密歇根大学安那堡分校	57	85	85	华盛顿大学	67	75
72	南卫理公会大学	58	74	86	德克萨斯基督大学	67	69
73	宾夕法尼亚州立大学	58	不详	87	乔治亚科技学院	67	77
74	曼哈顿维尔学院	60	65	88	夏威夷大学马诺分校	68	12
75	加州大学戴维斯分校	61	42	89	詹姆斯麦迪逊大学	68	63
76	罗格斯大学	61	不详	90	威斯康星大学	68	78.1

续上表

序号	大学	录取率/%	毕业率/%	序号	大学	录取率/%	毕业率/%
91	南卡罗来纳大学哥伦比亚分校	68	不详	103	华盛顿州立大学	74	34（四年制）
92	乔治梅森大学	69	55	104	堪萨斯大学	74	59.3
93	罗彻斯特理工学院	69	63	105	阿拉巴马大学	74	62
94	迈阿密大学牛津分校	69	81	106	俄亥俄州立大学	74	71
95	弗吉尼亚理工大学	70	50	107	塔尔萨大学	75	61
96	德州农工大学	70	77	108	内布拉斯加大学林肯分校	75	62
97	马奎特大学	70	88	109	俄亥俄卫斯理大学	75	64
98	明尼苏达大学双城分校	71	61	110	加州大学圣克鲁兹分校	75	69
99	德宝大学	71	64	111	加州大学河滨分校	76	64
100	伍斯特理工学院	71	75	112	埃萨卡学院	76	64
101	北达科他大学	73	54	113	密歇根州立大学	76	69
102	密西西比大学	73	不详	114	伊利诺依大学厄巴纳香槟分校	76	82

续上表

序号	大学	录取率/%	毕业率/%	序号	大学	录取率/%	毕业率/%
115	路易斯安那州立大学	78	27	128	犹他大学	85	55
116	凯斯西储大学	78	58	129	普渡大学	85	不详
117	伦斯勒理工学院	78	80	130	俄克拉荷马大学	86	59
118	缅因大学	80	53	131	阿肯色大学	87	56
119	麻省大学艾默斯特校区	80	65	132	亚利桑那大学	88	59
120	莱奥纳大学芝加哥分校	81	61	133	科罗拉多州立大学	88	63
121	德克赛尔大学	82	60	134	科罗拉多大学波德分校	88	66
122	肯塔基大学	82	60	135	俄亥俄大学	89	71
123	丹佛大学	82	72	136	爱荷华州立大学	90	31
124	爱达荷大学	82	55	137	俄勒冈大学	90	65
125	蒙大拿大学	84	42	138	亚利桑那州立大学	91	56
126	爱荷华大学	84	66	139	西弗吉尼亚大学	92	不详
127	印第安纳大学布鲁明顿分校	85	50	140	怀俄明大学	95	56

上表有关140所样本学校（属于推荐留学的项目学校，应该是比较

好的学校）的统计显示，录取率在10%～19%之间的学校有13所，录取率在20%～29%之间的有13所，录取率在30%～39%之间的有20所，录取率在40%～49%之间的有16所，录取率在50%～59%之间的有11所，录取率在60%～69%之间的有21所，录取率在70%～79%之间的有23所，录取率在80%～89%之间的有18所，录取率超过90%的只有5所。可见，顶级学校的录取率一般在30%以下，其他学校的录取率大多在60%～90%之间。这与美国大学招生规则有关，往往一个人申请多所大学，被多所大学同时录取，每所大学都会根据过往的经验确定一个注册率常数，然后确定预录数。至于毕业率，各校差异也很大，超过90%的有21所，最高为97%；低于50%（不含）的有7所，最低为11%。通常录取率特别低的学校毕业率高，录取率特别高的学校毕业率低，大多数学校的毕业率在60%～90%之间。这与美国灵活的学制有关，不能与教学质量完全对应起来，但对学校管理的影响是非常大的。

3. 就业率。就业率在美国大学不是一个常用的比较指标，实际上也是一个非常难统计的指标。虽然大学都希望自己的毕业生能够找到工作，能够找到满意的工作，很多就业率高的学校都会把它作为学校的成绩，但社会不会以就业率评价学校、院系、教师和课程，教师也不会在乎就业率，更不会像我国的大学那样，把就业率（而不是就业指导）作为一项极其重要的工作来抓，要层层签订责任书，到了毕业季的时候要定期报告就业进度。

从本质上讲，美国大学是不管就业率的，但由于排行榜会考虑就业因素，美国的大学不得不注意就业，包括专业、课程、教学和就业辅导等。美国大学也有就业率统计，一般能够达到百分之六七十就很不错了。有些大学对学生就业也很上心，会想方设法提供帮助。据说莱斯大学就有一个很让人羡慕的传统，无论身在哪里，校友都会为母校的学生提供就业信息，而当毕业生找工作遇到校友时，校友都会伸出热情的援手，为来自母校的学子义务提供帮助。当然，这样的学校是不多见的。

十二、校友事务

美国大学管理令人印象深刻的事项还有校友事务。或许因为美国历史较短，所以他们非常重视文化积淀；或许因为他们期待回报，所以他们特别重视服务。校友工作就是很好的体现。美国大学校友工作最早发端于耶鲁大学（1792 年，校友秘书组织班级聚会），成型于威廉姆斯学院（1821 年，正式成立校友会），改进于哈佛大学（1865 年，选举校友进入董事会）。[①] 之后，进入董事会是美国大学校友会参与母校管理的最主要的途径。例如，耶鲁大学 19 名校董会成员中就有 6 名是校友会从校友中选出的。[②]《美国大学校友会的职能、类型与结构》和《美国高校校友工作对我国高校校友工作的启示》两文提供了概括性的介绍和具体材料。[③]

1．校友事务在美国大学教育中占有非常重要的地位。美国大学不仅将校友工作看成是校友回报母校的过程，也视为母校教育功能的延伸，是母校帮助校友更新知识、跟踪科技文化前沿、实现终身学习和加速成长的过程，是母校帮助校友建功立业的过程。这与我国要搞校庆或准备发动校友捐款时才想起校友不同。美国大学非常重视校友工作。美国大学校友会的建立大多都是从建校之初就开始的，例如，斯坦福大学建于 1891 年，是私立大学，建校之初，就立志“我们不要成为其他大学可怜的翻版，我们要成为先进的大学”。1892 年，斯坦福大学校友会成立，任务就是负责管理校友活动和为校友提供服务，为共同创建先进大学而努力。加州大学戴维斯分校建于 1908 年，是公立大学，其校友会成立于 1918 年，宗旨是“帮助我们特有的母校的发展”，目标是“提高和增进大学和她的校友们的利益和福祉”。此外，美国大学从领导层到普通师生都很重视校友工作。校长将校友工作视为主要任务之一来对待，把校友作为学校发展工作的最重要资源。为此，美国大学的校长们常常用大量时间直接指挥和参与校友活动。[④]

---

① 辛洁．国外高校校友工作的启示［J］．唯实（现代管理），2014（12）：42－43.

② 孙美静，林杰．美国大学校友会的职能、类型与结构［J］．现代大学教育，2008（3）：64－69.

③ 除特别注明之外，本部分之基本事例和数据均引自这两篇文章。

④ 黄长喜．美国高校校友工作对我国高校校友工作的启示［J］．吉林省教育学院学报，2017（10）：85－87.

2. 美国大学有完善的校友工作机构和众多的工作人员。校友会是美国大学校友工作最主要的依托机构。美国大学校友会是由大学校友或校友所在大学按照自愿原则联合发起成立的非营利性社会组织，分依赖（依附）型、独立型和合作型三种类型，有校友董事会和校友委员会两个层次，属扁平化结构。董事会负责管理校友会，是立法、决策和执行机构，规模由十几人到几百人不等，多为专业人士。委员会是具体执行机构，按职能设立，一般有以下几种：①执行委员会。它有权代表董事会执行、处理各种日常事务，处理一些紧急情况，并及时向董事会汇报情况。②提名委员会。它通过认证、招募、提名学校董事会候选人，为校友董事会任命主要官员，决定其组成。③计划委员会。主要职责是统筹安排校友董事会的活动和计划。④招生/市场委员会。该委员会与院校入学招生部门密切合作以认证、培养有潜力的学生。⑤职业指导委员会。负责召集校友参与学校活动，校友们向在校生讲授有关他们专业或工作领域的问题，并向在校生传授一些社会经验。⑥发展委员会。负责通过各种方式鼓励校友向母校捐赠或通过其他方式给母校带来稳定的财政收入。⑦财政委员会。主要任务就是监督、检查校友会的财务问题。当然，不同大学校友会的组织结构并不完全相同，如耶鲁大学校友会设有班级委员会负责班级聚会活动、校友教育委员会为校友提供各种教育计划，宾夕法尼亚大学校友会设有校友奖励委员会奖励有突出贡献的校友，但都是根据自己的实际来设置的。[①]

美国大学校友会组织机构是非常庞大的，有细化的专门部门、固定的工作场所、专职的工作人员和充裕的设施配置。例如，加州大学伯克利分校校友会除设有执行主任、执行副主任及执行助理外，还下设人力资源和志愿者管理部、发展部、校友关系和校友会活动办公室、财务部、市场部、校友野营部、旅游项目部、校友月刊编辑部、学生服务部、特殊项目部等机构，共有工作人员 87 人，其中全日制工作人员 51 人，部分

① 孙美静，林杰. 美国大学校友会的职能、类型与结构［J］. 现代大学教育，2008（3）：64－69.

时间工作人员 24 人，临时雇员 9 人，承包人 3 人。校友会在校园中心区有一栋漂亮的二层楼房，集中了校友会的所有办公室和全体工作人员以及现代化的办公设备，还有各种中小型的会议室，供校友在此活动。斯坦福大学校友会更是组织机构庞大，下设校友联络部、战略项目部、商业和财务部、校友服务中心、校友教育联络处、校友班级联络处、校友地区项目处、校友学生项目处、校友志愿者处、设备和运行处、人力资源处、市场和联络处、旅游和野营处、校友期刊部等。校友会在校园中心拥有一栋二层高的壮丽大楼，校友会工作人员共计为 149 人，都是正式工作人员，每一位都有各自的办公室电话，以保证随叫随到。①

3. 美国大学的校友并非校友会的当然会员，校友成为校友会会员要交纳一定数额的入会费。入会费标准根据会员类型和毕业年限有所不同，以加州大学伯克利分校校友会为例，一次交纳全额会费的终身会员，一般情况为 450 美元，最近三年内毕业的为 375 美元，65 岁以上老人为 250 美元。按计划交纳会费的终身会员，一般情况为每五年 100 美元，最近三年内毕业的每五年为 90 美元，另外，还有逐年交费的当年会员，一般情况为 50 美元，最近三年内毕业的为 25 美元。②

美国大学校友会吸收校友成为会员的方式是，学校给校友会会员发放校友卡，校友缴费加入。③ 母校为会员提供多方面的优惠服务，以吸引校友入会。例如可凭卡从校图书馆借阅书刊；有资格参加校内的文体活动，按文娱体育组织的会员资格收费，在校内商店购买特殊纪念品给予优惠；回母校修课或短期培训给予优先和优惠；免费赠送校友会刊物；参加学校组织的旅游和野营活动，给予会员及家属优惠等。

美国各大学都有功能强大的校友信息库，这些信息库的运用和更新都是通过网络来实现的。如在哈佛大学的校友网站上，每个哈佛大学的校友都可以注册一个账号，得到密码和一个永久免费使用的电子信箱，并可以进入校友数据库。此外，编辑校友通讯和设计校友网站等，也是

①②③ 黄长喜．美国高校校友工作对我国高校校友工作的启示［J］．吉林省教育学院学报，2017（10）：85－87．

非常普遍的做法。[①]

4. 美国大学校友工作范畴很广，在大学发展过程中扮演着各种角色，发挥着各种职能。这从校友机构设置及人员配置可以看出。有人认为校友会有“筹集资金”“参与大学管理”“建立校友关系网”和“提供继续教育计划”四大职能，[②] 但从事务角度看，具体包括四个方面：一是发展壮大校友会，二是管理校友信息，三是为校友提供服务，四是开展校友活动。

5. 美国大学的校友工作特注重感情沟通和交流，一般每年都要向校友发出慰问信等。校友会工作丰富多彩，例如组织校友毕业后逢五、逢十年返校聚会，评选杰出校友，组织校友国内外旅游等，许多大学还把在校学生的工作甚至招生工作与校友工作结合起来做，用多种方式组织在校学生与校友进行交流，培养在校学生的校友意识，终身与母校荣辱与共。[③]

美国许多大学从校友会中获得丰厚的进账，如2000年，美国大学经费中有232亿元来自校友、基金会、企业和其他私人捐助者，其中校友捐助达到68亿元，占了29%。耶鲁大学（2.33亿元）、斯坦福大学（2.1亿元）和哈佛大学（1.88亿元）则位列前茅。公立大学共有200万名校友为其母校捐赠。[④]但美国大学校友会并不仅仅为了募捐甚至可以说主要不是为了募捐，而是呈现多元化目标，并具有程序化、情感化和丰富性的特点。

把规则定好，把多种可能性展示给人，把选择权交给学生，把学生作为服务的对象，把辅导和帮助作为学生工作主要的业务，对学生给予足够的理解、尊重和程序正义，是美国大学学生管理的重要特色，也是与我国大学很不相同的地方。有人认为，美国大学的学生管理是放任自流，这是一种误解，国内很少有大学的制度有美国大学那样严密；有人

---

①③ 黄长喜. 美国高校校友工作对我国高校校友工作的启示［J］. 吉林省教育学院学报，2017（10）：85－87.

②④ 孙美静，林杰. 美国大学校友会的职能、类型与结构，现代大学教育，2008（3）：64－69.

认为，美国大学的学生学习很轻松，这是一种误解，国内大学的学生学习任务很少有美国大学那样重；有人认为，美国大学的学生教育是不被重视的，这是一种误解，国内大学对学生的辅导很少有美国那样悉心。

第五章　美国大学的教师管理

通常情况下，美国高校将教职员工分成五类职业群体：①执行、管理、行政雇员；②教师；③教学助理和研究助理（高校教师和教学助理、研究助理一起构成高校教学人员）；④非教师系列专业技术人员；⑤非专业技术雇员。我国高校新近一次人事制度改革则分成管理人员、教师（包括研究人员）、教辅人员和工勤人员四类，其中，教师和教辅人员又统称为专业技术人员。两者有近似的地方，但也有鲜明的不同。美国称为雇员，一定以聘任制为前提；将教学人员分为教师和助理，较好地解决了教师聘任中的刚性与柔性的统一。当然，无论中国还是美国，教师管理都是大学的重要事务。

美国教师管理的依据是宪法和法律，特别是联邦宪法，可以说，美国教师管理的制度和行为都是建立在联邦宪法的框架基础上的。虽然在遴选、聘用、薪水与各种福利等问题上会因地区和学校的不同而有较大的差异，但教师的宪法权利是不会因为这些差异而遭受不平等对待的。一般说来，美国联邦宪法中所规定的保障给人民的权利，都适用于学校教师包括高校教师。秦梦群根据美国各法院的判例认为，“大致上，相关教师的宪法权利较常引起争讼者，包括以下权利：①第一修正案的言论自由、宗教自由、结社自由与隐含的学术自由；②第四修正案的不被搜捕的自由与隐私权；③第十四修正案的平等保护与正当程序权利”。[①] 可以说，这也是美国高校教师管理中的“敏感地带”和需要小心处理的

① 秦梦群．美国教育法与判例［M］．北京：北京大学出版社，2006：119.

问题。

一、教师的遴选

美国中小学教师实行资格制度，由州政府负责，聘任由学区教育委员会集体决定，大学教师的聘任条件和聘任决定由大学自己确定。中小学教师聘任除了受聘者需有资格证书之外，通常还附带有“不得兼差”“健康”“居所”“接受分派”和“接受评鉴”的要求。在大学，学术水平则是排在重要位置的，虽然也会有附带条件，但是不需要资格证书，也不对居所提出特别要求，除非需要学校提供住所。

美国大学选学生基本上是“宽进严出”，但美国大学选教师则是“严进宽出”的。

（一）大学的编制管理

和大多数国家的大学一样，美国大学经费的主要开销是人头费，所以，编制管理是极其重要的。

教师的选拔是受教师员额限制的。具有限制作用的教师员额就是教师编制。美国大学虽然没有全国统一的教师编制标准，但各大学都有严格的编制管理，因为它是列入成本管理的。超聘员工（包括教师）将增加成本，影响学校的运作。

生师比是美国大学编制管理的重要指标（但不是唯一指标），也是教师编制的可比性指标。通常来说，生师比低，教学成本高，学生修读课程的性价比就高。相反，生师比提高，教学成本就可降低，而学生得到的教导质量就会打折扣。故大学都会确定一个生师比，然后根据学生规模来确定教师员额，并通过多样化聘任方式来对编制进行动态管理。它有三个要点：一是教师编制数与学生规模数挂钩；二是没有空编就不得招聘新人；三是学生规模下降或学校经费拮据，就要调减教师编制数，意味着要裁员。所以，大学教师选拔的前提是要有空额。

2001 年，美国在校大学生共有 944. 8 万人，如果包括在职人员攻读大学课程者应为 1 592. 8 万人；专职大学教师共有 617 868 名（教授 163 466名，占总数的 26. 5%；副教授 129 698 名，占 21. 0%；助理教授

145 478名，占23.5%；讲师111 746名，占18.1%；其他67 480名，占10.9%），大学教师如果包括兼职讲师在内应为111.3万名；每位专职大学教师平均承担的学生数（包括在职人员攻读大学课程者）为25.8名，如果包括大学兼职讲师在内，每位大学教师平均承担的学生数应为14.3名。① 这就是全美平均的生师比，是大学核定员额的重要参考。2002年，美国大学女教师占大学教师总数的42.1%（大中小学幼教师中女教师占全体教师总数的68.4%）。这对选拔也有重要参考。

表5－1 美国大学的生师比（218所）②

大学	生师比	大学	生师比	大学	生师比
阿格尼斯·斯科特学院	10：1	福德姆大学	13：1	皮策学院	1：1
爱达荷州艾伯森学院	9：1	富兰克林和马歇尔学院	10：1	波莫纳学院	8：1
阿尔比恩学院	13：1	弗曼大学	11：1	普林斯顿大学	5：1
艾尔弗雷德大学	12：1	乔治·华盛顿大学	14：1	皮吉特湾大学	12：1
阿勒格尼学院	14：1	乔治敦大学	11：1	普渡大学	14：1
美国大学	14：1	乔治亚理工学院	14：1	伦道夫学院	8：1
阿默斯特学院	8：1	乔治亚大学	18：1	雷德兰兹大学	12：1
亚利桑那大学	19：1	葛底斯堡学院	11：1	里德学院	10：1
阿肯色大学	17：1	古彻学院	9：1	罗德岛大学	19：1
大西洋学院	11：1	格林内尔学院	8：1	罗兹学院	11：1
奥本大学	18：1	古斯塔夫斯－阿道弗斯学院	12：1	莱斯大学	10：1

① 陈永明．美国大学教师聘任制的现状与特征［J］．集美大学学报（教育科学版），2006（3）：13－17.

② 吴宪．美国前218所大学简介［M］．上海：上海科学技术出版社，2008.

续上表

大学	生师比	大学	生师比	大学	生师比
奥斯汀学院	12：1	哈密尔顿学院	10：1	里士满大学	9：1
巴布森学院	13：1	汉普夏学院	12：1	里彭学院	13：1
巴德学院	9：1	哈佛大学	7：1	罗彻斯特理工大学	13：1
巴纳德学院	10：1	哈弗福德学院	8：1	罗彻斯特大学	9：1
贝茨学院	10：1	亨德里克斯学院	11：1	罗林斯学院	10：1
贝勒大学	16：1	海勒姆学院	12：1	罗斯－哈尔曼理工学院	12：1
伯洛伊特学院	12：1	霍巴特和威廉史密斯学院	11：1	鹿特歌斯新泽西州立大学新不伦瑞克/皮斯卡塔韦分校	19：1
本宁顿学院	7：1	伊利诺伊理工学院	7：1	圣贝尼迪克特学院	13：1
伯明翰－南方学院	11：1	伊利诺伊大学厄巴纳－尚佩恩分校	17：1	圣路易斯大学	12：1
波士顿学院	13：1	伊利诺伊韦斯利恩大学	12：1	圣克拉拉大学	12：1
波士顿大学	16：1	爱荷华大学	15：1	萨拉劳伦斯学院	6：1
鲍登学院	10：1	爱荷华州立大学	15：1	斯克里普斯学院	11：1
布兰代斯大学	8：1	伊萨卡学院	11：1	斯基德莫尔学院	9：1
布朗大学	9：1	詹姆斯麦迪逊大学	16：1	史密斯学院	9：1

续上表

大学	生师比	大学	生师比	大学	生师比
布林莫尔学院	8：1	约翰·霍普金斯大学	9：1	南卡罗来纳大学	17：1
巴尔内克大学	12：1	卡拉马祖学院	12：1	南加州大学	10：1
加利福尼亚大学柏克利分校（柏克莱分校）	15：1	堪萨斯大学	20：1	西南大学	10：1
加利福尼亚大学戴维斯分校	19：1	肯塔基大学	17：1	圣劳伦斯大学	11：1
加利福尼亚理工学院	3：1	凯尼恩学院	10：1	圣奥拉夫学院	13：1
加利福尼亚大学洛杉矶分校	18：1	诺斯克学院	13：1	斯坦福大学	6：1
加利福尼亚大学河滨分校（里弗赛德分校）	18：1	拉斐特学院	11：1	纽约州立大学宾厄姆分校	20：1
加利福尼亚大学圣迭戈分校	19：1	莱克福里斯特学院	13：1	纽约州立大学布法罗分校	15：1
加利福尼亚大学圣巴巴拉分校	17：1	劳伦斯大学	9：1	纽约州立大学斯哥尼布鲁克分校（石溪分校）	17：1
加利福尼亚大学圣克鲁斯分校	19：1	利哈伊大学（理海大学）	9：1	纽约州立大学杰纳西奥分校	19：1
卡尔文学院	12：1	刘易斯和克拉克学院	13：1	史蒂文斯理工学院	8：1
卡尔顿学院	9：1	路易斯安那州立大学及农机学院	22：1	萨斯奎汉纳大学	19：1
卡内基梅隆大学	10：1	麦卡莱斯特学院	11：1	斯沃斯莫尔学院	8：1

续上表

大学	生师比	大学	生师比	大学	生师比
森特学院	10：1	马尔伯勒学院	8：1	斯威特布赖尔学院	9：1
查普曼大学	16：1	马凯特大学	15：1	锡拉丘兹大学	12：1
查尔斯顿大学	13：1	玛丽华盛顿大学	16：1	得克萨斯州农业机械大学	20：1
芝加哥大学	6：1	马里兰大学科利奇帕克分校	19：1	得克萨斯大学奥斯汀分校	18：1
克莱尔蒙特－麦肯纳学院	9：1	麻省理工学院	7：1	特里尼蒂学院	11：1
克拉克大学	10：1	迈阿密大学科勒尔盖布尔斯区	13：1	特里尼蒂大学	10：1
克拉克森大学	16：1	迈阿密大学俄亥俄州牛津区	16：1	塔夫茨大学	7：1
克莱姆森大学	15：1	密歇根大学安阿伯分校	15：1	图兰大学	10：1
科尔比学院	10：1	密歇根州立大学	17：1	塔尔萨大学	11：1
科尔盖特大学	10：1	米德尔伯里学院	8：1	尤宁学院	11：1
科罗拉多大学博尔德分校	16：1	米尔斯学院	11：1	犹他大学	14：1
科罗拉多学院	10：1	米尔萨普斯学院	12：1	范德比尔特大学	9：1
哥伦比亚大学	5：1	明尼苏达大学双城学院	15：1	瓦瑟学院	8：1
康涅狄格学院	10：1	芒特霍利奥克学院	10：1	维拉诺瓦大学	12：1
康涅狄格大学	17：1	缪伦堡学院	12：1	弗吉尼亚大学	15：1

续上表

大学	生师比	大学	生师比	大学	生师比
康奈尔学院	11：1	内布拉斯加大学林肯分校	19：1	沃巴什学院	10：1
康奈尔大学	9：1	佛罗里达新学院	11：1	韦克福里斯特大学（克森林大学）	10：1
达拉斯大学	11：1	新泽西理工学院	13：1	华盛顿和李大学	10：1
达特茅斯学院	19：1	新泽西学院	13：1	华盛顿大学圣路斯校区	7：1
戴维森学院	10：1	纽约大学	11：1	华盛顿大学西雅图分校	11：1
代顿大学	13：1	北卡罗来纳大学阿什维尔分校	13：1	韦尔斯利学院（卫斯理学院）	9：1
特拉华大学	12：1	北卡罗来纳大学查珀尔希尔分校	14：1	韦尔斯学院	8：1
丹尼森大学	11：1	北卡罗来纳州立大学	16：1	卫斯利恩大学	9：1
丹佛大学	11：1	西北大学	7：1	惠顿学院马萨诸塞州诺顿校区	12：1
迪波夫大学	10：1	圣母大学	11：1	惠顿学院伊利诺伊州惠顿校区	12：1
迪金森学院	12：1	奥伯林学院	10：1	惠特曼学院	9：1
德鲁大学	11：1	奥克西登塔尔学院	10：1	威拉米特大学	10：1
德雷克塞尔大学	10：1	奥格尔索普大学	13：1	威廉与玛丽学院	11：1
杜克大学	8：1	俄亥俄州立大学哥伦布分校	13：1	威联斯学院	7：1

续上表

大学	生师比	大学	生师比	大学	生师比
埃隆大学	14：1	俄亥俄韦斯利恩大学（卫斯理公会大学）	13：1	威斯康星大学麦迪逊分校	13：1
埃默森学院	14：1	俄克拉荷马大学	20：1	威腾伯格大学	12：1
埃默里大学	7：1	宾夕法尼亚州立大学尤尼弗西蒂帕分校	17：1	沃福德学院	11：1
费尔菲尔德大学	13：1	宾夕法尼亚大学	7：1	伍斯特学院	11：1
佛罗里达州立大学	22：1	佩珀丹因大学	12：1	耶鲁大学	6：1
佛罗里达大学	21：1	匹兹堡大学	16：1		

表5－1所列218所大学是留学推荐的目标大学，属于美国的好大学，其中，生师比在5：1以下（包含5）的有4所，6：1～10：1的78所，11：1～15：1的94所，16：1～20：1的39所，超过20：1的有3所，可见，在美国的好大学里，生师比大多在10：1左右，只有极少数大学的生师比在5：1以下或超过20：1。这个数值低于2014年全美大学的平均数。看来，美国虽然没有法定的生师比标准，但大多数大学对合理或合情的生师比还是有一个基本认同的。

（二）大学教师的最低要求

高水平教师是优质教育的根本保证，也是招生的重要砝码。美国大学聘任教师并非有空缺就可以聘任，教师水平达不到要求就只能在大学做一个临时性的"教学短工"。

美国高校教师的任用采取聘任制。学位是现代美国大学教师聘任的最基本的条件，博士学位、任职年限、胜任状况是教师能否晋升的关键因素，初求教职者没有硕士及以上学位是无人问津的。

在美国，高校教师的职称分为教授、副教授、助理教授和讲师四个层次，其中，讲师属于“打短工”的，拿不到博士学位，干得再好也无法晋升，大部分助理教授充其量也是“临时工”，只不过打的属于“长工”，只有当一个教师获聘为终身教授，才算是“正式工”，才算有了职业保障。这与我国教师试用期满考核合格即成为具有终身意义的“正式工”大不一样。

教师的受聘资格主要是：讲师必须具备硕士学位或博士候选人资格；助理教授必须具有博士学位，并具有从事高校教学和科研的潜力，有2～3年的教学经验；副教授不仅具有博士学位，还必须有获得同行承认的科研成就，具有8～10年的教学经验；教授除具有博士学位外，在科研方面必须取得重大成就，同时还必须具有相当的组织领导才能，具有8～10年的教学经验。凡符合受聘条件的教师在聘任期间能够充分发挥自己的才能，按照一定的晋升程序即可晋升。如果在聘用期间或聘用结束时不能晋升，即需（可）离校另谋出路，坚持实行“非升即走”的原则。[①] 所以，在美国大学做教师，想“不求有功，但求无过”地“混”安稳日子是很难的。

美国教师的严进宽出主要体现在：任职条件要求高，遴选程序严密，受聘后的考核非常多且严，获得终身教职的难度很大，“非升即走”的制度安排成为“不续聘”的最佳借口。所以，在美国大学，要“进来”（谋个职位）非常难，而要“走人”则非常容易。

二、教师的管理

美国大学教师管理有一个非常重要的工具——教师手册。美国大学几乎都有教师手册，它是一本有关大学宗旨、组织、规程、服务及资源等内容的政策性文件汇编，目的在于方便教师和行政人员尽快了解大学的相关政策，如学术自由、教师聘任、教师权利、教师责任等，以及这些政策的具体应用。作为教师工作指南和管理工具，它对教师和行政人员都是非常有用的。

教师手册是由大学行政部门和教师组织共同制定的，是双方协商合

---

① 马琴．美国高等教育的特点探析［J］．中国成人教育，2010（3）：87－88.

作的结果。很多大学会成立一个由教师和行政人员组成的教师手册委员会，负责编制工作。手册编制的依据有：①大学董事会制定的，或由校长等学校行政人员制定并经董事会批准的大学的使命、目的和基本政策等；②美国大学教授协会或其他学术组织有关学术的政策和实践；③大学教师评议会提出的学术政策和学术规划等；④大学教师工会制定的教师薪水和福利等政策，经与学校当局谈判并获得同意后成为大学官方政策的；⑤大学的一些咨询委员会提出的有关教师素质提升、专业成长的建议等。[①] 手册编制完成后要经过大学董事会的批准才能发布，有些公立大学还要经过州高等教育董事会的核准才能发布。多数大学的教师手册由教务长办公室发布，有的由人力资源管理部门或教师评议会发布，还有的由教务长办公室和教师评议会联合发布。所以，教师手册经常被认为是大学与教师之间具有法律效力的契约。

大学教师手册内容非常丰富。如，《耶鲁大学教师手册》包括11个部分：①大学组织；②有关言论自由的大学政策；③大学的教师职位、任命和政策；④各学院的教师职位、任命和政策；⑤大学的研究职位；⑥大学的访问学者职位；⑦大学的请假政策；⑧教师的报酬、补偿、利益和服务；⑨退休；⑩大学的教学政策；⑪其他影响教师的政策。《密歇根大学教师手册》的内容有：①大学成员的基本信条；②多样化和无歧视；③行政架构；④教师的管理角色；⑤聘任；⑥终身教职；⑦学术与研究；⑧教学与师生互动；⑨教师的校内外服务；⑩争论的处理；⑪性骚扰及其处理；⑫大学的记录、机密和信息的存取；⑬教师的奖励；⑭补偿与预算程序；⑮利益、服务和支持；⑯请假、休假和大学放假；⑰旅行和补偿；⑱校园健康与安全；⑲退休和荣休；⑳技术与通讯；㉑另外的资源。[②] 此外，一些规模大的大学在内容上往往还兼具共性与个性，即在全校的公共内容之外，还会陈述不同学院的特殊政策，有的大学则在大学教师手册之下另编学院教师手册。

---

①② 叶信治. 美国大学教师手册的性质、内容和功能［J］. 西南交通大学学报（社会科学版），2010（3）：35－41.

从美国大学教师手册可以窥见其教师管理精华，包括民主协商、权力平衡、规则明晰、权义统一、重心下沉。这些特别值得我国大学借鉴。

（一）大学职务阶梯的设计

职务（职称）制度是学校的学术等级制度。一般包括职务序列或等级、晋升条件和程序。职务（职称）制度通常与聘任制度相匹配，是教师管理的基本制度。

美国高等学校的职务（职称）制度将职务分为终身职务和非终身职务两个序列，一般设计为教授、副教授、助理教授和讲师四级（有的还细分为讲师和高级讲师，共五级），如果董事会同意，还可为杰出教师设荣誉职称，其中，终身职务序列包括助理教授、副教授和教授，但并非所有教授、副教授和助理教授都是终身职务。教师晋升的依据是考核的结果，考核的内容包括教学效果、学术水平和服务质量三个方面。美国大学的讲师聘任合同多为 1 年，到期如校方不再需要，即被辞退或不再续聘。所以，讲师一般边工作边攻读博士学位或准备将来攻读博士学位，是不会被晋升为助理教授的；助理教授的聘期为 3 年，一般都要求申请者持有博士学位，聘任期满时，如校方需要，可续聘 3 年，若考核成绩卓著即可晋升为副教授，否则需离开学校；有的副教授受聘后可获得终身聘任的资格，但即便获得终身聘任资格，副教授晋升为教授，依然要看考核结果。而未被终身雇用的副教授如合同期满还未被提升为教授，一般需离校；教授受聘时，除有特别约定外，即可自动享有终身雇用资格。所以，在美国，教师职务（职称）序列虽然分为四级或五级，只有助理教授到副教授再到教授才有晋升机制，讲师与助理教授之间不仅仅是水平的差异，而且还有机制的分离，从这个意义上讲，美国大学四级职务制度实际上是“1 + 3”级制。当然，不能据此认为美国大学的讲师可有可无，他们虽然身处最低职级，但也是非常重要的一个群体。1981—1982 学年，全美高等学校全日制教师中四级职称的比例依次为

27.0%、24.5%、23.9%和7.6%。[①] 讲师占比最高，占有四分之一强的份额。即使进入21世纪，讲师占比依然接近两成。

在美国，还有一种特别的职称叫"杰出教授"，有时也叫"科研教授"或"校级教授"，但不普遍，仅在某些大学颁授。通常有两种人会获颁这种职称，一是给表现优异、成绩超出一般教授的学者；二是因成就出众而获慈善家捐助并以其名字命名的教授。[②]

（二）大学教师的聘任

聘任是教师手册的核心内容之一，包括职称序列、任职的类型和条件、升迁的标准和程序、不被续聘和不能升迁的理由以及解聘的程序等。美国大学教师编制定额到院系。虽然名义上教师由学校聘任，但聘任的重心在院系。美国大学教师的聘任是以考核为基础，按岗位聘任的，属于"评（考评）聘结合"。

虽然不同职级的教师其考核的要求不一样，不同的大学考核教师的标准也不一样，但美国大学教师考核的内容（领域）是基本相同的，甚至其聘任的基本程序也有许多相同之处。一般包括如下几个环节：设置岗位、确定条件、公开招聘、综合考核、确定人选、签订聘约、合同管理，简单来说是确认岗位、考核人选、协议聘任。

1. 非终身教职的聘任。美国教师的聘任首先必须设置岗位，没有岗位是不能聘任的，同样，岗位缺员通常是要补的。美国的大学有自主设编的权利，即使是公立大学，也无须向政府申请。设编就意味着出钱，虽然美国大学没有固定的岗位指标，但其设编依然十分严格地按照学校发展要求和规定的程序来进行。美国各校发展的实际要求千差万别，但不外乎需要、传统和经费三个方面。例如宾夕法尼亚大学，其教师岗位设置就是依据三个因素：一是社会发展需要和学科发展需要，其中社会发展需要决定学科发展需要。社会需要在很大程度上是通过学生选课的情况反映出来的，因为劳动力就业市场信息最直接反映了社会需求，又

---

①② 教育大辞典编纂委员会. 教育大辞典：第12卷［M］. 上海：上海教育出版社，1992.

直接影响了学生的选课行为，而学生的选课情况则影响着大学学科建设需要，进而影响着教师岗位的设置。二是可以获得的经费，研究系列的研究人员拿不到研究课题，争取不到研究经费，就得不到聘任。三是历史的因素。美国大学一般都有悠久的历史，在职位设置方面都有自己的传统。[①] 这些都是影响岗位设置的重要因素。当然，对绝大多数一般大学（而非研究型大学或特色名牌大学）而言，最主要的影响因素只有两个：需不需要和有没有钱。

教师聘任的核心环节是考核。考什么，不同的大学有不同的标准，但要在美国大学获得教职或续聘，还是有大致相同的条件的。美国大学聘任教师的一般标准有五个方面：①教授能力；②研究业绩以及其他独创性业绩；③在学会等专业领域的活动状况；④对大学及区域社会的贡献；⑤有无博士学位。[②] 这是对学位的最低要求。可见，即使是非终身教职，要获得聘任也是不容易的。

2. 终身教授的聘任。美国高校实行终身教授制度。[③] 严格地说，终身教授不是一种职称，而是一种职位类别或聘任形式。在美国大学，教授一般都是终身聘任的，但终身聘任的不仅仅是教授，还有部分副教授或助理教授。也就是说，有可能获得终身教职成为终身教授的既有教授，

---

① 张怡真. 美国研究型大学的教师聘任及启示［J］. 世界教育信息，2008（4）：28－29.

② 赵志鲲. 美国大学教师聘任制度的特点与启示［J］. 高等理科教育，2011（5）：75－78.

③ 1940 年，美国大学教授协会（American association of university professors，简称 AAUP）和美国大学院校协会（American association colleges，简称 AAC）联合发表《关于学术自由和终身教职原则的声明》（statement of principles on academic freedom and tenure），标志着美国终身教授体制的建立。该声明在反映了学术或教学职业的基本的实践标准的基础上，界定了大学教授的需求和权利义务等方面的基本规范，实际上是教授联合争取自己权利和进行行业管理，与大学管理界达成的一种契约。该声明得到了 100 多个教育组织和学术团体的支持，并逐渐被大多数四年制高等院校广泛接受，而且不断被规范化和制度化。乔玉全认为，终身教授体制已成为美国高等教育体制的基石（参见乔玉全《21 世纪美国高等教育》之“高等教育的专业化和职业化”部分）。但这一制度也存在颇多争议。

也有副教授和助理教授。

美国终身教授的评审更为严格，主要考核教学、科研、社会服务三个方面。教学情况取决于学生、同行和校友对教师教学质量的评估，是否获得教学奖励和做出杰出贡献，以及指导学生论文的质量和所教学生在职业资格考试中取得的成绩等；科研情况主要看教师发表论文、著作的数量和质量，学术知名度、学术声誉、学术潜力，以及教师争取科研经费的能力；社会服务情况主要看教师是否为学校和学校所在社区积极提供高质量的服务。至于程序，各学校之间有差异，一般是自下而上经过多个环节，侧重基层考核、专业考核和投票表决。但只有提出申请，才会启动程序。

助理教授一般在任职第 6 年开始申请终身教授或副教授。评审过程主要由所在大学的三个群体或部门来参与或决定，整个过程一般需要半年到一年的时间：一是助理教授本人所在系，二是由教师代表组成的咨询委员会，三是大学的管理部门。评审从系开始，典型的做法是系成立一个由与受评人学科相同或相近的教授组成的考评小组，负责对候选人的为人、学术水平和能力、教学质量等方面广泛征求意见，考察其任务完成情况，是否兑现其先前所做出的承诺，并提出评审意见和向系递交推荐信。若推荐信是消极的，候选人获得终身教授的希望比较渺茫。系同时收集有关候选人的材料，如所发表的著作和论文、学生对教学的反映和评价、科学计划和教学大纲等。系还要对考评小组的意见或其他议题如教师工作量、参加社会工作或公益活动的态度、与人相处等广泛问题，进一步提出咨询。若系对候选人得出积极肯定的结论，系主任要写一封推荐信，并把所有资料呈报给院长。院长或主管学术事务的副校长将把有关材料转交给由教师或少量管理人员组成的咨询委员会。该委员会主要就系评审的公正性和真实性进行审查，并站在全校标准和要求的角度来把关，以保护学院和候选人双方的权益。若候选人获得咨询委员会通过，一般情况下，候选人基本过关。最后，要通过教务长或主管学术事务的副校长、校长和校董事会同意。最后的程序一般是象征性的，但也有候选人被否决的可能性，如有人认为情况不属实，或因为候选人所在院系经费难以支付工资等，否决的可能性就比较大。

周俊在其文章中描述晋级过程的复杂和艰辛："获得终身教职是非常不容易的，除了逐年提高的严格标准外，一个助理教授在获得终身教职的6年内要接受各种各样大大小小的评审。除了接受大学每年对所有教师的评审鉴定外，各系每学年都要对助理教授进行评审。被评人首先要写一个简明扼要的陈述，包括前一年在研究、教学和专业服务三方面的活动内容，如发表的论文、参加的学术会议、所授课程、指导的研究生、学术报告情况、为学术杂志或出版社评审论文书稿等，并附上各种材料的复印件。每年评审只由本系已获终身教职的教授参加，进行不记名投票，投票结果和对这名助理教授前一年表现的总结性报告，将由系存档，报送学院和呈达当事人。这样，一个助理教授通过投票结果和每年评估报告，对自己在系里的处境就会有一个清楚的了解，并以此决定是否以及何时申请终身教职。申请终身教职要经系主任和院长同意，并由教员本人提出申请。申请人按照校方规定对自己在教学、科研和服务三方面所做的贡献进行总结并提供材料（包括校内外学术界人士对其贡献的评价信息）。系里每位教员在审读资料后进行投票。系主任根据投票的结果附上赞成或反对的信件，并将全部文件上交到院里，由已获终身教职的副教授以上的教员代表组成的晋级评委会进行审查、讨论和投票选举。院长根据这一结果附上赞成或反对信件，并将全部材料上交到校级评委会审查和投票通过。其结果由教务长和校长分别批准后正式通知申请人。公立大学还要上报州内高等教育委员会审批后才能正式生效。未获终身教职者，或得到来年再次申请的一次性许可，或得到正式通知不再留任。"①

一名教师一旦获得了终身教授的职位，不仅提高了自身的社会和经济地位，而且可以说获得了终身的保障。理论上说，除非获得者犯有学术上的欺诈行为或师生之间严重的桃色事件等与教授身份不相称并产生

---

① 周俊．美国大学终身聘任制的发展趋势及其对我国的启示［J］．世界教育信息，2007（9）：38－40．

恶劣影响的严重问题，一般终身教授的职位是不会改变的。也就是说，除非终身教授自己不想干，否则，他可以干到干不动的时候才退休。这种制度设计后来受到批判，于是，出现了终身聘任后评审制，作为预防“天花板现象”或“安全岛现象”的措施。随着终身聘任后评审制的实施，如果终身教授资格获得者在终身聘任后不思进取、得过且过，经考核被确认已变为“朽木”者，丢饭碗的可能性还是存在的。

（三）教师待遇的确定

美国大学教师的待遇在相当长一段时间里都是非常令人羡慕的，在世界各国（地区）中也算得上待遇比较高的国家，尤其在美元坚挺的时代，更是显示出其“国际优越性”。但在美国，除了教授几乎可与医生、律师比肩外，其他教师的待遇在各行业中并非是优厚的，甚至有人用微薄来形容他们的收入。

有关教师的福利政策肯定会在教师手册中列明，通常有：一是薪水，包括发放的依据、方式、时间和调整机制等；二是各种保险，如医疗保险、财富保险、残障保险和事业保险等；三是退休及待遇；四是其他福利，如假期、旅行费用、荣誉称号、家人教育优惠等。

美国是怎样确定大学教师待遇的呢？

美国大学教师的待遇主要是薪资，不像我们国家的大学教师，除了薪资之外还有政治待遇、医疗待遇，以及与身份等级相适应的其他待遇，如旅差、住房及家属福利等，而且不同等级的教师还有不同的标准。

美国大学教师的薪酬制度五花八门，如年薪制、月薪制、计时工资制、计件工资制等。大学一般一年只给教师发 9～10 个月的工资（而其他不享有寒暑假期的雇员则发放 12 个月的工资），除非教师兼有行政职务或其他工作，否则，他不可能拿到 12 个月的工资。就是说寒暑假是不发教师工资的，或者说干活才有钱，不干活就没有钱。所以，在美国大学有一种福利，叫学术休假，可以带薪，但有任务。享受了没有任务、纯粹休息的寒暑假，是不可能同时享受工资的。

影响美国大学教师待遇的因素是非常复杂的，主要有学衔（学历与职称）、工作量及教学科研比重、学校性质与类型、学科等，甚至性别、种族等因素也会影响薪资。赖亚曼曾对美国大学教师薪酬的影响因素做过细致的分析，可以带给人们有关美国大学教师待遇的概貌性的认识。

根据赖亚曼的研究，“美国高校中现行的薪资制度主要有两类：一种是单一固定薪资制度，一种是签约体系薪资制度”①，而签约体系薪资制度是美国大学的主要的薪资制度。根据美国国家教育协会（NEA）的统计，美国在1981—1982年间只有三分之一的院校使用单一薪资制体系，而且使用单一薪资制体系的院校比例没有增加的趋势。同时，Marion S. Beaumont（加州大学长滩分校经济学教授）在其专著《公立高校薪酬系统——微观分析》中也认为，美国高校教师薪酬制度的主流是签约薪资制。签约体系薪资制是基于非等级劳动力理论的一种薪资体系。不同的院校制定不同的标准来确定雇新教师的起始报酬标准，这些标准反映高校对教师的工作产出预期。较典型的标准如，教师的教育水平、相关工作经验、学术活动等。在这一制度下，每个教师每年和所在院校协商工作量并确定报酬；学院则根据教师的考核成绩、在校工作年限、晋升的情况，每年按照不同的比例增长工资。②

赖亚曼认为，“美国高校薪酬的三个最基本的影响因素是学衔、院校类型与教学和科研在教师工作中所占的比重因素”。

1. 学衔因素。自从20世纪初学衔（助理教授、副教授、教授）在美国高校中确立后，学衔便成为决定薪酬的首要因素：高学衔就会得到高收入。美国大学教授协会（AAUP）2004年的统计数据表明：2003年各种类型的高校中，助理教授的平均薪酬是52 788美元，副教授的平均薪酬是63 063美元，教授的平均薪酬是88 591美元。由于受到“市场”的压力，以及各高校之间对人才的竞争，高校薪酬朝着更市场化的方向发展，这种情况在一些高校的个别“热门学科”如信息科、会计学中的确存在，但从总的趋势上看，学衔依然是影响薪酬的重要因素。

2. 院校类型因素。美国不同类型院校间教师收入的层次性十分鲜明。

①② 赖亚曼．美国高校教师薪酬影响因素分析［J］．高教探索，2009（2）：75－79．

美国大学教授协会（AAUP）的资料表明：2003年博士学位授予大学的平均薪酬为75 863美元，硕士学位授予大学的平均薪酬为59 400美元，学士学位授予大学的平均薪酬为55 851美元，而两年制大学只有50 800美元。近年来这种层次化的趋势更加明显。

3. 教学与科研在教师工作中的比重因素。教学与科研是高校教师两个主要的工作内容。主要从事研究的教师比主要从事教学的教师在报酬上占优势。在各学科中，科研产出的数量比科研产出的质量更能影响教师报酬。

除上述三个主要影响因素外，赖亚曼认为，以下的三个因素对美国高校教师薪酬的影响也不容忽视。

1. 公立、私立院校因素。1970—1971年中，公立高校的平均薪酬比私立高校高出10%。20世纪80年代中期这种差别减少到了4%，1990—1991年这种差别就基本上消失了，而到2000年时，私立高校教师的平均薪酬已高出公立高校5%。造成这种差别的原因之一便是美国政府逐渐减少了对公立高等教育资助的力度。

2. 性别因素。根据2003年的统计，美国高校教师中性别的比例由1972年的24%上升到目前的40%。全日制教师中有三分之一是女性，而在兼职教师中有一半是女性。在1970年，女性教师的起薪是男性的82.7%，到90年代减少到79.6%。从90年代到2000年左右，情况有所改变，但也只有男性教师的81.5%。

这种性别上的差距，公立大学比私立大学要小些。当然，女性教师的平均学衔级别、就业类型（全日制还是兼职）、学院类型、工作年限等都会影响女性教师的平均薪酬水平，但从20世纪70年代到90年代，美国大学女性教师在各个学衔如助理教授、副教授甚至教授的起薪都比男性低，而且在教授中的差距比在助理教授、副教授中的差距还大。在助理教授、副教授的职位中，女性占的比例比在教授中所占的比例更大。看来，标榜平等的美国，男女教师的待遇就很不平等。

3. 种族因素。根据美国中学后教师的研究（NSOPF－1993和1999）显示：在以教学为主的全日制教师中，亚裔教师的平均薪酬最高，其次是非裔西班牙白人、西班牙人、美国非裔。亚裔教师薪酬高于其他族裔的平均水平与他们较多在工程和自然科学领域有关系。

从20世纪的后25年开始，由于市场的影响和各高校对人才的竞争，影响薪酬的因素出现了一些新的发展趋势。

一是学科因素。在美国高校中，几个世纪以来一直存在薪酬的学科差别。医学和法律领域在收入上一直占有突出位置，而像数理化、艺术、历史、政治等领域都是用同样的标准支付报酬。从20世纪70年代中期开始，薪酬在学科间差异的多样化更加明显，特别是在工程、自然科学、计算机技术、会计和财政金融领域。美国高校中英语教授的收入水平处于高校27个领域的中间位置，以此为参照对象，2003年，经济管理领域教授的薪酬水平是英语教授的134%，新增助理教授的薪酬水平是英语助理教授的213.5%。在信息（计算机IT）科学领域，新增助理教授的薪酬水平高出70%；在经济领域中高出50%；工程领域中高出47%。“市场”的因素越来越起到重要的作用。当然，高校重新分配收入主要集中在“低市场要求”和“高市场要求”领域中调整，这虽然造成了一些教师尤其是高年资教师的不满，但为美国高校在激烈的人才竞争中处于不败之地提供了有力保障。

二是高校薪酬的集体谈判（CB effect）。集体谈判，主要是大学的各级各类工会代表某一类教职员工与政府或校方进行聘用和薪酬待遇的集体谈判。从1998—1999年的资料看，绝大部分参与了教师组织的教师平均薪酬都高于没有加入组织的教师的平均薪酬。因此，高校教师民间团体的力量逐渐成为影响美国高校薪酬水平的重要因素。

在美国大约有四分之一的高校教师归属于各种不同的大学教师工会和协会，这些组织都参与大学薪酬的谈判。这些组织有一半属于四年制大学，一半归属于两年制大学，其中属于公立高校的占绝大部分。美国大学教授协会下有4.4万个成员组织，主要由公立和私立大学中四年制院校的教授组成。教师组织主要集中在美国高物价地区，其目的就是利用联合的力量为教师争取更多的利益。近年来，集体谈判越来越成为薪酬影响中的重要因素。

三是高等教育内职业构成比例的改变。近年来，由于美国高校进行任职方式的多样性改革，高等教育从业人员中出现职业多样化的趋势。据统计，1980年，美国高等教育所有雇员人数大约为200万人，到2000年达到300万人。在这300万人中，有100万人（占三分之一）是高校教师。

在1976—1989年和1989—2001年这两个时间段，美国高校中五种职业群体的人数都有增加。但增加的比例是不同的：增长最显著的职业群是非教师系列的专业技术雇员，分别增长了123.4%和51.9%。

无论公立高校还是私立高校，所有五种职业群的薪酬（即人头费）是学校各项开支中最大的一项，普遍占学校总支出的60%～80%。虽然雇员报酬是一个大项，但它与高校中其他项开支如设备、设施等相比又是较容易控制的一项。因此，从理论层面上讲，雇员薪酬基金的增幅是有限的。由于非教师系列专业技术雇员的增长幅度较快，削弱了高校教师职位的增加，从而减少高校教师在学校整体薪酬基金中能得到的份额。近几十年来，美国高校雇员构成上的这种发展趋势为高校教师薪酬待遇带来了额外压力的同时也带来了新的前景。这种状况也是我国大学实际面临的。

分析这一状况可从以下两方面来看：

首先，美国高校中非教师专业雇员的快速增长，主要原因是高校中对新技术的运用增加，如远程教育在高校中广泛运用，对IT技术人员的需求就相应增加。这是信息时代教育现代化必然的应对措施。

其次，1989—2001年，教学人员总数（高校教师、教学助理和科研助理）增长了39.2%，但这群体中的教学助理和科研助理却增长了59.9%。美国高校中增加教学、科研助理人员也是高校减少教学科研成本的管理策略，因为让低成本的教学、科研助理承担更多入门水平的课程和基础性的科研工作，这样在高校财政能力不变的情况下才有可能增加教师的收入。①

看来，我们不能以我国大学的薪酬体系去理解美国大学的薪酬体系。美国大学教师薪酬体系还有哪些值得我们借鉴的呢？北华大学彭诗言的研究为人们提供了另外一个视角②。

美国大学校长的年薪平均为161 004美元，此外，还有可供校长自己支配的经费，叫作benefit，包括诸如宴请费、交际费、交通费、住宿费等。在全美4 500多所大学中，校长的工资差别很大，耶鲁大学校长年薪350 000美元，另外还有97 000美元的benefit。

校长之下的系部主任、分院（学院）院长的年薪也差别很大，但主要与学科有关，如表5－2所示。

表5－2 美国大学系部主任年薪

系别	年薪/美元	系别	年薪/美元	系别	年薪/美元
农学系	106 650	法律系	160 400	商学系	90 745
医学系	235 000	兽医系	142 650	教育系	85 013
药学系	129 000	社会科学系	64 022	工程系	121 841
物理系	72 962				

至于教师工资，一般在研究生院任教的教师要高于在大学生院任教的教师，私立大学教师要高于公立大学教师，名牌大学教师要高于普通大学教师，四年制大学教师要高于二年制大学教师，富裕地区的大学教师要高于贫困地区的大学教师，大学男教师要高于大学女教师。如表5－3所示。

① 赖亚曼. 美国高校教师薪酬影响因素分析［J］. 高教探索，2009（2）：75－79.

② 彭诗言. 美国大学教师工资知多少［J］. 英语知识，2005（9）：7－8

表 5-3　美国大学教师工资的类型差异

不同类别教师	学校	教授/美元·年$^{-1}$	副教授/美元·年$^{-1}$	讲师/美元·年$^{-1}$
不同举办者之大学教师待遇差异	公立大学	75 154	54 009	45 148
	私立大学	95 022	61 966	53 079
不同经济发展水平之公立大学差异	阿肯色州立大学	66 000	49 700	39 000
	科罗拉多州立大学	70 600	53 000	45 400
	夏威夷大学	75 500	57 000	48 900
不同名校之教师待遇差异	哈佛大学	116 800	64 300	60 900
	普林斯顿大学	110 300	65 400	51 000
不同学制大学之教师待遇差异	四年制	56 969	44 942	37 393
	二年制	52 746	44 164	38 173
不同性别之大学教师待遇差异	男性	71 546	52 525	43 551
	女性	62 631	48 736	40 748

注：根据彭诗言《美国大学教师工资知多少》提供的有关数据整理而成。彭文数据为1997—1998年度统计结果主要来源于American association of university的调查报告。

看来，找钱难，分钱更难。大学的薪酬制度设计是非常复杂的一项工程。近年来，我国高校绩效工资制度改革，大家已经深感其难。美国有哪些值得借鉴的经验呢？这有待进一步研究。

（四）教师工作量的确定

在大学，什么是工作量？多少才是合适的工作量？这是非常令人头疼的问题。美国也曾就这些问题争吵不休。1933年，美国大学教授协会（AAUP）在《美国大学教授协会公报》上发布了首个关于教师教学与科研关系的综合报告。1969年，又发布了《关于教师工作量的声明》，提出了“理想的”教师工作量以及课堂教学之外用于科研、服务和个人及专业发展的时间。教学工作量即教学量被定义为正式课堂教学时间（或课程量、上课时间），声明认为最大限度的教学量是：本科生教学每周 12 小时，一学年中备课不得超过 6 门独立的课程；部分时间制和全日制研究生层次的教学每周 9 小时，而达到有效的教学和学术水平，就要分别下调到 9 小时和 6 小时。①

20 世纪 70 年代，美国大学教授协会（AAUP）和美国大学院校协会（AAC）联合参与了卡内基公司资助的促进东西教学项目，出版了《教学的认可与评价》（1970 年）和《有效大学教师的职业发展》（1971 年），全面论述了教学、科研、职业发展与工作量等问题。1990 年，博耶发表《学术水平的反思：教授工作的重点领域》，强调要用广义的"学术水平"代替"科研"，认为学术不仅包括科研和出版，即"发现的学术"，而且包括综合学科知识、不落伍于学科知识的进展、把专业知识和技能运用于服务等综合的学术、应用的学术和教学的学术。② 20 世纪 90 年代，美国掀起大学教师工作量立法运动。

经过长期激烈的争论和深入的调研，美国大学教师工作量虽没有统一的标准，但相关的调研结果反映了大学的普遍做法，或者说，这是大学比较认可的意见。

第一，美国大学教师的工作量是指教师开展的所有形式专业活动的时间总和，包括教学、科研、管理、专业发展、服务等方面，其中，最为重要的是教学、科研和服务。

第二，就全部工作时间来看，不管什么类型院校，绝大多数教师每周工作 44～55 小时，与医生、律师、建筑师、牧师和其他专业技术人员相当。亚利桑那州有三所大学甚至达到 55～57 小时。

第三，关于大学教师工作量的分配，调查显示，各大学均数为：教学 56%、科研 16%、行政 13%、社区服务 4%、其他工作 7%、专业发展 5%，其中，用于科研的时间，研究型大学是 30%，博士学位授权单位是 25%，综合性大学和文理学院是 10%，社区学院是 3%。

第四，不同学科和院系教师工作量是不同的，其中，文理学院语言

①② 程晋宽．美国大学教师工作量浅析［J］．高等教育研究，2005（6）：102－107．

类系科课程的平均课程数量相对要高，人均5门课；科学类系科课程的平均课程相对低些，人均3门课。①

除了调研显示的科研时间占比外，尚未发现美国大学有类似我国对教师下达有关论文、著作、专利、项目、到账经费、获奖等指标要求现象的材料。

当然，在美国大学，关于工作量和绩效奖励，也存在许多和我国大学相同的倾向，如，教学是最重要的，但绩效奖励却主要看科研，教学与科研的矛盾依然尖锐；社区服务是重要的，但并不为人所看重；教师的工作量应该包含备课、批改作业、审查教学方案、进行学术研究、参与学术管理以及校内外各种活动所花费的时间和精力，但人们往往不这么看，而是仅仅等同于课堂教学时间。

（五）大学教师的聘约

大学教师的聘约是有法律效力的文件，要符合宪法、州法和州行政命令的有关规定，此外，还必须具备一般契约的基本要件。

三、教师的考评

美国是一个非常强调"考评"的国家，大学尤其如此，其中对教师的考评可以说五花八门。

（一）考核的种类和范围

美国大学教师考核可以分为常规考评、升迁考评和专项考评。

常规考评主要是履职尽责情况考评，一般是年度评估。年度评估由总结性评估和一系列单项的小评估综合构成，如本学期开设课程的学生评价等。

升迁考评主要是考评申请者履职尽责情况以及是否具备高一级职务所要求的素质和水平。如助理教授升副教授，副教授升教授，是需要考评的，而且考评的时间跨度是任现职以来的各方面表现，但年度考评是基础。

① 程晋宽. 美国大学教师工作量浅析［J］. 高等教育研究，2005（6）：102－107.

专项考评是根据特别需要开展的考评。

美国大学所有的教师都纳入考评的范畴。

（二）考核的内容和要求

大学教师作为公民，有与普通公民一样的权利和义务，如联邦宪法规定的公民基本权利：宗教信仰自由、言论出版自由、平等保护权、参政权、人身自由以及正当的法律程序等。但也有其作为教师所独有的在教学、科研和服务等方面的权利和义务。“教师特殊的权利包括学术自由的权利和社会服务活动的权利，例如，教师有权确定课堂教学、课程内容、学生成绩和课堂制度，有权从事研究工作并发表研究成果；有获得终身教职的权利、参与大学的政策制定和行政管理的权利等。”① 但这不是教师考评的主要内容。教师考评的主要内容在于其承担的职责。例如，教师教学方面的主要责任有：“应该清楚了解所教学科发展的最新动态和研究方向；要根据学校的政策写好所教课程的教学大纲，为学生预订教材；要能够接受新观点新方法，善于倾听学生和同事的建议。教师还有责任根据学生的兴趣、爱好、能力特点和职业目标等，为学生提供恰当的课程选择、主修方向、学术规范和毕业要求等咨询和建议，同时也有责任帮助其他教师提高教学能力。……通过学术活动发现知识、应用知识，……坚持学术诚实，不能有抄袭和造假等行为，不能违背专业伦理。……指导本科生、研究生进行学术研究，并且让学生了解并遵守学术诚实的有关政策。”② 这些都是应该认真考评的。当然，要考评的内容远不止这些，只不过不同类别的考评其具体内容和要求有所不同而已。比如终身教授评审：

除极少几个顶尖大学，教授终身制对新任教的教授而言一直都是一个很重要的开端。在大多数大学里，比如第一等级的州立大学，教授终身制的授予是建立在对一个教授被雇佣的前五至六年的表现的全面评审。一系列的全面评审包括以下三个方面：教学，科研，以及专业性服务。

---

①② 叶信治．美国大学教师手册的性质、内容和功能［J］．西南交通大学学报（社会科学版），2010（3）：35－41.

各自所占的比重分别为40%、40%、20%。在教学方面，每所大学都有一个教授终身制授予的手册，里面会很明确地阐述对教授的要求。以佐治亚大学为例，一个教授想要获得终身教授职位的话，必须在至少一个方面拿到优秀，不管是在教学还是研究上。如果一个教授希望在教学上拿到优秀，他或她必须在过去的5至6年间，拿到4.6或者以上的教学评估平均分。虽然其他的教学材料准备也被包括在教学评估里，但是学生的评估分数占极大的比重。这主要是因为定量的标准化调查结果便于考察和比较，同时，在行政操作上也比较方便。为了在研究方面拿到优秀，教授必须在核心期刊上发表一定数目的论文或者有书籍出版。每个系会根据自身的办事原则拟定一个范围，比如说要求5至7篇或者7至9篇论文。同时需要指出的是，期刊的排名/知名度直接标示论文发表的质量。在服务方面，一个教授最起码应该参加一系列的学术会议，在学校、全国或者当地范围内的学术机构里服务过。一个助理教授获得终身教授的提升，也就意味着他被提拔为副教授。

正教授提升。拿到终身教授职位五年后，副教授可以申请正教授职位。这一提拔过程和终身制评审过程很相似。教学、研究和专业服务三方面也会得到全面的评估。这一次，提升标准有明显提高，这主要指申请提升的副教授必须在至少两个方面拿到优秀。为在教学方面拿到优秀，他必须在学生对他的教学评估上拿到至少4.6分。虽然指导研究生被归为教学的一部分，但是学生对教师的教学评估还是占绝大部分的比重。①

（三）考核结果及其应用

美国大学高度重视教师考核，因为它不仅是学校教师管理的重要手段，也是实现自我发展的重要阶梯，因为有关教师的考核结果与教师的聘任、晋升和加薪密切相关。

一个教师一旦被雇佣，他的工资提升机会便由年度评估来决定。虽然在一些大学里，主任有很大的权力决定一个教授的工资提升，然而在

① 詹合英，罗宝珍．美国大学教学评估及其对中国高等教育的启示［J］．现代大学教育，2007（1）：49－55.

大多数情况下，每一个系都有一个执行委员会来评价教授的教学表现，包括发表论文、学术活动以及社区服务。就教学表现来说，学生的教学评估结果占很大的比重。学校会从一个教师所教的所有课程里提取一个教学评估的平均分。如果一个教师的教学评估低于4分而同时又在学术研究上不突出的话，那么，这位教师的工资水平就有可能受到很大影响。

如果年度考评的成绩一直都不突出，晋升是没有希望的，弄得不好，“丢饭碗”也是常有的事。以前认为一个教师取得终身教职，就等于上了职业安全保险，可以不必太在意考核了。其实，这种情况早在30多年前就已开始发生变化。美国为保障学术自由设置了终身教授职务，之后有获得终身教授职务的教师开始“船到码头车到站”地过起了不思进取的滋滋悠悠的生活。20世纪80年代后，这种现象颇受诟病，终身聘任后评审制应时而生，即使是终身教职获得者，也有被解聘的可能，即不完全是纯正的“终身”教职了。“据美国大学教授协会报告指出，1998年初全美国家层面上有35例因故免职（非自愿免职），估计每年大约有50例，粗略估计地方层面是两倍。可见，终身聘任后评审制的实施多少让已经获得终身教职的大学教师感受到解聘的威胁。”[①] 谁能说“考评”没用呢？

四、大学教师权益的保障

美国大学教师有哪些权益，又是怎样保障的呢？熊华军等认为，美国大学教师的权利和责任在大学章程中有规定。教师的权利主要有学术自由权、言论自由权、投票权、建议权、休假权、参与权、聘任权等，责任主要有研究责任、教学责任、社会服务责任、对学生的责任、对同事的责任和对大学的责任等。权利主要通过协商、调解、仲裁和诉讼来维护，责任主要通过学术委员会负责调查和行政机构协助执行来追究。[②]

---

① 肖泽平，敬再平．刍议美国大学教师终身聘任后评审制及对我国的启示［J］．法制与社会，2008（35）：308－309．

② 熊华军，贾思蕾，冯梅．美国大学章程中教师的权利和责任［J］．高等教育研究，2016（4）：103－109．

美国大学教师的权益保护主要有三大措施，即立法保障、司法保障和组织保障。

1. 立法保障。美国是一个法制健全的国家，凡事都喜欢讲法，包括大学教师权益保障问题。狭义的立法保障指立法机关制定法律来保障，广义的立法保障还包括社会团体、大学等制定有关政策来给予保护。

2. 司法保障。指通过司法手段进行的保障，最典型的就是诉诸法律，或提起诉讼。当然，教师权益纠纷的处理并不是动不动就打官司，一般是在协商、调解无效的情况下才会申请仲裁或走向法庭。例如，关于言论自由就是一个经常引发争议的问题。秦梦群认为，引起争议的教师言论自由案件首推其对学校当局的批评。最著名的案件为 1968 年的 Pickering V. Bd. of Educ 案。此案牵涉一位教师在社区报纸上批评校方，指责校方过分注重体育及预算的分配不当，文中涉及当地的教育局长。校方立即展开反击，指控文章所述的谬误，诬陷学校行政者而使其士气低落。后来这位教师被解职，教师于是上诉法院。联邦最高法院判决学校败诉，认为教师有权公开表达对有关教育议题的看法，而且文章中的错误并不严重，且多已为当地人所悉知。教师发表文章的动机在于表达对教育的关心，并无任何恶意。就此而论，学校无权以此理由解雇教师。而 1979 年发生的 Goss V. San Jacinto Junior College 案则表明教师不能基于政治因素被解聘，教师的言论自由在不影响教育质量的情况下应被保护。案中一名社区学院的讲师未被续聘，她本人宣称是因为加入工会与校方唱反调所致，校方则解释说是因为学生人数减少需要裁员，此教师被学生评鉴不佳所致。法院调查发现：一是该教师的解聘的确存有政治因素。当她第一次试图组成“全国教师协会”的地方分会时，校方曾利用校内文件表述不愉悦的情绪。此外，校长在作证时曾指出，解聘教师的建议原因中也包括“教师的敌意与对行政人员的不合作”。二是关于学校宣称解聘是因为裁员的必要的问题。当时曾采用几个指标决定裁员的顺序，其中包括年资、进修博士班的时数与学生对教师的评鉴分数等。根据调查，这位教师应该得到 85 分，但事实上却只有 80 分（忽略了她曾进修的事实）。若以 85 分计算，她的位置应在 17 位历史系教师的中段，而不应被优先裁掉。[1]

当然，教师的言论自由保护也是有底线的。在教师被解职的诉讼案件中，因为教师言论中使用了“骗子”“独裁者”之类的词语辱骂当事人而得不到保护的也大有人在。正如美国大学教授协会《有关学术自由和终身教职原则的声明》（1940）中所指出的那样：教师的学术成果有自由发表的权利，但如果是学校的研究项目则应遵守校方的有关规定；教师在课堂教学中享有自由的教学空间，但不要介绍与所教课程无关又容易引起争议的内容；由于宗教问题或大学其他目的所导致的对学术自由的限制，应该在聘书中做出明确的规定；大学教师是一个公民，是一个受过良好教育的专业人士，同时又是教育机构的官员，当他作为一个公民演讲或写作时，应当考虑到自己的特殊职位要求和他所承担工作的特殊性，在任何时候都要注意自己的言行，并应尊重他人的观点，真正做到为人师表。

3. 组织保障。美国的社会组织非常发达，与高校教师有关的社会组织非常多。为了保障教师的权益，教师们都非常注重加入一些社团组织，“有困难，找组织”，这句话用在教师身上是非常合适的。例如，美国于1915年成立大学教授协会，来处理教师宪法权利的相关问题，自20世纪30年代起已接受了3 000件以上的诉愿，除代为和解外，并帮助教师向法院寻求司法判决。由于多方的努力，往往促使大学在制定学校规章时，对于教师宪法权利的条文更加重视。虽然教授不能享受随心所欲的教学，但在一定限度内却得到适当的保障。[2] 又如，加入教师工会，可以使自己的薪酬得到保障，因为有证据表面，加入工会的教师比没有加入的教师在报酬谈判中得到更高的回报。

美国大学对教师的管理近乎苛刻，但教师们又很敬业且绩效优良。这是很值得研究的现象。准入门槛高、实行聘任制、工作量明确、待遇比较好、晋升阶梯明确但难度大、经常考核、有退出机制，这些是值得

---

① 秦梦群. 美国教育法与判例［M］. 北京：北京大学出版社，2006：119－120.

② 秦梦群. 美国教育法与判例［M］. 北京：北京大学出版社，2006：118.

我们学习的。我们的情况是，进来容易出去难，名义上待遇不高而隐形福利多（如全薪假期），不是员工求单位提供工作，而是单位求员工工作，晋升有照顾，干多干少和干好干差一个样，职业倦怠普遍存在，主人翁教育把员工培养成为单位的“主人”，而单位则成了“仆人”。现在实行绩效奖励工资制，似乎又把人推向“经济人”，把工作看作是“挣工分”，导致利己主义泛滥。改革开放以来，不断进行人事制度改革，似乎还没有找到症结。从这点上说，美国经验可能就更有启迪意义。

第六章 美国大学的学术管理

很多研究都认为，美国大学历来就是美国科技研究的重镇，在基础性、前瞻性、前沿性的科学研究领域做出了卓越的贡献。其实在其他学术研究领域也是如此，有不少影响全球哲学社会科学思想和人文学科的成果都出自大学。美国大学的学术管理还是很值得学习的。

一、学术水平的衡量

大学之所以神圣，是因为它是学术殿堂。它是怎样的一种学术殿堂呢？笔者认为它至少有四大职能：保全学术、传播学术、研究学术、坚守学术。大学的水平主要取决于学术水平的高低。

大学的学术水平有没有统一的评估标准呢？就美国的情形来看，可以说是“大体则有，定体则无”的。比如，美国有形形色色的大学排行榜，这些综合性的排行榜都会涉及学术评价，但各自的学术评价指标及其权重是有差异的，可见，美国大学并没有统一的学术水平评估标准。然而，不管使用怎样的评估工具，公认的好大学通常都是排名在前列的，这说明学术评价是有大致标准的，且不同的类别有不同的标准。

美国教育测量服务中心曾对134所大学的系主任进行了调查，结果发现，在所列出的16项指标中，“在高层次的刊物上发表的论文数”“本人独著或作为主要作者出版的书籍数”和“经过本校同行专家评定的学术成果和出版物的质量”是其中比重最大的3项，而“对学术研究和出版物的质量的自我评价”“本人成果在各种出版物中被引用的次数”和“未出版的论文或报告”等指标则最不受重视，其他指标受重视程度在不同类型的大学是不一致的。

大学是否需要统一的学术标准呢？美国大学的实践表明，答案是否定的。虽然学术水平本身是有衡量标准的，但是，用一个标准衡量所有大学、所有学科和所有学者的学术水平则是不科学的。学术的多样性是学术繁荣的重要标志，也是学术繁荣的必要条件。对大学来说，在四大学术职能中，研究学术的水平最能得到公众的认可，也最能显示大学的学术水平。一所大学，如果创新性项目多、成果多、水平高、影响大、效益好，那么，这就是一所高学术水平的大学，也几乎可以说是一所高水平的大学。所以，几乎所有的美国大学都非常期待取得具有重要影响的创新性的学术成果。那种关于只有研究型大学才专注科研，其他大学只专注于教学的认识，是很不确切的。因为没有高水平的研究就不可能有高水平的教学。美国大学发展史可以总结出这样一个结论：学术研究是大学教学（人才培养）的基础，是大学可持续发展的基础，也就是大学的基础。这个基础的核心就是创新。

如何衡量大学的学术水平？美国卡内基教学促进基金会前主席博耶的全面学术观对美国大学产生了比较广泛的影响。

1991 年针对“二战”后高校教师科研绩效评价中过度重视研究出版物、论文引证、科研经费而忽视其他学术活动及其质量的现状，博耶经过广泛深入的调研，在其研究报告《学术反思：教授的工作重点领域》中，明确指出应该拓宽学术视野，以全面的学术观来看待教师的科研工作。他将教师的学术活动分为四类：①发现的学术。接近于过去所说的科研。②综合的学术。在学科间建立联系，把专门知识放到更大的背景中去考察。③应用的学术。不仅指科研成果的应用，而且包括知识在实践中的应用。④教学的学术。不仅要传递知识，而且要教化心智。许多高校开始反思教师的科研绩效评价问题，并根据学校的实际情况提出一些新的评价指标。如密歇根大学在进行教师科研绩效评价时，要求教师在提供的评价信息中单独列出是否有新的研究方向，鼓励教师多做跨学科研究。加州大学洛杉矶分校规定，在建筑、音乐、戏剧、舞蹈等领域的卓越表演和指导都可以作为教师创造性工作的证明。加州大学伯克利分校在对教师的科研绩效进行评价时，不仅关注已经公开发表的研究成果，还关注对进展过程中的研究工作做客观的评价，评价时注重研究工作的创造性思想和效果，将教师对专业著作、专业实践的贡献或专业教育的新观点等作为评价的重要内容。此外，还重视教师对待研究工作的态度。①

根据博耶的观点，教学本身就有一个学术性的问题。这无疑拓展了人们对学术的认识。可见，只有认可学术贡献的多样性，才会带来研究工作的多样性。

二、政府的科研资助与大学的科研工作

学术源于研究，研究需要花钱。美国大学是如何开展科研工作的？经费来自哪里？哪些成果属于本大学的成果？公开发表的成果必须署学校的名吗？专利成果的经济效益是否要分享？等等，这些都是很值得探讨的。

（一）联邦政府对大学科研工作的资助

美国宪法规定联邦政府有支持科技和保护科技的责任。美国政府的科技政策以国家利益为根本。为国家服务，为资助者服务，是美国大学科研工作的一条基本原则，也是其应用性研究受重视的一个重要原因。

美国大学科研资助体系经历了私人捐赠、企业投资和联邦拨款等多种模式，最终形成了资助来源多样化的格局。联邦政府对美国大学的拨款有四种方式：增量拨款、公式拨款、合同拨款和绩效拨款。其中合同拨款是大学获得政府科研经费的主要方式。② 联邦政府通常会支付合同项目的科研活动的全部费用，包括大学因承担科研项目而发生的直接成本与间接成本。大学因此获得可持续发展的能力，走上良性循环的道路。

美国联邦政府没有设立一个全国性的科研领导机构，资助大学的研究经费主要来自六个职能部门：国家科学基金会（NSF），国防部，农业部，卫生、教育与福利部，国家航空航天管理局和原子能委员会。联邦

① 王学松．试析美国高校教师科研绩效评价机制［J］．合作经济与科技，2013（23）：40－41.

② 夏建刚．美国高等教育拨款模式的启示［J］．江苏高教，2002（4）：108－111.

政府对大学科研经费采取竞争性分配方式，各大学基于自身的科研与学术水平参与自由竞争，联邦政府倾向于支持研究项目和研究者，而不是机构。[①] 联邦政府怎么确定优胜者呢？一般是通过“同行评议”来遴选，即联邦政府利用大学和其他学术机构的高级科学家审查和评议各研究小组提出的研究建议书，并向政府推荐其中最优秀的研究项目予以资助。联邦政府职能部门拥有丰富的专家资源，如美国国家科学基金会（NSF），设有生物科学部（BIO）、地球科学部（GEO）、工程科学部（ENG）、计算机和信息科学与工程科学部（CSE）、数学与物质科学部（MPS）以及社会、行为和经济科学部（SBE）等6个科学部负责组织同行评议，评议方式有通讯评审和会议评审，评审专家来自美国各州，还有5 000多位来自国外的评审专家。评审专家要求在所评议领域具有精湛造诣、客观公正，没有利益冲突和人情干扰，并在研究机构的类型与地域分布、研究与研究人员的多样性方面保持平衡。[②] 目的在于取得评议的公平、有效。中选者要与联邦政府签订合同，该研究项目便实行合同管理。

（二）一个科研工作管理的典型个案

斯坦福大学的创新性是举世公认的，这与它独特的科研管理密不可分。李剑的《美国大学科研制度对我国的启示——斯坦福大学科研政策手册解读》系统介绍了斯坦福大学科研工作的理念、政策和实务，从中人们可以看到世界名校与众不同的地方。

斯坦福大学的《科研政策手册》共分十章，内容非常丰富，操作性强：

第一章，支持研究的办公机构、委员会和管理事务会：斯坦福研究委员会，有关研究办公机构和管理事务会的文件。第二章，学术政策：首席研究员学术自由、是否适任的相关文件；研究的开放性，研究失职，

① 陈霞玲，王彩萍．美国高校科研经费拨款方式对我国的启示［J］．世界教育信息，2009（9）：48－51.

② 张济洲，美国国家科学基金资助大学科研的机制、特点及启示［J］．教育与经济，2011（1）：61－65.

著作权，研究数据的保留权，建立独立实验室，学生与外界实体的关系及其他相关文件。第三章，受赞助项目的财务管理：首席研究员的财务职责，间接开支，不同项目的申请方式，获得放弃权的程序，成本分摊，学费免除，资产所有权及其他相关文件。第四章，职责及兴趣的冲突：有关职责与兴趣冲突的文件，针对教员与研究人员在外界实体担任顾问的政策，新成立公司政策，以及如何获得公平的文件。第五章，知识产权：关于专利、版权和有形科研成果的文件。第六章，环境健康与安全：关于化学污染、放射性危害、激光和生物危害的基本政策及紧急应对程序。第七章，关于人类主题研究：关于斯坦福人类研究保护程序的描述，包括保证遵照 DHHS 要求的措施，以及使用妇女、学生及实验室人员的特别指引。第八章，研究中实验动物的使用：在动物饲养与实验中保证遵照 PHS 规定的文件。第九章，非员工从事研究的派任：研究生担任研究助理，学界人员研究，博士后学者，关于访问学者和访问研究者及顾问的文件。第十章，受赞助项目管理的其他方面：关于建议准备，输出控制，参与研究的协议，产业推广程序，外国赞助的研究，人类干细胞研究以及其他主题的文件。①

斯坦福大学的科研制度非常全面和细致，例如：

（1）研究委员会。斯坦福大学的科研管理部门是研究委员会，它在大学学术议会章程和规则的原则范围内，负责制定研究政策，包括检查和通过外部赞助项目，制定相关的程序、建议和授予规则，负责检查研究办公室主任的工作和研究政策的贯彻情况，研究政策对教职工研究能力和研究态度的影响。委员会由票选委员和职务委员组成。12 人由投票选举产生，包括大学学术议会的 7 名成员、1 名学术人力资源研究人员、1 名博士后学者、2 名博士生、1 名本科生。大学研究办公室主任和该主任的一个代表因职位进入，为当然委员。

（2）首席研究员制。斯坦福大学每一个研究项目都有一个首席研究

① 李剑. 美国大学科研制度对我国的启示：斯坦福大学科研政策手册解读［J］. 科技创业月刊，2007，20（10）：171－172，176.

员，是研究项目的总负责人。有项目参与人员提名权和最终认可权，负责监督项目的执行情况，收集、管理和保留研究数据，决定采用什么样的数据组织系统，与研究项目的所有人员进行交流。对于长期的研究项目，首席研究员要为保护基本的记录而建立维护一个程序，以防自然灾害和其他紧急情况对项目的影响。

（3）科研项目候选人资格确认程序。首席研究员负责草拟科研项目的候选人名单，确认哪些人应该加入到他负责的研究项目。候选人包括高级研究科学家、高级研究工程师、高级研究学者。首席研究员必须对校内适合从事该项研究的人才库进行彻底的搜索，以保证公平，如果候选人未进行这种搜索，则是一个例外事件，候选人名单将被视为无效。联合研究员选拔有一套完整的程序，申请者需要通过严格的资质审查程序，最后还要得到首席研究员的认可才能成为最终候选人。当候选人名单确定后，首席研究员要为其填写推荐表，最后还要得到院系主任（或实验室主任）、学术监督、主管研究的副校长的认可。此外，还有同行评议机制。

候选人符合下列条件可免资质审查：刚完成博士学业或博士后项目；唯一符合条件者；先前首席研究员已在研究建议中对外部基金机构提交过他的名字。

（4）科研人员晋升程序。斯坦福大学研究人员分一般研究员和高级研究员。一般研究员要晋升为高级研究员，程序非常复杂。第一，高级研究员申请人必须加入斯坦福大学的研究协会并在其中完成至少 5 年的研究工作才具备候选资格，才能提出申请。第二，首席研究员负责将 4 个文件发给院系主任，对候选人进行审查：申请书；履历表；斯坦福大学外的 3 名专家对候选人的评价，说明候选人在该领域的竞争力；首席研究员发给院系主任的备忘录，申明候选人合格。第三，院系任命委员会正式讨论申请人的任命问题，并撰写报告对候选人晋升是否合格做出判定，提交给院系主任。院系任命委员会至少要有 2 名大学议会成员和教工首席研究员，必要时还要加上 1 名高级研究员。第四，合格者将由院系安排正式任用。故其基本程序是：候选人提出申请→首席研究员初审→院系任命委员会研究→院系主任任用。整个过程体现出对专业权威的尊重。

（5）教员科研时间与教学时间的分配。在斯坦福大学，担任重要教学与科研任务的教师是不允许在外兼任重要管理职位的，在外兼职的教师不能在大学和公司负责相同的事情。学术议会的成员在外部实体工作充当顾问的时间有严格规定，一季度不超过13天，一学年不超过39天，以保证他们将足够的时间投入到教学当中。

研究和教学的任务始终重于专利方面的考虑。大学研究的方向不应建立在专利和个人收入的基础上，也不能受其不利的影响。学校的研究是以科学知识探索为目的，而不能以公司的利益为导向，教员享受终身教职和大学的福利，就应当把培养人才作为第一职责。如果抛开了这个职责，则只能自己去创业，直接面对市场的风险。

（6）学生参与科研的规定。斯坦福大学的《科研政策手册》规定，斯坦福大学的学生，包括博士后学者，可以和外界实体如私人公司或非营利组织建立联系。这种关系包括在系里和外界实体建立的正式教育项目中学习，也包括在外界实体进行实际的研究和学术活动。还可以在独立的非本校学术项目的外界实体担任顾问。当学生参与学校的研究项目时，必须有一个教工顾问来监督该学生的研究项目，负责评定该学生的评分和论文是否适当。

（7）经费管理。在受赞助的项目中，首席研究员必须向斯坦福大学和赞助人保证该项目的财务报表是尽可能准确的。在项目的提议阶段和支出阶段，按照联邦政府预算管理办公室（OMB）A－21文件的规定和联邦成本计算标准（CAS）的规定，坚守成本原则。1990年12月，研究院不再将间接成本计入本科生参与受赞助项目的薪水中，以激励本科生参与研究。

（8）知识产权归属。美国1980年出台的《拜杜法案》规定，在政府出资（政府通过研究合同、科研基金和合作研究支付的科研经费）的科研项目中，政府原则上将科研成果的知识产权交给大学。大学应向资助的政府机构报告科技发明情况，并定期向出资的政府机构报告科技成果开发利用情况，将政府出资的专利技术优先转让给小企业和参与出资的大企业。大学有权通过专利制度，获得由政府出资的科技成果的转让收入，并与发明人共享。

斯坦福大学对使用学校设备和资源有严格的规定，只要使用了学校的设备，科研成果的知识产权就归学校所有（除非在完全无意的情况下）。教师在学校活动过程中，或在使用学校资源过程中，所有潜在的可获专利发明，必须定期向学校汇报，不管该发明来源于什么基金，其所有权都归斯坦福大学所有。“发明”包括可见研究成果，不包括专著、论文、音乐或艺术作品。对于计算机软件，则另有规定。教师在外界实体做顾问时所得的礼物或现金，也直接用于支持斯坦福大学的教学与研究工作。如果发现教师的行为或决定出于利己的动机，不管牵涉的金额多少，则其与外界实体的关系立即终止，并将被提议替换。斯坦福大学规定，科研的原始数据必须留在学校，但数据创建者（包括学生）在离开学校时可以将数据复制带走。斯坦福大学间接支持技术转让，不设立专门机构负责筛选、资助和孵化初创公司。①

从上述的个案介绍来看，美国大学的科研与学术工作及其管理是纯粹、严谨、细致的。这样既有激励作用，也省却很多因利益边界模糊而产生的纠纷，是最为值得我国大学科研管理借鉴的。

（三）美国大学教师科研绩效评价

美国大学学术成果多，学术水平高，得益于其科研工作的开展，而大学教师科研工作的开展则得益于其科研绩效评价的推动。美国重评价，尤其重绩效评价，这一点在大学科研管理中得到了很好的体现。

美国大学对教师的科研绩效评价程序大致分三步走：①教师填写自评表，对自己的科研工作进行全面的总结和回顾，并提供相关佐证材料；②考核者根据教师提供的材料，按照一定的标准进行评价鉴定，确定等级，并签署意见；③系主任将考核者的评价报告交给专门的评审委员会

① 李剑．美国大学科研制度对我国的启示：斯坦福大学科研政策手册解读［J］．科技创业月刊，2007，20（10）：171－172，176.

审阅，并将审阅意见反馈给院长，由院长决定该教师的考核结果。①

美国大学在教师科研绩效评价的方法上，主要有引用分析法、成果计数法和同行评价法三种。

（1）引用分析法。引用分析法是科学计量中的常用方法，是用文章或研究成果被引用的次数来分析其产出质量的一种相对评价方法。该方法的理论基础是，文献被引用是以其质量为基础的。与成果计数法相比，该方法更为客观，也是得到普遍认可的标准，如科学引文索引（SCI，1961年首次出版）、社会科学引文索引（SSCI，1969年首次出版）、文学与人类科学引文索引（AHCI，1978年首次出版）、科技会议录索引（ISTP，1978年首次出版）、工程索引（EI，1884年首次出版）等。一般认为，是否进入这些索引是衡量论文水平和质量的重要标志。因而，引用分析法为评价大学教师的科研质量提供了一种有效的方法。

（2）成果计数法。这是一种常用的量化评价方法，主要通过计算教师获得的科研成果的数量来评价教师的科研绩效。在美国大学，学术成果发表的数量不但基本上决定一个教师的报酬，而且在很大程度上决定大学的声望、地位和影响，因此各种类型的大学都不同程度地采用成果计数法来评价教师的科研绩效。在具体计算时，通常采用对出版物直接加总和使用加权法计算这两种形式。

（3）同行评价法。这是美国大学科研绩效评价中广泛采用的一种方法。例如，在评审终身教授时，候选人的科研绩效评价是一个非常重要的环节，一般由校评审委员会请20位具有国际水准并且与候选人无利害关系的同行专家对候选人的论文和专著进行匿名评审，并写出书面鉴定意见。②

三、对教师的科研要求

并不是所有大学都像斯坦福大学那样把科研工作放在如此重要的地位，设置研究编制并有严格的管理制度。在美国，规模小的大学、一流

---

①② 王学松. 试析美国高校教师科研绩效评价机制［J］. 合作经济与科技，2013（23）：40－41.

的教学型大学以及二流以下的大学，一般不会设置单独的研究系列、配置研究编制的，但这并不等于说，科研对这些大学来说不重要或不被重视，也不是说这些大学的教师不需要做科研。美国高等教育学会的一项调查结果显示：虽然把当一名优秀教师作为自己目标的教师达到98%，但相信学校会奖励教学好的教师的仅有10%，同时，80%的大学教师认为研究在其学校中占据优先的位置。[①] 用一句流行的话说，大学教师都是教学、科研一肩挑的。

美国大学总体上对科研工作是重视的。因为他们知道，高水平的教学依赖于高水平的学术，而高水平的研究成果还可以提升大学的声誉和地位。因此，美国大学也在想方设法提升科研水平，最常见的措施有：①鼓励申报课题。不管是否设立专门机构推进科研工作，美国大学对教师申报研究项目都持鼓励态度，学校一般会预算较为充足的研究经费，并根据课题论证情况，支付数千美元乃至上万美元的研究经费。如果教师向校外申请项目，学校还会为申请教师提供旅差费补助。②实行学术休假。这已经成为大多数美国大学的一项基本制度，目的在于支持教师研究、学习和写作，从而培养优秀的学者。这种做法在一些州还成为政府行为。如有的州明文规定：一个教师在某个大学连续工作6年，即可享受一次为期一年拿半薪或为期半年拿全薪的学术休假，以便他们利用这一制度创造的机会专心研究，或参加培训进修，或出国考察交流，以提高学术素养。③引入同行评议。在美国大学，教师的学术水平和研究工作绩效一般通过同行评价来鉴定，通常由学校考评委员会一类机构聘请高水平的与当事人没有利害关系的同行专家对当事人的论文、专著等成果进行匿名评审，以确保公正和权威，同时避免行政化，对于教师想做、真做和做好学问有推动作用。④加强推广奖励。许多大学对申请校外研究基金成功的教师，会将一定比例的管理费作为奖励。不少大学设立一年一度的"大学研究日"，以展示一年来全校教师的研究成果，包括

---

① 王学松．试析美国高校教师科研绩效评价机制［J］．合作经济与科技，2013（23）：40－41．

出版物、专利和研究心得报告，以宣传推广教师和学校的实力和形象。

美国绝大多数大学对教师没有论文（研究成果）发表数量的要求，甚至像芝加哥大学这样的名校，在终身教职评审上也没有对研究工作做出数量的规定，但对教师研究工作的质量则有非常详细的要求，例如，要求教师的学术研究成果必须具有原创性和根本性的影响。

一个教师有没有科研成果，是会影响其薪资、聘任和晋升的。在美国大学，如果一个教师没有研究成果，是很难晋升为终身教授的，如果是在一流大学，能否续聘都是未知数。即使获聘终身教授，也要接受聘任后评价。以休斯敦大学为例，该校对取得终身教职的任职后评价为三年一次，如果教师在两年内没有取得任何科研成果，院系和学校会与教师谈话并提出改进意见；如果再过两年仍无改进，则会酌情考虑让其主要从事教学或予以解聘。这种情况，近年来还有愈演愈烈的迹象，例如，在教学型的里士满大学，过去，教授们不需要出版任何学术成果便可获聘终身教职，而现在年轻的生物学教授必须获得科研经费并发表数篇学术论文才有可能获得终身聘任。在研究型的哥伦比亚大学，历史系教师要获得终身聘任，过去只需出版一本专著，而现在需要出版两本专著。

四、大学学术纯洁性的维护

学术是大学生命力的核心要素之一。如果一所大学的学术水平高，也就是说，如果一所大学的学术创新性和纯洁性好，那么，这所大学必定生命力旺盛。故自珍自爱的大学都把推动学术创新、维护学术纯洁作为大学管理的主要使命。

美国有一个相对完善的大学教师科研诚信系统，其中，联邦政府负责制定相关政策与调查处理，大学实施一般性和针对性的诚信教育，社会第三方力量实施监督。该系统包括以“负责任的科研行为”为主要内容的诚信准则和照顾多方权益的调查与处理程序，但也存在惩处措施不够明晰且操作性不强等问题。[①] 当然，有关诚信问题的处理一般由大学

① 付淑琼. 美国大学教师科研诚信系统及其对我国的启示［J］. 高等教育研究，2015（1）：92－97.

做出。

（一）防患学术造假

学术造假是大学的致命伤，所以，大学都很重视学术防假打假。

江新华、徐驰野较为系统地介绍过美国大学教师防止剽窃的基本策略。在防止大学生学术论文的剽窃方面，美国大学教师采用的基本策略包括“提高大学生对剽窃行为的认识”“防范学生剽窃行为的产生”和“检测学生是否剽窃”，具体有以下几方面。

1．提高大学生对剽窃行为的认识。

（1）告知学生何为剽窃。美国大学的许多教师认为，“教师不要假定大学生知道何为剽窃，即便是当问及学生何为剽窃时，他们以点头的方式表示知道也是如此。”教师必须给学生明确地界定剽窃的概念，告知他们剽窃行为的具体表现。在美国学界，剽窃一般是指“使用他人的观点或语句而不清楚地承认这些观点或语句来源的行为”。剽窃按其行为方式可分为不同的种类，主要包括：

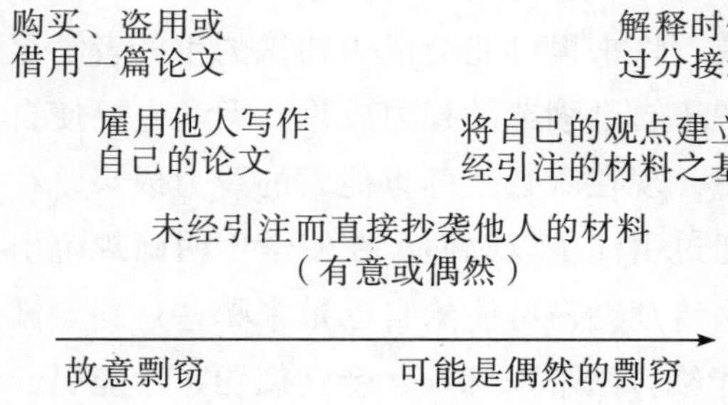

教师应告诉学生，上述各种剽窃行为尽管严重程度不同，但是，无论哪一种形式的剽窃，都是不允许的，“任何不经意的过失或者未经引注而使用了他人的思想、观点及语句都有可能被指控为剽窃。”在学生明确了剽窃概念内涵与外延的基础上，教师还要通过与学生讨论，借用具体的事例使他们清楚，在论文写作中合理引用与不合理引用之间的区别，以及引注的具体规范。只有这样，学生对剽窃才能获得较完整的认识。

（2）使学生明确剽窃行为的危害性。教师应告诉学生，剽窃不仅是偷窃（他人的语句）而且也是撒谎（声称他人的语句是自己的），剽窃行为会受到教授、其他同学和整个学界的藐视。剽窃者的行为无异于说明，他们上大学不是为了接受教育，而是假装接受教育。他们是以不体面的方式获取毕业证书和学位证书。在论文写作过程中，无论是对整篇文章的抄袭还是对文章某些部分的抄袭，都会缩短抄袭者的学习经历，使他丧失发展各种技能的机会，即便通过剽窃所获得的学位可以帮助剽窃者获得第一份工作，但要获得就业后职位的升迁就必须靠自己的行为表现——运用学术论文写作过程中所获技能的行为表现。剽窃行为虽然可能一时得逞，但无法永远得逞。因此，剽窃者与其说是在欺骗、愚弄他人，不如说是在欺骗、愚弄自己。

（3）使学生知晓规范引注的益处及剽窃可能受到的惩罚。教师应告知学生，不论是直接引注还是间接引注，都是将他人的观点融入自己的论文之中，这就意味着作者是在从事研究工作。“引注说明作者在进行观念世界的‘伟大的对话’，说明作者已意识到其他作者在本论题中的位置。通过引注其他作者的观点，可以加强自己观点的说服力。”另一方面，合理的引注表明作者对观念的创造者和他人智力财产的尊重。事实上，大多数大学生本人，将来很可能会成为知识的生产者，至少他们未来的生活要部分地依赖于自己创造的智力成果。大学生要使自己将来的智力成果为他人所尊重，现在就必须尊重他人的智力成果，在引用他人的观点与语句时，要通过引注予以鸣谢。在使学生明确规范引注益处的同时，教师也应使学生清楚剽窃可能给自己带来哪些惩罚。教师只有使学生明确剽窃行为可能给自己带来麻烦、受到惩罚，才能引起学生的注意，避免产生剽窃行为。

2．防范学生剽窃行为的产生。许多学生之所以在论文写作过程中进行剽窃，不是缺乏对剽窃行为的认识，而是教师给学生布置的论文作业本身存在着缺陷，使得一些自律性不高的学生有机可乘。基于此，美国大学的教师非常重视论文作业布置的质量，并采用有效的策略来防范学生剽窃行为的发生。

（1）给学生提供一个好的论文题目。如果布置的论文题目过于普通，学生可以轻而易举地从网络、从其他学生以往的作业中得到可供剽窃的材料。教师布置给学生的论文题目必须经过精心设计。对于论文题目，美国教师的一般做法是向学生提供一个论文题目单，要求学生从题目单中选择一个题目。不过，不同学期所提供的论文题目单是不同的，这就使得所提供的论文题目富有独特性，可以避免学生在网络、在其他同学以往的作业中找到现成的可供剽窃的论文，从而减少了学生剽窃的可能性。

（2）为论文规定具体的写作步骤和各步骤完成的日期。如把论文写作分为：选择论题或提出问题、草拟初步的参考文献、进行内容说明、收集研究资料、构建论文框架、写出论文初稿、确定最终的参考文献、定稿等步骤，并对各步骤确定完成的时间。这样做的好处：一是容易识别那些剽窃者，因为剽窃的论文容易颠倒既定的步骤；二是可以起到化整为零、变难为易的作用，使大多数学生认识到诚实地写论文并不是一件难事，它甚至比剽窃更容易；三是方便教师对学生的写作过程进行监督，有利于教师对学生的写作进行指导，从而提高他们的写作能力。比如，在学生论文的初稿阶段，教师可以快速地发现学生的论文有无规范的引证，并有机会告诉学生什么是规范的引证。教师也可以在学生论文初稿的某一部分标上标记，要求学生加入新的材料，比如某篇文章、某本书的有关材料。教师还可以通过保留学生论文的初稿对学生进行监督，并使学生意识到教师希望他对论文做进一步的修改。

（3）要求学生写一篇学习心得。在学生提交论文时，教师可以要求学生当堂就已提交的论文写一篇学习心得，比如让他们说明，在论文写作过程中，他们遇到了哪些问题以及是如何克服这些问题的；他们遵循了什么样的研究策略；他们在何处找到论文的主要资料；通过这个问题的研究，他们学到的最主要的东西是什么。对大多数亲自写过论文的学生来说，这项任务可以帮助他们反思自己的学习经验；对于教师而言，则可以得到学生论文的有关信息，获取与学生上交的论文进行对照的材料。如果学生上交的论文质量与课堂上当堂完成的学习心得的质量悬殊，说明学生的论文存有剽窃的嫌疑，有必要做进一步的调查。除此之外，美国大学的一些教师还采用了让学生口述自己论文的方法，让学生在自己的论文中使用最新资料作为参考文献的方法，等等。

3. 检测学生是否剽窃。一旦怀疑学生的论文有问题，教师就可以采用检测策略，以明确学生是否真正进行了剽窃。

（1）寻找线索。指在阅读受怀疑的论文时，在文章中查找可以证明剽窃的一些线索。这些线索主要包括：混乱的引注风格、缺少参考文献和引号、内容离题、混乱的数字信息、时代错误、措辞风格异常、文体风格异常等。

（2）弄清论文的来源。指在查找一篇受到怀疑的论文证据之前，应知道到哪里寻找。剽窃论文一般来源于免费或收费的论文网站、免费的可视网页、免费的不可视网页（网页只能查到论文题目，内容必须直接进入指定的网站）、网上付费的数据库等。

（3）在网上查询。在确定受怀疑的文章可能来自某个网站，就可以上网查询了。具体做法是，在进行网上查询时，教师要在受怀疑的论文中选出一个由 4 ~6 个词构成的词组作为查询的关键词，并尽可能使用几个较大的搜索引擎，如 Google、Northern Light 或 Fast Search。在查询过程中，教师必须清楚，任何搜索工具的搜索范围都不会超过全部可视网页的 1/3，教师在放弃查询任务之前，应尽可能多查询几个网站。在查询可视网页数据库以后，教师若无法证实学生是否剽窃，还应根据论文题目，查询一些非可视网页数据库。利用 World Wide Web Reach Tools，可以查到许多这样的数据库。如果使用上述查询手段后，仍无法查到要查询的文章，教师还可以利用专门的剽窃检测器进行查询。

（4）利用剽窃检测器查询。面对数以亿计的学术论文，仅凭人工查询和诊断，会浪费大量的人力、物力和时间，效果也未必理想。基于此，美国的一些商业和科研部门就研制、开发了专门用于诊断剽窃的剽窃检测器，专门用于查询、诊断剽窃的网站和搜索引擎，可以为教师提供专门的查询和诊断服务。利用剽窃检测器查询，只需在剽窃检测器中输入关键词，或者论文题目，一般能够取得较理想的效果。学生的剽窃行为一旦被认定，就要受到学校相关部门的处罚。[①] 上述的引用是详尽的，目的在于为我国高校提供一个具有样板意义的操作指南。

虽然我们无法从详尽引述的江新华、徐驰野的介绍中了解到，像这种防患学生学术论文剽窃的做法是否为美国大学的通行做法，也不清楚其中的一些措施是否适用于防患教师的学术论文作假，但从该研究介绍的做法可以看出，美国大学教师防止学生论文剽窃的策略是系统的，包括了思想防患、业务防患、制度防患、人员防患、技术防患，而且还防治结合。教师对学生的学术防假如此严密，学校对教师的学术防假也应该很严格。因此，可以推断，就总体而言，美国大学对学术还是比较严谨和严肃的。

（二）处理学术造假

《羊城晚报》2011 年 2 月 27 日的《人文副刊》刊登了袁征的一篇题为《教授被控抄袭，大学怎么办？——从一桩美国教授抄袭案谈起》的文章，系统剖析了这样一个案例：美国佛罗里达大学崔舍尔教授在自己的著作里引用了别人的句子甚至段落但没有注明出处，原作者用电子邮件对崔舍尔提出指责，崔舍尔向作者道歉，还主动向系主任汇报了这件事。但系主任没有按佛罗里达大学的制度报告学术委员会办公室，她说当时不知道问题有多严重。后来那位作家把这件事告诉了报社。记者花了几个月进行调查，发现崔舍尔的 3 本书大概有 20 个地方抄袭了别人的作品。2008 年 4 月，报纸发表了调查结果。崔舍尔的学校立刻声明："佛罗里达大学非常认真地对待有关抄袭的指责，如果这些指责成立，本校将采取适当行动。"于是学校开始调查。12 月，崔舍尔所在的文理学院院长宣布：关于抄袭的指责属实，崔舍尔停薪停职 5 年。佛罗里达大学对崔舍尔的处分决定说："大学教师发表的著作抄袭别人的作品，是对学术研究和写作原则、对我们专业原则最严重的破坏。"崔舍尔在佛罗里达大

① 江新华，徐驰野．如何防止大学生学术论文中的剽窃行为：美国大学教师防剽窃的基本策略及其启示［J］．湖北师范学院学报（哲学社会科学版），2006（2）：106－109．

学工作了34年，是研究中世纪文学和美国文化的权威、终身教授，出版过十几部著作。文理学院院长在宣布处分决定时说："这是一个相当严厉的处罚。它清楚地表明，我们的大学和学院在做它们需要做的事，以维护学术的尊严。"同时，该院长也说："我喜欢崔舍尔，这是一个悲剧。"被抄袭者麻省理工学院的研究员一方面肯定佛罗里达大学决定的正确性，另一方面也说："至于崔舍尔，这挺可惜。他很有才气，而且很有突破流行观点的精神。我希望他继续写作。"最终，当时64岁的崔舍尔放弃了申辩的权利，选择退休。

这个案例说明，美国大学对学术问题是严肃认真的，对学术造假指责的反应是及时的，调查是认真的，程序是规范公正的，对学术造假是零容忍的，但对事不对人。

美国大学如何处理学生学术造假呢?

在美国，大学对有剽窃行为的学生的处罚是很严厉的。某大学教师在给一位大四学生的论文评分时，发现这篇文章既无参考文献，也没有任何引文，而且论文用词华丽，与该生以前的课堂作业风格迥然不同，就怀疑这是一篇剽窃之作。在查阅了一些学生网络资源之后，并没有发现所抄袭的原始材料，这位教师只好将文章交给学校学生法律事务部门处理。学生法律事务部门的一位工作人员就找这位学生谈话。在谈话中，该生承认了自己的剽窃行为。结果，他被列入了推迟毕业的学生名单。不仅如此，如果该生在此后的学习中出现了类似的违规行为，不仅论文将作零分处理，还会受到休学、开除的处罚。此外，该生还要拜访学习技能中心的一位写作专家，并撰写一篇关于诚实和剽窃内容的论文。在美国大学，剽窃者受到的处罚一般包括：降低课程的学分等级、取消课程学分、暂时停学、开除、扣留、拒绝给予或取消学位等。这与我国当代大多数大学和大学教师对学术造假的态度和做法形成了比较鲜明的对比。在我国，"懒得理"、容忍到纵容的地步和老好人做到求情的地步的现象是比较普遍的，仿佛"打假者"是过街老鼠，更有甚者，教师乃至学校当局包庇或协同造假的现象也时有发生。美国大学的策略和做法值得我国大学学习。

五、大学的学术活动

大学会举行各种各样的学术活动，如学术报告、名家讲座、学术沙龙、学术研讨、学术论坛、成果展示、学术信息发布、学术表彰等。这些活动除非特别重大，一般是不会由学校出面组织的。院系、研究机构、学术团体、校内社团是学术活动的主体，由于主体众多，所以活动长年不断。我们在加州理工大学参观时，就曾见到路边布告栏里装贴着许多小海报，一般为A4纸大小，有的更小，其中就有数学家丘成桐的学术报告信息。因此，在美国大学，学术活动有低重心、分类别、广参与、常态化的特点。

校内学术活动经费通常由学校或举办方负责，对于参加者来说，一般是免费的。而举办或承办校际或更大范围的学术活动，则是需要收费的。美国大学不会利用举办学术活动来营利，但也不会为校际或更大范围的学术会议提供“免费的午餐”。所以，在美国参加学术会议包括国际学术会议通常是需要缴费注册的。

大学的学术活动通常会体现“尊重权威”与“学人平等”的原则。大会常常会邀请名人或名家作为主讲嘉宾，以显示活动的权威性，提高活动的影响力；其他与会者则视提交的参会论文情况安排为大会报告人或主题（分会场）报告人。原则上，没有论文是不会被邀请参会的，以显示活动的纯粹性，而有论文的参会者一般也会有机会与人分享自己的研究成果，以显示学术活动平台的平等性。如果邀请了主讲嘉宾，一般是要付费的；如果是参会者，则不需要给学术报告人支付报酬。

教师怎样参加校外学术活动呢？除了履行报告职责外，各大学有不同的规矩。原则上，教师参加校外学术活动是自费的，有相关项目经费的，可以从研究经费中开支，但也有一些大学，为了鼓励教师科研以提升学校影响力，也会给予一定的资助，包括注册费、差旅费等。学术休假制度推行后，资助开展研究和参加学术活动的大学越来越多，当然，前提是必须有论文并被组委会采纳。美国大学不会花钱让教师出去“见识见识”或“溜达溜达”的。

尽管美国大学的科研会因级类的不同而要求有所不同，但在学术管理方面，几乎都非常严格细致，做到纯粹（不受行政干预）和纯洁。其中，维护学术的尊严和纯洁以及斯坦福大学的科研管理思路对我国大学最具启发性。

第七章　美国大学的质量保障体系

现代美国大学的教学质量颇为世界各国认可，这与美国大学有一套比较完善的质量保障体系有关。黄勇荣在《浅析美国高校教学质量保障的几个特点》中认为，美国高等学校的教学质量保障明显地表现出以下几个特点：一是通过市场竞争使美国高等教育迅速发展，二是通过教学质量评估实现以评促教，三是通过学生评价来有效提高教学质量，四是吸取本科教学质量的主要经验，五是通过一系列教学改革以使教学质量得到保障。[①] 有关美国大学如何提高教学质量的研究和引介非常丰富，可以让人们多角度地感受美国大学的质量管理。笔者认为，大学的认证制度、社会力量的推动和大学自身的教学制度是美国大学质量保障体系的三大支柱。

一、高等教育的认证制度

认证（可）制度是美国高等教育质量保障的最重要制度之一，也是美国高等教育质量监控的最显著的特色之一。张振刚认为，美国高等教育认证制度的形成和发展是在高等教育数量快速扩张和质量下滑的社会条件下，多元的文化传统、激烈的院校市场竞争、分权的政治体制、完善的法律制度、先进的信息技术等因素综合作用的结果。[②] 这个判断是可

① 黄勇荣．浅析美国高校教学质量保障的几个特点［J］．黑龙江教育（高教研究与评估），2009（1）：186－188.

② 张振刚，杨春．美国高等教育认证制度形成和发展的动因研究［J］．学位与研究生教育，2010（5）：67－72.

以接受的。

认证制度是指由合法的认可机构或具有认可资格的机构对达到一定教育资格或标准的学校、研究所、学院、大学或专项教育计划给予公开承认的制度。美国教育家伯顿·克拉克在《高等教育百科全书》中指出："认证是指高等教育中，通过检查或评审，或二者相互结合，使院校或院校中的专业得到认可或许，表明达到了可接受的最低标准的质量控制和质量保证的过程。"① 可见，认证制度的目的在于提供对教育机构或计划的质量可接受程度的专业性评价，刺激其不断改进和提高。

（一）美国高等教育认证机构的基本框架

美国高等教育认证机构有两个层级：一是认证机构，对接受认证的院校和专业实施认证活动；二是认可机构（元认证机构），对实施认证活动的机构进行资格认可，并协调各认证机构的关系，目的在于使认证机构的合法地位得到确认，保障认证机构的权威性。与此相适应，美国高等教育认证体系包括两个部分，一是认证，二是认可，就是说，只有获得认可的认证机构才能进行认证活动。

美国的教育认证制度具有悠久的历史。在美国，因州和联邦政府对中等后教育不行使控制权，中等后教育机构自身发展了称为认证制度的内外部评价过程，包括非官方的区域性教育认证机构和全国性教育认证机构以及对认证机构进行监督的协调机构。区域性教育认可活动始于1870 年，时值教育机构发展迅速，其中一些教育机构质量低劣，密执安大学为此派教师到中学检查并确认其培养能力。1885 年，新英格兰大学联合会作为高等教育机构的磋商机构而成立，可算是美国高等教育认证机构的萌芽。此后，类似机构在美国各地区纷纷建立。1903 年，中北部"中等和高等教育协会"开始对本地区中学进行认可，1913 年扩展到高校认证。随后，新英格兰中等和高等教育协会、中部中等和高等教育协会、南部中等和高等教育协会、中北部中等和高等教育协会、西北部中等和

---

① 高新柱，韩映雄．美国高等教育认证制度分析：兼议我国高等教育认证制度的走向［J］．大学·研究与评价，2009（2）：73－79．

高等教育协会、西部中等和高等教育协会6个区域性的协会的认可活动被广泛接受。与地区协会并存的还有对学科专业进行认可的专业协会，如全国工业技术协会，于是专业评估和专业认证也非常流行。1964年，美国教育理事会对美国106所研究大学1 663个授予博士学位的系、29个专业做了一次全面鉴定。1983年，美国联邦政府教育部认可了全国56个学科76个专业的鉴定机构，如美国物理学会、美国化学学会等，虽然这些机构是非官方的学术团体，但其评鉴、评价或评估的专业性和公正性普遍被认同，在美国具有相当的影响力和一定的权威性，即使在国际上也是被认可的。

1. 认证。在美国，高等教育认证机构主要有院校认证机构和专业认证机构。其中，院校认证机构又分为全国性的和地区性的两种。全国性认证机构的主要认证对象是全国职业和专门职业院校、全国信仰性院校，这类认证机构的认证对象不是美国高等教育的主体。地区性认证机构主要负责认证位于某一特定区域内的高等教育机构。按地理位置分设的6个地区性认证机构，分别负责美国各州和其他行政区的院校认证。专业认证机构是对已经通过了地区性或全国性认证的高等院校提供的对学科专业进行认证的教育认证机构。专业认证机构只对高等教育机构的某一或某些学科专业进行认证，让这些专业获得一定的专业权威。目前全美有11个全国认证委员会、6个区域认证委员会和66个专业认证委员会，包括近60个学科、70个专业的认证机构，相关专业基本上都设有相对应的专业认证机构。

美国官方网站2007年公布的经过美国高等教育认证委员会（CHEA）和联邦教育部（USDE）所认可的认证机构已经对7 006所各级院校和19 453个专业项目进行了认证。在7 006所接受认证的机构中，4 488所机构是具有学士及以上学位授予权的，占总数的64.0%；2 518所机构是不具有任何学位授予权的，占接受评估机构总数的35.9%。在这些已经接受评审的机构中，3 745所机构是非营利机构，占总数的53.4%；3 261

所机构是以营利为目的的，占机构总数的45.6%。[①]

2. 认可。在美国，高等教育的认可机构（元认证机构）有美国高等教育认证委员会（CHEA）[②] 和联邦教育部（USDE），它们分别扮演民间与官方性质的元认证机构的角色，对全国的认证机构进行资质鉴定，以审查、承认及保证认证机构的质量。在美国，民间认可和官方认可不可替代，一般来说，USDE强调政府对高等教育监管的作用，对想获得联邦政府学生资助资格的学校或项目进行认证的机构，需要得到USDE的认可。而CHEA主要是授予认证机构学术上的合法性，有效保证高等教育质量，为学生和家长、学院和大学、资助单位、雇主和政府服务。[③]

美国联邦教育部（USDE）对认证机构的官方认可始于1952年。美国联邦政府的认可标准要求，认证机构要将首要精力放在检查院校或学科专业是否具有获得政府提供给学生助学贷款的教学质量保证方面，对认证机构的认可主要有10个标准：①学生学业完成率，通过州执照考过关率，学生就业率；②课程设置；③师资力量；④教学硬件；⑤管理教学活动的能力与财力；⑥学生后备工作与服务；⑦学生录取方法，学期安排，课程介绍，校刊，评分标准、方法以及对外宣传；⑧评估专业的时间与学位目标；⑨对学生意见的收集与记录；⑩记录学校遵守使用联邦政府提供助学金的各项要求。联邦政府的认可周期为5年。美国国会要求联邦政府定期公布全国认可的认证机构名单和认可标准。[④]

高等教育认证委员会（CHEA）承担着美国行业协会对认证机构的认可任务。该组织是全国性的非营利性机构，是由大学和学院以及经该组

---

① 高新柱，韩映雄. 美国高等教育认证制度分析：兼议我国高等教育认证制度的走向［J］. 大学·研究与评价，2009（2）：73-79.

② 1949年成立全美认证（鉴定）理事会（NCA），1964年成立高等教育地区认证（鉴定）委员会联合会（FRACHE），1975年NCA与FRACHE合并为中学后教育认证（鉴定）委员会（COPA），1996年成立的美国高等教育认证理事会（CHEA）接管了COPA的认证机构工作。

③ 匡德花. 美国高等教育认证机构的特征分析及其启示［J］. 纺织教育，2010（2）：69-72.

④ 高月春，董亚楠. 美国高等教育认证制度［J］. 中国民族教育，2010（7-8）：73-75.

织认可的认证机构作为会员的社团组织，采用理事会方式进行管理。其宗旨是服务于高等学校、学生、用人单位等教育利益相关者，工作目标是为了“提高院校的学术质量”“了解认证的工作绩效”及“鼓励高校有计划地进行改革和发展”。高等教育认证委员会的认可周期为 10 年，其中认证机构每隔 5 年须提交过渡报告。高等教育认证委员会对认证机构认可的标准有 5 个：①认证机构的工作必须保证院校有明确的教育质量要求和标准，并有评估的过程。②认证机构的工作必须保证有明确的标准来指导并保证院校对其工作负责，并向社会提供院校教学工作质量的准确情况。③认证机构的工作必须保证能促使自身不断地改进、提高其工作质量。④认证机构的工作必须保证自身完善的管理程序和行动准则。⑤认证机构的工作必须保证自己完成评估工作。[①] 根据另一项资料的引介，高等教育认证委员会对认证机构的认可标准有 6 个：①先进的学术质量。认证者必须对他们所评审的机构和专业具有一套清晰的学术质量描述和明确的期望值，并且能够通过这些标准来决定被评估院校是否满足所要求的学术质量指标。②体现问责。认证者在认证过程中必须要求被评估院校和专业项目提供关于自身学术质量和学生成绩表现的具有连续性的、可靠性的信息，目的是能够获得公众的信任和投资。③鼓励有目的的变革和自我改进。认证者要鼓励接受评估的院校和专业项目首先进行自我反思和自我评估，通过自评来发现自身存在的问题与不足，从而改善自身的学术质量水平。④认证程序和结果的合理性与公平性。认证者在评估过程中，必须要建立一套公正、合理的组织政策和实施程序，在实施过程中要密切注意指标的核对与权衡。⑤认证者自身的不断改进。所有认证者必须不断总结在认证过程中的经验，也要不断对自身的认证活动进行自我反思，在总结中逐渐改善和提高认证水平。⑥拥有充足的资源。认证机构自身应该拥有能够维持自身运作的可预期的和相对稳定的充足资源。在物质上，要有保证自身运作的经费；在人力上，

---

① 高月春，董亚楠. 美国高等教育认证制度［J］. 中国民族教育，2010（7－8）：73－75.

要拥有能够具备认定资格的充足人力资源，包括专业认证人士和辅助性质的工作人员。① 上述所引的材料虽然有一定的差异，但不妨碍我们对美国认证机构的认可标准的理解，况且，美国的认可机构也一直在追求改进和完善，努力做到与时俱进。

截至2007年10月，在元认证过程中，CHEA已经对60个认证机构进行认可，USDE已经对58家认证机构进行认可，上述认证机构中有38家同时得到CHEA和USDE的认可。②

由上可见，美国高等教育认证制度将接受认证的院校或专业、认证机构、元认证机构、认证结果的使用者（政府、学生、学生家长、资助者、雇主以及研究者等）有机联系在一起，构建了一个有众多人员关注或参与的庞大的高等教育质量保障体系。

（二）美国高等教育认证制度的基本设计

1. 美国高等教育认证的程序。高等教育的认证制度是以评估为基础的。对应院校认证和专业认证，评估也分为整体评估和专业评估。整体评估是对学校的管理水平、教育经费、仪器设备、图书资料、体育设施、办学业绩等方面进行全面质量评估，主要方面有：①是否有适合于高等教育机构的教育目标，是否能完成自己的教学任务；②是否有实现这些目标所需要的组织资源，不仅要有财政资源，还要有一定数量的教职工及学生；③确定能实现所设定的目标；④能提供证据表明在可预见的将来能够持续实现这些目标。专业评估是指对大学中各种专业或某一专业进行评价，包括本专业的师资队伍、教学水平、科研水平、经费预算、生源情况、课程设置、教学设施与设备、教学管理、专业教学计划、教学大纲、学生的试卷、作业、实验报告、实习报告、专业论文以及教师获奖情况和学位标准等，然后排出名次。认证的程序包括以下几方面：

（1）院校或专业提出认证申请。认证机构与接受认证机构协作，公开制定质量判断标准，内容包括学生成绩、教师能力、管理效率、课程

---

①② 高新柱，韩映雄. 美国高等教育认证制度分析：兼议我国高等教育认证制度的走向［J］. 大学·研究与评价，2009（2）：73－79.

的合理性、图书馆及其他教育资源的质量、财政支持的稳定性、对学生的公平态度等。美国中等后教育认可委员会明确指出，认可活动鼓励多样化，允许学校有自己独特的目标。

（2）院校（专业）根据认证机构的认证标准进行自我评估并提交书面自评报告。接受认证的教育机构应表明自己的目的及达到目的的手段。

（3）认证机构认真研究所呈送的书面分析报告，然后派访问小组进行实地考察，时间一般为3天，通过详细查阅院校（专业）相关材料、听课以及与领导、教师和学生座谈等方式综合考察院校（专业）。访问小组规模与学校规模成一定的比例，2～25人不等。访问小组在视察的基础上写出考察报告，最后由专家小组组长写出最终评估报告并提交认证机构。

（4）报告和建议分送被认证机构和认证机构的内部决策小组。该小组由教育家、相关专业专家、公众代表组成，有时有学生代表参加。认证机构内部决策小组对院校（专业）自评报告、专家小组的评估报告进行审议，并做出认证结论。如未被认可，被认证机构具有对检查结果进行上诉的权利。

（5）认证机构定期对院校（专业）进行再评估，以确认所给予的认证资格是否得以遵守。按照认证程序要求，所有的认证均须再评，时间间隔2～10年不等，目的是促使机构或计划进行经常性的自我评价和改进。总之，无论是院校认证还是专业认证，其基本模式至少包括了“制定认证标准”“自评”“实地考察”“认证机构决策”和“再评估”等5个环节，而定期评估、学校自评和实地考察则是整个认证活动的核心方式。

2. 阿肯色州立大学认证的程序。美国是一个高度分权的国家，特别是教育，主导权在地方，所以，高等教育认证虽然有一个全国大致统一的标准，但具体操作则呈现出多样性，即各认证机构的认证活动是有所不同的。

高月春、董亚楠以阿肯色州立大学为例，介绍“院校认证”过程。阿肯色州立大学是美国南部的一所综合性公立大学。目前该校共设有11

个学院，12 个大专专业、74 个本科专业、46 个硕士专业、4 个博士专业和 2 个专家学位专业。其中已有 18 个专业获得了美国专业认证机构的认证。如，教育专业获全美教师教育认证理事会（NCATE）认证，商务专业获得美国大学商学院联席会（AACSB）认证等。阿肯色州立大学获得了中北部大专院校联盟高等教育委员会（NCA）的认证。认证的程序包括以下几方面。

（1）阿肯色州立大学向认证机构——中北部大专院校联盟高等教育委员会提出认证申请。认证机构在接到申请后，派出工作人员对阿肯色州立大学进行预备访问。

（2）阿肯色州立大学根据认证机构的标准进行自我评估并形成书面自评报告，并由中北部大专院校联盟高等教育委员会指定的院校，在参考阿肯色州立大学自评报告的基础上形成同行意见。同时，认证机构会同校外专家在对阿肯色州立大学自评报告及相关资料进行检查的基础上，组成考察团对阿肯色州立大学进行实地考察，写出考察报告，并将考察报告反馈给学校，学校校长提出对考察报告的申述意见。

（3）中北部大专院校联盟高等教育委员会对阿肯色州立大学的自评报告、考察团的考察报告、大学校长的申述意见进行审查，在此基础上提出整改意见。大学再根据认证机构的意见做出整改。整改结束后，认证机构重新审查，各项指标达标后，方能做出决定，阿肯色州立大学得到审批认证。①

3. “专业认证”的程序。美国“专业认证”由全国认证委员会和专业认证委员会执行。“专业认证”周期一般为 5 ~ 10 年。高月春、董亚楠以阿肯色州的“专业认证”为例，介绍“专业认证”过程。缘于美国高等教育的多样性及其各州高等教育制度的纷繁复杂，“专业认证”也不尽相同。阿肯色州的专业认证主要由州教育部高等教育协调委员会（认证机构）负责，其专业认证分为两类：一类是要经过协调委员会批准的专

---

① 高月春，董亚楠. 美国高等教育认证制度［J］. 中国民族教育，2010（7 – 8）：73 – 75.

业变动，包括新专业的设置、专业课程的重组以及专业课程计划的编制等，这类专业变动需要提交正式的专业变动申请；一类是不需要协调委员会做任何审批的专业变动，而只要以书面形式上报就可以了，包括专业名称的变更、专业课程内容的扩展以及专业的撤销等。阿肯色州的专业认证审批主要涉及以下几个方面：专业课程的设置框架及具体内容、师资状况、教育教学相关资源以及学科专业发展的资金来源等。通常情况下，阿肯色州为了确保高等教育协调委员会有充分的时间来考虑专业申请，申请单位应在预计实施专业变动的前22周向州教育部提出专业认证审批申请。在高等教育协调委员会对新专业进行认证审批之前，阿肯色州教育部会对全州范围内的相近专业情况进行调查，同时还会建议申请方的主要学术负责人会同该地区具有相近专业的其他学校负责人一起探讨该专业的申请问题，这样做的主要目的是避免专业增设的盲目性和重复建设。专业认证的程序包括以下几方面。

（1）高校完成提交给州教育部的新专业申请。包括专业名称、学科专业分类系统（CIP）代码、专业概述、专业需求分析、专业课程框架、师资情况、教学资源、专业投入和资金来源等几方面。

（2）专业申请被递交教育部主管学术的官员备案，他们会在4周内对申请进行评审认证，包括向学校提出问题、要求申请方提供更详尽的专业说明信息以及给出评审意见等，所有这些都会反馈给申请方的联系人或校长以及教育部学术事务司的副司长。

（3）在与学校进一步沟通后，教育部学术事务司会对专业申请进行研究和决策。若可行，他们会向执行委员会——高等教育协调委员会提出建议增设新专业；若不可行，则尽快通知高校。

（4）在执行委员会审议通过后，方可实施。如果对于新专业的增设存在异议，执行委员会将指派2所大学（1所为4年制的大学，1所为2年制的社区学院）的学术事务主管人员组成调查组同申请方或有异议的单位进行协调。若无法达成一致，该问题将上报给学术事务司的副司长，由其向司长提出相关建议，该建议将最终送交阿肯色州高等教育协调委员会裁决。若专业申请认证得到批准，高等教育协调委员会还要对其进行跟踪评审。[①]

4. 认可的程序。美国的认证制度还包括对认证机构的认可。1952年，美国国会首次颁布对被认证机构给予拨款的法律，这意味着大多数高校须通过认证来获得联邦资助的资格，认证机构在联邦拨款中有决定性的作用。20世纪60年代后，随着更多的认证机构的产生以及联邦教育拨款项目的增加，美国对认证机构的认可过程更加正规，也要求达到一定的公开标准，并至少每4年需再评一次。1975年，全国认可委员会、高等教育区域认可委员会联合会等组织合并成立中学后教育认证委员会，负责组织制定指导手册，说明认证原则、标准、评估程序以及有关学校自评报告的要求，同时评估实施院校认证和专业认证的机构，每年公布一次符合评估要求的认证机构名单，其作用是保证所有认可机构政策和程序的合理性、一致性和公开化。如果认证机构没能达到要求或没有很好地履行自身的职责，那么，它将丧失认证资格，同样，如果认可委员会没有很好履行自身的职责，也将难以生存。例如，中学后教育认证委员会20世纪90年代初，由于对没有通过认证的学校依然继续招生没有采取强制措施，不能有效保护认证机构的权益，损害了政府、高校和公众的利益，长期存在的软弱性日益暴露，遭到各方面的抱怨，被迫于1993年12月宣布结束自身的工作。1994年，中学后教育认证机构的认可委员会成立，也因没能妥善处理政府、高校和公众的关系而被1996年成立的美国高等教育认证委员会取代。[②] 可见，在美国，认证机构、认证机构的认可机构端的都不是“铁饭碗”，若不能履行职责，都将面临“关门”的命运。

高等院校或专业提出认证申请后，认证机构必须按照认证标准对其进行严格的评审，并在此基础上把评审结论通过一定渠道向外界公布。一般来说，评估结论主要可以分为两个：通过认证（包括无条件通过认

---

① 高月春，董亚楠. 美国高等教育认证制度［J］. 中国民族教育，2010（7－8）：73－75.

② 黄慧娟. 美国高等教育认证制度的变迁［J］. 甘肃联合大学学报（社会科学版），2010（2）：105－110.

证和有条件通过认证）、不予通过（包括延期、警告、察看、要求解释或者终止认证）。

认证机构对被认证机构不排名次，认证费用一般由被认证机构担负。

（三）美国高等教育认证制度的特色与作用

美国高等教育认证实质上是获得官方和民间双重认可的民间认证，是一种专业性、独立性很强的认证。这样可使政府从烦琐的专业技术性事务中解脱出来，同时又可为监管者保证认可活动的客观公正性。

美国高等教育认证虽然是以被认证机构或专业的自我评估为基础的，但它是一种第三者评估，而第三者评估的核心价值就在于可以最大限度地保证评估的客观公正性。

美国高等教育认证制度有完备的体系、明确的标准和严格的程序，整个认证活动是一个互动的持续的过程，着眼于教育质量的改进和提高，具有鲜明的“以评促建”“评建结合”的特点。如果院校或专业通过了认证，那么，其办学质量和专业水平就有了一种权威的证明，将激励学校和专业不断向前发展；反之，如果院校或专业未获通过认证，那么该院校或专业的生存将会面临前所未有的压力，特别是生源和经费方面将陷入危机，因为这意味着该校的学生没有资格获得政府的资助，该校也没有机会获得政府的项目资助，这样，学生就不会报读这类学校，社会也不会捐助这类学校。所以，美国高等学校都非常重视认证，非常认真对待认证机构所提出的意见，并切实加以改进。

美国高等教育认证制度还是一种注重改进和自我完善的制度。

（1）改进认证政策和实践，在重视教育“投入”的同时逐渐关注教育“产出”，即逐渐重视学校工作绩效和学生学习情况的评价。长期以来认证机构主要评估高校的投入、资源及教育过程，即高校的物质设备、经费、师资等基本条件和具体教育过程。20 世纪 80 年代中期尤其是 90 年代以后，认证机构迫于联邦政府和公众急于了解更多认证信息的压力，同时为了提高认证的质量，逐渐开始重视学校工作绩效和学生学习情况的评价，并尽力提供证明高校工作绩效和学生学习情况的证据。认证机构近年来修订的认证标准充分体现了这一点。

（2）开展对远程高等教育的认证。面对远程高等教育的挑战，认证机构在认证标准、政策和认证实践方面做出积极回应。认证机构纷纷针对远程高等教育制订新的指导手册，如美国商学院联合会和国际管理教育协会于 1999 年制定的指导手册中详细阐述了远程高等教育的主要质量问题及对策。为了有效保证远程高等教育的质量，地区性认证机构之间合作寻求共同问题的解决办法，认证机构详细评估远程高等教育的独特方面。如果新的教学形式主要是网络或电子化教学，认证机构会注重收集与教学情景相适应的学生学习环境的证据，注重了解学生如何利用图书馆和其他服务机构，学校如何促进学习氛围的形成。认证机构还聘请非传统教学方面的专家为实地评估小组成员访问高校，制定相关认证标准时也向他们咨询。美国联邦教育部和美国高等教育认证委员会着重评估制订远程高等教育认证标准的认证机构，二者对认证机构的认可标准均可适用于包括远程高等教育在内的各种教育形式。总之，认证机构、美国联邦教育部和美国高等教育认证委员会不断寻求更好的标准，以保证远程高等教育的质量。

（3）增加认证透明度。向公众公布更多的认证信息，允许公众参与认证过程。认证机构和高校为了维持和提高自身的信誉，定期提供认证制度的最新动态，如认证的最新政策、实践及其面临的挑战。80 多个认证机构都有提供大量的认证信息，不仅通过出版图书或杂志的形式公布，而且在网上公布。为了让公众参与认证过程，根据《联邦管理条例》第 34 款 602 部分即《教育部长对认证机构的认可》规定，公众代表必须“无关联”：不是已申请或正在取得认证资格高校或专业的雇员、董事、股东或顾问；不是与该认证机构有任何联系的贸易组织或其他各种组织的成员；不是以上两种情况中所涉及人员的配偶、父母或子女。同时，公众代表至少占认证机构裁决委员会的 1/7。因此，评估小组的成员除了高校的同行专家外，还包括公众代表。公众代表的参与有助于加强高校、认证机构与社会的联系，使二者及时听到社会各界的声音，了解社会动态，从而满足社会多样的、不断变化的需求，同时也充分发挥了民主，让社会各界都来关注和监督高等教育认证的工作。

（4）积极参与国际高等教育质量保障工作。在高等教育国际化的大背景下，美国认证机构积极参与国际高等教育质量保障工作，以继续保证和提高本国高等教育质量，保持本国高等教育在海外留学生市场的竞争力。美国认证机构在国际高等教育质量保障工作中主要关注以下方面：①世界贸易组织举办研讨会中所提出的问题；②认证机构和质量保障机构为建立国际认证标准的工作；③随着远程高等教育的迅速发展，如何保证其质量以维护学生和公众的利益。为此，美国认证机构主要参与以下工作：①许多美国认证机构参与评估跨国高等教育，独立决定是否实施跨国认证，独立决定跨国认证的政策和标准。②认证机构在评估国内高校或专业时，同时评估该校或专业在国际上的工作，如评估美国高校和国外高校共同设置的学位课程和专业。③认证机构积极参与国际上关于高等教育质量保障的活动。美国高等教育认证机构积极向国际组织和其他国家教育机构输出高等教育认证标准和认证政策，尤其是加强了对远程高等教育机构等非传统教育机构的认证，积极鼓励认证机构主动向国外大学提供各类教育认证服务。各认证机构开始进行国际区域划分，力图占领国际高等教育质量认证市场。根据美国高等教育认证委员会公布的资料，西部地区大学与学校协会负责认证亚太国家和地区的教育机构，新英格兰地区大学与预备学校协会负责认证欧洲、加拿大的教育机构，南部地区大学与预备学校协会认证中南美洲国家和地区的教育机构，中北部地区学院与中学协会负责认证中东和北非国家和地区的教育机构。这是其具有高度认可性和国际影响力的重要因素。[①]

美国高等教育认证机构对美国高等教育的发展起到了积极的作用，主要表现在：①保证和提高高等教育的质量；②维持高等教育的学术价值；③避免高等教育受到政治的影响和干预；④为公众的利益和需要服务。[②]“在这四个基本作用中，保证和提高质量始终是美国高等教育认证

---

① 黄慧娟．美国高等教育认证制度的变迁［J］．甘肃联合大学学报（社会科学版），2010（2）：105－110．

② 伊顿，韩晓燕．美国高等教育认证的四个重要作用［J］．理工高教研究，2004（1）：21－23．

机构最基本和最重要的作用。认证机构通过发挥其质量监督者作用，对高校进行质量评审和评估，以保证和提升高校教育能力和教学效益，让美国高等教育的运行始终能够保持一定的质量水平。”①

正因为高等教育的认证制度发挥着独特的不可替代的作用，所以，该制度在美国的认同度非常高，许多高校自觉主动地申请认证。高新柱、韩映雄在《美国高等教育认证制度分析——兼议我国高等教育认证制度的走向》一文中根据相关材料（参见表7－1和表7－2）做出如下的分析：“具有学位授予权的院校接受认证机构评估的意愿明显高于不具有学位授予权的单位，非营利教育机构接受认证的数量也明显多于以营利为目的的机构。同时，从各级院校和专业接受认证的规模来看，美国高等院校主动接受评估的‘主体意识’十分强烈，相互竞争意识也异常浓重。这也说明了美国高等教育认证体系的完善以及认证机构信度与效度的可保证性。”② 应该说，这种分析是符合实际的，这也是美国高等教育认证制度的魅力所在。

表7－1　截至2007年底美国接受认证的高等教育机构数量分布简表

类型		数量/个	所占比例/%
有无学位授予权	学位授权机构	4 488	64.1
	非学位授予权机构	2 518	35.9
	合计	7 006	100
机构办学性质	非营利机构	3 745	53.5
	营利机构	3 261	46.5
	合计	7 006	100

资料来源：CHEA. Numbers based on data from recognized accrediting organizations for 2006－2007［EB/OL］. http：//www. chea. org.

---

① 匡德花. 美国高等教育认证机构的特征分析及其启示［J］. 纺织教育，2010（2）：69－72.

② 高新柱，韩映雄. 美国高等教育认证制度分析：兼议我国高等教育认证制度的走向［J］. 大学·研究与评价，2009（2）：73－79.（表7－1、表7－2转引自该文）

表 7－2　美国认证机构类别与接受认证学校数量分布详表

认证机构类别	机构类型学位类型	公立学校	私立非营利学校	私立营利学校	机构总数
地区性认证机构	具有学位授予权	1 522	1 378	79	2 979
	不具有学位授予权	0	3	4	7
	总数	1 522	1 381	83	2 986
宗教性认证机构	具有学位授予权	0	410	0	410
	不具有学位授予权	0	2	0	2
	总数	0	412	0	412
私立职业认证机构	具有学位授予权	89	49	715	853
	不具有学位授予权	147	78	2 338	2 563
	总数	236	127	3 053	3 416
被认证机构总数	具有学位授予权	1 611	1 837	794	4 242
	不具有学位授予权	147	83	2 342	2 572
	合计	1 758	1 920	3 136	6 814

资料来源：CHEA Institute for Research and Study of Accreditation and Quality Assurance. The Condition of Accreditation：U. S. Accreditationin2005 ［EB/OL］. http：//www. chea. org/pdf/Condition_ of_ Accred. pdf.

二、社会力量对大学教育质量的推动

大学的办学活动，不仅有裁判，而且有观众。

世界各国很少有像美国那样，社会组织和公众对高等教育质量非常关注，不仅政府、学生、家长、雇主关注高校的教育质量，而且研究机构、社会团体甚至一般公众都很关心，并主动出谋献策，推动高等教育质量的改进和提高，成为美国高等教育质量保障体系中重要的力量。这也是美国高等教育的特色之一。

提高美国高等教育质量研究组 1984 年 10 月向美国联邦教育部部长和

全国教育研究所所长提交的报告《主动学习：发挥美国高等教育的潜力》总结了美国高等教育发展的历史，分析了本科生教育中存在的严重问题，围绕如何使学生更主动地学习，向学生、教师、学校领导、政府机构、基金会和高等教育研究人员等提出了27条改进建议，认为这是提高美国高等教育质量所必需的条件。报告强调指出：要集中教师和其他教育资源于大学一、二年级，以提高学生学习的主动性和降低退学率；教师应更多地采用积极的教学方法；要求学生对自己的学习负更大的责任；所有的院校都应向学生提供更系统的就业指导和课程指导计划；教师和学校领导应公布学生在毕业时须获得的知识、能力和技能标准；加强文理教育，所有学士学位获得者均应至少受过2年文理教育；研究生院要以此为录取标准之一；文理课程不仅应直接与学科内容相关，还要培养学生的分析能力、解决问题能力、交流能力和综合能力；大学校长应努力保证在学校形成崇尚诚实、公正、自由、平等、慷慨和尊敬他人的理想和风气；大学在考虑教师聘任和晋升问题时，应增加教学的比重，并改进评价教学效果的方法；以高于通货膨胀率的比率提高教师工资来扭转教师购买力下降的趋势。报告发表后，引起美国高等教育界对本科教育质量的重视和热烈的讨论。很多高等学校根据这些建议进行了改革。[①] 这种现象在美国还是非常普遍的，各种评鉴活动有公众代表参加更是“惯例”。

社会力量对大学教育质量建设的推动不仅仅在水准上，更在于与实际需要的贴近上。大学应该培养什么人，如何培养这些人，社会力量的意见往往起着非常重要的影响，有时甚至是决定性的影响。这印证了一句话：“学生满意、家长满意、社会满意。”作为直接感受者，他们最有发言权。美国社会力量对大学质量的推动是强而有力的，而这恰恰是我国大学质量体系建设的短板。

三、大学的教学制度

无论是认证制度还是社会力量，都属于外因，大学质量最根本的保

① 顾明远．教育大辞典［M］．上海：上海教育出版社，1992：390.

障还是内因，特别是大学的教学制度。

（一）对教学本质的认识

教学过程是一个知识传授的过程，以教师为中心，以课堂为中心，以书本为中心；还是一个发现的过程，以问题为中心，以师生互动为主线，以师生合作为主要方式。这在教育史上一直是个争论不休的课题。

吴绍春通过对自己在美国林肯内州大学修读的11门课程的亲身经历，系统探讨了美国大学的教学方法及其隐含的理念，认为美国大学的教学体现了这样一些重要的教学思想：①教重要，学也重要，学比教更重要。②学生是学习的真正主人，被动强迫式的学习是不会有好结果的。③特别重视课堂上和课堂后的结合。④特别强调民主、平等的教学和师生关系。⑤特别强调思维教学、能力教学，而不仅是知识教学。⑥有效教学，优秀教学。这六个理念，归结到一点，就是以学生为中心，运用研究或教学的方法，在教和学的相辅相成中，在师生的合作互动下，不断地创新知识，不断地完善教学，以达到教学的最终目的，让每个学生都成长、都成才、都成功。[①] 笔者认为这种亲身体会会比旁观者研究的结论更真切。

无独有偶，美国人通过中美对比也认为美国大学的教学确有与中国不同的地方。据《中国青年报》2012年2月9日报道：美国康奈尔大学教授约翰·霍普克罗夫特是享誉世界的计算机算法大师，1986年，由于在算法及数据结构设计和分析方面的基础性成就，被授予计算机科学领域最高荣誉图灵奖。他受邀担任上海交通大学致远学院“面向计算机科学的数学基础Ⅰ”本科生课程教授，在谈到对中国学生的印象时，他指出：“他们能展示出非常完美的课堂笔记，几乎复制下我上课所讲授的所有内容，可是从课堂提问和考试情况来看，他们对知识的应用能力还有欠缺。”“研究是从问简单的问题开始的，教师们应当让学生真正进入研究设计的模型当中，认真思考，积极发问。”一个好的大学教师不仅仅应

① 吴绍春. 从11门课程看美国大学的教学方法和理念［J］. 西安欧亚学院学报，2008（3）：15－18，41.

该关注自身的科研活动，更重要的责任是帮助学生成长，“这一目标远比满足自身职业发展以及获得更多的物质需要具有更非凡的人生意义”。

中美大学的教学有很多的不同，而绝大多数教师（而非只有极少数教育专家）对教学本质认识的不同才是导致这种差异的根源，也就是说，美国大学教师的教学行为是其教学本质论指导下的结果，探究中美教学行为模式的差异，必须放在各自的教学本质论中去考察。

（二）具体扎实、丰富多样的常规教学

常规教学是一切学校教学质量的最重要的基础，即使大学也是如此。从教师教的角度来分析，传统教学理论把教学过程分成“备课”“上课”“作业布置与批改”“课外辅导”“学业成绩的考查与评定”五个环节。这些环节都落实到位，教学质量就有了最基本的保障。

总体上看，美国大学教学的各个环节都有相应的规范，抓得比较落实。首先，美国许多大学都认为，学校应该对学生提出高要求，让学生承担较高学习的风险，以激励教师和学生的教学积极性。在美国大学，要获得学分，特别是要取得好成绩，不是一件容易的事，要按规定完成一系列的任务，课堂教学时间不会很多，但课后要做的课业非常多。詹合英 2003 年春季教授“家庭社会学”，全班 37 人，学生要做 3 个作业：第一个课后作业是用定量方法来研究学生的家庭族谱。所有的学生被要求构造他们的家庭族谱并且提供一些重要的信息，比如说每一代孩子的数目、每一代男性和女性的结婚年龄、女性是否在外参加工作以及是否离婚。学生必须将完成的作业上传到学校所提供的网络空间里，然后所有的学生同时下载其他同学的作业，下载完其他同学的作业后，学生被要求用简单的 SPSS（统计软件）输入并对同学们的族谱进行描述性的统计分析。第二个课后作业是采访学生的家长或者任何一对夫妇的家庭劳动分工。采访结果主要分 10 项（如煮饭、打扫卫生、照顾孩子等），每一项包括“次数”和“百分比”两方面。等所有的学生把他们的采访结果上传到网络空间后，学生被要求对所有的数据进行分析。第三个作业是采访一个“边缘”社会成员，可以是流浪者、离婚者、前妻（夫）所生孩子，或者是家庭暴力受害者。访谈的内容要求上传到共享的网络空间里，并且对全班其他同学网上的内容进行分析。这3个作业都需要学生投入很多精力和劳动，但对掌握社会学的研究方法非常有用。① 其次，美国大学对教师课前的准备要求也非常多，包括选定参考教材，提出阅读书目，复印有关资料，测试教学仪器设备等，大大扩展了传统的“备课”内容。最后，美国大学对作业布置与批改、课外辅导和学业成绩的考查与评定都有相应的规范要求，如课后是否与学生见面、作业或考试试卷是否在一周左右时间完成等，都列入教学评价的范畴。至于上课，美国大学课堂内容丰富、方法多样、气氛活跃、师生互动、参与程度高，而且随堂的小测验不断。学生的课堂表现会被记录在案，直接影响学业成绩。学生要想获得好成绩，是不能等闲视之的，是很难蒙混过关的。

美国大学是怎么上课的？斯坦福大学商学院库珀教授的数学课为人们展示了美国大学课堂生动有趣、充满睿智、注重实用、令人难忘的鲜明风格。

一个有关教学的故事②

一天，美国斯坦福大学商学院的数学教授库珀让同学们把自己的生日写在小纸片上，然后把所有的小纸片都折起来放在讲台上。他拿出一张5美元的钞票，问：“我用5美元打赌，你们中至少有两个人同月同日生。有人敢跟我赌吗?”

“我赌!”三个男同学举起手。另外七八个同学也各自掏出5美元扔在桌子上。

有的同学在想：一年365天，我们班只有50个同学，同一天生日的可能性也太小了，库珀这还不是白送人钱吗?

库珀教授打开第一张纸，读出上面写的日期，马上就有三个同学举起手来表示那是他们写的生日。打赌的同学嘟囔了几句：“怎么会这么巧?”周围的同学都大笑起来。

---

① 詹合英，罗宝珍．美国大学教学评估及其对中国高等教育的启示［J］．现代大学教育，2007（1）：49－56.

② 王雪松．库珀教授的数学课［J］．教师博览，2011（1）：48.

接着，库珀用他那明晰的语言把同学们带入了教学的王国："解决这个问题最好用反证法，即先证明50个中没有两个人同一天生日的概率非常小。我们可以把365天看成365个房间，现在要给50人按照生日安排住宿，必须保证没有两个人住在同一间房（也就是没有两个人同一天生日）。对于第一个人来说，他选择房间的概率是365除以365，也就是1，因为所有房间都是空的，他都可以入住。第一个人住进去后，第二个人选择的概率就是364除以365了，因为已经有一间房住了人，他只能住另外364间。接下来的第三个人，选择的概率就更小一些，363除以365，因为只剩下363间房可以住。按照这种算法，只有当每个人住的房间都不同时，才能满足没有两个人同住一间房的要求。50个人住房的概率依次为365除以365，……（365－50＋1）除以365。由于若干个独立事件的乘积的概率等于每个独立事件概率的乘积，我们可以得到以下公式：

$$365/365 \times 364/365 \times \cdots \times (365-50+1)/365$$

用计算器算出这个式子等于0.03，也就是说，没有两个人同住一房的概率是3%。在这个问题中，表示你们50个人中没有两个人同一天生日的概率只有3%，那么，至少有两个人同一天生日的概率就是97%。我赢的把握足足有九成以上。"

说完，库珀扔下粉笔，得意扬扬地收缴他的战利品——十多张5美元的钞票。

"各位，你们来商学院就是为了将来能够赚大钱，数学就是商学院传授给你们的一个制胜法宝。"

同学们哈哈大笑，这堂课的效果好极了。库珀教授下课后，用赢来的钱请全班同学吃了顿快餐。

吴绍春可能是国内探究美国大学教学方法比较系统深入且有亲身体验的人之一，他在美国选修了11门课程，他把教师除了讲授以外的各种主要的教学（含考试）方式方法进行了列表分析（见表7－3），从中可见美国大学教学的多样性和丰富性。

表 7-3　美国林肯内州大学 11 门课程及其教学方法

序号	1	2	3	4	5	6	7	8	9	10	11	12	13	14	15
一	V	V	▲	V	▲	V	V	V	V	▲	V	V	V	V	V
二	V	V	▲	V	▲	▲	V	▲	V	▲	V	▲	V	▲	▲
三	▲	V	▲	▲	▲	▲	▲	V	V	V	▲	V	V	V	—
四	V	▲	V	▲	—	▲	V	▲	V	V	V	▲	V	▲	▲
五	V	V	V	V	—	—	▲	V	▲	V	V	V	V	▲	V
六	V	▲	▲	V	V	▲	V	V	▲	V	V	V	V	V	V
七	V	V	V	—	▲	V	V	—	V	▲	V	V	V	V	▲
八	V	V	▲	—	—	V	V	V	V	▲	V	V	V	V	—
九	▲	V	▲	▲	▲	▲	▲	V	V	V	V	▲	V	V	V
十	V	▲	V	—	—	V	V	▲	V	▲	V	▲	V	V	—
十一	V	V	▲	V	V	▲	V	—	V	▲	V	V	V	V	▲

注：（1）表中竖列是课程，用汉语数字表示，分别是：美国大学教师发展“一”；多元文化与国际教育“二”；美国高等教育管理“三”；法律与高等教育“四”；教育管理规划“五”；高校财政管理“六”；质的研究方法“七”；教育研究概论“八”；调查研究方法“九”；美国高等教育史“十”；美国社区学院“十一”。（2）表中横列是教学方法，用阿拉伯数字表示，分别是：Syllabus“1”；累加式多样考试“2”；课堂讨论“3”；小组学习“4”；嘉宾论坛“5”；课外考察调研实践“6”；多样化教材“7”；Presentation“8”；课后见面“9”；论文写作“10”；大量阅读“11”；学生参与评估评价“12”；Q — A“13”；现代多样化教学技术“14”；案例分析等其他研究方法“15”。

关于此表格的进一步说明：

（1）表格中画“V”号者为采用了此种方法，画“▲”不仅采用了此种方法，而且本课程中这种方法的使用恰到好处，有独到之处。从表中可看到每位教师在教学上都有自己的特色和突出点。

（2）从表中可知，有 10 项是所有的课程都采用的方法，这 10 种方法具体是 Syllabus、累加式多样考试、课堂讨论，多样化的教材和参考资料、课后和学生的见面和辅导、论文写作的要求和实施、课后的大量阅读、课堂上进行的问题和回答的师生互动、现代多样化教学技术等方法。一门课程至少有 10 多种方法进行的教学，可见美国大学的教学方法多种多样，课堂教学真是丰富多彩，不是一言堂，而是群言堂；不是单向灌输，而是双向多向互动；不是独角戏，而是师生的共同参与，共同配合；不是单调、沉闷、平淡、乏味，而是活泼、生动、合作，充满生机活力和创造性。

（3）如此多的教学方法被采用，说明美国大学的教师在教学上，不是仅仅有了教室、教材、学生、相应的学科知识就可以上课了，教师还必须懂得教育和教学，学习和理解教学理论，掌握多种教学方法，没有掌握教学的基本功和基本的技能技巧是不允许走上讲台的。

（4）这些方法并非每门课程都采用，而是教师自愿选择。各种教学方式方法的选择是自主的，是由教师和课程决定的，是由教师的经验和习惯决定的，是由教师的教学风格和艺术决定的。同时也可以看到，每个教师都是尽可能地发挥自己的特长，又尽可能多地选择各种教学的方式方法，以活跃和组织课堂，提高课堂教学的效果和生动性、参与性和有效性。需要特别指出的是，即使是同样的方法，在不同的教师的运用上，在不同的课堂上，也是各具特色的。

（5）其他教学方法中，除了案例教学外，其余各不相同，无法一一介绍，但是从这些个别的教学方法中更能体现教学的个性和多样性。

吴绍春还对相关教学方法做了进一步的解释和探讨：

1. 课程大纲（Syllabus）。课程大纲是教学的一个重要文件，是教学设计的一部分，但不完全是教学设计。笔者曾写了 3 篇关于 Syllabus 的拙文，特别是《高质量的课堂教学效果来自于精心设计》一文促成了在哈尔滨工业大学开展教学设计。在这里需要指出的是，Syllabus 是教师亲自制作的，内容很丰富、全面，是整个课程进行的指南。但它主要的不是为上级和检查评比做准备的，而是学生人手一册，并在课程进行中反复使用和并可作适当调整的。同时，每门课重新开始时，要在原有的基础上改进 Syllabus。因此，从历年教师的 Syllabus，我们可以看到教学改革和教师教学能力水平提高的轨迹，看到教师在教学上下的功夫和达到的水平，最后，特别强调的是，制定一个好的 Syllabus，是大学教师走上讲台的基本功。

2. 考试多样性和累加式评定成绩。笔者曾发表《这里没有一张考卷定乾坤》，介绍美国大学的考试多样性和累加式评定成绩的方法，并进行了两种考试考核观的比较，推动了哈尔滨工业大学深入开展教学和考试方法的改革。这里要进一步说明的是，多样化的考试考核方法，需要多样化的教学方式方法。同时，对学生的课堂参与，主动性和积极性的评定需要教师对学生出席和课堂情况的全面了解，公平对待。如果对学生是否出席都不了解，如果连学生的名字都叫不上来，如何进行评定呢？如果此项成绩学生都一样，又有什么意义呢？

3. 嘉宾论坛。嘉宾论坛选择的一定是嘉宾，不是充数，更不是出差、有事，一时无法上课，找个人代替。嘉宾应是权威人士，是在本课程的某一方面有专门研究的学者和专家。嘉宾论坛的目的是要提高课堂的质量和效果的，而不是官员的作秀和私人间的走穴。嘉宾论坛是有计划的，是列入教学设计的，而不是一时的冲动和提议。同时，嘉宾的讲座要有问答和讨论，并且由学生和教师进行综合评价。如果效果不好，下次就不能作为嘉宾来上课，对学生负责是最重要的。

4. 讨论和 Q－A（Question 和 Answer）。一是每门课程必有，二是讨论和 Q－A 都在教学设计中，是精心准备和认真组织实施的，三是生动活泼形式多样。如苏格拉底式的，双方辩论式的，分组团队式的，鱼缸观摩式的，主题发散式的等。在 Q－A 中，是自然地而不是刻意地提问检查学生，其核心是启发学生的思维，激励学生的好奇心，引导学生理解得更深、更准、更全面，培养锻炼学生的求知欲和批判精神，鼓励学生更好地学习。恰到好处地进行有效的讨论和 Q－A，是教师个人教学风格和艺术达到何种水平的体现。

5. 课外考察调研实践。这 11 门课程都是管理和社科人文类课程，不像自然科学和工科都有许多实验，采用课外考察调研实践的办法，就弥补了这一不足。同时，课外调研和实践，使教学课堂得以扩展，变一个教师为多个教师，变一个小课堂为社会的大课堂，变主要是教师的动为主要是学生的动。其好处至少有如下几点：一是理论联系实际，把课堂学的和实际结合起来；二是使学校和社区、社会紧密联系，变封闭的课堂为开放的教学；三是要求教师对所教科目、所研究问题相对应的社会组织机构保持密切的联系；四是学生亲自动手实践，得到了全方位的锻炼和提高。即使对于工科类课程，采取课外调研实践，也是极其有益的。

6. 多样化教材和大量阅读。多样化教材主要是指主教材的多样化、辅教材的多样化和阅读类教材的多样化。多样化不仅是有和多，更主要的是有用和实用。比如大量阅读，带着问题课前阅读，明确到哪一章，哪一节，讨论和研究哪些问题，需要阅读哪本书的哪一章节，从多少页到多少页。把教材和各种辅助资料运用到如此细致和落实的程度，可见在教学上真是功夫到家了。

7. 课后见面。课后与学生见面是学校教学的基本要求，又是教师的自觉行动。每门课程进行中，教师要每周安排至少两个单元，在自己的办公室里和学生见面，了解情况，咨询和答疑。同时，明确教师要和自己所教的每一位学生至少见面一次，特别强调了公平、平等地对待每一个学生。这种见面可以扩展和深化课堂教学，特别是对问题学生、个性教学和特殊才能学生极有帮助，其最重要的特点是促进了课堂上和课堂后的有机结合，加深了师生间的了解、理解、沟通和友谊，对提高教学和人才培养极为重要。[①]

对于吴绍春的这种感受，有着近似经历的陈慧萍、陈启慧也感同身受，她们把对美国大学的教学感受总结为五条：一是营造主动学习的氛围；二是多种形式的教学方式，鼓励学生参与教学过程；三是教学信息化及大学生信息素养的培养；四是学生综合能力的培养，培养复合型人

---

① 吴绍春. 从11门课程看美国大学的教学方法和理念［J］. 西安欧亚学院学报，2008（3）：15－18，41.

才；五是多样化的考核方式和全面、灵活的教学评价体系。①

人们都说美国大学的教学质量是比较高的，因为美国大学每个环节都做得特别严谨，焉能不高？

（三）全面推行教学评估

教学评估是指对教学有效性的全面评价，包括学生对自己科任教师的教学有效性的评价以及同行对某一教师教学状况和有效性的评价。

教学评估在美国语境中通常是指学生对教师教学有效性的全面评价，从真正操作的角度来看，在美国绝大多数大学，学生对教师定量的标准化评估是最主要的教学评估方式。

在美国，因为教学评估被认为是民主精神的体现，有利于促进教师的教学表现以及很容易识别那些不负责任的教师，所以教学评估颇受各大学的推崇，是美国大学一项基本的教学制度，是教学质量保障体系的重要组成部分，对美国大学的教学有着重要的影响。所以，许多大学都高度重视教学评估的制度建设，并以条文化的形式将它从“惯例”升格为“制度”，例如，加州大学河滨分校校委会明文规定：统一的教学评估必须在全校范围内执行；威斯康星大学米尔沃克分校规定“全校的教育机构在学期末必须对每一门的教师进行教学评估，包括暑期学期”。同时，由于教学评估影响到教授雇佣、薪金提升、终身教授评审、正教授的提升，所以，美国大学的教师也高度重视教学评估。②

毛莹曾经探讨过美国大学教学评价的特点：

1. 评价主体的多元化。美国的大学教学评价主体包括学校管理者、同行教师、学生、教师本人、校友等，其中最有影响的是系主任评估、系统的学生评估、同行的评估意见等。

2. 教学评价贯穿教学系统的全过程。包括：

---

① 陈慧萍，陈启慧. 感受美国的大学教学［J］. 高等教育研究，2005，28（3）：64－66.

② 詹合英，罗宝珍. 美国大学教学评估及其对中国高等教育的启示［J］. 现代大学教育，2007（1）：49－56.

(1) 授课前的准备。学校要求教师将上课前的准备工作如编写课程指南、选择学生参考书目、收集与研究教学案例、确定课堂讨论题目、挑选与复印学生阅读材料、安置和调试教学仪器、设计课后作业、开发测验和考试工具等反映教学准备情况的纪实性材料集中起来，交给学校教师教学评价委员会，作为反映教学质量的基础档案或佐证材料。

(2) 课堂教学的实施。美国著名大学对课堂教学有许多具体而独特的要求，课堂教学评价的内容标准包括如下 10 个方面：①用清晰、准确并且幽默的教学语言，讲述抽象的学科内容；②教学的内容和进度适合学生的知识基础和能力水平；③使用有效的教学方法，激发学生对专业学习的兴趣和渴望；④以分析和质疑的态度，介绍学科前沿理论以及发展趋势，不是一味地向学生传授陈旧的专业知识；⑤及时、科学地调整教学内容，使其与专业领域的变化密切相关；⑥鼓励全体学生积极参与课堂讨论，辨析和评判各种观点，分享各自的知识、经验和感悟；⑦认真、清楚地回答学生提出的问题，并且公平照顾到每个学生的学习需要；⑧给学生布置有价值的课后作业、研究项目和考试题目；⑨在教学中能够有效地利用课堂时间资源；⑩始终保持旺盛的教学热情和严谨的教学态度。

(3) 课余时间的辅导。美国著名大学还特别注重考察教师在课后的教学表现。评价的问题涉及：教师是否为学生安排了方便、足够的来访和答疑时间；是否及时批改和反馈学生的作业、论文或报告；是否及时回应来自学生的各种形式的课业询问，如电子邮件、电话、信函等；是否提供课外的实验技能辅导（理工科对此都有要求）；是否认真指导学生小组研究等。通过对这些方面的评价，学校便可以清楚了解教师在课下是否向学生提供了全方位的帮助。

3. 教学评价注重于学生的学业收获。美国大学里广泛持有的一种教学观点是，只有学生在课程教学中取得了多方面的明显进步，才能判定教师的教学是成功的。从他们的教学指标的内容中可以看到，他们特别关注学生的学业收获，包括：①关注学科知识的理解和掌握。美国大学在学生评教中常问到“教师的授课对你理解学科内容有帮助吗”“教学过程是否使你提高了分析能力”“课堂的讨论能否提高你的解决问题的能力”“学习这门课程以后，你的学科知识增加了许多吗”这一类的问题。②关注学习课程的态度、兴趣和愿望。在评价教学中就学生的学习态度这样问道：“你愿意上这门课吗?”“你希望在课后与教师一起讨论问题吗?”针对学习兴趣向学生提出如下问题：“教师的反馈能否激发你进一步探究学科知识的兴趣?”“教师设置的问题是否能把你带进研究的乐趣之中?”对于学生的学习愿望问道：“你是否渴望获得该课程更多的专业知识?”“课程是否激发了你在课下探讨问题的愿望?”“教学是否激励你建立更高的学习目标?”③关注学习的独立性和创造性。美国著名大学教学理念的精华是提高学生独立学习和独立创造的能力，把学生培养成为具有独到见解的开拓型人才。这一目标在教学评价中都呈现得非常清楚：“教师的讲授能否使你对教学内容产生新的想法?”“教学内容是否可以引起你的创造灵感?”“你在课程学习中是否敢于提出自己的问题?”以及是否向学生布置具有挑战性的任务等。

4. 学生评教的指标体系的严密性。美国大学认为学生教学评价表可以随时观察教师的教学效果，也可为教师收集学生对课堂教学的各种感受。所以学生评教经常进行，多到每周一次。其中包含有开放性栏目，允许教师自选特色指标，也以由学生提出一些教改意见，实现了通用性和特色性的结合。美国教育测验服务中心（ETS）的“学生教学评估报告表”（SIR）中将评价等级分为“最好（前10%以内）、比大部分人好（前30%以内）、一般、比大部分人差（后30%以内）、最差（后10%以内)”五个等级。评价主客体都能够很精确地掌握指标等级的划定范围。同时为了避免教师迎合学生给学生高分（这样学生给他的评价成绩会高一点），评价体系往往还要收集学生方面的数据：首先要问这门课是选修课还是必修课，因为这代表了学生对任课教师的态度。打总分时不能只给个分数，还要指出每个教师跟学校其他上同类课的执教教师比较，大概站在哪个位置。做得好的学校甚至能分析出每个教师在全国的位置，并指出该教师在哪个方面有欠缺，需要改进。

5. 教学评价目的。美国大学教学评价结果的信息通常提供给教师本人，用来帮助其改进教学；提供给管理者，进行诸如晋升、终身聘任、是否续聘和增加工资等决策；提供给学生，指导他们选课、选教师；提供给同事，帮助他们参与课程开发。教师对于评价中自己的不足，积极的和同事探讨，同时向专家进行请教、咨询。教师对于学生评价中自己的指标低于学校的平均数的方面，要找学校教学服务中心的指导教师或者咨询人员帮他分析这个环节所出现的问题以便帮助他改进。所以，他们教学评价的主要目的是促进教师的个人发展。

6. 教学评价方法和手段。美国的教学评价手段和方法多样，主要有谈话、测验、等级评定和论文式评价等。如果将学生作为信息来源，就有评价量表、书面评价、面谈和成绩测验等方法；如果将同行作为信息来源，就有听课、审阅教学材料、观看教学录像等方法；教师本人则使用书面报告、教学档案袋等。在评价中他们使用多种评价方法如：定性与定量结合法、形成评价法、综合性评价法等。美国大学教师教学评价注重新技术手段的应用，大型数据库、网络技术和通信技术的应用，使评估的方法和内容发生了巨大的变化。对于教学质量评估来说，有关教师的各种日常资料可以录入数据库，评估人员不仅可以对本校的教师进行评估，而且可以与外校的教师进行比较。[①]

基于对教学评估重要性的认识，各大学的教学管理部门都非常重视对“教学评估”的研究并结合自身的实际对教学评估体系（包括内容、方法、结果处理与应用）不断加以完善。因此，美国大学的教学评估既有共同点，也有各自的特色，特别是评价内容和项目的设定、评价等级的确定和评价表格的设计方面，都显示出自身的特色。詹合英和罗宝珍在《美国大学教学评估及其对中国高等教育的启示》中为人们提供了丰富的个案[②]，比如：

---

① 毛莹. 美国大学教学评价的特点及其启示［J］. 中国电子教育，2007（1）：43－46.

② 詹合英，罗宝珍. 美国大学教学评估及其对中国高等教育的启示［J］. 现代大学教育，2007（1）：49－56.

加州大学河滨分校采用的是一套“标准化的教学评估表格”。这套表格包括三大问题：①这位教师的教学优势是什么？②这位教师还能够做哪些改进？③其他评价。其中教学评估表格的定量部分包括 8 个问题：①这门课的教师对教学内容充满热情和兴趣；②这门课的教师激发你对课堂内容的兴趣；③这门课的教师完成课堂目的；④这门课的教师对课堂要求做出响应；⑤这门课的教师创造一个开放和平等的学习环境；⑥这门课的教师鼓励学生进行思考；⑦这门课的教师对概念进行清楚的表达和解释；⑧课后作业和考试涵盖这门课的主要内容；⑨你会给这位教师打多少分；⑩你会给这门课打多少分。

在西华盛顿大学，学生对教师的教学评估表有 8 种不同的形式。针对不同的课堂，学生会被问到不同的问题。这 8 种形式包括：①小的演讲式课堂；②大的演讲式课堂；③讨论课；④解决问题课；⑤技能教授课；⑥大型教授课并有大量的课后作业；⑦实验课；⑧网上远程教育课。针对不同的课堂类型，评估表格上的考察项目也有所不同。每种课的评估表格上有 20 个考察项目。学生对每一项目进行五级评分：优秀、很好、好、一般、差以及极差。另外，所有学生必须回答相同的 4 个问题以调查他们的背景来源，包括：①在你注册的时候，这是你想修的一门课吗？②这是你的专业课、辅修课、所有本科生的必修课、所有本科生的选修课，还是其他？③你是哪个年级的？④你希望这门课你能拿多少分？

加州大学伯克利分校针对学生对教师的教学评估进行因素分析。从概念上说，他们所采用的教学评估方式主要围绕“分析/综合方法”“教学结构”“教师和学生群体互动”“教师和学生个体互动”和“教学热情”等 5 个层面来展开的。详见表 7－4。

表 7－4　学生认为优秀的教师应具备的特征

层面一：分析/综合方法	因素系数
1. 讨论各种观点而不仅仅是他/她自己的	0.70
2. 比较各种理论的含义	0.66

续上表

层面一：分析/综合方法	因素系数
3. 讨论所学领域当今的发展	0.64
4. 阐述观点和概念的起源	0.60
5. 对学生认为更有趣、更深刻的问题提供参考	0.53
6. 阐释事实、观点，及其相关的领域	0.53
7. 侧重概念的理解	0.46
8. 解释得清楚	0.78
9. 备课充分	0.63
10. 学生可以比较容易地记下讲座笔记	0.62
层面二：教学结构	因素系数
11. 回答问题有准备而细心	0.61
12. 总结重点	0.51
13. 阐述每堂课的课堂目标	0.50
14. 指出他/她认为是重点的内容	0.47
层面三：教师和学生群体互动	因素系数
15. 鼓励课堂讨论	0.70
16. 邀请学生分享他/她的知识和经验	0.65
17. 通过列出问题的推理来澄清思路	0.64
18. 鼓励学生对他/她的观点提出批评	0.62
19. 了解学生是否明白他/她所教的内容	0.58
20. 了解学生是否感到厌烦或者疲倦	0.57
21. 对他/她的教学质量表示兴趣和关注	0.48
22. 让学生来展示他们是否理解了概念	0.43

续上表

层面四：教师和学生个体互动	因素系数
23. 对学生展示诚恳的兴趣	0.74
24. 对学生友好	0.71
25. 和学生个体建立关系	0.69
26. 课后认出并和学生打招呼	0.69
27. 学生在课后可以找得到他/她	0.65
28. 他/她的一件事有价值，虽然和课程没有直接关系	0.64
29. 尊重学生	0.60
层面五：教学热情	因素系数
30. 有活力，精神勃发的个体	0.80
31. 演讲的形势很有趣	0.76
32. 看起来很喜欢教学	0.74
33. 对所教的课题充满热情	0.65
34. 看起来很有自信	0.64
35. 上课讲话抑扬顿挫	0.63
36. 有幽默感	0.53

康奈尔大学的教学评估手册包括了五项同事对一个教授的教学评估内容，包括：①研究活动和认可；②学术广度；③参与学术社区；④和学生的关系；⑤对教学的关注。详见表7－5。

表7－5　同事认为优秀的教师应具备的特质

层面一：研究活动和认可	因素系数
1. 所从事的工作受到他人的注意	0.69
2. 和他人探讨相互的研究	0.69
3. 从事独创的和创造性的工作	0.64

续上表

层面一：研究活动和认可	因素系数
4. 对同事的研究表达出兴趣	0. 55
5. 向学术会议投一些论文	0. 55
6. 和自己的研究领域保持同步	0. 49
7. 对所教的课堂有一定的研究	0. 38
层面二：学术广度	因素系数
8. 阅读面超过所教的课程	0. 66
9. 在研究上被他们认为是值得征求建议的	0. 60
10. 在他所研究的领域里能给他们提供阅读的建议	0. 59
11. 对不同的领域的研究，而不是他/她自己的研究领域都有所了解	0. 51
12. 在学术问题上，能够给有价值的建议	0. 43
层面三：参与学术社区	因素系数
13. 鼓励学生和他谈论他们所关注的问题	0. 60
14. 在校园内参与和学生相关的活动	0. 58
15. 参加各类校园内的讲座和其他活动	0. 47
16. 有良好的同事关系	0. 39
层面四：和学生的关系	因素系数
17. 在课外和学生非正式交谈	0. 58
18. 对和学生的约定会谈尽责	0. 57
19. 和学生见面并讨论他们所关注的问题	0. 57
20. 鼓励学生和他/她讨论他们所关注的问题	0. 55
21. 在课外可以认出学生并和他们打招呼	0. 37

续上表

层面五：对教学的关注	因素系数
22. 向他人征求对所教授课程的建议	0.70
23. 和同事讨论教学	0.60
24. 不和同事拉关系，拉帮结派	0.47
25. 我曾经和他讨论过教学问题	0.45
26. 被告知并且对同事的工作表示兴趣	0.44
27. 对他/她的教学质量表示兴趣和关注	0.40

根据詹合英和罗宝珍的介绍，在大部分美国高等学校，如果满分为5分，教授的教学评估平均分必须达到4分或者以上。加州的大学系统稍有不同，他们的规定是，如果满分为9分，教授的教学评估平均分必须达到6分或者以上。由此看来，总体上美国大学对教师特别是教授的教学评估要求是很高的，即大部分大学的教授教学评估至少必须获得满分的80%，否则会影响“饭碗”。

当然，美国大学的教学评估也非完美无缺，还是有许多有待改进的地方，特别是学生评价教师的问题，如果运用不当，就很可能衍生出“讨好学生”“成绩输送”“报复教师”等不良习气。此外，教学评价的准确性和公正性也会受到评价者和被评价者的背景因素（如年龄、性别、种族、专业、课程难度、学生规模、课程类型乃至教师职位等）的影响。从美国佐治亚州立大学副教授詹合英的“家庭社会学”课程的教学实验来看，作业多（要求高）的班级对教师的教学评价明显低于作业要求不高的班级。[①] 这种现象与大学宗旨和精神是不一致的。

虽然教学评估有不足之处，但无可否认它对改进教学、提高教学质量所具有的独特功能。上大学是要缴费的，学得好不好与将来的发展密

① 詹合英，罗宝珍．美国大学教学评估及其对中国高等教育的启示［J］．现代大学教育，2007（1）：49－56．

切相关，绝大多数学生还是会认真对待的。当对某位教师的教学评价的群体达到一定的量时，从教育统计学分析的角度看，评价结果虽然很难百分之百准确，但其可靠性还是值得信任的。有研究指出，一般情况下，学生评价在12～15个月内具有一致性。这说明绝大多数学生的教学评价并非随心所欲的。正因如此，教学评价成为美国大学保障教学质量的法宝之一。

（四）“实战”导向

美国大学的教学总是与应用紧密联系，具有鲜明的实践导向。实际应用既是办学的指导思想，又是教学的出发点，还是检验质量的重要依据。如同武术教练，如果只教招式，花拳绣腿，在“搏击”实战中是毫无用处的。实用主义哲学指导下的美国大学教学是讲究“实用”的，“问题解决”是其突出风格。

哈佛怎么教管理①

管理是一种技能，是一种博弈的技巧，是一种决策的智慧，是一种思维的艺术。我们经常认为，那些成功的管理者一定是知道一些一般人不知道的事，才会取得那么大的成功。其实，他们做的是一些非常简单的事，只不过比别人早学、多想、早走了一步而已。那么这一步是怎么来的呢？其实，很多教管理的教授自己并没有那一招，但我一直坚信哈佛的教授们有。因为世界500强的企业老总、军方高参、政府高官这些大家所说的精英，他们最擅长做的事恐怕就是管理了。哈佛居然就敢于打他们的主意，让他们拿着学费到哈佛听教授给他们讲管理。

哈佛教管理的第一个秘密是：把教授当教练。大家知道，世界冠军都有自己的教练，教练负责制订训练计划，关键时刻给运动员出谋划策，拿出战胜对手的方案。哈佛的教授们就是在做那些社会精英们的思维教练或者管理教练。

哈佛教管理的第二个秘密是：把教室当健脑房。刚开始上课时，哈

① 丁兆林. 哈佛怎么教管理［J］. 思维与智慧，2012（8）：53－54.

佛教授一条所谓的经验和方法都不讲。不仅不讲，他们还要拿出一个案例反过来问学员该怎么办。学员都给出了不同于别人的方案。但教授还不满意，还在逼问大家有没有不同的想法。在健脑房里，每个人都被逼着做思维突破运动，要的就是跟别人不一样的想法。在这样的课上是没有人能睡着觉的。不仅上课睡不着觉，而且一天到晚都要沉浸于其中不断地想新方案，这就叫魔鬼训练。

我曾在哈佛学过一门课，叫作信息时代的商业竞争。第一天的第一节课老师就在讲如何期末考试。学员们被分成几个小组参加考试。考什么呢？教授说，考试题目你们自己定。这样的课程和考试带给中国学生的最大挑战不是如何想出一个题目，而是找到自己属于哪个小组。有一些小组对我上下打量，他们的原则是，能干的进来，不能干的出去。哪个小组都不接受搭便车的人，所以，找小组也是一种考试，考察的是一个人能否迅速跟志同道合的人走到一起。接下来就是确定题目，只要是一项与商业有关的技术，并且把这项技术变成商业模式就可以了。我们琢磨了半天，大家认为目前互联网和汽车都很流行，但如何把二者弄到一起呢？我们联络了菲亚特、福特等公司，他们说，他们正准备拿出几百万美元经费专门做这样的研究，既然你们也在做，那就一起做吧！后来我们经常跟他们交流，得到了一些软件、信息、资料，基本是当时世界上最先进的。最后，教授让我们把小组的商业模式设计方案讲出来，让其他学员以及一些风险投资商来听。要让那些风险投资商听得点头称是才能够得分，如果风险投资商肯给钱，那么这门课的成绩就是优秀。

咱们这里上课是 50 个人听一个人讲，哈佛上课是一个人听 50 个人讲。智慧是互相拷贝和传递的，哈佛把单向授课变成了思路的激发，从寻找问题的答案变成了寻找观察问题的视角。那克敌制胜的关键一招儿不是教授教的，而是被逼出来的。

（五）自我更新机制

自我更新机制体现的是一种追求卓越的文化。注重“改进”是美国教学制度设计的显著特点，如教学评估的终极目的不是给教师的教学最后一个结论，而是找到需要改进的地方并促进其改进。

北京大学教育学院马万华曾讲授过其在美国大学的见闻，认为美国大学课堂教学模式的核心是以学生发展为中心，特别注重培养学生自主学习能力和创造力，无论是课堂教学、课程大纲设计还是学生学业测评都遵循这一原则。在美国，不同类型的大学，由于人才培养目标不一样，其课堂教学模式也有所不同。网络教学是社区学院教学的重要的模式，面对面的教学是研究型大学和教学研究型大学常常采用的模式。美国大学课堂模式主要有：以教师讲解为主的课堂教学模式即讲授制在基础类课程中普遍使用，也包括某些讲演课，通常是“满堂灌”的，基本方式是“大课堂 + 分组讨论”。开放式课堂教学模式则以学生为主体，教师往往采用支架式教学方式，引导学生自主学习、自主思考、独立提出问题和解决问题，发表不同见解。案例教学模式主要是围绕“案例”开展讨论。模拟教学模式主要是在课堂模拟情境进行教学，表演专业和法学专业比较常用。实践教学模式包括课堂实验和独立项目研究。网络教学模式特别强调网络互动。

大一多为基础理论课，基本上采用传统讲授方式。传统讲授法有其显著的优点，效率特别高，但也有其明显的不足，它无法照顾到每一个学生。使用讲授法时就很需要有“补救式”的措施。康奈尔大学上“普通心理学”，2 000 多人分成 25 人的小班，由助教指导。教授每周讲一次，3 小时，助教每周与 25 人的学习小组见一次面，2 小时辅导。这种“大班讲授 + 小组辅导”的变式，其实就是一种改进。

给课程区分难度也是一种改进，是课程科学化、精确化的体现。美国大学课程目录全校编码，课程难度通过编码体现，如，大一的课程为 1 000号，属于大班课，大四的课程为 4 000 号，硕博课程为 5 000 号以上，8 000 号以上为硕士论文写作，9 000 号以上为博士论文写作，也叫独立学习，导师一对一指导学生。

课程现代化说到底就是课程更新。在美国的大学里，新课程一般要在前一学年编入课程目录，教师要开设新课需提前一年提出申请，然后向全校学生开放，到第二年，看学生选课情况才决定是否开设。一门新课一般要有10人选课才能开设，从一年级基础课程到四年级毕业课程均是如此。

课程大纲因包括课堂教学模式、每一节课的内容、阅读文献、要解决的问题、课程要求和课程成绩的评定方式。没有统一规定的教材，教材或阅读材料由教师自主决定。从教学时间分配来看，一般上课占40%，课堂讨论占20%。

美国大学学生学习测评方式具有多样化和个性化特点，如闭卷考试、开卷考试、小组报告、课堂答辩。从成绩评定来看，一般课程论文或考试成绩占40%或60%。

课堂教学评价一般安排在期末进行，由教务部门负责，一般采用统一的问卷调查方式，内容包括"教师课程教学的态度""教学形式""课程阅读的量""教师的知识面""课堂讨论"等方面。教师要回避。结果进入档案，与聘任或升职挂钩。假期或新学期开学，任课教师会收到教务部门发来的评价表，如果问题严重，教师应该反思。

综上所述，美国整个高等教育拥有独特而完备的质量保障体系，其中，宏观的国家认证体系和微观的大学教学体系是主体部分，中观的社会力量推动是重要的补充。而所谓国家认证体系，实质是国家认可的社会认证系统（这是美国政府高明甚至可以说是"狡猾"的地方）。三大因素相互配合，有力保障了美国大学的高质量。其实这三点都非常值得我国学习。现在，我国也搞认证，也注意完善教学制度，并开始重视社会对高等教育管理的参与，但还很不完善。教学体系比较粗放，教学理念和模式有待革新，教学环节管理不到位，教学评价流于形式，且其科学性有待提高；大学与社会的有效联系还没有建立起来；认证还没有全面推广，而且基本上属于准政府认证，由于缺乏制衡，有可能导致整个认证体系出现先天性不足；整个质量保障体系中都存在"走后门"和"放水"现象。就现实来看，我国高校的质量还是有很多值得检讨的地方，社会特别是用人单位对大学质量的满意度也不是很高。我们可否从美国的做法中吸取有益的元素呢？答案是肯定的。

本章花费了大量的篇幅来引介美国大学认证制和教学制度的具体做

法，目的在于为我们的办学和管理提供具有操作性的案例。感谢这些研究者提供的材料。我们没有对蕴含在材料中的理念或理论问题展开冗长的讨论，这些留给读者去评判。

第八章　美国大学教育的国际化

关于高等教育国际化的含义，学界没有统一的结论。联合国教科文组织所属的国际大学联合会下了这样的定义："高等教育国际化是把跨国界和跨文化的观点和氛围与大学的教学、科研和社会服务等主要功能相融合的过程。这是一个包罗万象的变化过程，既有学校内部的变化，又有学校外部的变化，既有自下而上的，又有自上而下的，还有学校自身的政策导向变化。"在中国学界，高等教育国际化和大学（高校）国际化、国际化和全球化是经常混同使用的概念。

教育国际化有两个重心，从各级各类教育来说，高等教育或高等学校是重心，从内容来看，学术思想（包括课程）和管理模式是重心。高等教育和高等学校是学术思想和模式创新的重要发源地。原于对学术的追求，高等教育似乎一直就有"国际化"的冲动。学术是个奇怪的东西，一方面，学术保守主义普遍存在；另一方面，学术扩张主义也普遍存在。前者导致了学术壁垒，后者促成了学术交流。

学术"国际化"有三条路径：一是推广与传播；二是学习与借鉴；三是交流与合作。

学术"国际化"的内容有三：一是文化和经验；二是技术和器物；三是路径和方法。

大学是重要的学术机构，也是教育国际化的"急先锋"，这一点在美国大学尤为明显。

一、教育国际化的全球图景及美国的策略

高等教育国际化主要是指高深知识在国与国之间的跨境流动，它常

常以国家政策为重要导向，以人员流动、课程教学、科研合作、境外办学等活动为主要方式，旨在培养具有全球视野和国际能力的人才。① 因此，当代世界，教育国际化形成了波澜壮阔的发展图景。

现代的教育国际化起于何时？谁为魁首？以什么方式进行？现在恐难有一个确切的答案。

《教育大词典》第12卷（比较教育卷）列出了20世纪初至80年代中期最有影响的教育“国际性机构”共88个（含中国教育学会比较教育研究会），包括联合国教科文组织及其下属机构9个。② 我们认为，“中国教育学会比较教育研究会”虽然1985年加入了“世界比较教育学会联合会”（主要活动见表8-1），但严格地说还不属于“国际性机构”。

表8-1　世界比较教育学会联合会历届年会主题

届次	年份	地点	主题
1届	1970	加拿大渥太华	教师培训和援助发展中国家
2届	1974	瑞士日内瓦	中学效率的高低
3届	1977	英国伦敦	文化的多样性与政治的统一性
4届	1980	日本东京	教育的传统与革新
5届	1984	法国巴黎	教育中的从属性与相互依赖性
6届	1987	巴西里约热内卢	教育、危机与变革
7届	1989	加拿大蒙特利尔	发展、沟通和语言
8届	1992	捷克布拉格	教育、民主和发展
9届	1996	澳大利亚悉尼	教育的传统性、现代性和后现代性
10届	1998	南非开普敦	教育、公平与改造

① 李联明．后“9·11”时代美国高等教育国际化新发展研究［D］．南京：南京大学，2012.

② 顾明远．教育大辞典：第12卷［M］．上海：上海教育出版社，1992：487－506.

续上表

届次	年份	地点	主题
11届	2001	韩国汉城（今首尔市）	新世纪新范式：推动教育进入21世纪
12届	2004	古巴哈瓦那	教育和社会公平
13届	2007	波黑萨拉热窝	共同生活：教育和跨文化对话
14届	2010	土耳其伊斯坦布尔	交界、再交界及教育与社会变化的新的可能
15届	2013	阿根廷布宜诺斯艾利斯	新时代、新声音——跨地域、语言和文化
16届	2016	中国北京	教育中的辩证法：比较的视角

联合国教科文组织及其下属机构的设立有明显的国际背景，自1946年联合国教科文组织成立以来，随着国际形势的发展和其工作任务的扩展，其下属机构也是不断发展的。它对全球教育和各国教育国际化的推动也是不言而喻的。在此不做详述，下面仅就《教育大辞典》所列其他78个国际性组织的材料来进行分析。

（1）以成立的先后时间为据，在78个能够进入教育辞典的国际性教育组织中，最早的是1901年成立的国际商业教育学会，其后的50年，有影响的国际性教育组织发展缓慢，其中，20世纪初1个，1910—1919年1个，20年代5个，30年代3个，40年代6个；1980—1985年有4个。纵观20世纪（80年代中期以前），有影响的国际性教育组织发展最为迅速的是1950—1970年，而以70年代为顶峰，其中50年代有19个，60年代有19个，70年代有20个。这个时期，是世界教育发展的黄金时期，也是教育国际化最为活跃的时期。

（2）以会址或常设机构为据进行国别分布，78个有影响的国际性教育组织的会址或常设机构分布在（含一会两地）：欧洲10个国家，共有43个国际性组织的会址或常设机构；美洲6个国家，共有28个国际性组织会址或常设机构，其中，北美（美、加两国）有20个国际性组织会址或常设机构，拉丁美洲有6个国家设有8个会址或日常机构；亚洲有5个国家设有8个会址或日常机构（含设在中国香港的2个）。在整个20世纪中，瑞士的国际商业教育学会是最早设立的有影响的国际性教育组织。会址或常设机构所在国最多的6个国家依次是美国（15个）、英国（10个）、法国（9个）、瑞士（8个）、比利时（6个）和加拿大（5个）。也就是说，欧洲和北美是教育国际化最为活跃的地区，美国、英国、法国、瑞士、比利时和加拿大是教育国际化最为活跃的国家，尤以美国为最。这与这些国家的教育在世界的影响度也是比较吻合的。

（3）以这些国际性教育组织的宗旨或主要任务为依据，78个有影响的国际教育组织大致可以分为六类：①教师或教育工作者组织，有的是综合性的，如教育工作者或教师组织；有的是学科性的或学段性的教师组织，如现代语言教师、大学教授和讲师、英语教师、大学英语教授、数学教师、哲学教师、舞蹈教师、中学教师等组织。②专业性的教育组织，业务领域涉及各级各类教育，如高等教育研究、商业教育、环境教育、艺术教育、音乐教育、工程教育、科学教育、职业训练、师范教育、函授学校、视觉障碍教育、教学教育、比较教育、体育、女童和妇女体育运动、蒙台梭利教学法、儿童教育、天才儿童、儿童早期教育、远距离教育、职工教育、成人教育、成人扫盲方法、成人教育及功能扫盲、教育和职业指导、课程与教学、教育成绩评价、教育评价、共同未来、教育发展、阅读等。③区域性学校组织或类别性教育组织，尤以高等学校的国际性组织为多，高等学校组织又以美洲居多，如国际学校联合会、世界大学协会、国际大学协会、国际与世界大学发展联合会、国际学院与大学协会、美洲洲际高等教育组织、美洲高等院校协会、中美洲及巴拿马发展教育系统网、拉丁美洲大学联合会、拉丁美洲天主教大学组织、东南亚高等学校联合会、欧洲大学院校长常设会议、国际大学校长协会、国际美术学院院长理事会、国际大学基金会、欧洲语言和教育中心基金会、大学问题常设会议、国际老龄大学协会、国际大学成人教育会议、国际家长合作学前学校、国际大学教学协会等。④综合类的教育组织，如世界教育联谊会、世界教育研究协会、发展中国家教育研究中心、东南亚教育部长组织、教育研究与革新中心等。⑤教育情报组织，如欧洲共同体教育情报网、世界双语教育情报中心、国际教育与职业情报协会等。⑥服务学生的国际组织，如亚洲学生联合会、世界大学服务处（1950 年前叫“世界大学生服务基金会”）等。当然，这种分类是相对的，因为绝大多数国际性教育组织的宗旨或主要任务并非单一的，比如，大多数教育组织都非常重视情报工作。但从本类别的分析可以看出，美国高等教育国际化也是非常活跃的。

（4）以这些国际性教育组织的活动方式或常规工作为依据，交流、合作、情报、研究、培训、研讨、出版，是这些国际性组织最重要的功能。通过这些功能的发挥，以及有影响的国际性组织在教育国际化方面扮演着重要的角色，产生了积极的推动作用。

在全球教育国际化图景中，美国不仅教育国际组织最多，而且其教育国际化起步也比较早。根据现有的研究，美国有组织推动教育国际化可以追溯到 20 世纪初。早在 1919 年，美国就建立了国际教育研究所（Institute of International Education，简称 IIE）。1924 年移民法案的颁布，美国明确地认可了外籍学生进入美国学校学习的合法性。1946 年，美国国会通过了《富布莱特法案》，设立政府专项教育资助基金，用于国际教育，支持美国学者、学生出国讲学与留学，促进外国学者、学生到美国交流与学习。富布莱特基金会自成立起至 21 世纪初已资助了约 8.8 万美国学者和学生出国访问和留学，以及 14.6 万名外国学者和学生访问及留学美国。1948 年，美国建立了外国留学生事务全国委员会（原名为 National Association for Foreign Student Affairs，简称 NAFSA），为美国联邦政府制定政策提交了一系列关于教育国际交流的战略报告。自 20 世纪 50 年代以来，国际教育研究所（IIE）便致力于研究和跟踪美国的国际教育发展，每年发布美国的《对外开放报告》（*Opendoor Report*），为政府和高等院校提供关于国际学生和美国学生出国流动的全面数据与分析报告，为政府和教育部门提供决策咨询与参考。1958 年的《国防教育法》和 1966 年的《国际教育法》更是从立法上有效保障并促进了美国高校各项国际教育活动的深入发展。2005 年，美国教育国际化重点开始发生转变，即由接受国际学生转向促进双向流动，一方面接受全球“国际学生”，另一方面设立各种资金和交流项目，大力促进美国学生出国留学，制定了到2017年派出100万美国学生出国留学的战略目标。2008年美国NAFSA提交了一份名为《国际教育——公共外交中被忽略的维度：给下一任总统的建议》（以下简称《建议》）指出，“国际教育成为解决美国面临的诸多挑战的基础，而且它也是恢复公共外交不可缺失的组成部分，这些公共外交必须始于对美国全球声誉的重建。然而，如今的美国却缺少能意识到国际教育潜能的政策。作为一个国家，该是关注国际教育的时候了，以统一的方式，自觉地将其作为与全世界人民追求共同目标的途径。正是通过国际教育，我们才能与世界其他地区建立持久的对话基础和伙伴关系，并为形成世界和平、安定、幸福的长久局面创造条件”。《建议》呼吁下届总统发布一项重大的国际教育倡议，以加强美国人民和世界其他各国人民之间合作、互动、理解的伙伴关系。《建议》提出三个战略目标：①美国高等教育国际化集中体现在一个国家计划中，这个计划将海外留学作为美国本科教育的组成部分；②恢复美国往日的地位，以此吸引国外学生和学者、下一代的国际领导人、教师以及变革者；③大幅度加强国际交流和志愿者服务项目，以促进美国国家良好意愿的长期维持。2008年，美国国会众议院和参议院通过了《提高国际开放程度以提高美国国家竞争力法案》（*American Competitiveness Through International Openness Now Act of* 2008）。该法案致力于“通过保持并提高美国吸引国际学生、学者、科学研究者和交流访问学者的能力及吸引赴美商务旅行的能力，进一步增强美国的国家安全”。该法案的第三部分明确了国会形成的以下共识，即美国的政策制定应当：

（1）将国际教育交流置于非常重要的地位，以促进领导力、竞争力和安全。

（2）保持美国吸引国际学生、学者、科学研究者和交流访问者的竞争力。

（3）确保美国政府各部门通力协作，在不牺牲国家安全的前提下，创造一个欢迎国际学生、学者、科学研究者和交流访问者赴美的环境。

（4）使其签证政策保证美国的安全、繁荣、自由，其方式包括：采取适当的安全措施；保持美国欢迎外籍人士赴美的姿态。

（5）确保美国驻各国领事馆拥有足够资源，以行使其应有职责。

美国的这一动向很值得研究。在过去的150多年里，更早的可以上溯到鸦片战争之前，中国教育国际化一直走的是“走出去”的战略，向西方发达国家学习，这是非常必要的，它推动了中国教育的近代化和现代化。但我们对“引进来”缺乏战略谋划，特别是当我们综合国力有了较大提高后，如何推进双向的教育国际交流与合作，应该成为我国教育国际化新的战略定位。

二、教育国际化中政府与高校的角色

一般来说，教育国际化是一种教育现象或一个教育问题，是教育机构或学校的事务，是它们应该应对的。然而，在美国或其他发达国家，教育国际化不仅是教育改革和发展的重要原则，而且还上升为国家战略。也就是说，在教育国际化中，政府、社会组织和个人、学校特别是高校各自承担着非常重要的角色。

（一）谁在推动高校国际化

在美国，教育国际化很难说是由哪个机构或组织推动的。《美国高等教育国际化初探》认为美国高等教育国际化是内外因相互作用的结果，外在动因包括“经济全球化的推动”“高等教育自身发展的内在要求”“信息社会的需求”“国际竞争的需要”和“解决全球问题的需要”，而内在动因则包括“政治决策者的利益”“国内民众国际化意识的增强”和“国内学者及相关机构的推动”。[①] 教育国际化的真正动因是什么，值得深入探究。但教育国际化进程加速与经济全球化有直接关联却是不争的事实。在教育国际化过程中，政策制定者、政策咨询者、政策拥护者和政策执行者共同发挥着各自的力量，而这种力量来自一种共同的认识，即认为教育国际化对国家有利，对社会有利，对学校有利，对个人有利。《美国高等教育全球化发展的经验与启示》认可“全球化是当前高等教育

① 刘自忍．美国高等教育国际化初探［D］．重庆：西南大学，2007.

发展的必然要求”，认为可从四个方面进行分析：“历史视角：高等教育的价值追求与本质特征”，“政治视角：高等教育全球化服务于国家利益”，“经济视角：经济利益是高等教育全球化的外在动力”，“教育视角：高等教育自身的职能发展要求”。[①] 可以说，它是由美国国家总体利益推动的。从联邦政府资助国际化项目的情况可以看出，联邦政府在这个方面是不遗余力的。

表 8－2　美国联邦政府资助国际化项目概览（1959—1976）[②]

语言学院/个	区域中心/个	研究项目/个	奖学金/项	培训教师/人	培养学生/人		
					本科生	硕士生	博士生
83	106	160	772	4 300	63 240	23 510	8 620

李梅曾经撰文描述了美国高等教育国际化政策的战略目标和战略意义以及高等教育国际化的发展特点，指出高等教育国际化是美国强国兴邦的工具，其国际化的战略目标是维护美国世界霸主的地位，战略意义包括牟取巨额经济利益，提升美国的国际竞争力，吸纳全球人才资本，维护国家安全。美国高等教育国际化的发展具有法治化、组织化、工具化和市场化特点。美国作为世界高等教育的强国，成为世界科研和技术发展的中心、高等教育的中心、国际学生以及全球人才的聚集地，是全球人才、学者和学生的向往之地。美国的研究生院被称为“世界研究生院”，对世界各地最聪明、最有潜质的学生构成难以抗拒的吸引力。半个世纪以来，在美国对外教育交流的历史中，高等教育国际化不仅起着政治控制、经济赢利、外交渗透、文化与教育输出的重要作用，而且还巩固了美国与世界各国的战略关系，维护了美国作为世界霸主的战略地位。美国高等教育的强大与其多元化及多层次的体系密切相关，竞争和自主

① 冯雷鸣，张涛，张媛. 美国高等教育全球化发展的经验与启示［J］. 理论与现代化，2014（6）：122－125.

② 李联明. 后“9·11”时代美国高等教育国际化新发展研究［D］. 南京：南京大学，2012.

成为美国高等教育最显著的特征。美国高等教育的建立、发展和成熟与美国长期以来实行的高等教育国际化政策息息相关。①

国际教育与高等教育对外开放政策给美国带来了巨大的利益，在维护美国的全球领导力和霸主地位，吸纳全球人才从而保持并提高其社会经济、科技与高等教育的竞争力方面，发挥着不可估量的作用。通过这种方式，一方面，使美国高等教育的输出每年占到全球20%的市场份额，近60万留学生给美国带来了130多亿美元的经济收益，成为美国第五大对外贸易产业；另一方面，美国获得了源源不断的创新力量，其理工科人才有一半以上是来自世界各地的留学生，其中，来自中国和印度的理工科博士学位获得者毕业后绝大部分留在美国工作。统计表明，来自中国和印度的70%以上的理工科博士生，毕业4~5年仍然留在美国，而这正是人才最具创造力的时期（参见表8-3）。②

表8-3　1992—2005年间持临时护照的外国籍理工科博士毕业4~5年后留在美国的比例一览表

来源地	1987—1988年获得博士学位1992年在美比例/%	1990—1991年获得博士学位1995年在美比例/%	1992—1993年获得博士学位1997年在美比例/%	1994—1995年获得博士学位1999年在美比例/%	1995—1996年获得博士学位2001年在美比例/%	1997—1998年获得博士学位2003年在美比例/%	1999—2000年获得博士学位2005年在美比例/%
中国大陆	65	88	92	91	96	90	92
印度	72	79	83	87	86	86	85
英国	—	59	56	60	53	60	58
加拿大	32	46	48	55	62	58	56

①② 李梅. 美国高等教育的国际化政策：强国兴邦的工具［J］. 比较教育研究，2010（10）：27-30.

续上表

来源地	1987—1988年获得博士学位1992年在美比例/%	1990—1991年获得博士学位1995年在美比例/%	1992—1993年获得博士学位1997年在美比例/%	1994—1995年获得博士学位1999年在美比例/%	1995—1996年获得博士学位2001年在美比例/%	1997—1998年获得博士学位2003年在美比例/%	1999—2000年获得博士学位2005年在美比例/%
希腊	44	41	46	49	53	60	54
德国	—	35	38	53	48	51	49
中国台湾	47	42	36	42	40	47	50
日本	17	13	21	27	24	37	39
巴西	13	25	15	21	25	25	30
韩国	17	11	9	15	21	34	42
平均	38	44	44	50	54	55	56

关于教育国际化的动力，众多的研究结论大同小异。我们认同美国教育国际化是“合力”推动的结果，但其主力来自国家，根源出于利益。美国是典型的实用主义国家，如果没有巨大的利益驱动，美国是不会大力推行国际教育，推动教育国际化的。

（二）教育国际化中政府与高校的关系

在国家利益驱动下，美国政府在高等教育国际化中扮演着非常重要的角色。美国宪法规定联邦政府无权干涉教育，教育是各州及其人民的事业。因此，对于高等教育的发展和对于高等教育通过国际化实现国家利益的目的与意图，美国联邦政府主要是通过立法和财政手段来宏观调控和引导高等教育的国际化发展的，如颁布法案、制定签证和移民政策、提供财政资助和科研基金与奖学金等。这为美国高等教育的国际交流与对外开放奠定了极其重要的法制基础和资源支持。在美国，教育国际化的主要法律政策有《国防教育法》（1958）、《文化教育相互交流法案》

(1961)、《高等教育法》(1965)、《国际教育法》(1966)、《国际教育备忘录》(2000) 以及“9·11”后的《爱国者法案》，由此可知，拉迪斯拉夫·塞里奇所说的“高等教育的发展是以众多的新政策和新改革为特征的”[①] 论断并不是没有道理的。

根据我国驻美国大使馆教育处提供的资料[②]，美国没有专门的政府部门综合负责教育对外交流与合作事务。联邦教育部虽是内阁级的政府部门，但主要负责协调美国国内教育，没有代表美国政府进行对外交流的授权。美国进行教育对外交流与合作的部门非常多。根据美国教育与文化国际交流联盟和美国新闻总署 1998 年 10 月联合出版的《国际交流机构名录》统计，美国专门开展和业务范围涉及教育与文化对外交流的组织共有 185 个，具体可分为六类：

一是非营利性的专门从事国际交流的各类协会及基金会组织，统计有 135 个，如亚洲基金会等。

二是由于开展业务需要参与国际教育与文化交流的机构和组织，统计有 12 个，如美国公立学院及大学协会等。

三是开展国际事务研究并能对国际研究交流等提供资助的各类协会组织，统计有 11 个，如美国外交政策委员会、美国全球教育论坛等。

四是专门从事对外交流事务的政府机构或组织，统计有 4 个，分别是美国国务院、国际开发署、移民和归化服务部门、美国新闻总署。

五是联邦政府其他涉及国际交流的政府部门和组织，统计有 13 个，如联邦教育部、农业部、国际和平队等。

六是国会中负责和涉及国际交流与合作事务的专门委员会，统计有 10 个，其中参议院 5 个，众议院 5 个。[③]

在美国教育对外交流与合作机构中，影响较大、开展项目较多的主要有美国新闻总署、美国国际开发署等。

---

① 布鲁贝克. 高等教育哲学 [M]. 王承绪，郑继伟，张维平，等译. 杭州：浙江教育出版社，1998：16.

②③ 中华人民共和国教育部国际合作与交流司. 世界 62 个国家教育概况 [M]. 北京：首都师范大学出版社，2001：593－602.

美国新闻总署（USIA，简称“美新署”），是美国政府直接领导下的一个对外进行教育及文化交流和宣传的机构，成立于1953年。1978年，原属美国国务院的教育及文化事务局划归美新署，加强了美新署的对外交流功能，美新署也随之更名为美国国际交流总署。1982年，里根总统执政期间恢复原名。

美新署的任务是根据美国政府的外交政策，通过美驻世界各国的使、领馆下设的文化新闻处及文化中心，对外宣传美国政府的各项政策，并在资金、设备、人员及管理等方面提供支持。随着冷战时代的结束和世界政治格局的改变，美国政府对其外交政策进行了相应的调整，作为美国政府对外宣传的重要机构，美新署也在总体任务、人员配置和技术手段等方面做了必要的调整。1997年，美新署明确提出其在新时期的总任务，包括三个方面：

一是向重点对象国进行公众宣传和诠释美国政府的各项政策。

二是通过重点交流项目和联系渠道，促进对象国公众和组织与美国建立和发展长期、稳定的关系，特别是通过国际访问者计划，有重点地影响和帮助一批（在位或未来的）外国领导人学习美国模式的治国方针。

三是及时提供准确可靠的全球外交信息供总统及其他的联邦政府决策者参考。

美新署的经费源于美国国会的专项拨款。1998—1999年财政年度的预算为11.99亿美元。

美新署的组织机构大致分为华盛顿总部和各驻海外工作站。总部设立4个功能局（主管“美国之音”的广播局、教育文化事务局、信息局和行政管理局）、5个办公室（国会及政府部门间事务协调办公室、公共事务联络办公室、总律师办公室、公民权利办公室和调研及媒体反馈办公室）和6个地区事务司（非洲事务司、拉美事务司、东亚及太平洋事务司、西欧及加拿大事务司、东欧及独联体事务司和北非、近东及南亚事务司）。其中，教育文化事务局主要负责美国政府的对外教育文化交流活动。开展的主要活动及项目有以下几方面。

（1）富布莱特计划。每年为大约5 000名美国和世界其他国家的专家、学者和大学师生开展校际学术交流活动提供各种奖学金或交流基金，其中，美国奖学金计划每年向世界100多个国家派遣1 000多名各学科的美国专家进行讲学或从事科研活动一年。

（2）赫伯特汉佛莱奖学金计划。每年从发展中国家挑选100多名在职公共服务机构的工作人员到美国接受一年的大学教育和职业培训，培训内容主要包括农业、卫生、公共事业管理以及自然资源的保护和管理等。

（3）国家访问者计划。每年通过美驻外大使馆邀请约2 600名世界各国各领域的在任或未来领导人短期访美，进行交流、座谈，以增进其对美国的了解。

（4）民间交流计划。主要支持美国各非营利机构的对外交往。

（5）青年交流计划。旨在支持美、德两国之间的教育、培训等交流活动。

此外，教育文化事务局还负责管理美新署在世界近90个国家建立的150多个图书馆、阅览室和双边中心，出版4种期刊。

美国国际开发署（USAID），是美国联邦政府目前47个独立运作的政府机构之一，成立于1961年，前身是经济合作署。1997年，国际开发署制定新的“战略计划”，增加了“教育与培训”的职能。

国际开发署对外宣称的宗旨是通过向其他国家提供经济发展和人道主义援助，为美国的外交政策服务，为促进美国在海外的这种经济利益服务。它有六大工作任务：促进经济发展和农业开发；倡导民主；为饥荒、自然及人为灾难的受害者提供人道主义援助；改善卫生及人口状况；保护环境；促进教育培训事业的发展。

国际开发署对接受援助的国家附加有苛刻的条件，往往将自己的“民主”模式和价值观等强加给被援助国。国际开发署确定的援助标准是：应符合美国的战略利益；受援国家应对社会和经济改革做出承诺并愿意促进民主发展；受援国家有能力成为良好的开发伙伴，等等。根据“1948年经济合作法案”，“二战”后中国也曾被列入重点援助国家，但是1949年后，此法案中对中国大陆的援助计划从未实施。由于美国有关对外援助的法案严禁向任何共产主义国家提供开发援助，所以国际开发署至今也未与我国发展任何经济合作关系。

在美国，无论是联邦政府还是州政府，政府的职能是制定法律，调整政策，提供财政支持，完善各项信息服务，为各机构与个体参与高等教育国际化活动提供制度和规范的市场竞争环境，而不是直接干预和参与高等教育国际化的活动。一旦联邦政府和州政府颁布了各项制度，美国教育国际化的各项活动，包括学生与学者国际流动、课程国际化、国际合作办学、国际合作科研等，都可由4 000多个高等教育机构自行组织实施。例如，据帕米拉·艾贝克校长介绍（2010年6月3日），太平洋大学就相当重视教育国际合作，特别是和中国的合作。该校的9个学院均和中国的大学有着联合科研项目或者师生交流项目。美国国际开发署专门给包括该校的麦克乔治法学院在内的4所学校发放基金，用于与中国的法律院校合作培训法学院教师教授法律诊所与法律实务课程的技能。该校的格拉迪丝教育学院在上海开展了一个专门针对上海中小学教师的教育硕士学位项目。该校的全球职业培训中心与中国国家教育行政学院合作，成功地举办了中国高校校长的领导力培训项目。最近又和复旦大学签署了合作备忘录，将促进中美药学博士生和高级预科药学高年级大学生的交流。在教育国际化过程中，各个高等教育机构可以决定国际化的目标、策略、实施方案。例如，高等院校自行制定招收国际学生的要求、目标市场、对象、收费、规模等各项事务。这些机构各具特色，在国内外市场上各显神通，竞争生源、师资及各种教育资源，通过市场规则在国内与国际市场范围内配置教育供需和所需资源。①

（三）如何评估大学的教育国际化

在美国，高等教育国际化似乎是一个没有多少争议的问题，大学也致力于国际化。但在美国，大学国际化的差异还是非常大的。经常被选作“教育国际化”楷模的大学往往都是“好”大学，特别是顶尖的大学。

① 李梅. 美国高等教育的国际化政策：强国兴邦的工具［J］. 比较教育研究 2010（10）：27－30.

至于排名500位以后的大学，特别是约占全美1/3的社区学院，其国际化程度其实并不像人们想象的那么高。

注重教育国际化规划是“好大学”的共同特征。在教育国际化规划方面做得最受人称道的有耶鲁大学，2005年12月出台《耶鲁国际化：2005—2008》，2009年还发布了《耶鲁国际化进展报告2005—2008》，这两份文件都把加快人事机构改革和建设国际化师资队伍摆在首位；爱荷华大学2006年5月3日颁发《国际化战略规划2006—2011》（见表8-4），其中，国际性师资队伍建设规划涉及对教师进行管理、经费资助、校园氛围营造、项目支持、激励政策、岗位设置、绩效评价等诸多环节。[①] 这两所大学的做法在美国大学中起到了风向标的作用，看来，教育国际化核心还是“人”。

表8-4　爱荷华大学国际化战略规划（2006—2011）

策略	指标
提高教师国际学习资源	把对教师的自主幅度提高35%
	建立教师国外长期学习数据库
	激发教师开发国际性课程的动机
	自组教师、职工到海外做招生宣传工作
培育教职员工相互尊重、开放交流的多元化氛围	采取措施提高校园尊重、包容程度
	为国际、国内教职员工创造互动机会
	建立教务长领导下的国际项目多元化委员会

① 李联明．后“9·11”时代美国高等教育国际化新发展研究［D］．南京：南京大学，2012.

续上表

策略	指标
为国际取向发展教师提供相应的资源	改善硬件实施，加强教学、学术、项目国际化维度的系统评估工作
	充分发挥网站在师资国际化沟通过程中的作用
	拓宽、寻求私人资金对教师国际项目、中心等的支持
	对教师参与的国际性报告、讲座、研讨进行评估并重新定位
与学院院长合作提高全球、跨文化研究教师数量	优化对从事国际研究、国际课程教学的教师工作的认可和奖励机制
	把国际研究、教学能力强的教师提拔到领导岗位
	筹集资金，专门设立两个或者更多的国际教授岗位

如何判定大学的国际化？学界的相关研究也是非常多的，如日本学者喜多村和之提出“通用性”（可接受性）、“交流性”（可交流性）和“开放性”三个标准。可以说，他抓住了教育国际化的本质，因此，获得了比较广泛的认同。美国教育理事会2000年在对美国高等教育发展状况的总结和统计报告中从八个方面分析了美国高等教育国际化的现状：①高等教育结构中本土学生的外国语学习；②出国留学生教育（包括学者访问）；③高等教育机构课程的国际化；④高等教育机构招生对学生国际化特质的要求；⑤高等教育机构的教育交流活动（包括外国留学生教育和学者来访）；⑥政府及其他社会组织对高等教育国际化的支持和资助；⑦劳动力市场对国际化人才的需求；⑧民众的国际意识对国际化的态度。这是判断一个国家高等教育国际化的观察点。[①] 这种观点也获得了广泛的认同，但它似乎不太适合用来判定大学的国际化程度。张芹、朱

① 闫月勤．高等教育国际化的内涵与标准［EB/OL］．（2014－04－30）．http：//www. news. swjtu. edu. cn/shownews－7575－0－1. shtml.

莉英直接把高等教育国际化简单分为教育观念的国际化和高等学校的国际化，其中，后者又分为教师队伍、课程设置和学生来源三项。[①] 这种标准感觉似乎过简。西安交通大学的王忠民在其基于自身实践的《浅谈高等教育国际化》报告中认为高等教育国际化的内容包括教育理念、培养目标、办学模式、师资来源、课程结构、教学内容、教学模式、教材选用，招生生源、毕业去向和教学监管、评价标准等方面，贯穿在设计—入口—过程—出口—反馈等环节，并提出“教育理念”“培养目标”“办学模式”“师资来源”“课程结构”和“招生生源”等六个国际化维度[②]，这种标准感觉又似乎过杂。高鹏在梳理国内外有关高等教育国际化评价指标的基础上，提出“教育理念与目标”“学生与教师”“课程内容”和“交流与合作”四项是衡量高等教育国际化的核心指标。[③] 细分起来也包括六个要素。作为一种观点，也是可以作为参考的。基于高等教育国际化与大学国际化的差异，回归美国高等教育国际化实践，我们认为，判别一所大学国际化程度如何，可以从如下七个方面去分析。

（1）学校的国际视野。

（2）学校的国际知名度。

（3）多元价值与国家理解。

（4）接受国际学生数量及分布。

（5）教师和学生参与国际交流合作的机会。

（6）参与国际交流的比率和频次。

（7）开展国际合作项目的数量及参与者的数量。

如果以这样一个指标去评判美国的大学，我们是否可以得出其大学国际化在世界高等领域中是独占鳌头的结论呢？

---

① 张芹，朱莉英．高等教育国际化的内涵、标准与实施对策［J］．科教文汇，2007（1）：90－93.

② 王忠民．浅谈高等教育国际化［EB/OL］．（2010－05－30）．http：//www.docin.com/p－353568020.html.

③ 高鹏．高等教育国际化评价标准辨析［J］．东北师大学报（哲学社会科学版），2015（3）：195－199.

三、教育国际化的形式

就美国的实践来看，美国高等教育国际化形式是多种多样的，虽然不同类型高校的教育国际化程度存在差异，但其形式大多表现为学生流动、教职员工流动、课程的国际化、教育机构的交流与合作以及加速教育信息化程度。① 这也是许多研究都比较一致的看法。但如果从更具“美国特色”的实践来看，其高等教育国际化最主要的表现形式有四个方面：一是招收国际学生；二是开展国际合作项目；三是加强大学的国际交流；四是输出美国教育标准。前面三项，学界已有足够的论述和介绍，而“输出美国教育标准”则并未引起人们的关注。

高等教育输出是美国教育国际化的重要组成部分，而通过推销认证制度来输出美国教育标准，则成为教育国际化的重要战略。根据黄建如的研究，为顺应国际与国内市场的需要，也为了推销美国高等教育，20世纪末，美国高等教育认证组织逐步开展了国际质量审核与认证活动。但是，大部分认证活动是各认证组织的个别行为，美国高等教育认证委员会和联邦教育部并未予以指导与规范。在认证过程中，鉴于国际高等教育的对象或形式具有一定的特殊性，因而美国一些认证组织为其制定了特殊标准，其中以南部院校协会高校认证委员会于1990年制定的《为非美国公民提供国际教育项目的良好做法原则》为代表。该文件包括九部分，与普通认证标准相比，这九个部分涵盖了对在美国本土外运营的美国高等教育机构或项目实施认证的一般标准以外的各种特殊标准，具体有以下几方面。②

（1）机构使命。国际机构或项目须植根于美国机构的使命与宗旨，并反映机构或项目所在地特殊的社会、宗教和道德特点。

（2）授权。国际机构或项目须获得所有相关内部管理机构（如理事会）和外部管理机构（如教育系统管理机构、政府机构和认证委员会）

---

① 刘自忍．美国高等教育国际化初探［D］．重庆：西南大学，2007.

② 黄建如．美国高等教育认证组织的国际质量审核和认证活动［J］．高等教育研究，2010（1）：100－104.

的批准。美国机构须提供东道国允许其运营的法律证明。

（3）教学计划。国际机构或项目须满足特定教学要求，项目内容要通过美国机构教师的审核。国际教育机构或项目内容应反映美国机构的教学重点，可能情况下还应包括美国机构对通识教育的承诺。国际机构或项目应由合格的、擅长该机构或项目所在地语言的教师教授。国际机构或项目学生与美国校园中学生获得学业成绩的标准相同。

（4）资源。国际教育机构或项目应拥有一定的可正常使用的教学设施，包括教室、办公室、图书馆和实验室，在适当情况下为学生提供电脑设施，应确保这些设施以后可继续使用。美国机构应证明其具有在不减少美国校园办学经费的条件下运营国际机构或项目的能力。国际机构或项目的财政纳入美国机构的经常性开支和审计程序。

（5）招生和学籍管理。招收国际学生的标准和美国校园招收国际学生的标准相同，包括语言要求。美国机构控制国际项目的教师招聘和招生，国际机构或项目录取的学生被认定为美国机构的学生，国际项目中获得的学分可转换为美国机构同等学位课程的学分。美国机构记录学生在国际项目中获得的学分，并按课程编号顺序在学校网站公布。

（6）学生。美国机构确保其国际机构或项目为学生发展提供有利、符合文化和习俗的环境，让学生充分了解可获得的服务。

（7）控制和行政管理。国际机构或项目由美国机构控制，由教学和行政人员负责国际项目的教育质量。美国机构定期正式审查与国际项目相关的教师和员工。美国机构以机构使命为基础定期评估其国际项目，并且将评估结果与机构未来的规划相结合。

（8）诚信与信息公开。美国机构应向认证组织提供国际机构或项目的全部资金账本，包括合同关系内第三方的美国高等教育认证组织的国际质量审核与认证活动资金账本。美国机构应保证媒体对其国际机构或项目的宣传真实、公正、准确。美国机构的学校介绍中应包括对国际机构或项目的介绍部分，美国机构不得销售或者特许经营其名称或认证地位。另外，如果国际项目提及美国的认证地位，应在材料中公正、准确地解释美国认证的作用和目的。

（9）合同安排。国际机构或项目正式合同须用英语和订约机构的母语订立。合同应明确规定国际机构或项目应符合本文件和大学委员会的相关要求。美国机构确保订立合同双方具有签订合同的法律资格。合同应明确规定各条款权限由美国机构解释，以及机构或项目终止的条件，包括终止后对在校学生应有的保护。所有合同安排须符合大学委员会的所有要求和标准。

由上可见，虽然这些所谓的“特殊标准”顾及了文化和习俗，但依然是美国主导的标准，或者说是按美国的标准。

随着国际认证活动的增加，迫切需要管理组织制定相关规范进行指导，在此背景下，美国高等教育认证委员会（CHEA）作为美国高等教育认证组织的主要管理机构于2001年制定了《美国认证组织认证非美国教育机构和项目的原则》。该文件为美国高等教育认证组织认证非美国教育机构提供了政策框架，同时也为其认证美国高等教育机构在美国本土以外运营的机构或项目提供了指导思想。根据黄建如的介绍，该《原则》主要包括四个部分①：

（1）决定认可非美国教育机构和项目时，美国认证组织需考虑的因素和行动应包括：确保本组织有承担国际审查的能力（如语言、训练有素的工作人员和评估者、预算、经验、被评国家的基本信息等）；公布明确的评估范围及其他国家机构和项目对经美国认可地位的使用，尤其是在学分互换和学位或学历对等方面；确保清楚了解美国审查与其他任何有关认证和质量保障的国际协定的关系；明确了解国际评审组织之间的优先次序关系；与美国其他认证组织就国际评审有关问题进行交流。

（2）美国认证者对非美国教育机构和项目的预期包括：美国认证组织将通知、咨询、寻求与被认证机构所在国质量保障机构的合作，以期从这些机构寻求相关的信息和指导；与被认证机构的校长、副校长以及学校其他行政人员交流；保证美国评估人员充分了解被评国家的高等教

① 黄建如．美国高等教育认证组织的国际质量审核和认证活动［J］．高等教育研究，2010（1）：100－104．

育和质量保障，以避免出现因文化不敏感所导致的问题；充分沟通，明确告知认证有关的费用。

（3）认证组织对美国输出到其他国家的在线和以网络为基础的教育的期望包括：美国认证组织将与美国该类教育的输出美国高等教育认证组织的国际质量审核与认证活动者密切合作，以保障在不同国家提供教育的质量，特别是在该类教育不为东道国所熟悉时，与美国教育输出者合作，告知潜在的学生与该类教育相关的各类要求；与美国教育输出者共同审查该类教育潜在学生的语言、文学和学习技能水平，如有特殊需要，准备专门材料对其进行审核。

（4）美国认证组织与非美国教育机构和项目对学生和其他国家同事的责任包括：将同其他国家一起提供可获得的关于美国高等教育机构向其他国家提供高等教育的全面准确的信息，以避免“认证工厂”和“文凭工厂”的出现；建立信息协议来协助各国审查从美国进口的高等教育。

该文件虽然不是美国政府的文件，但也算得上是“准官方”文件。在该文件的指导下，美国高等教育标准输出和海外认证活动如火如荼，有力提升了美国高等教育国际化水平和对世界教育的影响力。

四、教育国际化的状态

（一）广泛开展国际理解教育

美国大学内部实施国际化的主要策略是开展“国际理解”教育，包括：①开设专门的国际理解课程；②开设注重国际主题的新课程，国际关系、国际经济、国际贸易、比较文化学等；③在已有课程中增加一些国际方面的内容，如采用外国教材，或在自编教材中大量吸收外国同类教材中的内容，或指定相当数量的外国教材和有关论著作为教学参考书目，在内容上紧密关注国际上本学科的最新动向，及时让学生了解最新研究成果；④推进国际普遍关注的重大课题的研究，如环境科学、航天科学、能源科学、宇宙科学、生命科学等；⑤注重地区研究；⑥建立校际联系，把到外国参观学习与课程联系起来。① 这种做法比我们对国际教育的理解含义要宽得多。

设立区域研究中心是美国大学推广国际理解教育和提升自身国际化水平的重要举措。联邦政府也通过命名“区域研究中心”来加以推动。这些区域研究中心在所在大学开设大量的外语与国际、区域研究课程，扩大了美国学生了解外部世界的视野，丰富了大学的教育内容。例如印第安纳大学，它以拥有众多国际化全方位训练中心享有盛誉，每年开设40～50种外语教学，还有其他国际性课程（见表8－5)。② 由此可见美国大学国际化的水平已经达到了很高的程度。

表8－5　印第安纳大学的区域研究中心及创办时间

印第安纳大学国际研究中心	创办时间	印第安纳大学国际研究中心	创办时间
东欧和俄国研究所	1958年	东亚研究计划	1979年
加勒比海和拉丁美洲研究中心	1963年	中东研究计划	1980年
乌拉尔民族和中亚资源中心	1963年	全球发展研究中心	1980年
非洲研究计划	1965年	国际商业教育及研究中心	1989年
犹太研究计划	1972年	印度研究计划	1992年
波兰研究计划	1976年	当代国际资源中心	1996年
西欧研究	1978年		

（二）国际学生呈增长态势

美国是国际学生的首选国之一。美国国家鼓励和资助留学生，美国大多数本科大学都有留学生，甚至包括一些社区学院，因其入读门槛低，已经成为许多学业成绩一般又有上进心的学子留学美国的重要选择和跳板。

---

① 陈学飞. 高等教育国际化的宏观考察［C］. 中国科学家教育家企业家论坛，2004.

② 刘自忍. 美国高等教育国际化初探［D］. 重庆：西南大学，2007.

美国大学国际化最成功的体现是招收全球学生。假如从20世纪50年代教育国际化提上美国教育委员会议程算起，半个多世纪以来，美国招收国际学生增幅惊人：1966—1967学年，只有2.16万人在美国留学；到1991—1992学年有来自186个国家和地区的41.95万人在美国2 000多所大学留学；到了1999—2000学年，美国的国外留学生数增至51.47万；2012—2013学年，这一数字达到了82万左右。[①] 也就是说，包括部分社区学院在内的美国大学都招生国际学生。这与我国严格审批、严格控制留学生教育形成鲜明对照。

另一类国际学生便是国际访问学者，这是一个特殊的群体。聘请世界著名学者来美国任教或讲学是美国高校悠久的历史传统，加上美国政府、高校以及民间组织对教师的国际交流都有资助，如富布赖特交流项目民间资助的全国性计划等，吸引了世界各地的学者到美国的高校从事研究，或参加学术会议。仅1981—1982年，加州大学伯克利分校就接受了1 300多名国外访问学者。进入21世纪，国际访问学者呈上升趋势，2000—2001年，接受国际访问学者超过1 000人的大学就有24所。这种景象可以用“盛况”来形容。

所以说，国际学生（包括国际访问学者）一直呈增长态势是美国大学生结构的重要特征。

（三）国际合作项目多种多样

大学的国际合作项目主要包括合作研究、跨国办学和信息分享。全球化和信息技术背景下的跨国办学主要形式有：①设立分校。指美国高校在外国设立分校，向该国学生提供各种课程计划（或简称课程，是指授予合格证书的全部学习系列）。②提供特许。由美国大学特许另一国的学校，为该国学生提供特许者的课程计划。③衔接。由美国的大学系统地认可另一国学校的某些课程，以及学生修课所得的学分可以转入美国的该大学，作为完成该大学有关课程计划的部分业绩。④结队。美国大

① 范立民．外国高等教育政策研究［M］．天津：天津人民出版社，2013：54－55.

学与外国大学通过签订协议，共同通过学位课程。⑤共同计划。由许多大公司提供的来自学校的计学分的课程计划，并由学校跨越国界给予学分。⑥远距离课程计划。通过卫星、计算机、通信或其他技术手段跨越国界远距离传送的课程计划。[①] 就供给而言，无非三种情形：一是单方供给，如开设分校；二是合作供给，一般包括美方出师资和课程，外方出场地、设施以及双方共同出师资和课程、共同培养双方学生并提供两所大学学位两种方式。自 20 世纪 60 年代初率先在欧洲设立海外分校以来，美国大学的跨国办学迅速发展，当然，是以走出去办学为主。

至于大学为促进国际化而设立的交流与合作项目更是不计其数。

哈佛大学提出要创办“全球性大学”。2001 年，哈佛大学校长劳伦斯·萨默斯提出要将哈佛大学推向世界，要求所有哈佛大学的学生都要有“国际经验”，于是，学校各部门、各单位和各组织，在已经高度国际化的基础上进一步开发出了许多全球性项目。

加州大学伯克利分校早在 20 世纪 60 年代就关注全球化问题，认为大学要保持这个荣誉，就必须重视和扩大国际参与性，积极参与研究解决国际性问题。加州大学伯克利分校的学生可以参与涉及 35 个国家 150 多个项目的海外教育计划，并可根据需要，不断调整、增添新的内容。

杜克大学强调要培养“世界公民”。认为世界公民应当具有充分的理解能力和作为全球主人的自我意识，能理解影响全人类生活的力量，对全球身份具备敏感性，欣赏多元性，尊重文化差异，还应当具有相应的知识和技能以应对全球化的挑战。杜克大学通过“冬季论坛”“全球海外学期”和“全球咨询项目”三大计划，确保教育全球化目标的实现。

凤凰城大学借助网络推进全球化。1989 年成为美国第一批被认可的提供网络学位教育的学校，目前已能提供从本科到博士的全部学位，校园分布在美洲、亚洲和欧洲，注册学生有 30 多万人，遍布世界各地。借

---

① 赵丽．高等教育国际化的概念框架探讨［J］．教育发展研究，2005，25（7）：74 – 76.

助现代信息网络技术，凤凰城大学成为全球最大的营利性高等教育机构，受到当今各国远程教育机构的追捧。①

与接受留学生相对应的是派遣留学生。进入 21 世纪以后，美国加大了这一方面的推进力度，推出了不少这方面的计划。纽约州就曾计划用 3 年时间派遣 4 万名青年出国留学。

与过去“只进不出”或“进多出少”相比，美国高等教育国际合作无论是“引进来”还是“走出去”都呈增长态势，尤其是“走出去”势头更猛。

（四）教育标准输出持续推进

教育标准输出除了设立分校、合作办学、提供课程、有条件认可学分等方式外，更为重要的就是对外认证。它强化了美国教育领导者、规则制定者的地位。美国实际上能够主导这一波教育国际化浪潮也与其教育认证有关。

如果说，早期的认证活动更多的是认证机构的自发行动，那么，2001 年后，美国高等教育认证活动开始在国家层面上（准官方机构）推广，由于有政策的鼓励和引导，海外高等教育认证变得更加规范。高等教育标准借助认证活动得以在全球扩张性输出。在《美国认证组织认证非美国教育机构和项目的原则》指导下，美国高等教育认证组织开展了大量国际质量审核与认证活动，根据黄建如的引介，2006—2007 年度有 15 个认证组织在美国以外的 90 个国家展开认证活动，共认证了 749 个项目和机构，具体分布如表 8 - 6 所示。②

---

① 蔡宗模．美国高等教育全球化的政策与实践［J］．比较教育研究，2013（7）：99 - 104.

② 黄建如．美国高等教育认证组织的国际质量审核和认证活动［J］．高等教育研究，2010（1）：100 - 104.

表8-6　美国本土以外运营经美国认证组织认证的美国和非美机构和项目数量

美国的认证机构	美国海外教育机构/所	非美国教育机构/所	总数/所
地区性	329	26	355
国家性/全国性	20	76	96
专业性	15	283	298
总数	364	385	749

这则统计材料表明：一是美国的认证活动遍布世界近半数国家，二是各类认证机构都有开展海外认证业务，三是地区性认证机构是美国高等教育标准输出的主力军，四是非美国教育机构接受认证的数量超出了美国的海外教育机构，说明有越来越多的国家及其教育机构开始认可并接纳美国的认证制度及其高等教育标准。

教育本质上是具有开放性的。教育国际化作为国际潮流，在信息化推动下，浩浩荡荡，锐不可当。特朗普执政后，反全球化的思想是否会将美国教育开放的窗门关上呢？这是很值得商榷的。

美国高等教育国际化的最终走向如何不得而知，对饱受闭关锁国之苦和被人封锁之无奈的中国来说，开放性和国际化是劫后余生的深刻感悟，正如习近平总书记近年来反复阐述的那样，改革开放要进一步深化，打开的大门就不会再关上。然而，如何扩大开放和推进国际化呢？美国的经验依然是非常值得借鉴的，特别是在“国际理解教育”“留学生教育”“教育输出”等方面，我们与美国的差距还是非常大的。就现实而言，我国大部分高校还没有树立起教育国际化的意识（从很多大学的发展规划可以看出），学校领导、业务主管人员和骨干教师往往缺乏国际教育视野，与产业界和科技界相比，教育国际化的差距同样非常大。遍布世界各地的“孔子学院”如何借助教育国际化浪潮提质升档做品牌，成为真正的高等教育的一部分（有学历或学位教育、有跨文化研究等），而不仅仅是附丽在大学的教教书法和茶道的一个所谓的“文化”培训中心，这是颇费思量的。我们迫切需要打造“学在中国”的品牌，这是世界一流大国的应有之义，而这一点，不顺应教育国际化潮流是不可能实现的。

第九章　美国大学的现代化

任何现代化都是一场变革运动，但这种变革运动的标志是越来越符合社会发展规律，越来越适应时代的要求，越来越达到合理（或理想）的状态。不具有这种特征的变革可能就是复辟、动乱或折腾，当然就不能叫作现代化。

就世界教育发展史来看，人类历史上的教育现代化有四个标志性的阶段：一是活动机构化，出现专职（责）教育的学校；二是目标世俗化，摆脱神学的束缚或贵族的控制；三是手段自动化，产生许多有助于提高教育效率的辅助工具；四是模式个性化，学习者可以选择自己满意的教育方式。美国大学的现代化是怎样的呢？为什么一个立国时间很短的国家，其高等教育水平竟然能这么迅速地引领世界高等教育的风骚呢？

一、大学现代化的风貌

（一）大学现代化的历程

众所周知，美国大学的根在欧洲，在英国，有着浓郁的古典教育色彩。成立于1636年的哈佛大学是美国最早的高等学校，是依照英国剑桥大学伊纽蔓尔学院的模式开办的。殖民地时期的美国一共有9大学院，主要目标是培养一批服务于教会和国家的经过选择的基督教绅士。基督教各教派对学校的影响都是巨大的，校长和教授通常都是神学博士学位获得者，认为教师的神圣职责是教学而不是研究，课程有严格规定，包括10世纪的七艺、文艺复兴时期的希腊文和希伯来文，以及宗教改革时期的神学，其中古典语和文学是核心。即使1776年独立建国后，世俗的州立大学纷纷举办，传统大学增加实用课程以培养实干人才的改革也在纷纷推进，但至南北战争前，保守势力依然非常顽强，反对一切改革，最典型的是1828年的耶鲁报告。该报告认为：大学教育应是文化修养的教育而非专业教育或职业教育；古典语文可以陶冶心灵品质，训练心灵能力，是将来专门研究的基础；大学的全部课程应为必修课，德国式的“教学自由”和“学习自由”对美国大学是不适宜的；大学应对学生进行严格管理，约束其行为。① 总之，南北战争前美国高等教育的现代化进程十分缓慢。

关于美国高等教育现代化的发展历程，有多种说法，但不管哪种说法，都非常关注一个时期，那就是南北战争之后的几十年。

贺国庆认为，“在美国，从南北战争结束到1900年，是其高等教育发展的奠基时期。在短短的三十多年时间里，由于推行了选修制，输入了自由而先进的德国大学模式，兴办研究生院，大力发展直接为工农业生产服务的赠地学院，使美国的高等教育从欧洲人嘲笑为只抵得上欧洲的古典中学水平，一举跃上世界领先位置，既为美国社会政治经济的发展起到极大的促进作用，更为国际社会高度赞赏”。这一时期是美国高等教育现代化的奠基时期。②

周红莉认为美国高等教育现代化起于殖民地时期，经历了缓慢滋生期（殖民地时期至南北战争）、奠基期（南北战争至19世纪末）、快速推进期（20世纪初至20世纪80年代）和纵深发展期（20世纪90年代至今）。③

王晓阳认同美国教育史学家关于“美国大约在1865年至1929年之间实现教育现代化，前后历时约65年”的观点，认为在美国教育现代化进程中，大致有这样几个重要的标志性的事件：一是从19世纪后半叶到20世纪20年代，各州先后开始实施义务教育，到1918年，当时联邦范围内

---

①② 贺国庆．美国高等教育现代化的奠基：南北战争后到1900年间美国高等教育的变革［J］．河北师范大学学报（教育科学版），1998（1）：49－54.

③ 周红莉．民族文化传统与美国高等教育现代化进程探析［J］．顺德职业技术学院学报，2013（3）：38－42.

所有的48个州都通过了《义务教育法》，到1929年，5～17岁人口入学率达到81.7%，与此同时，"公共学校运动"推动地方政府利用税收推动了免费的、普遍的公立学校教育的发展，促进了教育的世俗化和均等化。二是20世纪前30年，高中教育大发展。创立综合高中，促进了教育机会均等与学生个性发展。从1900年到1930年，14～17岁人口高中入学率从10%提高到50%，1951年达到85.2%，基本普及高中教育。三是20世纪前30年的职业教育运动，学以致用成为重要的教育原则，职业指导成为学校教育的基本制度。四是1860—1940年，高等教育大众化和研究型大学的崛起。美国早期大学是私立大学，宗教色彩比较浓厚。1776年独立建国后，开始利用税收举办高等学校。但真正推动美国州立大学发展和现代化的，是1862年联邦政府通过的《莫雷尔法案》。它不仅促进美国高等教育获得跨越式发展，为高等教育大众化和普及化发展奠定了基础，而且还促进高等教育办学对经济社会发展需求的回应，紧密了大学与社会特别是工农业的联系。1876年，美国第一所研究型大学约翰·霍普金斯大学成立，建基于本科教育，实施完整学位教育，突破古典学科局限，课程领域广泛，自由选课，重视实用。1904年，"威斯康星思想"产生，扩大了大学的职能，由人才培养、科学研究新增了社会服务，社区学院（初级学院）应运而生，专业学院和产学合作教育制度也获得长足的发展。此后，1944年的《退伍军人法案》和1958年的《国防教育法案》，进一步巩固了美国高等教育在全球的领先地位。①

当然，人们都认可现代化是一个过程，人们也可以比较清晰地揭示美国高等教育现代化的起点，但如果不把事物放在更长的历史长河中去考察，人们是无法清楚知道现代化的脚步是否已经停顿或在何时停顿的。往后的发展如何不得而知，但像好斗的公鸡似的，美国人有不服输的风格。所以，无论是冷战期间还是冷战结束后，美国都没有停止高等教育现代化的步伐，特别是在信息时代，美国凭借其敏锐的嗅觉、敢于创新

① 王晓阳．美国教育现代化的历史经验及其启示［J］．教育发展研究，2008（23）：64－72.

的传统和引领世界的气概，不断把经济社会发展推上“信息高速公路”，而高等教育也借助信息化不断把现代化推向纵深。纵观美国整个高等教育现代化进程，其大学的根（育人）植于英国，借神（研究）于德国，魂（基于应用的服务）则自生。在信息时代，信息技术成为其强健的“筋”。

（二）大学现代化的特点

综观美国高等教育现代化，有两个非常鲜明的特点：一是瞄准高端，兼收并蓄；二是推陈出新，务求实效。如前所述，美国高等教育脱胎于欧洲，但并非所有欧洲国家的高等教育都能进入美国的学校视野，从模仿英国到效法德国，都体现了学人所长、不拘一格、承传创新、为我所用的思路，体现了“学先进、赶先进”的策略。英国高等教育有古典大学的韵味，注重人才培养，特别是人的文化素养的发展，美国大学学了其大学最基本的职能——人才培养，但它特别注重培养实用、实干的人才，举办了很多服务工农业生产的大学、专业，不走贵族化和神学化道路，而是走世俗化道路。这一点就与英国大学甚至许多欧洲大学很不一样，真正是走上了高等教育的“康庄大道”，道路越走越宽广。德国大学发展了大学的职能，奠定了科学研究在大学中的地位，这一点非常吸引美国人，并迅速“引进”到美国的大学。但美国大学通过引进、消化和吸收，却又取其精华，避其缺陷。德国一流大学以研究一流著称，但普遍对本科教学工作不重视，而美国的研究型大学无不建基于坚实的本科教育之上。德国大学重视基础研究，而美国大学不仅重视基础研究，还非常重视应用研究。这就是其青出于蓝而胜于蓝之处。

美国大学“善学”，善于挑选别人的良种种植在自己肥沃的土壤里，或嫁接在自己的理想之树上，从而结出丰硕果实。相较于德国的大学，美国高等教育现代化也属于“后发型”的。看来，善于学习是保持生命活力的源泉。

美国大学“善创”，即使是学习引进，也不会“全盘欧化”“生搬硬套”，而是消化吸收，把最先进的理念和经验与本国的实际结合起来，认真而切实地解决自身的实际问题和发展需要，并在实践中不断探索，勇于创新，与时俱进。像大学教育为经济社会发展服务、选课制、社区学院、社会服务职能、产学研结合、信息化，以及与一切高等教育改革发展息息相关的世俗化、民主化、公平性，等等。看来，创新是高等教育现代化的不竭动力，也是大学的灵魂，但大学创新与社会创新息息相关，没有社会的需求，没有社会提供的条件，大学很容易就故步自封。赠地运动从国策上把大学和工农业生产捆绑在一起，由此，美国高等教育与经济社会发展实现了良性互动。假如把社会需求和社会条件比作市场的话，虽然不能把大学办成市场，但离开市场是办不了现代大学的。

关于美国高等教育现代化的成因或启示有许多的研究。例如有人认为，美国高等教育现代化深受其文化因素的影响：复杂多样的民族结构铸就了“文化熔炉”，个人主义民族哲学促进教育自由与创新，新教伦理与资本主义精神塑造实用教育观，多样化教育传统倡导教育民主与多元。① 这可以归为是文化动因说。分析美国高等教育现代化而看不到其独特文化所起的作用，肯定是不深刻的。

有人认为，美国教育现代化有如下几点启示：第一，质量与公平的关系。在把握时代发展主题的前提下，兼顾质量与公平。第二，继承与创新的关系。继承和发扬优良教育传统，并进行因时制宜、因地制宜、实事求是的教育创新。第三，地方自主与中央统筹的关系。在保护地方自主权的同时，加强联邦政府的统筹作用。第四，教育部门与其他社会部门的关系：坚持教育为经济建设和社会发展服务，同时政府和社会高度重视和支持教育事业发展。第五，自主创新与学习外国的关系。在坚持独立自主、自力更生的前提下，结合国情借鉴外国先进的教育经验。第六，精英教育与大众教育的关系。随着教育现代化的推进，教育实现大众化，精英教育也经历了转型并受到影响，社会流动机制形成。第七，升学教育与就业教育的关系。综合高中与社区学院兼顾升学与就业两种职能，开设多样化的课程，提供了学生发展个人素质和实现社会流动的

① 周红莉．民族文化传统与美国高等教育现代化进程探析［J］．顺德职业技术学院学报，2013（3）：38－42.

多次机会。第八，人文教育与科学教育的关系。在通识教育中实现融合。第九，传授知识与培养能力的关系。更加重视批判性思维能力的培养。第十，教师和学生的关系。从权威到平等。[①] 这可以归为综合作用说。分析美国高等教育现代化而看不到其系统推进的风貌，肯定是不全面的。

不管是文化动因说，还是综合作用说，或者是其他的什么说，最根本的还是要把握住其现代化的特点，这才是最重要的启示。

二、大学现代化的重点

（一）大学教育现代化的内容

大学教育现代化是由一点一滴的改进累积而成的。

只要是符合高等教育发展规律和人才培养规律、能够满足经济社会发展需求和个人发展需要的任何改进，都应该看作是现代化的组织部分。从这个意义上说，大学教育现代化是无所不包的。具体来说，主要有如下几个方面。

1. 大学与外界的关系。这是解决为什么办大学和为谁办大学的首要问题。

2. 大学教育与教育对象的关系。这是解决把教育对象培养成为什么样的人才和怎样培养他们成为这样的人才的首要问题。

3. 大学内部的关系。这是大学有效处理“与外界的关系”和“与教育对象的关系”要解决的首要问题。

上述三大关系中，大学与外界的关系决定了大学教育与教育对象的关系，进而决定了大学内部的关系。欧洲古典大学主要为上帝和教会培养人才，包括各级统治者，所以，它不会回应社会特别是工农业生产的需求，贵族化是其唯一的办学道路。只要把受教育者培养成为上帝忠实的仆人，就是其全部的目的，至于这些人是否掌握实用技术、能否推动生产的发展和社会的进步，“上帝”是不在意的，这些从古典课程就可以看出，而古典大学的内部设置也体现了这种要求。

---

① 王晓阳．美国教育现代化的历史经验及其启示［J］．教育发展研究，2008（23）：64－72.

美国大学教育现代化是全方位的。第一，在大学与社会的关系上，美国选择了世俗化。社会热烈拥抱大学，大学积极回应社会关切。在人才培养、科学研究和社会服务方面，特别是通过产学研合作等途径，妥善处理好了高等教育与经济社会相适应的问题。第二，在大学教育与教育对象的关系上，美国大学较好地把社会本位与学生本位有机统一起来，以专业和课程设置服务社会需要，以通识教育和选课（选修、灵活学制）满足学生需求，找到了为社会培养实干人才、提升学生发展空间的切合点，同时，通过促进学生社会流动进而给社会源源不断地注入活力。第三，基于上述的定位，美国大学重构了自己的内部治理体系，大学不再是宗教式或衙门式的场所，而是自律性和民主性强、专业化程度不断提高的服务场所、研发机构和追求真理的殿堂。从世界各国高等教育现代化来看，近代以来，美国是高等教育现代化最为全面、最为彻底、最具持续性的国家。

（二）大学教育现代化的突破口

如前所述，美国高等教育现代化是全面的，但它也是有突破口的，这就是课程现代化。

课程现代化的实质就是要用现代化的思想、观念、价值来统摄课程编制，更好地解决“社会需求”“知识体系”和“个人发展”之间的关系。选择课程作为现代化的突破口，有其独特的好处。课程是高等教育大厦的框架，但它是高等教育大厦的基础，具有不起眼但非常重要的特点。一项改革如果触动框架，往往会招致强烈反对，如果选择改课程，通常容易获得通过。而课程上联培养目标、教育模式，下联人才素养、服务去向，加上附丽其中的思想意识、价值观念，是大学教育的关键因素。美国高等教育现代化就是从动古典课程这块“奶酪”开始的。

美国大学课程现代化具有下列特征：一是开放性。包括对现代科技的开放性、对国际文化的开放性和对社会需求的开放性。所谓古典课程，带有千古不变的意思。例如，古典大学的“七艺”包括逻辑、语法、修辞、数学、几何、天文、音乐七门课程，其起源可以上溯古代希腊，至公元4世纪，已被公认为学校的课程。文艺复兴之后，七艺开始发生很大的变化。这种变化就是“课程的现代化”。传统的七艺虽然衰落，但在英国特别是剑桥大学还有承传，并且传到了美国。这种侧重学理、思辨、服务心灵的课程，与火热的生产和生活没有紧密联系。美国大学从引进实用课程、设置实用专业开始，不断促进教育与生产生活的结合，才有了广阔的天地。二是灵活性。大学课程具有不断适应外部变化的自我调节能力和机制。美国大学在人才培养方案的设计上拥有很大自主权，社会参与学校的专业和课程设置，人才培养方案研制；学校鼓励教师开设新课，开课情况与绩效挂钩。不少大学规定，经过专业评审的新课，只要有 15 人（有的是 10 人）选修，就可以开课。有些大学，学生还可以自组专业。在这种情况下，是不可能出现“一本教案讲到老”的现象的。三是整体性。美国大学非常注重从专门人才所应具备的综合素养来设计人才培养方案，组织课程，因此，各专业课程都构成一个体系，课程与目标之间的相关性以及课程之间的相关性非常明确，也非常紧密，体现了整体性的考量。与此同时，美国推行核心课程。核心课程是用以识别专业的，每个专业都会有若干门不可替代的课程，务必获得规定的学分，才能毕业（获得学位），至于其他学分，则按类别修习，可以同类替代。

课程不仅是美国大学现代化的突破口，也是其一直坚守的重点。进入信息时代，信息技术如何与课程实现整合，也是美国大学深入探索的重点，并且有许多创造在引领世界教育的未来。

三、大学现代化的趋势

大学的现代化其实就是大学通过应对各种现实问题和挑战以达成更加理想的状态。它有两种情形：一是引领型的。主要指发达国家的大学探索引领时代发展或适应时代需要的高等教育的活动。二是追赶型的，主要指非发达国家的大学探索高等教育如何满足时代需要、缩短发展差距的活动。美国在发达之前，其大学现代化是属于追赶型的，后来成为发达国家，其高等教育也后来居上，20 世纪以来，其大学的现代化便属于引领型的，即使到了今天，这种地位也没有改变，也就是说，美国大学所遭遇的挑战和问题，很可能就是非发达国家的大学或追赶型大学未来要应对的。

美国高等教育现代化如果从南北战争算起，至今已有160年历史，而且这一进程似乎并没有减弱的迹象。步入信息社会以后，美国高等教育将如何应对所面临的机遇和挑战呢？

乔玉全在其所著的《21世纪美国高等教育》中讨论过美国高等教育遭遇的“划时代的机遇和挑战”，认为进入20世纪90年代，美国高等教育进入新的更加不稳定状态。这可以从与高等教育有关的事件或议题中得到反映。

1. 与平权行动有关的议题。加州等5个州对平权行动采取了包括立法和制定政策等限制措施。平权行动原本在于在大学招生录取、经济资助和雇佣人员上对少数民族等不利群体采取的照顾政策措施。

2. 与学费有关的议题。①大学存款计划，42个州已经开始实施或正在建立大学存款计划，允许家庭提前预付学费，或与弥补大学学费上涨有关的存款计划。②近20个州修订政策，提高外州或外国学生在本州公立大学就学的学费。③控制学费上涨，17个州采取冻结或削减公立大学学费，或把公立大学学费的调整与个人收入增长率等指数挂钩的政策。不少州积极采取措施，以应付大学学杂费不断上涨的形势。

3. 与财政有关的议题。①表现本位的财政政策，22个州已经制定了表现本位的财政政策，州政府至少拿出部分州财政拨款，根据公立大学是否达到一定的可测量的表现目标，来进行分配。②择优资助奖学金，21个州已经同意设立优秀学生奖学金项目，即根据学生高中学业成绩，来分配奖学金。③大学教师工资，26个州拟订了根据生活费用上涨的水平给大学教师增加工资的政策。④用烟草协议补偿的经费资助高等教育，13个州把与烟草公司达成的有关赔偿协议中的部分资金用于高等教育。

4. 与高等教育结构和管理有关的议题。①招生录取政策，9个州的立法机构或大学院校制定了提高大学本科学生录取的成绩标准。②近20个州着手研究公立大学的教师工作量，把提高教师工作量作为提高办学效率的重要手段。③近30个州已经或正在考虑修改政策，扩大核心课程在本州所有公立大学之间充分转迁，提供便捷和有效的高等教育。④近20个州已经通过有关设立优秀奖学金计划，强调以高中生的学业成绩为基础，来确定教授奖学金的人选。⑤7个州已经或正在考虑，允许两年制的社区学院教授四年制的学士学位课程。⑥近20个州已经或正在考虑实行资助非全日制学生的政策。

此外，还有各州高等教育发展不平衡性与多样性并存以及高等教育结构、布局调整等问题。据此，乔玉全认为美国高等教育21世纪面临的主要挑战是新技术革命，由此，公立大学私有化、大学自我发展、信息技术广泛应用以及专业化和职业化的教育发展，可能是今后的发展趋势。[①]

这是基于宏观考察得出的判断，具有广角思维的特征。而接下来摘引的《如何教与学：美国大学课堂教学的启示》的材料，则是一位赴美短期培训考察的教师写的体会，是基于微观考察得出的判断。都是源于亲历的感受，两者各有其妙。有关美国高等教育发展趋势的研究文献很多，但即时碰撞的强烈体验会带给人鲜活的认识。

2012年暑期，本人有幸参加学校优秀教师教学教法培训团赴美国接受为期21天的培训、考察，对世界一流大学的教育理念、教学方法与手段、教学评价与管理中的先进做法尤为印象深刻，感慨颇多。收获最大、感受最深的则是美国大学“以学为主”的课堂教学理念与方法。

一、教师的支持与发展平台：教学指导中心

美国大学设有一个为教师教学教法提供咨询与服务的专门机构，叫卓越教学中心、教学创新中心或指导与技术中心，是解决教师教学问题并提升教学能力的发展平台，在教师发现其课堂教学问题寻求帮助时，给予相应的技术咨询、心理辅导、教学法的建议。

加州大学戴维斯校区卓越教学中心副主任Rosemary Capps博士做了“如何促进教师教学能力提升”的专题讲座，指出在课堂教学中分组指导、讨论的必要性和重要性，教师在讲课时应该始终关注学生的反应，从发问中判断学生对讲解的理解程度，及时调整讲课节奏。教师在讲课时站立的朝向习惯（向左、右还是居中）都会不同程度地影响到授课效

① 乔玉全. 21世纪美国高等教育［M］. 北京：高等教育出版社，2000.

果！我们平时可能根本就没有在乎自己站立的朝向，多数情况下我们会居中站立，少数情况下会是倾斜的朝向，这就会导致有的学生你根本就无法看到，自然也不会顾及他们，会给学生被冷落的感受，而这一点在美国的课堂里是绝对不允许出现的。

二、教学辅助：不可忽视的校园网络

在美国大学的校园网上可以查到全部课程的课程安排、教学大纲以及课程的具体计划。学校的网站是师生最重要的教学信息获取来源。为促进学生的积极主动性学习，美国大学在每年秋季开学伊始，会在校园网上公布教学安排。将本学年度所有教学、假期、上课、考试等活动以日历形式列出；详细介绍一年三个学期的教学安排。主要内容有学院分系编目：介绍各专业方向、各系专业（学位）的必修课、限选课、自选课等课程及其学分要求、课程介绍等。还有具体的开课计划，包括课程名称、代号、承担该课的院系部、教室、时间安排、上课教师、学分、每门课程的限选人数等。教师在开始一门课程前，会在校园网教务系统（blackboard）上详细地列出有关的课程信息，诸如教学大纲、教学计划、参考资料、研究课题、考核方式与要求。开始上课时，教师都将印好的教学计划分发给每位学生，清楚地告诉学生课程安排的具体内容和日程，例如单元考试、中考、期末考试安排，包括日期、时间、教室等注意事项，学分计分与成绩计算办法等。

美国大学十分重视校园网在教学中的运用。通过网络，教师课前很容易地获取选课学生的基本信息，包括姓名、性别、联系方式、照片等信息。教师能够在网络上主持整个一门课程，建立一个空间，控制或允许某人访问，张贴讲义、发布课件、留作业、提供练习题、批改作业、评分、写评语，可以查阅选修本门课程的学生成绩，可以通过 E-mail 批改作业、答疑，还可以向该课程的学生发电子邮件通知。乔治·华盛顿大学商学院的杨家文教授告诉我们，他每一学期都有一门课程通过网络教学进行，甚至最后的考试都是在网上完成的。通过网络，学生可以下载老师的讲义文件和所留作业，可以在线参加小测验或做练习，通过 E-mail 与教师或其他选修相同课程的同学联系，交流学习体会，查询作业

（试卷）的评分和评语。一些在传统课堂上不大情愿提问的学生，更愿意通过网络与教师或同学联系，这样既能增加师生之间的教学互动，又可以提高学习效率。

三、积极主动学习：功夫在诗外

美国大学的教学呈现出一种立体化、多样化的课外学习为主的教学模式，真正体现出“功夫在诗外”的学习理念。这尤以学生的课外主动性学习为核心要义。

美国大学教师非常注重调动学生的学习积极性和主动性。每次上课前都会布置大量的预习和准备工作，让每个学生都有备而来。这样的上课就是带着问题来听课，主要是讨论和提问；学生课前需要做的功课往往大于课堂教学本身。杨教授给大家出示了一门研究生课程（“金融机构管理与建模”）的第一部分，包含“案例研究”“目标”“论题”“必读材料”“课前准备”“补充读物”，其中必读材料中关于美国20世纪30年代银行危机与政府干预的文献2篇，2008年金融危机之金融政策目标与工具、债务的文献9篇。而课前准备则详细地要求学生收集并阅读这些文献，并给出7个问题要求学生分析回答、写出书面的讨论稿。每节课结束前教师都要针对下次课的内容给学生布置需要阅读的文献和重要论文。这样一来，美国大学教育的本质就不是传授知识，而是交流想法、解决问题。

案例研究非常普遍。课堂上，教师给出案例，让学生们自由讨论，并且将结果进行评比。有的学生为了一节课的讨论内容在课外要准备几个小时，甚至查阅大量资料。而这种自学和独立思考的意识，据说在美国中学生时期就养成了。因此，美国大学的课堂教学相对显得十分轻松，说明教师准备很充分。为了提高教学效果，每节课会当堂发很多学习材料。有时是课堂重点和讲义，有时是几页甚至20多页的补充材料。教师的讲解方式粗放，只是提纲挈领的介绍，学生要系统掌握知识必须学会自己看书。课堂上教师组织学生理解知识，学习过程是学生的主动行为，教师只是协助完成这个过程。

在美国，学生的课后作业任务很重，完成一门课的作业往往就需要花上一天的时间，并且教授布置作业的频率很高。作业通常是论文写作，意味着要大量查阅资料，写完后还要上交、修改、再上交，课后作业的压力很大。作业的完成情况会被计入成绩，学生要获得 A 相当不容易。

四、小而活，多样化，以学生为主的课堂教学

美国大学的教室都不大，一般的班级只有 10 多个人，最多不超过 30 人。教室的设备尽可能满足不同教学的需要，教师桌椅组合、摆放都很有特点。

课堂教学方式多样，从教师授课到师生交流再到分组讨论都不尽相同。课堂气氛活泼，即使是以讲授法为主的课堂，教师也同时会穿插使用答疑、小组工作、读书报告、社会调查、实习、实验等教学方法。教师课上善于启发学生思考，鼓励学生提问或发表自己的看法。每讲完一个专题，教师都会直接问学生："还有什么问题吗?" 教师会耐心回答学生的问题，直到没有一个学生有疑问才会接着往下讲。对学生而言，参与课堂讨论非常重要，因为课堂参与分将被计入该门课程的最终成绩。在美国，大班课亦如此。纽约大学商学院的教学创新中心助理主任 Maya-Georgieva 女士带领我们参观该校一个容纳 400 人左右的大礼堂时，告诉我们一些通识教育课就以大班课的形式开设。上课时教师佩戴着无线话筒，学生随时可以打断教师的讲课，举手提问。

美国大学以学生研究为主。教学活动以学生为中心。教授不再是知识的提供者，而是学术活动的组织者、学习与研究活动的指导者以及学术水平的鉴定者。学生的主要学习任务是在课后完成的。学习方式以阅读、讨论、展示和论文写作为主。学期开始时教授会给出长长的阅读书目，上课时教授一般是边讲边与学生讨论。这主要包括小组讨论、合作创作和合作演示三种形式。①

如果不是对比强烈，短短 21 天的培训是不至于有这么多感触的。这是不是预示了大学课堂革命的前进方向呢? 自有班级授课制以来，照本

① 此文为博主的个人总结，见"林刚老师的博客"，http://blog.sina.com.cn/u/1406980244，有删节。

（教科书或教案等）宣科式的讲授模式成为课堂教学主打范式，教育现代化不仅是硬件的现代化，也是软件的现代化，核心在于促进人的现代化。如果仅仅是内容的更新、器物的替换、技术的改进，而不推动教学行为的转变，就不可能触及教育者和学习者内心的灵魂深处。有关美国大学课堂生态或教学模式的研究论文可以说汗牛充栋，但总觉理论阐述不如“体会”来得鲜活。这也是笔者大段摘引的重要考量。

虽然“家家都有一本难念的经”，但同处一个时代，同在一片蓝天下，有些机遇和挑战会是共同的。例如，信息化的问题，就是全世界大学必须共同面对的，这是挑战。所有大学几乎处在同一起跑线上，因此，这也是机遇。这就是世界各国的高等教育现代化都把信息化作为重要战略的根本原因。

《国家中长期教育改革和发展规划纲要（2010—2020年）》设定2020年基本实现教育现代化，大学理应成为急先锋。20多年来，国家和各大学在买电脑和建网、建库、建队、建制方面花了很多的钱，但效果似乎不是很好。没有人的意识、行为及教学模式的现代化，充其量就是新瓶装旧酒。美国大学的经验告诉我们，现代化是一个系统工程，从宏观的社会系统，到中观的学校系统，再到微观的个体行为系统，人的现代性都是第一重要的。“我踩着不变的步伐，是为了配合你到来”，卡拉OK可以，教育现代化是没有这样的歌儿唱的。

第十章　美国高校后勤服务供给

高校像一个社会，这在美国恐怕尤为突出。美国大学大多没有围墙，与当地居民或社区机构杂处，让人搞不清楚，到底是学校在社区里，还是社区在学校里。

美国的大学校园面积通常较大，不少大学都有国际学生，许多大学通常位于郊区或偏远的小镇，有的小镇人口还没有大学生人多，且距离市区往往有2~3小时的车程。学生规模大的大学往往还有多个校区，要管理好这么大的一个或几个校园，着实不是一件容易的事。即使是微型大学，“麻雀虽小，五脏俱全”，要办成“顶级大学”或“学生满意的大学”也是不容易的。撇开教学与学术管理不说，单后勤管理和服务就不是一件简单的事。因此，探讨一下美国大学的后勤服务还是非常有意义的。

一、大学的校园

关于美国大学的校园，总体上交口称赞的多，特别是中国学者赴美学习或交流到过的大学，都给他们留下非常深刻的美好印象。宿伟玲、都莉莉以自己在加州州立富乐顿大学访学的经历这样描述道：美国各所高校的校园规划和设计各具特色，有些高校独特的风格给人以深刻的印象。其中，加州大学洛杉矶分校的校园规划尤为突出。这所大学的建筑风格统一，属于欧洲新文艺复兴时代的建筑风格，具有典型的欧洲建筑特点，而每栋教学楼又各有特色。校园内大树参天，绿草遍地，红白相间的教学楼掩映其中，显示出高等学府独特的校园氛围。此外，地处洛杉矶的另外几所高校的校园景色和教学楼设计也是别有特色，如加州理工学院、“阳光”大学波莫纳学院。这两所大学校园的特点是建筑不高，但具有特色，绿地面积大，并且波莫纳学院校园内更是有高高的棕榈树直耸入云，景色特别。[①] 在其他许多介绍美国大学的材料里，我们也可发现图文并茂的典型美景。对美国大学校园的研究还真应该成为我们必须加强的一个领域。

（一）学校的选址

与我国现代学校喜欢选址城市或人口稠密的地方不同，虽然美国有不少的大学也在城市中或人口稠密的地方，但美国大学似乎并不排斥选择在人口稀少的辽阔乡村，有不少的名校也在乡村，这与我国古代高级书院喜欢设在风景名胜区很相似。许多大学和乡镇浑然一体，让人搞不清楚是“乡镇的大学”还是“大学的乡镇”，是先有大学还是先有乡镇。

（二）校园的布局

美国大学环境比较天然，校园规划力求配合着地理的自然环境来设计，高低起伏，错落有致，很少见有削山填坑式的“土地平整”的痕迹，比较好地保留了自然生态风貌。即使建在平地的大学如加州理工学院，看上去更像一座村落，而不是一个建筑群。

与国内大学相比，美国大学的校园布局非常独特：一是很少见到大学有围墙，无论是大的大学，还是小的大学，都显示出非常开放的格局；二是人们很难找到大学的正门，甚至很难找到大学的主建筑；三是大学的建筑错落有致，因势就形，极少见到“平整”的痕迹；四是大学建筑的功能布局似乎不是简单地按“教学”“行政”“运动”“生活”来区分，而是按方便学生的原则以“大分散”“小集中”的方式布局，就是图书馆也会有好几座，以方便学生就近借阅和做作业；五是大学的建筑风格既统一又有特色，而且好像还比较坚固，不会轻易被拆除。

此外，多校区办学似乎是美国许多大学的一个共同特点。

---

① 宿伟玲，都莉莉. 美国高等教育体系观察与比较［J］. 当代教育论坛（综合研究），2010（4）：117－119.

（三）学校的规模

美国大学的学生规模大小不一，差异很大，既有“巨无霸”也有“小玲珑”，例如，纽约州立大学就是一所特大型的大学，据说是全世界最大的大学体系，共有40万名学生、66所分校以及2.45万名教职员工；密歇根州立大学算是大型的大学，本科学生达到3.5万人以上，200多个专业，14个本科学院，600多幢建筑物；纽约市库珀高级科学艺术联合学院则是一所“袖珍”学院，学生不足1 000人。[①] 如何区分美国大学的规模等级，还没有统一的标准，但基于习惯的分类还是可以大致找出一个指标的：少于1万名学生的属于微型大学，少于1万名学生的属于小型大学，少于3万名学生的属于中型大学，超过3万名学生的属于大型大学，超过4万名学生的属于超大型大学，超过5万名学生的属于特大型大学。当然，就后勤服务来说，不管学校大小，服务事项的类别是差不多的，只不过校园大的学校和学生杂的学校，服务事项的类别更多，服务工作的总量更大而已。

二、大学的校园管理

美国多数大学学生规模都比较大，既有本科生又有研究生，还有国际生。即使学生规模不是很大的大学，如果按绝对值或生均的占地面积来看，也会是个“大”学，加上许多大学还有国际生。偌大的校园怎么管?

校园管理不是学校的核心工作，但绝对是学校的重要工作。美国大学校园的管理通常有三种模式：一是学校管理。即学校设立管理部门，雇用员工来负责校园的管理。二是管理外包。德锐大学（加州校区）实施管理外包，学校的后勤事务几乎全部外包，包括环境卫生、小卖部、食堂、安保等。其他的一些内部功能场室的管理与服务工作，则尽可能提供给学生勤工俭学，因此学校行政及工勤人员很少，效率比较高，且有较多的机会提供给学生，使之一方面能获得劳务报酬以解决生活困难，

① 麦彻同. 美国本科留学解读（2008版）[M]. 袁锐，等译. 北京：电子工业出版社，2007.

另一方面还可使学生在毕业前就获得许多工作经验。三是学校管理与管理外包相结合。在美国大学，基本上可以用“齐备”和“方便”来表述校园管理和服务。

（一）校园的物管

1. 安保。美国大学通常很大，且很多没有围墙，人们进入校园一般不受任何限制，甚至进入大多数楼宇通常都不需要出示证件或接受检查。美国大学是怎样组织安保的？

美国大学经常出现校园枪击事件，也有针对校方的抗议示威活动，以及其他一些在中国看来属于突发、需要启动应急预案的维稳事件。美国大学是怎样应对突发事件的？

的确，美国大学的安保问题是很多人都非常关注的。由于安保形势比较复杂严峻，工作压力比较大，所以，现代美国大学都很重视校园安保工作，实行人防、物防与技防并举的策略，视频录像监控覆盖所有重点位置，有的大学甚至实现全覆盖，同时，还与社区的安保机构如警察局、消防局等密切合作。学校的安全事务由警察局负责，如斯坦福大学不仅有警察部门，还有消防局。学校也会聘请保安，主要负责各楼宇内部的巡查和保安工作，但这是辅助性的。当然，美国大学虽然时不时有恶性案件发生，但总体上还是安全的。

美国大学一般设有安保部门，且与地方警察局保持密切联系。学校配备充足的安保人员，配置充足的安保设施，例如，校园报警装置就是校园安保的标配，假如学生晚上不敢走夜路，可以按报警器，学校安保人员会立刻响应，尽最快速度赶到并护送。在宾夕法尼亚大学，学校的安保设施极为完善，校园区域都有摄像头覆盖，没有学生卡寸步难行。

美国大学的安保队伍与过去中国许多学校的保安有着截然相反的形象，职业化或专业化可能是其突出标志，仅从外表上看，高大威猛，像警察，也像特工，就很让人生畏。曾经一个视频在网上广泛传播，来自加利福尼亚社区大学的两位校园安全人员强行拦住一个学生，说：“如果我不能确定你的身份，我会抓住你，我可以这么做。”随后该“学生”被压制在地，戴上了手铐，而问题是该“学生”曾宣称：“我不反抗。”视频引来大批学生对校园安保的声讨："这个校园保安应该被开除，然后因为攻击被控告。"据说后来校方回应被抓的并非本校学生。

根据美国劳工部统计局（BLS）的调查数据显示：校园保安通常会比一般的保安人员赚取更高的年薪，2015 年他们工资的中位数在 30 400 ~ 39 250 美元之间（一般安保人员工资为 24 630 美元）。有理由认为校园安保人员的素质要求更高（见表 10 - 1）。

表 10 - 1 美国一般安保人员要求及工作与待遇

教育（学历）要求	高中毕业文凭或至少通过 GED 考试
培训层次要求	岗位培训
其他要求	具备安保工作经验可优先考虑
许可证及资质	有驾照；具备心肺复苏术和急救资质，有时也要求有火警执照
工资增长（2014—2024）	所有安保人员增加 5%
平均工资（2015）	所有安保人员为 24 630 美元

资料来源：美国劳工部统计局。

什么样的人能成为校园保安？当然是要求很多了，而不是找不到好工作的人，更不会是"传达室里的老头"一类的人。身体不强健是做不成保安的，仅仅强健也是做不成保安的。保安入职有教育和培训要求。据 BLS 的资料显示，取得高中文凭或通过 GED 考试（一般教育发展测试证书，是美国教育部针对因各种原因未获得高中毕业文凭的人提供获得高中毕业证的考试）是校园安保人员所需的最低教育要求，通常还需要提交犯罪背景调查和一次性或定期药物测试；另外，因为需要他们在紧急情况下做出反应，有效的心肺复苏急救以及驾驶执照也是上岗要求之一。其实，真正涉及他们工作领域的无非以下几条：急救、护送、开锁、巡逻监控、报告可疑行为、排除危险因素以及处理突发事件。

据"老查留学"网的资料显示，美国大学安保有很多独特之处，值得我们借鉴。就 2016 年校园安保最佳的大学来看，也是各具特色的：东中央大学有一个专属警察局提供各种保护学生的服务，比如有一天 24 小时、每周一次的军警巡逻；严格执行不容忍酒精和毒品的政策；每年展开关于强奸、盗窃、自卫和安全预防措施的安全研讨会。厄斯金学院提供“制服军官护送计划”，从日出到日落，将护送任何需要帮助的人到校园内的任何地方，此外还为犯罪受害者制订了接助计划。堪萨斯州立大学的安全部门推出了一个“静默证人计划”，使那些看到罪犯的人能够通过加密的服务器在线匿名举报。路易斯安那州立大学尤尼斯分校最特别的在于其紧急报警系统，它将通知学生、工作人员和教师任何即将发生的紧急情况，所有校园工作人员和学生都将自动加入该计划，并通过文本、电子邮件和语言接收消息。阿肯色州立大学安保部门则保存了所有犯罪案件的记录，并对公众开放，随时可以查阅。马歇尔大学的公共安全办公室是州内首屈一指的，能够提供多种服务以帮助和保护校园里的人。宾夕法尼亚州米拉斯维尔大学的安保部门在校园安全网站上获得93分的高分，它有一个专门的“威胁评估团队”随时待命，以协助校园里的任何突发危险情况。看来，大学生安保工作室是不能等闲视之的，不仅仅因为它重要，更因为它大有学问。

2. 卫生。美国大学的环境卫生是值得嘉许的，除了建筑物非常整洁干净之外，大学的主要道路也是非常整洁的，很难见到有树叶、淤泥和垃圾，草地的保养也很好，清洁工往往会把落叶或落花扫到路边的树下或其他植物的根部，而把淤泥和垃圾清掉。树林和荒草地的落叶一般是不清理的，印证了“落红不是无情物，化作春泥更护花”的诗意。偌大的校园，拥有洁净的马路、美丽的草坪、摇曳的大树、无拘无束的野生动物，有时还能看到金黄的落叶洒满大地。这是一幅人与自然和谐共处的美丽图景。在校园，人们极少看到随地吐痰、乱扔垃圾，极少看到洁白的墙壁留下的球痕和脚印，极少看到草地上、课室里散落的食物残渣，用过的纸巾、废弃的包装袋和砸碎的玻璃酒瓶。当然，美国大学的学生宿舍包括女生宿舍的内务是比较凌乱的，大多数美国大学学生宿舍的内务都缺乏必要的整理，有些甚至可以用“乱七八糟”和“乌烟瘴气”来形容（美国也有少数大学非常注重学生宿舍内务的整洁，以培养学生良好的生活习惯，如我们参观过的德瑞大学，他们的学生宿舍就经得起袭击式检查）。这与中国大学学生宿舍内务评比时的整洁状况有极大差异。美国大学也有乱涂鸦的现象，不过比较集中在某些墙面；至于洁白的墙上到处都是脚印或球印、干净整洁的通道到处都是发黑的口香糖迹，这种现象倒不多见。是否存在中国大学重内务、美国大学重外务，中国大学重外在约束、美国大学重内在约束的现象呢？深入的细究还是蛮有意思的。

美国大学是怎样管理卫生的？除了每所大学都有自己的保洁队伍或委托保洁公司具体负责外，美国大学良好的卫生环境可能得益于公民良好的公共卫生素养以及绝大多数学生的义工经历。这是发自内心的强大动力。大学生在个人的私密空间如何“脏乱差”，通常不会受到指责，而在公共场合依然故我，则会受到鄙视，被认为是缺乏教养，而且故意施污行为还有可能受到处罚。这是威力强大的外在约束。

3. 维修。历史悠久的美国大学，随处可见有年头的建筑。在美国大学，很少见到“旧城改造”，也很少见到破台烂凳。美国大学是怎样开展房屋、设施、设备和家具的维修的呢？在美国，由于社会分工细致，很多工作都是专业化的。因此，学校一般不会养着一支维修队，像维修这类工作，一般都由学校聘请专业的维修人员或维修公司来做，而且不同的维修项目外聘不同的维修人员来承担，也就是社会化的。学生或工作人员发现有需要维修的问题，应立即报告后勤部门，他们会负责安排维修。例如，在纽约大学，如果学生发现自己住的宿舍有需要维修或维护的地方，应第一时间通知宿舍管理层，学校会派有经验的专业人员来处理，常规性维修或维护是免费的，但如果这些损毁是由人为因素造成的，维修产生的费用将由责任人承担。所以，碰到类似情况，切忌自己动手维修，否则，你将无法证明你不是损毁人。

（二）学校的交通

说美国是轮子上的国家，一点也不为过。美国有发达的交通系统，一是有立体交通网，二是道路四通八达，三是接驳便利，四是小车便宜、汽油便宜，以至于私家车成为解决交通问题的主要手段。与中国大学喜欢靠城不同，美国大学更多坐落在郊区，那是一个可以大有作为的广阔天地，所以美国大学大多占地面积非常大，因此，在美国大学里工作、学习和生活，不解决交通问题是不行的。大型的大学一般会安排校车，学生通常凭证免费乘坐。其实，这就跟旅游一样，你交相应数额的费用，就可以交通、食宿及景点门票都不用再掏钱。因为大学也不是慈善机构，“天下没有免费的午餐”。

现代社会的通信因为网络和移动通信而变得不成问题了。美国大学的信息化程度比较高，通信是非常便捷的。

（三）学生的住宿

在美国，大学绝大多数都建有学生宿舍，但为学生提供住宿安排似乎不是大学天经地义的事，不像国内大学“包有住”，或者说“按床位招学生”，其住宿数量往往少于招生数。故许多学生其实并不住在学校的学生宿舍里，但大多数的大学一般会要求一年级新生（或低年级）入住学校的学生公寓，而年级高的学生自己解决住宿问题，好在学校或周边有很多“出租屋”可以满足需要。一般来说，住在学校提供的学生宿舍里要比住在外面贵，而且也不够自由，但是方便，更加安全。

学生住学校的学生宿舍，就跟住旅馆似的，选房、订房、付款、入住，可以使用付费洗衣机洗衣服务，时间一到（如学期结束）就得搬出。学校宿舍不会对男女学生设置物理隔离，假期没有留假的学生，也不安排放置行李物品的宿舍。当然，如果租住校外公寓，一切规矩得按房东的意见办。

美国大学的学生宿舍一般是以双人房为主，也有单人房或多人房。不同大学，宿舍差异很大，一般来说，老牌大学的宿舍比较陈旧，生活设施比较简陋，但都可以上网。美国大学的宿舍往往配有学生食堂、学习室、活动室，这使学生的学习、锻炼和交流非常方便。加州理工学院的学生宿舍每间房的房门都挂着一块白板，方便留言，看得出校方非常关注从细微处给学生提供良好的服务。纽约大学是一所私立大学，共有21幢宿舍楼，分布在曼哈顿不同的位置，其中有7幢宿舍楼是专供大学一年级新生居住的，有10幢宿舍楼专供高年级本科同学居住，有2幢宿舍楼专供研究生同学居住，还有2幢宿舍楼供高年级本科同学与研究生共同居住，可提供12 000个住宿床位。每幢宿舍楼都有一个专业团队在管理，这个团队包括主管、副主管及资源经理等。当学生遇到任何问题时，都可以向他们求助。宿舍房间的配套设施基本都一样，每个房间都配有床、桌椅、衣橱等简单家具。一年级新生的宿舍房间里，电话、有线电视、网络都已安装好，大部分宿舍楼都在房间里安装了空调，只有几个宿舍楼提供厨房。高年级本科同学住的宿舍都提供电话、有线电视、网络、空调（Seventh Street除外）以及厨房。研究生同学住的所有房间都配有空调及厨房，部分宿舍楼安装了电话、有线电视及网络。由于宿舍内的储藏空间有限，学校不允许学生自带家具（小书架除外），东西通常只能放在小壁橱里或床下。学校不提供床上用品、台灯、微波炉、电视、收音机、电话、电脑等用品，其他一些用品如空调、蜡烛、烤面包机、烤炉等是不允许带进宿舍的。

在美国，学生入住学生宿舍是按学期或学年收费的，不包括寒暑假期，开学前或学期结束后，都不能留在宿舍，除非另外预定寒暑假期的住宿。

美国大学对秋季入学的学生一般会在4月开始接受住宿申请，通常由职能部门（如纽约大学的住宿生活服务办公室）负责办理，6月会收取预订金，8月会发出住宿安排通知。学生到校后，学校会举办入学日介绍活动，详细讲解在校园如何停车、需要带什么东西等事项。之后，学生可以到自己宿舍楼的前台办理入住手续。住宿生活服务办公室的工作人员会将宿舍钥匙、房间物品清单以及宿舍管理规定等交给入住者。学生就可以搬进事先分配好的宿舍。在美国，许多大学都要求入住的学生向学校提供免疫证明，否则无法办理宿舍入住手续。如果学生住宿到期要搬离宿舍，那么，他会收到一份详细的搬离指南，搬离者必须按照指南要求做好有关事项，总的要求是确保房间的情况与搬入时的情况一致，如房内整洁干净、家具或墙壁没有损坏等。如果房间有未清理的垃圾、房间受到损坏或丢失了东西，校方就会给予处罚。

美国大学的学生宿舍一般是男女混住的，不像中国大学的学生宿舍，有着严格的男女限，分男生宿舍区和女生宿舍区、男楼和女楼、男楼层和女楼层，在女生地盘，往往还要竖立一块警示牌子，叫作“男生勿入”。

有些大学对入住学生公寓的学生提供免费的饮食，也可以说，学费包含了一定数量的餐费，如德锐大学。其实，羊毛出在羊身上。

美国大学的学生管理与我国大学的学生管理有很大的不同。仅从住宿来看，我国大学校园规划非常重要的功能区划原则（即所谓教学区、生活区和运动区分置，相互分隔）其实也有值得检讨的空间。在微观管理上，把大学生当大人（成年人）管和当小孩（未成年人）管，其模式是很不一样的。后勤社会化未必要引入社会力量承包，关键是要按照社会经营的模式来管理。

（四）教工的住宿

规模小的大学不提供教工住宿。德锐大学就没有教工宿舍。

斯坦福大学有40%的教工住在大学里。所以，斯坦福大学在对外宣传时非常强调这一点，把它作为大学特色和优势来加以介绍，认为这样会使教师与学生的交流更加方便、充分，更有利于学生的发展。

（五）校内的膳食

总体上讲，美国人吃的东西比较简单，烹饪方法和食物种类都比较单一，不像中国烹饪那么烦琐，也不像中国食品会产生残羹剩饭，校园里有好些中小规模的餐馆分布在师生频繁活动的区域，很方便。背着书包，一手拿着纸包的汉堡，一手拿着盛着饮料的纸杯，边吃边走向课室的景象，在美国大学校园里是随处可见的，算得上是一道风景线。学校的学生宿舍一般是不允许烹饪食品的，在“出租屋”则可以大秀厨艺，当然，不是每个国家的学生都有兴趣自己弄东西吃的。

在很多人的心目中，美国人是不太讲究饮食的，他们的生命是靠烤炸的快餐来维持的。其实，这多少有些误解，起码对美国大学来说是这样。

美国大学非常重视膳食工作，不仅餐厅很多，合理分布，菜色丰富，不少食物是可以拿着边走边吃的，让人感到饮食非常方便，而且绝大多数餐厅经营时间都很长，让人感觉随时随地都可以解决肚子问题。所以，美国大学的膳食常常让人感到“选择无止境”。在麻省理工学院的阿默斯特校区，无限量自助餐包含你所知道的美食：素食、亚洲菜系、清真菜、寿司……考虑到部分学生有特殊饮食需求，学校食堂还提供无麦麸食物、犹太食物和纯素食。然而这还不是全部。它拥有4个饭堂、18个校内咖啡馆、4辆活动贩卖车以及外卖服务。“在麻省理工学院，选择是没有止境的，吃货根本停不下来。”

美国大学餐厅整洁、舒适、卫生，一般来说，还比较安静，所以常常可以看到在餐厅边吃边学的人。

美国大学的餐厅并不是由学校官方来经营的，学校的职责在于监管经营。在不少大学，学校准许学生组织经营餐厅（以及其他一些经营性的场所，甚至包车服务等），作为学生组织筹措经费的一种方式，但要经过严格的审核程序。绝大多数大学都会吸引学生参与膳食的制作、管理和建设，以使校园餐厅也能成为吸引学生的一个重要场所。

（六）校园的购物

说到美国大学的购物，总体上也是很方便的，一般的大学都有小商店（小卖部），出售各种应用或应景的商品，其中，有两种物品是比较方便购买到的，一是小件的日常用品，二是与大学有关的纪念品。当然，美国人有去超市购物的习惯，但前提是自己有车才方便，绝大多数学生特别是留学生没有车子，只能去小商店。

三、学生是否需要参加义务劳动

义务劳动其实就是义工。乐意做义工的人，往往有服务和奉献精神。这种精神是人成功的重要条件，也是精英或栋梁的基本素养。

众所周知，美国大学录取新生非常看重申请者是否有做“义工”的经历，几乎所有的招生官不仅想了解申请者做了什么义工，而且更想了解为什么做这种义工以及有什么收获。然而，这种情况在大学似乎并不像中小学阶段那么受重视。一个人如果入读社区大学，他要转入四年制本科大学就读，招生官往往不再关注他们的义工情况，而是比较留意他们的学业，包括学习成绩和学习能力，至于社区活动和课外活动已经变得不那么重要了。所以，从这个意义上说，在美国读大学，能不能毕业与有没有做义工没有关系，大学没有做义工的要求，不像高中生，要想获得毕业证书，除了成绩与学分外，还要无偿提供60小时的社会服务。但是，美国大学有“义工文化”，很多人都会很主动很积极地做一些义工。①

过去，在中国的中小学和少数大学，学生有卫生包干区，即学生要为学校的环境卫生提供义务劳动。在美国大学，没有资料显示，学生有卫生包干区，也没有资料显示学校要求学生为学校的公共事务提供义务劳动。

勤工俭学在发达国家的大学里是非常普遍的现象。很多学生都有勤工俭学的经历。早年中国留学美国的大学生，最典型的勤工俭学形象就是“端盘子”。美国大学的勤工俭学五花八门，除了人们非常熟悉的体力劳动、服务性工作外，还有一种专门提供专业技术劳务的勤工俭学形式，这种形式在项目研究方面非常流行，包括研究生为导师干分外的技术活，导师都是需要付费的。学校甚至还会出台最低工时报酬标准。

学生干部是一种特殊的义工，它为自己所在的组织及其成员提供义务服务。似乎全世界的大学学生干部都没有职务报酬，美国大学也是这样，而且，要做这样的义工，通常还需要经过激烈的竞选。美国大学的学生干部主要是社团组织的干部，因为没有固定班级，所以没有像我国大学那样有一大批班干部。如果社团从事经营活动，这种活动不是所有成员均等参与，而且其劳务报酬或经营所得归社团所有，经过严格的程序和审批，参与的学生干部可以获得一定的“劳务补贴”，但总体上讲，当干部就是做义工。

同样是劳动，做义工就是做义工，提供劳务就是提供劳务，两者是

---

① 美国义工活动范围非常广泛，义工几乎无处不在：宗教活动中有，慈善活动中有，政治活动中有，文化娱乐活动中也有，不用说教会、医院、学校、博物馆、图书馆、公园、救火站等社会机构，就是在广场上、商店门口、地铁站和十字路口等公共场所，也随时随地可见义工的身影。

有明确区分的。

四、后勤服务是否需要购买

世界上没有免费的午餐，关键是“钱”由谁来付。

按照 WTO 规则，教育属于服务业。大学提供两种服务：一种是教育服务，那是大学的主业；另一种是后勤服务，是辅助主业的配套业务。如何区分这两种服务呢？其实也很简单，凡是与学生发展有关的是教育服务，与学生生活有关的是后勤服务。与学生发展有关的事项都与毕业有关，一般都以课程、学分的方式加以确定，此外的事项基本上属于后勤服务事项。

（一）大学的服务

大学主要为谁提供服务？这是办学者首先必须搞清楚的基本问题。

美国大学有三大功能：人才培养、科学研究和服务社会，终极目标是服务社会，但服务社会的最主要的途径是培养人才，所以，大学最直接的服务对象是学生，也就是说，大学主要是为学生提供服务。这一点跟我们的大学有很大不同。在中国，大学首先要为教职员工特别是教师提供服务，因为在学校发展过程中，他们付出了劳动，所以学校是他们建的，他们才是学校的主人，把他们服务好了，他们才去教育学生，即使他们退休了，学校依然要继续为他们提供好的服务，因为他们当年教育过学生。正因如此，中国的雇员都会牢记自己的贡献，没多少人会记得自己领取的报酬。这也是思想工作做了很多，服务精神依然不足的重要原因。

在美国，大学教育非常流行的一种理念是“学生消费者第一”，转化为中国的话语来说，就是“学生才是衣食父母”或“学生才是上帝”。不管哪种说法，其实，大学与其学生的关系是基于知识的服务关系，这种关系不是上下级的管理关系，而是平等的供求关系。这一点，美国的大学是有普遍共识的。

大学为学生提供什么服务呢？总结起来有两类：一类是与学习有关的服务，属于基本服务，包括课程与教学、实验与实习、咨询与指导以及提供保障这些服务顺利进行的基本条件如安全等，可以叫作教育服务；一类是与生活有关的服务，属于辅助服务，包括住宿、饮食、交通、运动等，可以叫作后勤服务。

大学怎样提供这些服务呢？因为大学是收取学费的（公立大学包括政府拨款），所以，它把这些服务分成免费和收费两类，一般来说，基本服务是不另行收费的，而辅助性服务则多数需要收费，如住宿和饮食，至于交通和运动是否收费，不同的大学有不同的做法。有一个很奇特的现象，美国人喜爱运动，但大学基本上都不开公共体育课（就所见材料，没有发现有开公共体育课的大学，体育项目选修课是有的），运动成为“很私人”的事，虽然大学一般都有比较完善的运动设施，但很多大学都把部分运动场馆和运动设施规定为收费场所或项目。

（二）哪些后勤服务需要购买

学校的教育服务通常通过收取学费来提供，这是非常明确的。那么，后勤服务是否需要收费呢？哪些后勤服务需要购买呢？如何购买呢？

美国大学没有“免费的午餐”。理论上说，所有的服务都需要付费，只不过有的服务是“一手交钱一手提货”，而有些服务则是“一次交钱分期分批提货”。衣食住行要付费，文体康乐要付费，医疗要付费（购买医疗保险），重修要付费……只不过，各所大学收费的方式不同而已。

美国大学在运行机制上将学生事务管理纳入服务范围，将服务业的理念引入学生事务管理，倡导“管理即服务”，要求通过创设良好的学习、生活条件，提供优质的校园服务来吸引学生、留住学生。这就类似于企业“顾客至上”的原则。各大学提供的学生事务服务大多是有偿的，因为提供学生服务需要大量的现代化设施和设备，需要大批的专业人员，这就需要有足够的经费支持，而学校能提供的经费是很有限的，所以，各所大学都将学生事务纳入服务范围，收取适当的专项杂费。如得克萨斯州农工大学，与学生事务相关的杂费主要包括心理咨询、法律咨询、体育场馆使用、学生中心活动的费用等，其中前两项按学生选修学分收取，后两项按学期收取。

美国大学凡是与个人有关的后勤服务都需要购买。

有的大学在收取住宿费时把伙食费也纳入其中，然后给学生提供免费饮食或部分免费的餐饮，就像有的五星级酒店提供免费早餐一样，其实，那是旅客自己请自己，但这种方式依然让人感到很温馨。

（三）大学生活如何省钱

在美国上大学，最主要的支出是学费。学费与学校有关，同档次的学校私立收费高过公立，公立大学对本州生源有优惠。省钱的方式就是“两争取”：一是争取读本州的公立大学，二是争取奖学金。

美国大学学生的基本生活费用主要是住宿费、伙食费及日常零用开销。一般来说，住宿费不算太高，或是说比较便宜，日常零用可以自我控制。如果说是学费之外的主要开销当然还包括校外交通和书本费用。校外交通费由距离和交通方式决定；书本费用与专业有关；其他基本生活费用与学校所在地区有关。美国大学的书本费用比较高，本科一般在1 000美元左右。但美国大学的教材销售有试读期，试读期内不满意可以退货；另一个省钱的方式是向毕业生低价购买。至于参考书，图书馆多的是。教师教学一般会要求学生阅读什么材料，但不会要求学生购买什么材料。学校也不会统购统销教材，这给了学生很多的自主权，让学生可以节省一些开支。这与我国大学指定教材、动员购买不一样。

在美国，如果一个人在大学工作，又修读本大学的课程或学位，可以在学费等方面获得优惠。在美国高等教育史上，经常产生“清洁工获得学位”的现象，这类故事流传很广，让人感觉很励志，成为“美国梦”的一部分。当中也看得到美国大学在收取费用的同时是非常注重创造发展机会的，所以，美国大学的收费常常给人以物有所值的感觉。

美国大学因为多样化，所以可供选择也非常多。仅就收费服务而言，也是丰俭由人的。学生可以根据自己的学力和支付力选择理想的学校。如果学生遭遇困难了怎么办？美国有完善的助学体系可以帮到有需要的学生，包括申请贷款，勤工俭学，休学先做工赚取学习费用再续学业，转读便宜的专业或学校，等等。美国大学为困难学生发放的贷款都是低息甚至免息贷款，国家还经常免除困难毕业生的还款义务。所以，美国大学生对学校和国家总体上还是充满感情的。

由上可见，“以人为本、服务周到、行为规范”可以说是美国大学后勤管理的主基调，管理和服务工作井然有序，似乎也颇受好评，公开信息中极少见到师生员工与大学当局就后勤服务问题发生冲突的事件。这是很不容易的。此外，美国大学的后勤服务似乎也不以营利为目的，而是以方便学生和有利于教育学生为考量，而且项目属性的分类很清晰，例如，与学习有关的后勤服务是免费的，与生活有关的项目多数是收费的，即使是收费项目，也未必是学校收费，有些收费项目如运动类项目或场馆类项目就交由学生社团经营。这也很值得我们学习。与此相关的还有校园规划和功能布局、建筑修缮等，同样也是值得借鉴的。兵马未动，粮草先行，后勤服务是须臾放松不得的。几十年来，我国大学后勤改革反反复复，至今没有找到方向、切入点和平衡点，是否从理念、体系到技术都需要重新检视呢？笔者认为是有必要的。

第十一章　美国高等教育评论

由于美国在全球所处的地位，美国的一举一动都会受到关注。其高等教育也是全球关注的焦点，国际评论也特别多。在我国当代高等教育研究中，有关国别高等教育研究也以美国为最多，在高等教育改革方面，借鉴美国思路和经验的要比其他国家多得多。

一、国际大学排行榜高度认可美国高等教育

尽管有人警告“别让排名挤掉大学使命”①，这种忠告对学生、家长、大学和社会都很有意义，但大学排行榜依然层出不穷。从一定程度上说，大学排行榜反映了大学的实力、水平和影响。透过国际著名的大学排行榜，我们可以进一步了解美国大学在全球的地位。比如加州理工学院的规模虽然很小，全校学生仅 2 000 人左右，但历史上却走出了 35 位诺贝尔奖得主，是世界上诺贝尔奖获奖密度最高的学府。因此，加州理工学院被公认为最典型的精英大学之一。这从国际著名的排行榜也可以看出：2015—2016 年，该校位列泰晤士高等教育（THE）世界大学排名第一、QS 世界大学排名世界第五、世界大学学术排名（ARWU）第七、世界大学排名（US News）第七。

（一）世界著名排行榜的美国大学

在林林总总的排行榜中，有些是非常著名的，或者说是具有权威性的。如：

---

① 尹世昌．别让排名挤掉大学使命［N］．人民日报，2011－07－11（12）．

1. 《泰晤士报》全球最佳大学排行榜。《泰晤士报》全球最佳大学排行榜是由《泰晤士报》高等教育增刊推出的，是由英国两家研究公司（Quacquarelli Symonds，QS 和 Evidence Ltd.）负责策划和进行的。

该评价体系的学术声誉的权重是 14%，是一个注重学术的评价体系，在全球大学排行榜中拥有比较权威的影响力，但也不是 100% 被认可。在 2005 年全球最佳大学排行榜编制过程中，由于调查失误，误将马来西亚大学的华裔和印裔学生当作外国学生，使马来西亚大学晋身全球前 100 强大学，排名第 89 位。

2010 年，《泰晤士报》首次与全球著名的信息提供商路透通讯社合作，采用全新机制，推出了全新的世界大学排名标准体系，包括：教学能力 30%，研究能力 30%，论文引用 32.5%，商业融资 2.5%，国际化程度 5%，共 5 个大项 13 个细项。

《泰晤士报》全球最佳大学排行总体上说以美国大学居多，无论是入榜总量还是排位靠前大学数量，充分展示了美国高等教育的"霸主"地位。

2. 全球社会科学大学排行榜。由英国高等教育调查机构 QS 公司推出。社会科学类大学排行分 6 个科系：统计学、社会学、政治学、法律、经济学和会计。在 2011 年排行榜上，按国家来看，进入至少一个科系的排行榜的大学以美国大学为最多，达到 119 所，其余依次是：英国（64）、德国（39）、澳大利亚（31）、法国（31）、加拿大（21）、日本（18）、中国（14）、荷兰（14）。在综合排名前 10 的大学中，有 7 所是美国的大学，哈佛大学排名第一，加州大学伯克利分校排名第二。中国的北京大学排名第 22 位，中国香港中文大学排名第 30 位。[①] 由此可见对美国高等教育的高度认可。

3. 《美国新闻与世界报道》大学排行榜。美国院校排名是一个非常复杂的体系。美国为大学排名的方法多种多样，其中，《美国新闻与世界

① 安树. 全球社会科学大学排行榜出炉 [J]. 课程教材教学研究（教育研究），2011(5)：61.

报道》主办的年度排名是最有权威性的。这种权威性不仅在于它以教学质量为标准，更在于它采用一套科学的方法对大学进行评估。每年初，这家报纸就将全美4 000多所大学选出1 300多所进行问卷调查与数据搜集，然后根据卡内基美国大学分类原则进行排名，出版一本专辑，题名为《美国最佳大学排名榜》，常常被列为全美最佳畅销书。依照卡内基分类法，《美国最佳大学排名榜》开设了7个分榜。

（1）全国性大学排名榜：所有博士学位授予大学都列在这一榜。前50名按总积分逐一排列；50名之后，分为上、中、下三组，列出积分，只按照字母顺序排列。值得一提的是，在美国久负盛名的8所“常春藤大学”，包括哈佛、耶鲁、普林斯顿、哥伦比亚、康奈尔、布朗、达特茅斯和宾州大学等，常常排在这一榜的前20名。

（2）地区性大学排名榜：所有硕士学位授予大学都列在这一榜。考虑到许多人为节省旅行开支，愿意就近入学，这一排名榜按地区分为4榜：北方地区、南方地区、中西地区和西部地区。每一地区，按总分列出前30名，其余的分为上、中、下三组，每组中只按照字母顺序排列。

（3）全国性文理学院排名榜：与第一榜相同，前50名按总积分逐一排列，其余分为上、中、下三组，列出积分，按照字母顺序排列。不同的是，列在前20名的学院并没有很高的国际知名度。

（4）地区性综合学院排名榜：与第二榜相同，按地区分为4榜；每一地区，按总分列出前30名，其余的分为上、中、下三组，每组中只按照字母顺序排列。

（5）工商管理学院排名榜：由于工商管理学院培养的是未来的企业家和高级管理人员，所以入学条件较高，需要单独排名。这里的工商管理学院均属于某一大学，与后面将要提到的专业学院不同。排名是由全美国工商管理学院的院长和资深教授通过问卷评定的。这一榜包括学院和专业排名两种，学院排名列出前50名，专业排名只选前5名。专业排名分类较细，有会计、财政、信息管理、国际商务、人事管理和房地产经营等12个项目。有趣的是，在学院排名中名列前茅的学院，在各专业排名中不一定都排在首位。

（6）工程学院排名榜：工程学院与工商管理学院相同，竞争性强，有严格的专业课程要求，也需要单独排名。由于研究生院的教学和研究对本科生教育有很大的影响，授予学士和博士学位的大学分开进行评比。其评比方法与工商管理学院相同，以专家的意见为基础。这两组排名也分为学院和专业两榜，学院排名列出前50名，专业排名只选前5名。

（7）专门学院排名榜：其排名方法与前4榜相似，由各学院提供有关数据，然后按专业排名。不同的是，他们没有总积分，排名榜只按字母顺序排列。这一榜只有4组：美术和表演艺术学院、工商管理学院、工程学院和军事学院。其他专业学院没有排名榜。[①]

该评价体系有7项一级指标（2002年）：学术声誉（25%），学生保持率（20%），教师资源（20%），学生选择性（15%），财政资源（10%），毕业率（5%），校友捐款（5%）。

该评价体系强调院校之间、专业之间的可比性，对大学的评价是利用"卡内基高等教育分类法"，根据培养目标和地区将高校分为全国性大学、全国性文理学院、地方性大学、地方性文理学院四类。最新的美国大学评价所采用的是最新版的分类法，并在此基础上做了相应的调整，分为四类：授予博士学位的全国性大学、授予硕士学位的大学、授予学士学位的文理学院、授予学士学位的综合性大学。对于这四类学校，在教育目标、授予学位数量、科研规模等方面都做了界定。卡内基教学促进基金会自1973年首次公开出版其大学分类方法和结果以来，随着美国高等教育体系的现实发展，已经先后四次修订重版。《美国新闻与世界报道》据此而展开的评估排行依然一直被认可，具有比较广泛的国际影响，也引领了国际对美国高等教育的评价。

4.《普林斯顿评论》排行榜。《普林斯顿评论》排行榜是基于教育机构数据和学生意见调查选择出来的，这是一种别样的排行榜。自1992年开始，它不对学校进行整体排名，而是从学校的学术水平/学校管理、校园生活、城镇生活、学校类别、政治倾向、生活质量、课外活动、社交

① 资料来源：百度之美国大学排行榜相关介绍。

生活等62个方面进行排名，诸如“学术水平/学校管理”院校排名就有“教授得分最高”“教授得分最低”“学生最勤奋”“学生最不好学”“教授最平易近人”“教授最难接近”“最佳图书馆”“最差图书馆”“最佳助学金”“最差助学金”“最佳运营”“最差运营”“科学实验室设施”“出国学习最热门”“最佳课堂体验”“最佳就业服务”“最佳健康服务”“最受学生喜爱”等，而“学生构成情况”院校排名有：“种族互动和课堂互动最多”“种族互动和课堂互动最少”“学生信仰宗教最多”“学生信仰宗教最少”“对同性恋最友好”“对同性恋最不具好感”等，“城镇生活情况”院校排名有“当地居民与师生关系最融洽”“当地居民与师生关系紧张”“所在城镇最棒”“所在城镇最差”等，以及“学校类型情况”“政治倾向”“生活质量”“课余活动”“社交活动”。调查的学生一般为1.2万名或更多。

《普林斯顿评论》排行榜也是国际比较认可的排行榜，具有引领国际对美国高等教育进行细致评论的影响力，尤其是其依据教育机构数据和学生意见来排名，反映了“群众”的意见，更切合“用户”的需求。

5. 软科世界大学学术排名（ARWU）。软科世界大学学术排名自2003年首次发布以来，至今已连续发布了14版。

ARWU排行榜由四大指标构成，包括：①教育质量：获诺贝尔奖和菲尔兹奖的校友折合数，占比为10%。②教师质量：获诺贝尔科学奖和菲尔兹奖的教师折合数，占比为20%；各学科领域被引用次数最高的科学家数量，占比为20%。③科研成果：在*Nature*和*Science*上发表论文的折合数，占比为20%，被科学引文索引（SCIE）和社会科学引文索引（SSCI）收录的论文数量，占比为20%。④师均表现：上述5项指标得分的师均值，占比为10%。对纯文科大学，不考虑N&S指标，其权重按比例分解到其他指标中。

此外，还有美国《耶鲁大学内部指南》、《菲斯克大学入学指南》、《华盛顿月刊》美国大学排名和《福布斯》美国大学排名等以及加拿大《麦克林新闻周刊》的大学排行榜。

（二）主要排行榜中美国大学的地位

全球有名的大学排行榜，无论是哪一种，综合类的还是单项的，前500强/100强还是前50强/前10强，美国大学入选都是最多的，这反映出无论采用哪一种评价指标体系来评价，美国高等教育的实力都是最雄厚的，全球领先的好大学最多。例如，2016年上海软科世界大学学术排行榜列出的500强大学，分布在43个国家，美国就占了137所，比第二多的国家多出整整100所，其他42个国家占有其余的363个席位，详见表11－1。[①]

表11－1　世界500强大学在16个主要国家的分布情况

单位：所

按国别统计						
国家	前20名	前100名	前200名	前300名	前400名	前500名
美国	15	50	71	98	119	137
英国	3	8	21	28	33	37
日本	1	4	6	9	12	16
瑞士	1	4	6	7	8	8
澳大利亚	—	6	8	14	21	23
加拿大	—	4	6	13	16	19
德国	—	3	14	21	27	38
法国	—	3	9	13	18	22
荷兰	—	3	9	11	12	12
瑞典	—	3	5	8	10	11
中国	—	2	12	24	40	54

① 天道留学．最新ARWU 2016年世界大学学术排行榜，伯克利前三［EB/OL］．（2016－08－17）．http：//www. sohu. com/a/110917171_ 221536.

续上表

国家	前 20 名	前 100 名	前 200 名	前 300 名	前 400 名	前 500 名
比利时	—	2	4	6	7	7
以色列	—	2	4	4	4	5
丹麦	—	2	3	4	5	5
挪威	—	1	2	3	3	3
新加坡	—	1	2	2	2	2

二、学者的主流意见

由复旦大学高教研究所翻译、复旦大学出版社 1988 年 1 月出版的《美国大学教育：现状、经验、问题及对策》，是作者博耶（Boyer L. L）在卡内基教学促进基金会的资助下，根据 16 位富有经验的调查员自 1984 年秋季开始对美国 29 所高校实地采访的结果撰写而成，并于 1987 年出版。该书被认为是系统分析美国大学经验和问题的权威之作，反映了冷战后期美国大学的真实状况。该书亦充分肯定美国高等教育所取得的卓越成就，认为“美国高等教育体系以其多样性、开放性及其成就而享誉全球。美国的学院和大学由于不受任何窒息生机的观点形态的束缚，因而具有无比的活力和正直性”，是美国“文化中最生气勃勃而经久不衰的一个部分”。“每个学院和大学都有其自己独特的历史、传统和价值观。这些阵营强大的学校，向所有年龄不同、背景相异的公民敞开着大门。现在有 1 200 多万学生注册入学，接受中等后教育。这是一个任何其他国家都无法比拟的巨大成就。”我们认为，这种评价是公允的。关于美国大学教育存在的问题，博耶在他的著作中列举 8 项：高等教育与中等教育脱节；教育目标混乱；教学与科研失衡；教学中创造性与尊奉性之间存在矛盾；学业生活与社会生活严重脱节；学校管理混乱；教学评估不合理；学校与外部世界隔绝。我们认为，这种揭露是冷静而深刻的。难怪这本书的材料和观点被广泛引用，并成为推动美国大学教育改革的重要力量。

（一）学者对美国大学的积极评价

由于美国大学约占全球大学 20 强的 80%，全球大学 50 强的 70%，集聚全球诺贝尔奖获奖人的 70%，产生全球科研及工程文献的 30%，且经常被引用文献的 44% 来自美国大学，美国高等教育在全球居于领先地位，是各国争相学习的榜样，所以，有关美国大学的国际评论主流是积极的、肯定的。这种状况实际上自 19 世纪末就已经成为"潮流"了。

在高等教育发展史上，法国、英国和德国的大学在相当长的历史时期里是欧洲大学的翘楚，也是世界大学的北斗。英国大学秉承了法国大学的传统和经验，美国大学移植了英国大学的模式。美国南北战争后的几十年，其高等教育大举向德国学习，从滑铁卢战役到第一次世界大战，留学德国的美国学生就有 10 000 多人。历史学家认为，德国学术和大学生活对 19 世纪美国大学的影响是近代学术史上最重要的事件之一。[①] 这一时期，不少美国大学校长都有留学德国的经历。但短短几十年，美国高等教育就让法国、英国和德国刮目相看，赞叹不已。

法国科学院院士穆瓦桑到美国旅行后，于 1897 年在法国科学院发表演说，建议法国以美国大的学习中心，如芝加哥大学为榜样。他对美国成功地将智力文化和爱国精神融为一体表示了最大的尊敬，并期盼同样的发展会使法国高等教育获得新生。法国学者孔派雷 1893 年曾访问芝加哥世界博览会，他对美国的成就几乎给予了狂热的赞扬。他说，法国欲求新生，必须远涉重洋取法美国大学。美国充满了生命力、能量、慷慨、创新和进步，有一个不断处于变革中的大学制度。许多年后，巴黎大学教授、生物学家科勒里作为交换教授在哈佛大学工作了一年。他在 1922 年出版的《美国大学和科学生活》一书中对美国大学赞不绝口，对美国大学广泛的领域和课程表示了由衷的高兴之情，称它代表了 18 世纪法国百科全书派的教育理想，这种理想是法国革命梦寐以求而未能实现的。在过去的半个世纪里，世界被重新改造，但法国高等教育仍是"贫乏的

① 贺国庆．美国高等教育现代化的奠基：南北战争后到 1900 年间美国高等教育的变革 [J]．河北师范大学学报（教育科学版），1998（1）：49－54．

和旧式的”，是路易－菲力普时代的模式。在美国，民间自由的积极性和地方自治创造了学术奇迹，但法国大学仍是紧紧地从属于专制的中央权力，并遭其束缚。①

德国学者也对美国大学给予了称颂。1896 年齐默尔曼在弗赖堡出版了一本有关美国大学生活的著作，认为没有任何地方比美国更重视高等教育了。富人和穷人都有争取接受高等教育的机会。1905 年，心理学家闵斯特伯格在一本写给德国公众的书中宣称，民众的积极性和“不同机构之间的竞争，保证了美国大学不停地进步”。1909 年，布雷斯劳大学派往哈佛大学的交换教授库埃内曼说：“美国大学着眼于培养新型的受过科学训练的人，以适应美国生活中各种新的需求。”②

英国人也开始对美国高等教育另眼相看。史学家弗里曼 19 世纪 80 年代曾访问美国，发现由于存在太多小型的和平凡的学校，造成了一种朝着某种智力平庸的方向发展的趋势。另外，他不得不承认“美国在各个知识的分支部门都有引以为自豪的具有健全知识的人”。英国政治家、外交家和史学家布赖斯曾较深入地探究了大学在美国生活中的意义。他发现，这些机构在抵制政治腐败和社会不公正方面发挥了积极的作用。③

上面这些赞誉仅仅是对现代化初期美国高等教育的景仰，第二次世界大战后特别是当代美国高等教育的登峰造极状态已经让世人而不仅仅是学者感到惊艳。

《泰晤士报》高等教育增刊把国际学生选择前往美国大学学习的理由总结为 7 点：①拥有许多声誉高的大学；②拥有资源丰富的私立和公立大学；③拥有流线型网络招生程序；④可以为国际学生提供高质量的校园支撑服务；⑤拥有英语语言的基础；⑥拥有大量的就业机会；⑦可以为国际学生提供大量的奖学金和财政援助。这些评论都是非常中肯的。

《论美国高等教育发展的基本经验及对我国高等教育之启示》认为“切实加强高等教育的立法与规划”“切实加强高校服务地方经济社会发

①②③ 贺国庆．美国高等教育现代化的奠基：南北战争后到 1900 年间美国高等教育的变革［J］．河北师范大学学报（教育科学版），1998（1）：49－54.

展的能力和水平”“加快高等教育国际化水平”以及“社区学院”和“以学生为中心进行教学”都是值得借鉴的经验。

总体上看，学界对美国高等教育普遍比较认可的主要有如下几个方面：①立法与规划；②开放多样的体系；③独立性；④社会服务；⑤以生为本；⑥精细化管理；⑦学术自主与规范；⑧国际化。

除此之外，学界对美国大学本科特别是研究生教育的质量也是比较认可的，具体表现在：教师教学要求比较严格，学生阅读量大，作业以能力训练为主，学生创新精神和实践能力特别是解决问题能力（例如做项目的能力）比较强，而且在校学生创业的比例也比较高。

（二）学者对美国大学的消极评价

学者对美国大学的消极评价倒不多见，像《知识与权力》一书的作者对哈佛大学课程的尖锐批评的现象以及像《美国大学教育：现状、经验、问题及对策》一书对大学教育存在问题进行系统剖析的极少。当然，并非没有批评，例如，学界有越来越多的人关注美国“大学之道”，认为“大学教育专业化和商业化趋势的强化以及大学科学研究活动应用价值的彰显，进一步挤压了大学教学日益逼仄的空间，为发展专业教育而教，为提升科研能力而学，致使教学日益沦为一种缺乏道德向度的专业知识传授活动。为重建美国大学本科教育，恢复美国大学教育的灵魂，强化大学教学的道德向度，回归大学之道，成为20世纪80年代中期以来美国大学教育改革的主题之一”。与之相关的是师资问题。首先是教师聘任，“在教师的选聘上，对学术成就和学术自由的要求几乎已经完全取代了注重品德的传统要求。大学校长有关道德问题的讲座似乎也随之销声匿迹。”① 其次是管理，自20世纪80年代以来，教育消费主义和绩效主义在大学教育事务中的应用，导致对大学教师工作业绩的考量，以及随之而出现的对大学本科教育质量的普遍性社会不满。批判的焦点最终集中于大学教师教学责任的忽略上，常见的批判包括：教授们承担了过多的

① 博克．走出象牙塔：现代大学的社会责任［M］．徐小洲，陈军，译．杭州：浙江教育出版社，2001：138.

科研和校外咨询任务，忽略了其基本的教学责任。大学教师忽视了教学的教育性，没有能够有效地承担起在教学活动中培育学生关于公平、责任和正义的意识。[①] 又如，《美国大学教育：现状、经验、问题及对策》也指出美国大学存在“高等教育与中等教育脱节”“教育目标混乱”“教学与科研失衡”“学校与外部世界脱离”“教学中缺乏对创造性的鼓励”“学校管理水准低”等问题，并认为“大学教师精力分散，为职业利害而竞争”和“课堂教学中的墨守成规和创造性之间的矛盾”并列为美国大学教育的两大突出问题。该书指出：在大学生活中，相对于知识和技能的传授和锻炼，正确地、很好地生活的价值观和态度的培养受到较少的关注。教师关于自身职业的自觉往往直接指向具体的学科或专业教学，而对教学中所本应肩负的学生道德发展责任缺乏主观上的努力。大学教师更多使用分析师的抽象和批判的技巧，逐步消解和动摇了学生们的信仰，也就事实上削弱着大学教师教学的道德向度。再如，《高等教育财政：问题与出路》就曾探讨美国高等教育存在的问题，指出：“在20世纪的最后十年中，美国高等教育面临着诸多问题，如教育成本上涨、人口结构变化不定、经费投入不稳定，以及公众对高等教育的信心严重不足——这倒不是怀疑高等教育的价值而是怀疑高等教育的诚信和责任。如果不能很好地解决这些问题，就很可能产生不可挽回的严重后果，例如，教师质量下降、校园基础设施质量降低；我们曾期望的美国高等教育可给人们带来入学机会、带来经济和社会地位上的迁移也会受到影响；由于高等教育不再能满足培养受过训练的劳动者、提供具有竞争力的技术的需要，从高等教育系统中得到的经济发展活力也会衰退。”[②]

美国大学实用主义哲学流行，所以，教育教学和管理的实用主义色彩比较浓烈。美国大学对学生的管理总体上比较宽松，甚至可以说不怎么管学生，而主要依靠学生自己管自己，所以，如果按照中国大学生管

---

① 王保星．回归大学之道：美国大学教师教学道德向度的历史考察［J］．河北师范大学学报（教育科学版），2012，14（3）：32－36.

② 斯通．高等教育财政：问题与出路［M］．沈红，李红桃，译．北京：人民教育出版社，2004.

理及评价标准，美国大学生的行为比较散漫，宿舍内务比较凌乱（像德瑞大学学生宿舍内务整理得那么整洁的极少，起码在有人来参观时是这样），狂欢的时候也比较狂，等等，通常都是见诸文字并被作为消极现象予以描写的。当然，大众对这些现象是见仁见智的。

被学者批评比较多的主要现象还有种族及性别歧视和校园暴力（如枪击）。这在世界各国大学中是比较突出的。例如，2007 年 4 月 16 日，弗吉尼亚工学院（也译作弗吉尼亚理工大学）发生校园枪击案，一名韩裔学生进课堂扫射，造成 32 人死亡，被认为是美国历史上最惨的校园枪击案；2016 年 6 月 3 日，加州大学洛杉矶分校发生枪击案，造成 2 人死亡。据不完全统计，美国每年约有 3 万人因枪击案丧生，校园枪击事件每年发生几十起，其中大学将近一半。这也是美国教育挥之不去的痛。

近年来，学术“放水”和卖假文凭事件时有发生，也引起学界高度关注。这也让一向瞧不起中国学术的美国人和许多瞧不起中国学术的中国人感到非常郁闷。

三、对美国高等教育的总体评论

有关美国高等教育的系统性评论，是一个非常复杂的工程。这里只能采用援引式评论了。美国高等教育的整体水平代表了迄今为止人类高等教育发展的最高成就，是全球高等教育高地，起码在以下方面是很值得人们肯定并学习和借鉴的。

（1）高等教育事业发展理念好，法制基础好，发展水平高，普及程度高。

（2）高等教育体系庞大、结构完善、层级分明、衔接紧密、覆盖面广。

（3）高等教育管理权责清楚、分工细密、规则精细、运作规范。

（4）高等教育功能齐全，大学各有侧重，整体相互配合。

（5）高等教育质量高，大学创新能力强。

如果从微观上讲，美国高等教育坚持走世俗化道路，倚重法制化建设，营造民主化环境，实施精细化管理，采取全球化策略，开展个性化教育，在兼收并蓄中推陈出新，不断走向卓越，成为世界各国大学学习的榜样，其创立的社会服务思想、产学研合作模式、认可认证制度、学分制、选课制，以及举世公认的学术成就，更为世界各国大学所顶礼膜拜。仅凭这几点，就足以让这个年轻的国家引以为豪了，也不难理解为什么会有那么多的赞美评论了。

第十二章　美国高等教育的启示

近代以降，中国一直有教育救国思想流布，颇得读书人和少数政治家推崇。许多有识之士投身并推动了向“列强”的学习，高等教育领域更是如此。就学制而言，始学日本，继学德国，后学美国，新中国成立后学苏联，“文化大革命”期间开始自我探索，但仍可见“集体主义教育”和“现代主义教育”等思潮的踪影，改革开放后，基本框架又恢复到“美制”。故从中国教育现代化的历程看，中国教育采借美国的（包括思想、经验、制度、模式、内容、技术）实属不少，居“列强”之首。

美国高等教育发展对包括广东在内的中国高等教育现代化有何启示呢？虽然我们在分章叙述中有相应的探讨，但基于美国的总体经验做一个总体分析依然是有意义的。

一、建设高等教育强国是实现中华民族伟大复兴的必要条件

教育学基本原理告诉我们，教育发展有两大规律：一是社会适应性规律，二是人的适应性规律。社会适应性规律所要处理的是教育的外部关系，即教育与经济社会发展的关系，教育必须与经济社会发展相适应，包括给出指引、满足需要和提供支持；人的适应性规律所要处理的是教育的内部关系，即教育与人的发展的关系，教育设计与教育活动必须与人的发展相适应，包括引导发展、辅助发展和促进发展。

众所周知，实现中华民族伟大复兴的“中国梦”不仅仅是中国共产党添加在自己肩上的“道义”，也是几乎所有华人的共同理想。建设高等教育强国既是实现中华民族伟大复兴的重要组成部分，更是保障实现中华民族伟大复兴的必要条件，也就是说，作为组成部分，没有一个强大

的高等教育，中华民族伟大复兴是不完全的；作为必要条件，没有一个强大的高等教育，中华民族伟大复兴是不可能的。正如李克强总理在2017年度的《政府工作报告》中所指出的那样，我们要“办好公平优质教育”，“我们要发展人民满意的教育，以教育现代化支撑国家现代化，使更多孩子成就梦想、更多家庭实现希望”。高等教育强国是中华民族伟大复兴的坚强支撑和靓丽展示。这是由教育发展规律决定的。其实，这也是美国发展带给我们的最重要启示。

美国自19世纪中叶开始，博采英国、法国、德国等“列强”所长，大力发展教育，竭力推动高等教育现代化，用了近百年时间，做出了“追赶”和“超越”两篇文章，成就了世界高等教育强国的梦想，同时有力支撑了美国的霸主地位。二战之后，美国高等教育的发展及其国力的提升进入了“加速度”阶段，随着苏联的解体，美国达到了“无可匹敌”的地步。进入21世纪，特别是2008年后，美国遭遇了各种危机，但今天的美国，无论经济、军事、科技，还是与之相适应的政治影响力，依然傲视群雄。而这一切，与其拥有强大的高等教育实力是分不开的。如前所说，美国人爱排名，综合最新发布的世界强国排名资料，美国在军事、科技和综合国力等方面都独占鳌头。在科技实力的5个级别里，第一级为美国，第二级为英国、德国、法国和日本等发达国家，第三级为芬兰、俄罗斯、意大利、以色列、加拿大、澳大利亚、挪威、韩国、捷克等中等发达国家，第四级为中国、印度、墨西哥、南非等发展中国家，第五级为其余的发展中贫困国家。可见，中国与美国的差距还不是一个重量级的。美国津津乐道的“一小时打遍全球”，靠的不仅仅是美元，更重要的是科技，特别是高等教育实力。迄今为止，美国拥有世界上数量最多的大学，美国的大学汇聚了全球70%以上的诺贝尔奖获得者，在全球最顶尖的20所大学中，按科学贡献度计算，美国占了17所（清华大学排名在600位左右），从麻省理工学院到加州理工学院，培养了全世界最好的工程师和最顶尖的科学家；全球十大科技顶尖公司中，美国占了8家，英特尔向全世界提供芯片，微软公司和甲骨文公司占据了软件业的基础市场；美国还拥有全球最顶尖的实验室，在军工领域，在航空航天领域，在医药技术领域，在信息技术领域等，美国都以无与伦比的实力和压倒性的技术优势雄踞世界之首。[①] 试设想，假如没有尖端科技做后盾，能有强大的军事实力吗？如果没有强大的军事实力，能有“霸主”的影响力吗？因此，某种意义上可以讲，强大的美国拜强大的美国高等教育所赐。看不到强大的高等教育对美国强盛的贡献度，就不可能真正全面理解美国的强大。

一个国家这样，一个地区也如此。正如习近平总书记所期待的那样，广东要做中国“发展中国特色社会主义的排头兵，深化改革开放的先行地，探索科学发展的实验区”，要“率先全面建成小康社会，率先基本实现社会正义现代化”。要“在构建推动经济高质量发展体制机制、建设现代化经济体系、形成全面开放新格局、营造共建共治共享社会治理格局上走在全国前列”，如果没有高等教育实力的大发展和大提升，是不可能履行好自己的定位和使命的。实际上，自改革开放以来，广东一直力推教育的快速发展，教育事业发展的各项重要指标均有较大的增长和提高。20 世纪 90 年代中期，广东做出了建设教育强省的战略决策，在高水平普及九年义务教育和普及高中阶段教育取得重要成效的基础上，又适时启动高等教育大众化战略。进入 21 世纪，广东制定了教育现代化的规划蓝图——《广东教育现代化建设纲要（2004—2020 年）》。到了“十二五”，广东更是在统筹整合的基础上提出了“创强争先建高地”的新的战略构想，作为“十二五”和“十三五”教育发展的总抓手。每一次重大战略决策，都把高等教育置于极为重要的地位。从“211”到“985”，再到配合国家“双一流”建设，率先提出并实施了高水平大学建设规划，随之

① 《美国新闻与世界报道》发布的“2016 年最好国家”排名，在分析了 60 个国家，衡量和评估了各国的可持续性、旅游吸引力、文化影响力、宜居度、商业开放度、生活质量、企业家精神和国家实力等 24 项指标，并对来自 36 个国家的 1.62 万商界领袖、精英人士和其他公众人物进行调查收集数据后，认为排在前十的国家依次是德国、加拿大、英国、美国、瑞典、澳大利亚、日本、法国、荷兰和丹麦。很多人都认为，这是国家综合实力的排名。参见：http：//www.360doc.com/content/16/0721/03/16534268_ 577175781.shtml 及 http：//www.360doc.com/content/15/0805/11/11708174_ 489623410.shtml。

而来的是，高水平理工科大学和理工类学科建设，特色重点学科建设，应用型高校建设，以及示范性高职院校建设，一个分级分类、定位准确、路径明晰的全覆盖的高等教育强者蓝图开始施工建设，可以想见，广东实现高等教育强省的目标是指日可待的。这是广东实现社会主义现代化的必然要求，也将给广东率先实现社会主义现代化提供强而用力的支撑。其实，这其中也有借鉴美国的经验特别是加利福尼亚州的发展模式。威斯康星大学推广了农业技术，得克萨斯农工大学推广了农业机械化，它们对美国农业的振兴发挥了重要作用；加州的大学推广了现代的高科技，在信息技术、生物制药等前沿领域推动了美国特别是加州工业的转型升级；遍布各地的名牌大学或名牌学科，成为现代知识的创生中心，不断更新着人类的大百科全书。所有这些，都告诉人们一个简单的道理：一个国家一个地区，站不上知识的制高点，就不可能站上发展的制高点。

一个强大的美国有一个强大的高等教育做支撑，同样，不管是实现中华民族伟大复兴，还是广东落实“三个定位、两个率先”和“四个走在全国前列”都离不开高等教育的强大。向美国学习，首先必须坚定教育优先发展的战略信念，坚定不移地做强高等教育。这就是国家也好、广东也好，都把建设一个强大的高等教育作为战略重点的真实考量。

二、中国高等教育现代化已经进入一个需要“脱换”的发展阶段

教育现代化是一个全球性话题，也是中国教育的历史任务。美国打造世界教育强国大概用了半个世纪，再经过几十年的巩固提高，总数大概不足100年的时间，建设起无可匹敌的世界教育高地。那是一个卓有成效的教育现代化进程，也是一个值得效仿的教育现代化模式。如果自1862年第一所近代学堂“京师同文馆”算起，中国的教育现代化至今已有150多年的历史；如果从京师大学堂算起，中国现代高等教育也有100多年的历史。虽然两国的国情有很大的不同，但中国教育现代化的时间成本还是十分高昂的。在相当长的历史时期里，中国教育现代化其实并没有得到应有的重视，更缺乏科学的顶层设计，尤其是没有哪一个方案

是长命的，各自为政，花样百出，以改革的名义，否定现行的，推出自己的，以致在教育制度和教育文化方面缺乏应有的积淀，甚至连教育基本建设都缺乏“有年头”的家当。无论是新中国成立之初的“教育为工农服务”、1985 年立志“普九”、1999 年实行高校“扩招”，本质上都在解决人民群众的教育刚需，都属于“量”的发展，而关于“质”的发展，除了以“考试成绩”和“升学率”为核心的教学质量得到普遍和持续的重视外，基于全面发展理念的教育质量实际上并没有引起人们的关注，“德”“智”“体”“美”“劳”五育中，青少年道德水准滑坡、体质健康水准滑坡、缺乏基本的审美素养、普遍厌恶体力劳动，是不争的事实。至于教育体系、教育制度、教育结构、教育模式的探索和建设，更是乏善可陈，几乎就没有有自主知识产权的“中国制造”，更遑论产出有中国特色的、具有创新性和全球影响的教育成果。

经过几十年的发展，中国高等教育取得了举世瞩目的成就，这是无可置疑的。恢复高考后的一段时间，虽然高中阶段教育还属于准精英教育，但高考录取率也只有 3% ~5%，高校扩招后，我们很快就进入到大众化阶段，构建起了庞大的高等教育体系和仅次于美国的高等教育规模。以高等教育毛入学率为例，我国 1978 年只有 1.55%，1988 年达到 3.7%，1998 年升至 9.76%。1999 年开始大学扩招，高等教育毛入学率快速上升，2002 年达到 15%，高等教育从精英教育阶段进入大众化阶段。2007 年达到 23%，2010 年达到 26.5%，2012 年达到 30%，2015 年达到 40%，提前五年实现了国家教育改革发展规划纲要提出的目标。这种发展速度及其所取得的发展成就，不能不说是惊人的。如果从高校数、在校生数、教师数、生均仪器设备值、信息化普及程度、教师学历水平、高校发表的论文和取得的专利等可比指标看，中国高等教育现代化水平是不低的。但是，如果与发达国家的高等教育相比，中国的高等教育现代化还处在相对落后的发展阶段，特别是在大众化（走向普及化）、教育治理、创新能力与服务水平、教育模式与教育质量以及教育信息化等方面，还存在较大的差距，还需要进一步现代化；在世界大学宝塔里，中国还没有大学能够跻身到顶级大学的梯队，在亚洲，最好的大学也不在中国。特别是广东，2015 年只有普通高校 143 所，低于全国人均水平，高等教育毛入学率 33.02%，低于全国水平约 8 个百分点。现在广东提出高等教育毛入学率到 2018 年达到 40%、2020 年达到 50% 左右的目标，依然低于全国平均水平；在中国科学评价研究中心、武汉大学中国教育质量评价中心联合中国科教评价网首次确定和发布的《世界一流学科建设总体水平排行榜》(2017) 中，广东 6 所大学入选（其中纯省属背景的只有 1 所），均值位居中等水平；高等教育综合实力尚无法进入第一梯队。这与打造教育强省和建成南方教育高地的理想还存在不小的差距。现在的问题是，与美国等高等教育发达的国家相比，中国还有规模扩张的任务需要完成，数量缺口如果无法弥补，要打造人力资源强国，目标就可能受到阻滞，但对于高等教育强国、人力资源强国和创新型国家来说，当数量发展到一定程度时，规模就不再是决定性因素，也就是说，中国已经完成了以规模扩张为重点的阶段性任务，内涵发展以提升大学的办学水平和高等教育综合实力已经成为中国高等教育发展必须确立的新的重点任务。在经济发展动力开始由主要依赖资源和廉价劳动力等要素投入转向创新驱动的发展阶段，快速提升高校创新能力已成为非常急迫的战略任务，高等教育转型升级的外在压力日益增大。因此，已有的扩张模式和困守行为已经不适应新的发展任务的需要，中国高等教育现代化已经进入一个需要“脱换”的阶段。正如《广东教育发展“十三五”规划（2016—2020 年）》所指出的那样，“‘十三五’是我省建成教育强省和人力资源强省的关键时期，率先全面建成小康社会，迈上率先基本实现社会主义现代化新征程，决定了教育必须走出一条治理体系和治理能力现代化、优质化、多样化、信息化和国际化‘五化一体’的教育现代化之路”。

反观美国教育发展的历程，“优先发展”“依法治教”“久久为功”是一条非常鲜明的经验。从 19 世纪中叶开始教育现代化以来，美国对教育特别是高等教育是极其重视的，高等教育发展的重大举措都以国家法令的方式颁布推行，国家颁行或倡导的教育政策无不基于深入的调查研究，这使高等教育有了更科学、更权威、更一致、更稳定的发展环境，避免了不必要的折腾。大学与政府、社会的关系非常清晰，联系也非常紧密，这为大学自主办学、依法办学、互动共进奠定了基础。联邦政府没有举办教育的权利和义务，但国家通过学生资助和研究资助等方式源源不断地给大学提供资源，为扩大和维系庞大的高等教育体系提供了重要的物质条件支持，尤其是赠地运动和安置退伍军人参加教育培训以辅助就业与发展，更是亘古未有的创举，对美国高等教育发展的推动是强而有力的，影响也是深远的。

每一个发展中国家都会选择一个学习目标。一个国家如此，一个地区也一样。在向发达国家高等教育学习方面，广东向来比较倾向于学习美国加利福尼亚州的经验。加州的高等教育在美国各州中是属于第一梯队的，它拥有完整的高等教育体系，拥有发达且颇具特色的公立大学系统，拥有一批世界一流的大学和一流的学科，它的创新性成果及其对经济社会发展的驱动作用举世公认。加州非常注重高等教育发展规划，非常注重顶层设计，自20世纪50年代以来，整个高等教育沿着已定的路径快速而又健康地发展，在治理体系、治理结构和治理能力建设方面，成为美国各州的翘楚。这些都是未来广东高等教育发展可以借鉴、需要加强的地方。

按照国家的战略构想和规划，中国教育现代化已经进入攻坚阶段，没有发展思路的“脱换”，特别是把发展重心转移到妥善处理教育与经济社会发展关系、优化大学的区域布局和提升大学治理水平上，不仅基本实现教育现代化的目标会落空，而且与发达国家高等教育水平的差距还会越拉越大。如何在更高水平上推进我国高等教育现代化，美国同样有许多经验值得我们学习借鉴。

三、美国高等教育发展经验是中国高等教育现代化的有益借鉴

美国高等教育发展经验有哪些值得中国高等教育现代化学习借鉴呢？我们认为，无论宏观上的战略思路还是微观上的管理模式，美国高等教育发展的经验都是非常值得学习的。

（一）在高等教育发展理念上要坚定不移地走“世俗化”的道路

相对于欧洲高等教育而言，美国也属于后发型国家。当欧洲依然沉湎于自身大学的悠久传统、过着孤芳自赏的日子时，美国大学却对大学的功能定位进行了彻底的“世俗化”改革，以实用主义精神为指导，选择了新的发展道路——为经济社会和个体的发展服务，淡化了教育宗旨中的宗教主义和封闭主义，去除了神学化和封闭式传统，摒弃了培养牧师、官员和绅士的目标取向，改造了以提升个人修养为核心的古典主义课程，确立了以现实需要（包括经济社会发展需要和个体发展需要）为导向的课程体系，使大学成为社会发展的加速器，从而获得了经济社会发展的源源不断的“反哺”，实现了大学教育与经济社会发展的良性互动，为教育的社会适应性规律提供了成功的范例。无论是最初的大学教育与宗教分离或脱钩，还是继之以大量增设实用学科、专业与课程，到威斯康星思想确立了大学的社会服务功能，再到产学研结合诞生硅谷，世俗化与实用性一直是美国高等教育发展最重要而基本的原则。专业好不好，社会和市场说了算；课程与教学好不好，学生说了算；质量好不好，用人单位说算了。用市场导向强化社会本位，用扩大选择强化个人本位。这是美国高等教育发展最珍贵的经验。

与美国大学办学实践很不一样的是大学的“贵族化”习气和模式，这是传统的精英教育的余风。这种大学因袭传统的做法，不思变革，不与时俱进，学科建设、专业设置和人才培养不因应时代变革，不回应实际需求，特别是在课程设置上，只提供自己所有，只顾及教师利益，只想强化现状，不管社会是否需要，不管学生是否喜欢。这是很多落后大学的通病，也是许多大学落后的主因。相当长一段时间内，我国大学也普遍存在“贵族化”倾向，大学生把自己当作“天之骄子”，大学把自己当作“象牙塔”，教师把自己看作是高人一等的“导师”，大家都属于“劳心”一族，坐而论道，不喜欢格物致知，终日耿耿于心的是如何“治人”，人们耻于接触生活，研究实践，更不想成为“劳力者”。所以，在中国大学，学以致用的好传统没有得到继承，学术评价追求理论性，忽视甚至鄙薄应用性，由此导致“三难”现象：专业、课程与教学现代化是非常艰难的，学术成果转化是非常艰难的，大学转型也是非常艰难的，结果就是大学教育产生了一大批人才和智力成果，但没有什么用，而社会急需的有用人才和智力成果，大学没有产生出来。

我们向美国学习，首先就要坚定不移地走“世俗化”的发展道路，因为这是实践证明了的高等教育现代化的必由之路。如果真理在上帝手中，那么，人们就无须探索；如果大学教育是贵族的外衣，那么，平民就会被拒之门外。若如此，大学死气沉沉就在所难免。为此，我国的大学要把党和国家的教育方针认真贯彻好，把“教育必须为社会主义现代化服务，必须与生产劳动相结合，培养德、智、体等方面全面发展的社会主义事业的建设者和接班人”全面落实好，特别要着力克服理论脱离实际、学术脱离应用、教育脱离生活、学校脱离社会的倾向，把大学发展建筑在教育与社会互动共生的基础之上。在国家实施创新驱动发展战略的今天，大学既必须回应国家重大战略需求，又必须服务地方经济社会发展，同时还必须承担历史文化传承的重任。这是大学的光荣使命。

（二）在现代大学治理体系的框架下推进现代大学制度建设

《国家中长期教育改革和发展规划纲要（2010—2020 年）》指出：“要加快建设依法办学、自主管理、民主监督、社会参与的现代学校制度，构建政府、学校、社会之间的新型关系。”可见，现代大学制度建设对于大学的发展是至关重要的。但现代大学制度是政府、学校、社会关系的衍生物，不能脱离政府、学校社会的关系去建设，没有政府、学校、社会的新型关系的构建，就不可能建设现代的学校制度，所以，对这句话的准确理解应该是“要加快构建政府、学校、社会的新型关系，促进依法办学、自主管理、民主监督、社会参与的现代学校制度的建设”。在这方面，美国同样有许多值得我们学习借鉴的地方。

众所周知，美国非常讲究民主、法制、公平、程序，这在其大学治理中表现得非常突出，可以说，美国大学有很强的规矩意识，有规矩、讲规矩、守规矩。美国有庞大的高等教育体系，高校数量多出中国约2 000所，人均高校数量大约是中国的 8 倍，高等教育管理跨度非常大，但同时，美国又有完善的高等教育治理体系，高校与政府、社会和个人的关系非常清晰，权责非常严明，法制化程度非常高，政府、学校、社会的关系非常协调，高教发展与大学运作非常流畅。高校拥有高度的办学自主权，同时也要接受政府和社会的严格监督，接受专业机构的定期评估，所有这一切都由法律予以规范，因此美国大学的自主性和自律性都比较高，积极性、创新性和服务性都比较好。在大学内部，虽然学校拥有许多自主权，但内部治理是典型的分权模式，校长治校、教授治学、学生自治；集体研究、投票决策；设置救济程序，提供申诉机会，保障合法权益；实行校本管理，管理重心下移，吸引教职员工和社会力量参与。形形色色的委员会和回避制度是美国大学管理的一大特色，不同类别的事项由有关的委员会审理，凡是涉及利益问题，不管是学校利益还是个人利益，实行回避是比较通行的做法；行政力量除了程序和服务事项外，绝对不干预学术事务，而几乎所有涉及比较复杂的专业技术问题的事项都会听取专家的意见；美国的大学理事会几乎都有社会人士担任；哈佛大学遴选校长，发动学生和校友参与。所有这一切，都由法律和制度规范，这从哈佛大学的“特许状”和“哈佛宪章”可以看出，规矩是大学立教治校治学的根本，所以，大学各部门和教职员工的权责意识和归属意识都非常强，主动性和合作性都非常好。

在我国，国家提出依法治教已多年，近年来，中央又提出要推进治理体系和治理能力现代化，但总体上我国民主与法治建设还有很长的路要走，特别是随着改革开放的不断深入，国家治理体系需要不断调整完善，治理能力需要不断增强提高。就现状来看，我国现代大学治理体系的基本框架还在调整设计之中，特别是大学与政府、大学与社会、大学与个体及大学与大学之间的关系还没有完全厘清并做出明确的规定，在这种情况下推进现代大学制度建设就面临许多不确定性。作为教育基本法的《中华人民共和国教育法》和作为高等教育最重要依据的《中华人民共和国高等教育法》，有许多不完善、不明晰甚至明显过时的地方。实践中，法律与政策相互矛盾的情况也时有发生，高等教育管理基本上处于政策主导的状态，大学治理体系中各主体的法律关系特别是权责关系不确定、不清晰。作为现代大学制度建设重要标志的大学章程，公立大学也是这几年才着手落实，按照《中华人民共和国教育法》有关学校设置的条件，属于典型的补办手续，而且其主要依据的还只是部门规章及有关政策，权威性、合法性、根本性和稳定性都有待提高。例如，在大学，限制行政权力和去行政化是切中我国大学现状或弊端的，行政权与学术权适度分离是符合高等教育发展规律的，但过多赋权给学术委员会，将教学指导委员会置于学术委员会之下，把教师招聘与聘任的主要权力让渡到学术委员会，让学术委员会处理所有的专业技术事务，甚至部分行政事务，则会制造“学霸”，严重的会架空党委的领导。从广东高校章程建设的情况来看，许多高校的章程都“坐大”学术委员会，“一会独大”的情况非常普遍，如果不在事项和程序方面予以细化或限制，很有可能会埋下隐患。看来，把现代大学制度建设置于现代大学治理体系构建之中，可能是我们摆脱高等教育管理困境的最佳选择。

大学是知识分子或读书人最集中的地方，就大学最纯粹的性质和任务而言，大学里边的人比大学外边的人更懂得如何办好大学，因此，交给大学尽可能多的自主权理论上是可行的；同样，拥有很多自主权的大学，压根就不适合把这些权力比较集中地交给少数人，而实行分类分权、分层民主、相互制衡、权责一致的治理结构理论上也是可行的。如何既借鉴美国经验，又发挥中国体制优势，是非常值得研究的课题。

（三）分类管理与“做最好的自己”是提升高等教育综合实力的基本法则

体系化是评判一个国家或区域高等教育发展水平的主要指标。无论是完整的国家高等教育体系，还是完整的地方（州、省一级）高等教育体系，都是由适应本国本地经济社会发展需要的各级各类高校构成的。美国高等教育是一个庞大的体系，但也是一个比较完整的体系，从美国大学的分类可以看出，无论采取什么标准，大学的层级和类型都是丰富而清晰的，构成了一个立体的网格，为美国经济社会发展提供综合的人才与智力支撑。一方面，林林总总的大学满足了经济社会发展中各产业和行业的需求，就其所设置的专业和专业设置的机制来看，可以夸张地说，只要社会发展有需求，几乎都可以得到大学的回应，用“服务覆盖需求”来形容美国大学类别的丰富性应该是不过分的。另一方面，美国大学的层次性可以说满足了各个不同层次的人对接受高等教育的需求，从全球顶级大学到社区学院，供给不同学力、财力、经历的人选择，而且还不担心走入死胡同，因为美国各级各类大学均有基于学业成绩的立交桥，制度上是可以互联互通的。在这种体系下，不存在我国高等教育体系中“胜者通吃”“上游吃下游”的现象，不会出现“上游坐拥无限江山”“下游难有立锥之地”的境况，而是各有各的定位，各有各的生存空间。这种特征为美国高等教育体系的良性发展奠定了基础，也为各大学追求卓越创造了条件。

美国对大学实行分类管理。一方面，所有大学都必须遵守宪法和法律，而宪法和法律对所有大学都是平等的。也就是说，国家赋予大学的权利和义务适用于所有大学，国家对大学生的资助适用于所有大学的大学生，国家提供的研究资助开放给所有的申请者，在这些方面，大学之间没有资格差异或等级差别。另一方面，美国大学也有严格的级类，国家和州对不同级类大学实施不同的管理。在美国，大学最大的类别差异是大学的性质，分为公立和私立，私立大学又分为营利性的和非营利性的，国家和州政府对不同类别大学的管理是很不相同的。首先，除了宪法和法律规定之外，政府很少过问大学的内部事务和具体事务，也不会经常印发“文件”和“领导人讲话”之类的东西让大学去贯彻落实。大学办得好不好，政府不会直接发表意见，而是由专业的社会机构做出结论。其次，美国政府对私立大学几乎不管，私立大学之营利性机构更多的是纳入企业管理。对公立大学的管理比较严格、直接和带有控制性，最主要的就是预算，包括预算的编制、审议和执行情况的审计，此外还有基本建设和专业设置，或者说，政府主要管与财政拨款有关的事，诸如事项、标准和规模等，而这些决议通常是以“法案”的方式表达的。大学为了获得更多的政府资源，常常联合起来开展议会游说工作，但未听说有某所大学跟政府领导或主管拉关系而独立获得好处的。最后，美国各层级公立大学有严格定位，政府只要求各大学做好自己，近百年来，很少有公立大学“升格”和“更名”的。例如，社区学院是美国大学中层级最低的高校，肩负着高等教育大众化的重要使命，由于分布广泛、学费便宜、方便就学、拓展性强，深受学生特别是底层社会出身的学生的青睐，各州政府都严控社区学院升格。又如，在美国的许多州，“州大学”和“州立大学”是两个层次的大学，即使州立大学的质量、水平和实力高于某所州大学，也不会升格为州大学。每一层级的大学都有自己层次的定位职责，每一层级的大学都可以成为本层次卓越的大学。所以，美国的高等教育管理实行的分类管理本质上是分类发展，而不是我国现行的升级发展。

美国保障大学分类发展最有效策略是对大学实行差别化评价，即根据不同级类大学的不同定位、功能、任务及表现情况给予评价，例如，对社区学院，就没有科研的任务；对于教学型本科大学，研究工作也不是基本职能；对研究型大学，考核的主要不是立项的级和数，到账经费多少，主要考核的是成果的独创性和影响力，当然，也会考虑发表成果的级别和数量，但最在乎的是成果质量，如果不出对人类社会发展有影响的新思想、新原理、新技术、新方法，就算不上是顶级名校。但如果社区学院能把通识教育、技能训练做好，同样也是优质学校，同样会受到学生、业界、社区的拥戴乃至政府的嘉许。美国对大学的差别化评价主要是由第三方实施的，社会监督功能得到了有效发挥。虽然学校会非常注意公共关系，但更在意做好自己。所以，“安分”和“做最好的自己”成为美国大学普遍认同的管理文化。

在中国，大学有着极为严格的身份等级限制，并且用行政级别或“政府标签”予以标识。不同的身份等级拥有不同的权利，它关乎学校和学校管理者的利益，也关乎学校教职员工和学生的荣誉，但与学校的质量和水平没有严格的关联。因此，几乎所有学校都有“升格”的冲动，学校会把主要精力放在提升规格的“公关”上，而相对忽略提升质量的“攻关”。政府会推动一流大学建设，在有限的资源中相对集中财力资助少数学校提升其在国际或国内排名中的位次，入选的项目学校就获得了巨额的资源，“有钱用不完”，其他学校则相对被剥夺，常常过着“揭不开锅”的痛苦日子。从早年的“211”大学、“985”大学到现在的“双一流”大学，都是“富校俱乐部”，“有钱任性”，出手阔绰地从其他学校挖人，致使俱乐部外大学遭受双重剥夺。对大部分大学来说，因为没有公平的发展环境和机会，能维持生计已属不易，谈何“做最好的自己”。

只有让各级各类大学力争上游（不是力争升格），办出水平和特色，才能壮大我国高等教育的综合实力，而政府实施分类管理，以公平的政策环境促进分类发展，大学实施本职提升，以尽责的发展规划推动学校走向卓越，这可能是美国高等教育良性发展特别是其妥善处理政府与大学关系的成功经验，也是我国当前亟须深入研究和妥善应对的重大问题。

(四) 把学术与质量作为大学的生命线

除了极少数“野鸡大学”外，美国政府、社会和大学都有高度的学术意识和质量意识，不管哪种级类的大学，都崇尚学术至上和质量第一，把学术和质量视作大学的生命线，建立起了严格的学术管理制度和质量保障体系。这在国际上也是少见的。

为了保障学术和质量，美国大学非常注重培育学术氛围，维护学术尊严，学术报告和各种研讨会长年不断，主张学生研习，课堂教学强调质疑，作业和考试鼓励提出不同见解，反对因循和抄袭，一旦发现学术造假，坚决严惩不贷，以确保学术的纯洁性、严肃性以及学校的声誉；美国大学非常注重教师个性品格和学术质量，严格教师选聘，实行“严进宽出”，有近乎烦琐的考核程序，有多如牛毛的工作考核，有不易攀登的晋升阶梯，近年来还流行终身教授聘任后评审，工作数量和质量评估就像无形的鞭子，鞭策着教师永不停歇地前进。美国大学对学生也有极严格的质量管理，最著名的法则就是“宽进严出”，学生要入读不是很难，但要毕业却不容易，特别是要获得好的绩点，那可是难上加难的。阅读量大、作业多、考查多、影响课程考核成绩的因素多，所以，各大学依时毕业的比率都不高。假如要升学或转学到更好的学校，分数就像无形的鞭子，鞭策着学生一刻也不敢懈怠。不像我国大学，学生挤得进来就混得出去。

在美国，还有严格的认证制度管着各大学。如果一所大学不注重学术和质量，水平低下，看不出改进的努力，就通不过认证。一所大学如果不能通过认证，不被所在国社会、用人单位认可，学校以圈钱为目的，学生花钱买文凭，这种学校虽然也是合法机构，但被称为“野鸡大学”。这些“野鸡大学”在美国没有什么市场，主要靠骗外国学生维持。

在学术与质量管理方面，我国与美国有很大的不同。就基本理念和公共准则来看，中美两国都非常注重学术和质量，但在许多具体做法方面，却有很大不同。比如，中国大学难考，但很容易毕业；高中生的压力如同经历炼狱，到了大学却非常轻松，学生无须广博阅读、无须深入参与、无须做很多功课，甚至无须听课，无须有独立见解或创新之处，即可获得学分，甚至获得高绩点。更有甚者，有少数学生仅靠作弊和抄袭也能蒙混过关，即使被教师发现，往往也是睁只眼闭只眼，大家都不把学术和质量当作一回事。凡此种种，非常普遍，似乎教师和学生都很默契，大家都在熬年头。这已经饱受社会和国际诟病。我们能从美国的经验中学到什么呢？这是很值得系统反思的。

没有好的大学文化，就不可能葆有大学的精神。而离开学术和质量去奢谈大学文化，就会缘木求鱼，不得要领，甚至失去了本源。近年来，我国各大学都掀起文化建设热潮，又有多少文化是指向学术和质量的呢？其实，没有学术和质量就是没文化，这是最浅显的道理，也是我们借鉴美国经验时应该坚守的常识。

（五）精细化是大学教育优质化的不二法门

为什么美国高等教育整体实力那么强大？因为其绝大多数大学的学术与质量比较高，办学水平和服务能力也比较高。为什么美国大学在长达100多年的时间里始终保持世界高等教育“龙头老大”的地位，始终保持旺盛的内驱力，始终能够不断追求卓越呢？除了上述经验外，还应归功于美国大学管理的卓越文化以及相应的管理风格，包括理念、机制和模式。美国大学内部管理的共同特点就是精细化，可以说，精细化是美国大学不断优质化的不二法门。

美国是科学管理理论的发源地，也是许多其他重要的管理学理论的发源地，自20世纪以来，一直引领全球管理理论和管理实践的改革发展方向。

科学管理之父泰勒认为①，管理的根本目的是谋求提高劳动生产率，最高的工作效率是雇主和雇员达到共同富裕的基础，而要达到最高的工作效率的重要手段就是用科学化、标准化的管理方法代替经验管理，最佳的管理方法就是任务管理法。科学管理理论有许多重要的观点，诸如工作定额原理、选拔头等工人、标准化原理、计件工资制、劳资双方的紧密合作、建立专门的计划部门以区分管理职能和执行职能、实行职能工长制以推广职能式管理，以及为授权和分层管理奠定理论基础的例外原则等，对企业乃至其他行业的管理产生了广泛而深远的影响，特别是科学管理非常注重量化的计划、明晰的流程、有效的控制，实行量化目标管理（即劳动定额），采用标准作业方式和流程，加强考核和检测，对提高效率（最高的产量和最优的品质）具有重要意义。以标准化原理来说，泰勒认为，企业把工人多年积累的经验知识和传统的技巧加以归纳整理和分析比较，从中找出其具有共性和规律性的东西，然后将其标准化，形成科学的方法。用这一方法对工人的操作方法、使用的工具、劳动和休息的时间进行合理搭配，同时对机器安排、环境因素等进行改进，消除种种不合理的因素，把最好的因素结合起来，以形成标准的作业方法，制定标准的作业时间，确定工人的劳动定额，即一天合理的工作量。例如，泰勒为标准化的制定进行了积极的试验：在搬运生铁的试验中，泰勒得出一个适合做搬运工作的工人，在正常情况下，一天至少可搬47.5吨铁块的结论；在铲具试验中，他得出铁锹每次铲物在重21磅时，劳动效率最高的结论；在长达26年的金属切削试验中，他得出影响切割速度的12个变数及其反映它们之间相关关系的数学公式等，为工作标准

① 弗雷德里克·温斯洛·泰勒对科学管理做了这样的定义："诸种要素——不是个别要素的结合，构成了科学管理，它可以概括如下：科学，不是单凭经验的方法。协调，不是不和别人合作，不是个人主义。最高的产量，取代有限的产量。发挥每个人最高的效率，实现最大的富裕。"

化、工具标准化和操作标准化的制定提供了科学的依据。这套思想方法即使在非生产部门也得到了广泛的应用。

源于企业的管理理论对大学管理的影响是广泛而深刻的。首先，美国大学非常重视制度建设。这与美国法治社会是很吻合的。在美国，任何人和机构都不得违反宪法和法律，大学也不例外。在美国大学，重要事项都有工作方案，常规工作都会有相应的管理制度，以确保各类行为都有所本依。在宪法和法律的框架下，美国大学普遍建立起了严密的校内管理制度。美国大学的管理制度是非常具体细致的。像哈佛大学的学生社团管理、斯坦福大学的科研管理以及学校保安人员工作指引，都有明确的行为界线、工作标准、作业程序甚至标准用语。因为具体细致，所以简单易行。人们做出或判定某种行为，首先不是“我想怎样”“我希望是什么”，而是要看有没有相关规定以及如何规定。这就是美国大学自由度这么大，却秩序井然的重要原因。并非美国大学的教职员工思想觉悟特别高，而主要是他们害怕因违法违纪违规承担相应的责任，久而久之，习惯成自然而已。其次，美国大学非常重视计划和量化管理。在美国大学，做任何工作都有计划，做任何事情都要编列预算，计划之外的工作是得不到支持的，预算之外的事情是没办法推动的，就连参观访问、简单介绍这样的“常规事项”，如果没有列入计划和日程，是不会被接受的。所以，人们常常可以看到工作“年度计划”和“月度计划”，还有工作的“周程”和“日程”。如果是管理和服务部门的工作计划，还可以在网上查阅。最能彰显美国大学计划性强的是教学计划，一年详尽的教学工作安排至少在上一年的年末即已编排并公告，所以，在美国大学，教师申请开设课程，一般至少要提前一年时间，这与我国大学课程开设随意、教学计划执行随便有天壤之别。美国大学的量化管理不仅体现在行政与后勤管理上，也体现在教学与学术管理上。所谓人才培养方案，其实就是定量的结构学分，而学位则是基于绩点的定量结构学分，师生的主要活动就是为实现目标而开展的定额工作。课堂教学评价不仅有一套完善的指标体系，可以用于客观观察和统计分析，而且对各指标的权重还有科学的研究。教师必须完成规定的工作量才能拿到报酬，一个聘期内的请假有总量限制，教师的晋升普遍有明确的年资规定，并且要求教师的课堂教学评价综合得分不得低于总分的90%。总之，绝大多数的工作或事情都被换算成一个“数”，包括活动的量和质。最后，美国大学非常重视授权管理。大学普遍实行校本管理，管理权力分散，管理重心下移，仿佛人人都拥有权力，人人都承担义务，所以大家的主体性和责任心都比较强。这是例外原则的充分体现。美国大学没有我国大学基于行政班的学生干部队伍，但有许多实行自主管理的社团，学生辅导和服务工作也井井有条；院系不像我国大学那样实行科层制，有着比较森严的等级，而是实施扁平式管理，把相关的职权分授给有关的委员会，所以，人们不会感到是少数人在管大学，而是大家在管大家。总之，这种“自上而下的分解”和“自下而上的支撑”的管理模式，从理念、文化到体制、机制，最大限度地保障了大学管理的民主、科学、法治和效率。

在我国，自改革开放以来，国家非常重视教育法制建设，颁布了一系列教育法律法规和规章制度，但这些法律法规和规章制度有一个共同特点，就是法律法规“空虚”，规章制度“多变”。绝大多数为原则性规定，以致实践中的“裁量权”和“自由度”都非常大，让人常常无所适从。例如，党委领导下的校长负责制是高等教育法确定的大学的领导体制，但党委领导什么？怎么领导？校长负责什么？怎么负责？如何协调领导与负责的关系？如何划分两者的责任？这些是语焉不详的。例如，落实党管干部原则，具体“该管谁”和“该怎么管”不明确，主任科员到底归组织部管还是人事处管，文件没有规定；按照广东省普通高校编制管理规定，院系行政领导不属于管理系列，而是教师编制，难道可以不归党委管理？党管人才是否或能否等同于党管人事？领导班子的种种矛盾和学校管理的种种弊端，往往都可以追溯到规定笼统上。这也助长了“有权就争，有责就推”现象的蔓延。至于专业工作和技术事务，管理上也是喜欢“大概”的，如课堂教学评价的“教学态度端正”“教学目的明确”“教学内容正确”“教学方法得当”等指标，基本上属于“正确的废话”，是很难操作的。我们的管理不习惯用数字描述和控制，总体上处于经验管理阶段。这与美国大学管理主要管行为、我国大学管理主要管思想有关，也是效果无法衡量、质量没法保障、工作无法推动、业绩无法提升的重要原因。

精细化管理的核心要义是对战略和目标的分解细化和落实的过程。它能使战略规划有效贯彻落实到每一个环节并获得最好的成效，是提升机构整体执行力和有效达成目标的重要途径。这可能是我国大学最需学习的急迫课题。香港理工大学创办后用8年时间跻身亚洲强校之列，最主要的经验就是学习美国高校的精细化管理。这个案例是非常有说服力的。

他山之石，可以攻玉。2015年11月5日，国务院制定并发布了《统筹推进世界一流大学和一流学科建设总体方案》，“双一流”建设成为中国高等教育追梦图强的战略重点，目的就是用三四十年的时间建设高等教育强国。为落实国务院的“总体方案”，2017年1月，教育部、财政部、国家发展改革委员会共同制定并发布了《统筹推进世界一流大学和一流学科建设实施办法（暂行）》，提出到2020年，若干所大学和一批学科进入世界一流行列，若干学科进入世界一流学科前列；到21世纪中叶，一流大学和一流学科的数量和实力进入世界前列，基本建成高等教育强国。暂行办法指出，“双一流”建设的核心要求是“中国特色，世界一流”，基本原则是“以一流为目标、以学科为基础、以绩效为杠杆、以改革为动力”，每5年为一个建设周期，实行“总量控制、开放竞争、动态调整”，采用认定方式确定建设的项目大学和项目学科，坚持扶优扶需扶特扶新，按照“一流大学”和“一流学科”两类布局建设高校，引导和支持具备较强实力的高校合理定位、办出特色、差别化发展，努力形成支撑国家创新发展的一流大学和一流学科体系，并引入第三方评估进行期末综合验收。2015年4月，广东专门召开了高水平大学建设工作会议，并下发了《关于建设高水平大学的意见》，提出力争用5～10年时间，建成若干所具有较高水平和影响力的大学，培育一批在全国乃至全世界占有一席之地的特色重点学科。与之相适应的还有高水平理工科大学和理工科学科建设、省市共建本科院校、特色重点科学建设、示范性高职院校建设等，目的也是为了打造高等教育强省，推动创新驱动发展战略的实施。无论是国家的战略举措，还是广东的战略构想，都体现了国际视野和中国特色。整个建设方案就目标参照、项目运作等明显借鉴了美国等发达国家的经验，而政府直接以项目形式强有力地鼓励、推动和支持大学优质化发展，则是美国高等教育发展所没有的特质，也是中国高等教育发展的优势所在。可以期待，我国高等教育发展迎来了一个新的春天。

中美两国有许多的不同，最根本的是政治体制和意识形态的不同，在向美国学习的问题上，只要我们坚守底线，坚持四项基本原则不动摇，其他的问题都是可以吸收、改造和利用的。当年美国向欧洲学习时是这样，我们今天向美国学习也可以是这样。

附　录

附录一　美国大学的热门专业列举表①

序号	大学（学生数/人）	专业总数/个	热门专业	平均每个专业学生数/人
1	阿格尼丝·斯科特学院（902）	29	心理学、视觉和表演艺术以及社会科学类专业	31.10
2	爱达荷州艾伯森学院（822）	28	商务管理和商业营销、历史以及社会科学类专业	29.36
3	阿尔比恩学院（1 941）	39	心理学、生物学以及社会科学类专业	49.77
4	艾尔弗雷德大学（2 235）	46	戏剧舞台艺术、商业经济、商业营销和工程	48.59
5	阿勒格尼学院（2 095）	50	生物学、心理学以及社会科学类专业	41.90
6	美国大学（美利坚大学）（11 279）	59	大众传播学、商业经济和商业营销以及社会科学类专业	191.17
7	阿默斯特学院（1 648）	40	英语、文学和语言学、公共管理和社会服务以及社会科学类专业	41.20

① 吴宪. 美国前218所大学简介［M］. 上海：上海科学技术出版社，2008.（编者选择218所大学的依据有两条：一是以中国读者的需求为中心，二是所选的大学是美国几大出版商一致公认并竭力推荐的顶尖大学。）

续上表

序号	大学（学生数/人）	专业总数/个	热门专业	平均每个专业学生数/人
8	亚利桑那大学（36 805）	93	传播与新闻学、工商管理以及社会科学类专业	395.75
9	阿肯色大学（17 926）	78	商务管理、商业经济以及社会科学类专业	229.82
10	大西洋学院（393）	45	生物学和生命科学、野生生物学	8.73
11	奥本大学（23 547）	88	工商管理、商业经济和商业营销、工程、教育学	267.58
12	奥斯汀学院（1 354）	33	心理学、商业经济和商业营销以及社会科学类专业	41.03
13	巴布森学院（3 359）	24	商业经济和商业营销	139.96
14	巴德学院（2 012）	96	视觉/形象和表演艺术、英语以及社会科学类专业	20.96
15	巴纳德学院（2 350）	69	英语、心理学以及文科类专业	34.06
16	贝茨学院（1 744）	38	生物学、心理学以及社会科学类专业	45.89
17	贝勒大学（14 040）	100	传播与新闻学、商业经济和商业营销以及各类教育专业	140.40
18	伯洛伊特学院（1 432）	62	视觉/形象和表演艺术、英语以及社会科学类专业	23.10
19	本宁顿学院（657）	96	视觉/形象和表演艺术、电影研究、英语以及社会科学类专业	6.84
20	伯明翰－南方学院（1 256）	45	视觉/形象和表演艺术、英语、商业经济和商业营销	27.91

续上表

序号	大学（学生数/人）	专业总数/个	热门专业	平均每个专业学生数/人
21	波士顿学院（13 652）	51	传播与新闻学、商业经济和商业营销以及社会科学类专业	267.69
22	波士顿大学（31 574）	94	传播与新闻学、商业经济和商业营销以及社会科学类专业	335.89
23	鲍登学院（1 734）	48	外国语言文学、生物学和生命科学以及社会科学类专业	36.13
24	布兰代斯大学（5 313）	48	生物化学、地区和民族研究以及社会科学类专业	110.69
25	布朗大学（8 125）	83	生物医学工程、物理学以及社会科学类专业	97.89
26	布林莫尔学院（1 799）	35	英语、外国语言和文学以及社会科学类专业	51.40
27	巴尔内克大学（3 706）	58	工程学、商业经济和商业营销以及社会科学类专业	63.90
28	加州大学伯克利分校（33 558）	87	生物学和生命科学、工程学以及社会科学类专业	385.72
29	加州大学戴维斯分校（28 815）	78	生物学和生命科学、工程学以及社会科学类专业	369.42
30	加州理工学院（2 172）	34	数学、机械工程、物理学	63.88
31	加州大学洛杉矶分校（37 221）	92	心理学、生物学以及社会科学类专业	404.58
32	加州大学河滨分校（16 875）	68	生物学和生命科学、商业经济和商业营销以及社会科学类专业	248.16
33	加州大学圣迭戈分校（26 465）	80	工程学、心理学以及社会科学类专业	330.81

续上表

序号	大学（学生数/人）	专业总数/个	热门专业	平均每个专业学生数/人
34	加州大学圣巴巴拉分校（21 062）	70	心理学、细胞生物学、经济学以及社会科学类专业	300.89
35	加州大学圣克鲁斯分校（15 364）	82	生物学、视觉和表演艺术以及社会科学类专业	187.37
36	卡尔文学院（4 187）	89	教育学、商业经济和商业营销以及社会科学类专业	47.04
37	卡尔顿学院（1 980）	41	生物和生命科学、视觉/形象和表演艺术以及社会科学类专业	48.29
38	卡内基梅隆大学（10 120）	63	工程学、商业经济和商业营销、计算机和信息科学	160.63
39	森特学院（1 147）	31	英语、历史、经济学、生物学以及社会科学类专业	37.00
40	查普曼大学（5 908）	60	传播与新闻学、商业经济和商业营销、视觉/形象和表演艺术	98.47
41	查尔斯顿大学（11 218）	49	传播与新闻学、商业经济和商业营销以及社会科学类专业	228.94
42	芝加哥大学（11 730）	80	数学、生物学和生命科学、心理学以及社会科学类专业	146.63
43	克莱尔蒙特麦肯纳学院（1 153）	84	经济学、国际经济、国际关系、政治学以及社会科学类专业	13.73
44	克拉克大学（3 071）	51	心理学、生物学和生命科学以及社会科学类专业	60.22
45	克拉克森大学（2 964）	61	工商管理、商业经济和商业营销、工程学、跨学科研究	48.59
46	克莱姆森大学（17 165）	62	商务管理、商业经济和商业营销、工程学、教育学	276.85

续上表

序号	大学（学生数/人）	专业总数/个	热门专业	平均每个专业学生数/人
47	科尔比学院（1 865）	46	地区研究有关学科、生物学和生命科学以及社会科学类专业	40.54
48	科尔盖特大学（2 788）	55	英语、外国语言和文学以及社会科学类专业	50.69
49	科罗拉多大学博尔德分校（31 401）	67	传播与新闻学、商业经济和商业营销以及社会科学类专业	468.67
50	科罗拉多学院（1 998）	52	视觉/形象和表演艺术、生物学和生命科学、经济学以及社会科学类专业	38.42
51	哥伦比亚大学（20 500）	71	英语、历史、生物学、经济学以及社会科学类专业	288.73
52	康涅狄格学院（1 886）	59	英国文学和语言学、政治学、心理学以及社会科学类专业	31.97
53	康涅狄格大学（23 557）	78	心理学、政治学、工商管理和营销以及社会科学类专业	302.01
54	康奈尔学院（1 121）	52	教育学、心理学、视觉/形象和表演艺术以及社会科学类专业	21.56
55	康奈尔大学（19 369）	82	工程学、农业经济、旅店和餐馆管理、生物学和生命科学	236.21
56	达拉斯大学（2 941）	36	英语、生物学和生命科学、工商管理以及社会科学类专业	81.69
57	达特茅斯学院（5 753）	67	心理学、历史、经济学以及社会科学类专业	85.87
58	戴维森学院（1 667）	21	生物学、历史、英语以及社会科学类专业	79.38

续上表

序号	大学（学生数/人）	专业总数/个	热门专业	平均每个专业学生数/人
59	代顿大学（7 230）	72	商务管理、营销管理、教育学、工程以及社会科学类专业	100.42
60	特拉华大学（19 742）	73	教育学、商务管理、商业经济以及社会科学类专业	270.44
61	丹尼森大学（2 263）	44	传播与新闻学、心理学、英语以及社会科学类专业	51.43
62	丹佛大学（10 374）	68	传播学、新闻学、商务管理与商业营销以及社会科学类专业	152.56
63	迪波夫大学（2 326）	50	英语、文学和语言学、大众传播学、新闻学以及社会科学类专业	46.52
64	迪金森学院（2 400）	49	文学和语言学、生物学和生命科学、国际关系、心理学以及社会科学类专业	48.98
65	德鲁大学（2 647）	41	英语、心理学、视觉/形象和表演艺术以及社会科学类专业	64.56
66	德雷克塞尔大学（18 466）	51	商务管理、商业营销、计算机工程、工程学、生物学	362.08
67	杜克大学（13 373）	49	心理学、工程学、经济学以及社会科学类专业	272.92
68	埃隆大学（5 230）	55	传播与新闻学、商务管理、商业营销、教育学以及社会科学类专业	95.09
69	埃默森学院（4 324）	35	传播与新闻学、商务管理、商业营销、英语、视觉/形象和表演艺术	123.54

续上表

序号	大学（学生数/人）	专业总数/个	热门专业	平均每个专业学生数/人
70	埃默里大学（12 338）	60	心理学、商务管理、商业经济、商业营销、英语、跨学科研究以及社会科学类专业	205.63
71	费尔菲尔德大学（5 091）	39	传播与新闻学、工商管理、营销管理以及社会科学类专业	130.54
72	佛罗里达州立大学（39 973）	86	经济学、心理学、商务管理、商业营销以及社会科学类专业	464.80
73	佛罗里达大学（50 882）	85	工程学、商务管理、商业营销、传播与新闻学以及社会科学类专业	598.61
74	福德姆大学（14 732）	81	传播与新闻学、商务管理以及社会科学类专业	181.88
75	富兰克林和马歇尔学院（2 028）	42	英语、政治学、商务管理以及社会科学类专业	48.29
76	弗曼大学（3 010）	55	视觉/形象和表演艺术、商务管理、商业经济以及社会科学类专业	54.73
77	乔治·华盛顿大学（24 090）	75	心理学、英语、大众传播学、商务管理、营销管理以及社会科学类专业	321.20
78	乔治敦城大学（14 148）	48	经济学、英语、商务管理、商业营销、国际关系以及社会科学类专业	294.75
79	乔治亚理工学院（17 936）	39	计算机和信息学、工业工程、机械工程、商务管理、商业营销	459.90

续上表

序号	大学（学生数/人）	专业总数/个	热门专业	平均每个专业学生数/人
80	乔治亚大学（33 959）	81	商业营销、商务管理、心理学、教育学、生物学以及社会科学类专业	419. 25
81	葛底斯堡学院（2 689）	78	生物学、心理学、商务管理、商业营销以及社会科学类专业	34. 47
82	古彻学院（2 310）	33	心理学、英语、视觉/形象和表演艺术、大众传播学以及社会科学类专业	70. 00
83	格林内尔学院（1 589）	25	生物学和生命科学、英语、外国文学和语言学、视觉/形象和表演艺术以及社会科学类专业	63. 56
84	古斯塔夫斯－阿道弗斯学院（2 618）	67	生物学、商务管理、商业营销以及社会科学类专业	39. 07
85	哈密尔顿学院（4 421）	51	英语、文学和语言学、心理学、政治学以及社会科学类专业	86. 69
86	汉普夏学院（1 448）	56	视觉/形象和表演艺术、英语以及社会科学类专业	25. 86
87	哈佛大学（19 538）	88	政治学、经济学、心理学以及社会科学类专业	222. 02
88	哈弗福德学院（1 168）	44	英语、生物学和生命科学、文学和语言学、经济学以及社会科学类专业	26. 55
89	亨德里克斯学院（1 095）	27	心理学、生物学和生命科学、英语语言和文学以及社会科学类专业	40. 56
90	海勒姆学院（1 239）	41	生物学和生命科学、教育学、商务管理以及社会科学类专业	30. 22

续上表

序号	大学（学生数/人）	专业总数/个	热门专业	平均每个专业学生数/人
91	霍巴特和威廉史密斯学院（1 868）	61	英语、历史、心理学、视觉/形象和表演艺术以及社会科学类专业	30.62
92	伊利诺伊理工学院（6 795）	32	建筑学、计算机学、电机/电子和传播工程	212.34
93	伊利诺伊大学厄巴纳－尚佩恩分校（42 728）	83	工程学、商务管理、商业营销、心理学以及社会科学类专业	514.80
94	伊利诺伊韦斯利恩大学（卫斯理公会大学）（2 144）	59	商务管理、商业营销、视觉/形象和表演艺术、生物学以及社会科学类专业	36.34
95	爱荷华大学（28 816）	90	大众传播学、新闻学、商务管理、商业营销以及社会科学类专业	320.18
96	爱荷华州立科技大学（25 462）	80	商务管理、商业营销、工程学、农业科学、财经学	318.28
97	伊萨卡学院（6 409）	75	广播新闻学、大众传播学、视觉/形象和表演艺术、商务管理、商业经济以及社会科学类专业	85.45
98	詹姆斯麦迪逊大学（17 393）	50	商务管理、商业营销、心理学以及社会科学类专业	347.86
99	约翰·霍普金斯大学（6 124）	64	生物医学工程、工程学、国际关系以及社会科学类专业	95.69
100	卡拉马祖学院（1 345）	26	英语、心理学、生物学和生命科学以及社会科学类专业	51.73
101	堪萨斯大学（28 924）	86	英语、生物学、商务管理、商业营销以及社会科学类专业	336.33

续上表

序号	大学（学生数/人）	专业总数/个	热门专业	平均每个专业学生数/人
102	肯塔基大学（25 672）	73	商务管理、营销管理传播与新闻学、工程学、教育学以及社会科学类专业	351.67
103	凯尼恩学院（1 661）	58	英语、心理学、政治学、视觉/形象和表演艺术、文学和语言学以及社会科学类专业	28.64
104	诺斯克学院（1 351）	36	英语、人类学、经济学、政治学、视觉/形象和表演艺术以及社会科学类专业	37.53
105	拉斐特学院（2 381）	39	英语、工程学、心理学、生物学以及社会科学类专业	61.05
106	莱克福里斯特学院（1 448）	38	商业经济、商业营销、传播与新闻学、工商管理、英语、经济学以及社会科学类专业	38.11
107	劳伦斯大学（1 480）	60	视觉/形象和表演艺术、外国文学和语言、生物学、心理学、音乐以及社会科学类专业	24.67
108	利哈伊大学（理海大学）（6 858）	69	商务管理、营销管理、工程学、心理学以及社会科学类专业	99.39
109	刘易斯和克拉克学院（3 641）	32	生物学和生命科学、心理学、国际关系、社会学以及社会科学类专业	113.78
110	路易斯安那州立大学及农机学院（31 264）	71	商务管理、营销管理、教育学、工程学、心理学、生物医学以及社会科学类专业	440.34

续上表

序号	大学（学生数/人）	专业总数/个	热门专业	平均每个专业学生数/人
111	麦卡莱斯特学院（1 918）	43	外国文学和语言学、跨学科研究、政治学、英语、经济学以及社会科学类专业	44.60
112	马尔伯勒学院（400）	79	视觉/形象和表演艺术、英语、生物学以及社会科学类专业	5.06
113	马凯特大学（11 548）	71	商务管理、营销管理、传播与新闻学、工程学	162.65
114	玛丽华盛顿大学（4 862）	46	英语、商务管理、商业营销、心理学以及社会科学类专业	105.70
115	马里兰大学科利奇帕克分校（35 300）	85	商务管理、营销管理、工程学、政治学、犯罪学	415.29
116	麻省理工学院（10 253）	37	工程学、计算机学、生物学、化学工程	277.11
117	迈阿密大学（科勒尔盖布尔斯）（15 670）	80	视觉/形象和表演艺术、商务管理、生物学、心理学以及社会科学类专业	195.88
118	迈阿密大学（俄亥俄州牛津分校）（16 329）	85	商务管理、营销管理、教育、动物生物学以及社会科学类专业	192.11
119	密歇根大学安阿伯分校（40 025）	89	工程学、心理学、英语以及社会科学类专业	449.72
120	密歇根州立大学（45 520）	87	商务管理、营销管理、传播与新闻学以及社会科学类专业	523.22
121	米德尔伯里学院（2 460）	49	英语、跨学科研究、心理学、经济学、文学和语言学以及社会科学类专业	50.20

续上表

序号	大学（学生数/人）	专业总数/个	热门专业	平均每个专业学生数/人
122	米尔斯学院（1 410）	46	视觉/形象和表演艺术、英语、政治学、心理学以及社会科学类专业	30. 65
123	米尔萨普斯学院（1 154）	29	心理学、商务管理、商业营销、教育学、英语以及社会科学类专业	39. 79
124	明尼苏达大学双城学院（50 402）	87	工程学、商务管理、商业营销以及社会科学类专业	579. 33
125	芒特霍利奥克学院（2 153）	51	心理学、生物学、英语、文学和语言学、国际关系以及社会科学类专业	42. 22
126	缪伦堡学院（2 500）	34	商务管理、视觉/形象和表演艺术、心理学以及社会科学类专业	73. 53
127	内布拉斯加大学林肯分校（22 106）	84	教育学、工程学、传播与新闻学、商务管理、营销管理	263. 17
128	新佛罗里达学院（746）	43	跨学科研究、心理学以及社会科学类专业	17. 35
129	新泽西理工学院（8 209）	32	工程学、工程技术有关学科、计算机和信息学、建筑学	256. 53
130	新泽西学院（6 934）	57	教育学、英语、商务管理、商业经济和商业营销以及社会科学类专业	121. 65
131	纽约大学（40 870）	82	商务管理和市场营销有关学科、视觉/形象和表演艺术以及社会科学类专业	498. 41

续上表

序号	大学（学生数/人）	专业总数/个	热门专业	平均每个专业学生数/人
132	北卡罗来纳大学阿什维尔分校（3 635）	35	英国文学和语言、心理学、商务管理、视觉/形象和表演艺术以及社会科学类专业	103.86
133	北卡罗来纳大学查珀尔希尔分校（27 717）	67	传播与新闻学、商务管理以及社会科学类专业	413.69
134	北卡罗来纳州立大学（31 130）	75	工程学、生物学、商务管理、大众传播学以及社会科学类专业	415.07
135	西北大学（17 460）	83	传播与新闻学、工程学、工商管理以及社会科学类专业	210.36
136	圣母大学（11 603）	57	外国文学和语言、商务管理、市场管理、工程学以及社会科学类专业	203.56
137	奥伯林学院（2 841）	64	英语、文学和语言、历史、视觉/形象和表演艺术	44.39
138	奥克西登塔尔学院（1 825）	37	心理学、视觉/形象和表演艺术以及社会科学类专业	49.32
139	奥格尔索普大学（1 030）	35	英语、心理学、商务管理以及社会科学类专业	29.43
140	俄亥俄州立大学哥伦布分校（51 818）	88	商务管理、商业经济、生物学、工程学以及社会科学类专业	588.84
141	俄亥俄韦斯利恩大学（卫斯理公会大学）（1 935）	75	生物学、商务管理、心理学、动物生物学以及社会科学类专业	25.80
142	俄克拉荷马大学（26 002）	85	传播与新闻学、商务管理、心理学以及社会科学类专业	305.91

续上表

序号	大学（学生数/人）	专业总数/个	热门专业	平均每个专业学生数/人
143	宾夕法尼亚州立大学尤尼弗西蒂帕克分校（42 914）	77	传播与新闻学、商务管理、商业经济、工程学	557.32
144	宾夕法尼亚大学（18 809）	83	商务管理、工程学、生物医学工程以及社会科学类专业	226.61
145	佩珀丹因大学（7 593）	45	传播与新闻学、商务管理以及社会科学类专业	168.73
146	匹兹堡大学（26 860）	82	商务管理、营销管理、英语以及社会科学类专业	327.56
147	皮策学院（958）	61	心理学、视觉/形象和表演艺术以及社会科学类专业	15.70
148	波莫纳学院（1 545）	61	生物学、英语、文学与语言学、心理学以及社会科学类专业	25.33
149	普林斯顿大学（7 242）	42	历史、工程学以及社会科学类专业	172.43
150	皮吉特湾大学（2 819）	44	视觉/形象和表演艺术、商务管理以及社会科学类专业	64.07
151	普渡大学（39 228）	70	工程学、商务管理、教育学以及社会科学类专业	560.40
152	伦道夫学院（715）	45	生物学、心理学、视觉/形象和表演艺术以及社会科学类专业	15.89
153	雷德兰兹大学（2 407）	47	商务管理、商业/贸易、心理学以及社会科学类专业	51.21
154	理德学院（1 436）	31	英语、生物学、心理学以及社会科学类专业	46.32

续上表

序号	大学（学生数/人）	专业总数/个	热门专业	平均每个专业学生数/人
155	罗德岛大学（15 062）	78	工程学、传播与新闻学、商务管理以及社会科学类专业	193.10
156	罗兹学院（1 696）	36	英语、文学与语言学、商务管理、历史	47.11
157	赖斯大学（莱斯大学）（5 258）	66	工程学、生物学、视觉/形象和表演艺术以及社会科学类专业	79.67
158	理士满大学（3 554）	61	商务管理、商业经济、英语以及社会科学类专业	58.26
159	里彭学院（977）	40	教育学、生物学、商务管理、历史以及社会科学类专业	24.43
160	罗彻斯特理工学院（15 557）	73	计算机工程、视觉/形象和表演艺术、商务管理	213.11
161	罗彻斯特大学（8 846）	58	生物医学工程、工程学、心理学以及社会科学类专业	152.52
162	罗林斯学院（2 454）	36	视觉/形象和表演艺术、心理学以及社会科学类专业	68.17
163	罗斯－哈尔曼理工学院（1 963）	17	数学、计算机学、工程学	115.47
164	鹿特歌斯新泽西州立大学新不伦瑞克/皮斯卡塔韦分校（34 392）	84	心理学、英语、生物医学工程以及社会科学类专业	409.43
165	圣贝尼迪克特学院（2 059）	51	英语、心理学、商务管理、商业经济和商业营销、生物学	40.37
166	圣路易斯大学（12 034）	73	商务管理、生物医学工程、心理学、护理学	164.85

续上表

序号	大学（学生数/人）	专业总数/个	热门专业	平均每个专业学生数/人
167	圣克拉拉大学（7 952）	50	工程学、商务管理、商业营销以及社会科学类专业	159.04
168	萨拉劳伦斯学院（1 709）	86	人文学以及社会科学类专业	19.87
169	斯克里普斯学院（890）	64	视觉/形象和表演艺术、心理学以及社会科学类专业	13.91
170	斯基德莫尔学院（2 816）	50	视觉/形象和表演艺术、商务管理和营销有关学科以及社会科学类专业	56.32
171	史密斯学院（3 092）	54	心理学、历史以及社会科学类专业	57.26
172	南卡罗来纳大学（27 390）	68	传播与新闻学、商务管理、商业经济以及社会科学类专业	402.79
173	南加州大学（33 389）	85	视觉/形象和表演艺术、商务管理以及社会科学类专业	392.81
174	西南大学（1 277）	48	传播与新闻学、商务管理以及社会科学类专业	26.60
175	圣劳伦斯大学（2 303）	43	心理学、经济学、英语、英国文学以及社会科学类专业	53.56
176	圣奥拉夫学院（3 041）	56	视觉/形象和表演艺术、英语以及社会科学类专业	54.30
177	斯坦福大学（17 747）	76	工程学、跨学科研究以及社会科学类专业	233.51
178	纽约州立大学宾厄姆顿分校（14 373）	65	心理学、商务管理、商业营销以及社会科学类专业	211.12

续上表

序号	大学（学生数/人）	专业总数/个	热门专业	平均每个专业学生数/人
179	纽约州立大学布法罗分校（27 230）	81	传播与新闻学、工程学商业管理	336. 18
180	纽约州立大学斯托尼布鲁克分校（石溪分校）（22 522）	60	生物医学工程、商务管理、心理学以及社会科学类专业	375. 37
181	纽约州立大学杰纳西奥分校（5 530）	51	教育学、商务管理以及社会科学类专业	10. 84
182	史蒂文斯理工学院（4 829）	29	计算机学、商务管理、工程学	166. 52
183	萨斯奎汉纳大学（2 009）	47	商务管理、教育、新闻学以及社会科学类专业	42. 74
184	斯沃斯莫尔学院（1 484）	49	英语、生物和生物医学有关学科以及社会科学类专业	30. 29
185	斯威特布赖尔学院（751）	41	心理学、视觉/形象和表演艺术以及社会科学类专业	18. 32
186	锡拉丘兹大学（17 492）	85	视觉/形象和表演艺术、商务管理以及社会科学类专业	205. 79
187	得克萨斯州农业与机械大学（45 380）	78	农业学、工程学、管理学、商务管理	581. 79
188	得克萨斯大学奥斯汀分校（49 697）	84	传播与新闻学、商务管理以及社会科学类专业	591. 63
189	特里尼蒂学院（2 528）	50	英语、视觉/形象和表演艺术以及社会科学类专业	50. 56
190	特里尼蒂大学（2 693）	53	文学和语言学、商务管理以及社会科学类专业	50. 81

续上表

序号	大学（学生数/人）	专业总数/个	热门专业	平均每个专业学生数/人
191	塔夫茨大学（9 638）	69	工程学、视觉/形象和表演艺术以及社会科学类专业	139.68
192	图兰大学（10 606）	86	生物医学工程、商务管理以及社会科学类专业	123.33
193	塔尔萨大学（4 125）	62	工程学、视觉/形象和表演艺术、商务管理以及社会科学类专业	66.53
194	尤宁学院（2 212）	32	工程学、生物医学有关学科以及社会科学类专业	69.13
195	犹他大学（28 619）	89	传播与新闻学、商务管理以及社会科学类专业	321.56
196	范德比尔特大学（11 607）	57	心理学、工程学以及社会科学类专业	203.63
197	瓦瑟学院（2 424）	58	英语、视觉/形象和表演艺术以及社会科学类专业	41.79
198	维拉诺瓦大学（10 456）	48	工程学、商务管理以及社会科学类专业	217.83
199	弗吉尼亚大学（24 068）	56	工程学、商务管理、商业营销以及社会科学类专业	429.79
200	沃巴什学院（874）	24	英语、历史以及社会科学类专业	36.42
201	韦克福里斯特大学（威克森林大学）（6 739）	44	传播与新闻学、商务管理以及社会科学类专业	153.16
202	华盛顿和李大学（2 148）	43	历史、商务管理以及社会科学类专业	49.95

续上表

序号	大学（学生数/人）	专业总数/个	热门专业	平均每个专业学生数/人
203	华盛顿大学圣路易斯校区（13 355）	87	心理学、工程学以及社会科学类专业	153.51
204	华盛顿大学西雅图分校（39 524）	83	教育学、商务管理以及社会科学类专业	476.19
205	韦尔斯利学院（卫思理学院）（2 318）	59	文学与语言学、心理学以及社会科学类专业	39.29
206	韦尔斯学院（481）	44	心理学、英语、视觉/形象和表演艺术	10.93
207	卫斯利恩大学（卫斯理公会大学）（3 220）	57	跨学科研究、视觉/形象和表演艺术以及社会科学类专业	56.49
208	惠顿学院马萨诸塞州诺顿校区（1 561）	43	英语、心理学以及社会科学类专业	36.30
209	惠顿学院伊利诺伊州惠顿校区（2 924）	40	宗教研究、教育学以及社会科学类专业	73.10
210	惠特曼学院（1 455）	31	生物学、视觉/形象和表演艺术以及社会科学类专业	46.94
211	威拉米特大学（2 747）	44	生物学、文学与语言学以及社会科学类专业	62.43
212	威廉与玛丽学院（7 709）	48	跨学科研究、心理学、商务管理、商业经济和商业营销以及社会科学类专业	160.60
213	威廉斯学院（2 049）	39	英语、视觉/形象和表演艺术以及社会科学类专业	52.54
214	威斯康星大学麦迪逊分校（41 466）	85	传播与新闻学、工商管理以及社会科学类专业	487.84

续上表

序号	大学（学生数/人）	专业总数/个	热门专业	平均每个专业学生数/人
215	威腾伯格大学（2 089）	43	教育学、商务管理、商业经济以及社会科学类专业	48.58
216	沃福德学院（1 240）	32	生物学、商务管理、商业营销以及社会科学类专业	38.75
217	伍斯特学院（1 819）	53	英语、历史、心理学以及社会科学类专业	34.32
218	耶鲁大学（11 416）	71	历史、跨学科研究以及社会科学类专业	160.79

附录二　印第安纳大学生存手册之图书馆使用指南

前　言

“按照这本手册的建议行事，你肯定可以提前毕业！”

哈，等等！这是开玩笑，但是你会发现这本设计精巧的指南确实可以帮助你熟悉印第安纳大学里里外外的一切事情。手册提供的内容均是可以解决实际问题的实用指南，比如说，第一次考试考砸了怎么办？如何顺利完成第一次口头报告？如何最有效地利用你在印大的时间？

作为本书的作者，我们知道大家作为学生是如何看待大学图书馆的。事实上，大家并不在乎我们可以教你如何引用网页内容或者创建一个属于自己的参考文献资料库。大家更在乎的是图书馆是如何帮助每个学生度过大学生活的每一天。因为在大学生活中，有些时候大家仅仅是希望能够在学术的苦海中“生存”下去。

对于一些同学来说，让他们懂得图书馆的价值需要花费数年的时间，但是，我们作为编者希望通过这本不可或缺的小册子证明我们的价值。因为这本小册子将教会你如何节省金钱，如何有效利用时间以及使你努力的结果最大化。上述的好处还不足以使大家喜欢上这本手册吗？

生存技巧 1：不要轻信书本所言。要有批判性的思维并要学会使用那些有可靠来源的信息。

第一章　技术故障、事故以及自然灾害

丢失了闪存盘？

不小心丢失了闪存盘也许不像丢失了钱包或者手机那样严重，但是因为丢失闪存盘所导致的心理焦虑百分百会影响你的学习进程，尤其不幸的是如果唯一的一份科研报告存在丢失的盘里的时候。

解决建议 1：停下来仔细思考。想想上次用完之后你所处的地方以及

当时在做的事情。要集中精神回想，因为理清思路有助于避免后续艰辛的补救措施。

提示：不要把闪存盘作为存储重要资料的唯一媒介。记住把需要保存的资料存储在电脑的硬盘里，最好上传一份拷贝到自己的电子邮箱里，又或者把资料保存在个人学习界面的课程一栏中（点击校园网上的个人主页中的资源链接键，然后把文档添加到“我的课业”一项中）。

用一条长绳或者是一个大的物件把闪存盘绑上，这样一来就降低了遗忘的可能。最好把闪存盘像装饰品那样随身携带，比如说，把闪存盘用绳子串起来挂在脖子上。当然，在洗澡的时候要记得取下来。

如果不小心把闪存盘放在洗衣机里与衣服一起洗了，不要丧失信心。闪存盘里的信息可能还可以用，要等到闪存盘充分晾干（大约 24 小时）后再重新连接电脑试试。

经历忙碌紧张的一天的学习生活，自己已是筋疲力尽，你的笔记本电脑也许也会过热或没电。记得在上课或者是吃午饭的时候找一个安全的地方给自己的电脑充电。威尔士图书馆西塔可以找到公用充电处。如果是自行携带的电池，可以到大堂的咖啡厅或小餐厅里充电。

解决建议 2：努力回顾之前的所作所为，问自己下面的系列问题：

我之前去了哪里？做了哪些平时不常做的事情或去了哪些平时不会去的地方？

之前使用的是哪一台电脑？

当时的穿着？（仔细看看你的口袋）

解决建议 3：询问一下图书馆学生技术中心的技术人员或者是问询台的工作人员，看看是否有同学捡到后交还回来。要了解闪存盘的细节特点，以备查询。

解决建议 4：如果之前去过威尔士图书馆，询问一下位于图书馆东塔外借和还书处的失物招领中心，看是否可以找到。

解决建议 5：继续寻找。最近一次寻找的地方也许就是发现失物的地方。

解决建议 6：如果不得不重新撰写一份报告，最好在记忆犹新的时候开始。

打印机发生了故障?

技术的发展日新月异，令人惊叹！但是当人们期望技术在任何情况下都是万能的时候，情况往往事与愿违，现实是冰冷和残酷的。

解决建议1：千万不要打退堂鼓。打印机故障的原因有很多，从无线传输信号差到印大校园网内部的连接问题，又或者仅仅是你的电脑使用的是旧版的微软或麦金塔实操作系统，导致与打印机不兼容。问题种种，不一而足。

解决建议2：从最简单的步骤做起解决问题，例如，打印机是否开了电源。如果你是在公共自修区的时候，看看其他人使用打印机的情况。

解决建议3：如果你身处威尔士图书馆，到西塔询问一下外借和还书处的技术支持中心。记得带上你的笔记本电脑。

解决建议4：掌握一些专业术语。印大校园网允许学生登录后创建一个临时的个人账号或者可以选择加入一个公共局域网。两个用户之间的联系需要有一个加密的通道桥接。所以，你看，最好还是寻求专业人员的协助吧！

有关信息技术的常见问题的解答请直接登录印大信息服务中心创建的“知识基地”（网址：www. kb. iu. edu）。

解决建议5：有时也许不一定需要把课程作业打印出来而获得该课程的学分，你可以把作业上传至个人学习平台的作业栏目并提交一份作业的电子文本。

解决建议6：如果你确实需要打印一份文本，可以把它电邮到印大的公共电子邮箱然后再到任意一个分馆或者是学生技术服务中心使用他们的电脑打印。

把饮料倒洒在电脑键盘上了?

大学的生活有许多不尽如人意的地方，我们常常会发现面对这样或那样的难题，有许多问题并没有简单的解决之道，就像不小心把饮料倒洒在电脑键盘上一样。

解决建议1：立即停止打字。

解决建议 2：如果此时在图书馆里，向问询中心的工作人员报告。他们通常会要求你更换座位并且将键盘送去紧急维修。

解决建议 3：如果是在家中，马上拔掉键盘与电脑的连接插头。

解决建议 4：如果是不小心把水洒到键盘上，立即把键盘翻过来使水流出并晾干至少 24 小时。

解决建议 5：如果不小心把黏稠的液体倒在键盘上，尝试着用平头扳手把按键外壳取下来然后清理内部环境。记住不要移动“空格”“回车”或者是其他大个的按键外壳。（在取下任何按键外壳之前，用相机快照键盘或者是迅速画一幅键盘各按键位置图，这样当要把按键外壳重新安装的时候就不会搞错了。否则，在重新开始打字的时候，难保字母顺序不会发生错位。）

为了防止液体倒洒在键盘上，最好使用吸管喝水，或者在使用电脑的时候用密封的饮料容具。

解决建议 6：使用湿的棉质抹布轻轻擦拭键盘。

解决建议 7：在取出并且干燥按键外壳后，有条件的话最好更换外壳。

解决建议 8：完成清理工作后，把键盘晾置至少 24 个小时再与电脑连接。

手摔断了，但又要打字？

人生总有起伏。当祸事发生了，并且假设你生命无忧、大脑健全的话，导师还是会期望你能够在论文上交期限前完成。幸运的是，你仍然有些选择。

解决建议 1：劝说朋友代劳。

解决建议 2：如果此路不通，尝试利用位于图书馆西塔大门内侧的辅助技术中心的辅助设备。

解决建议 3：寻求专业人员的支持。辅助技术中心的工作人员为以下残障人士提供服务：弱视、弱听、行动不便、学习障碍。对有些障碍的辅助可能是长期的，例如听障的纠正；而有些是短期的，如手摔断了而导致的肢体障碍。

大多数人可以立即判断自己是否骨折了，比如说除了听到关节断裂发出的“啪塔”声或是骨头折断的声音，手臂骨折还会出现手臂用不上力、红肿、瘀青，以及出血的表征，也会导致剧痛。

根据美国整形外科手术学会统计，手臂骨折属于最常见的外伤。通常是由于从高处坠落或者是车祸以及其他一些事故引起。在所有手臂骨折的受伤事件中，大约有1/20的伤者是上臂骨折。

车被拖走或无法发动?

如果你的车随意乱停，后果及责任自负。我们对此无能为力!

即使你到目前为止还没有体会到，那么你很快就会感受到：在印大找停车位是一场对耐心和毅力的考验，当然，如果你够胆违禁停车，那么另当别论。

解决建议1：如果走到停车的地方却发现车不见了，那么在大多数情况下你的车是被拖走了。请你联系印大的停车管理处（周一至周五：7：00—10：00)，电话：812 -855 -9849。

解决建议2：如果违禁停车对车辆发生了问题，请致电停车管理处的车辆支援电话：812 -855 -9849，该中心周一至周五上午7：30至午夜提供免费的支援服务。

解决建议3：欲了解有关车辆支援以及停车的规定，请登录www. enforcement. indiana. edu自行查询。

地面积雪严重且距离威尔士图书馆又有一英里?

布鲁明顿校区会因为大雪而停课的概率非常低，这种事情20年也发生不了一次。导师还是会期望你完成课业，甚至希望你能够使用图书馆藏的参考资料。

解决建议1：在家中可以通过互联网登录图书馆的网页接触到网上文献、杂志及电子书，当然，前提是你居住的地方有电和网络依然畅通。

解决建议2：穿上防雪靴到最近的分馆，分馆遍布校园。这些分馆提供与总馆并无二致的资源和服务。图书馆员都是各学科领域的专业人士，所以他们可以解答有关专业的具体问题以及其他普通的问题。

请注意：大雪天气会导致图书馆间交通班车时间的调整。

解决建议3：享受雪景。因为大雪盈盈的情景难得一见。

把参考书籍弄湿了？

不小心把转手多次的教科书弄湿了，你担心再也无法转给下一家？克莱格书籍养护实验室的书籍保存专家给你一些如下建议。

解决建议1：让书自然风干，使得湿气蒸发。有时候，风扇是很好的帮手。对于仅仅是弄湿了边角的书，风吹是简单而有效的办法。但是如果是整本书弄湿的话，风吹容易导致书页解体、起皱，以及脱落等问题。

解决建议2：在书页间放置吸水纸吸去多余的水分。书中的水分越少，发生书页解体的可能性就越小。这种做法作为拯救书籍的第一步，称之为间隔烘干。记得要使用纸巾或者是报纸等吸水性强的纸质。

注意身边驶过的巴士。当车辆加速的时候，尽量用身体遮住书本，以便不被风吹走或损坏。从长远来看，这样做有利于降低书籍的使用成本。

下大雨却又没有雨具？把参考书装进背包或者是塑料袋中裹好，要不就把书放在衣服下面（图书馆借的书也要这样）。吹干T恤衫总比吹干一本书要容易得多。

解决建议3：把弄湿了的书本冷藏，这样做就不会使书页发生解体。把书放进温度为30华氏度（10摄氏度）的冷藏室，使得冰冻的液体从冰直接转化为液体并在升华的过程中挥发（化学课上学过的知识）。这一转化过程需要一定的时间，但是效果却很明显。克莱格实验室配备了特殊的真空冷冻仪器，但是你也可以使用家中的冷冻设备。

解决建议4：检查一下书页是否松脱，或者是否出现了粘页的现象，这在干燥书本的过程中是经常发生的问题。书页表层出于抛光的需要上的釉质由于遇水后会发生浆化的现象，在干燥过程中又会发生“干化”问题。注意书页的附录应该保持完整或者迅速冷冻干燥。

第二章　功课秘籍

如何求助？

使用图书馆页面中“请教馆员”的链接与图书馆工作人员联系。

在课堂上举手提问，向问询处的人员求教，或者向路人问路，这些场景也许会令人尴尬。有些人是如此的固执，以至于为了避免上述情形的出现，可以不惜一切代价。

解决建议1：不要怕羞。大学校园中的图书馆是一个提任何问题都不会觉得幼稚的地方。（这里特别不要与课堂作对比，因为教授们对于大家的课堂表现明显寄予厚望，尤其是在考试的时候。）

解决建议2：记住有时候你甚至不需要弄清楚究竟需要问些什么问题。仔细审读你的课业要求并且问问自己认为导师希望自己掌握哪些知识点。即使这种过程让你感觉到就像在跳过一个又一个的圈（克服一个又一个的难题），这样的过程通常是有一定意义的。

解决建议3：选取一个最适合自己的沟通方式。即通过以下的方式向他人求教：打电话、发电邮、发短信、留言。

解决建议4：直面自我内心的恐惧。面对面的交流通常是最好的求教方法，因为有时反复的交流是必需的。这种求教的方式特别是对于你不能确定问题的情形下是最有效的。

从威尔士图书馆藏中找到所需的书籍

访问图书馆东塔的二楼以上或者是访问校园中的其他图书馆，你都可以找到丰富的藏书。仅仅在威尔士图书馆就有超过460万册的藏书。假设每一本书厚度为9英寸，这样把书首尾相连，可以一直从布鲁明顿排到华盛顿特区。又或者把书头向东边一直排下去，可以排到爱荷华州的州议会所在地。

印大图书馆的藏书是全美大学中藏书量最大的图书馆。许多专业书籍分散收藏于各个分馆，例如教育分馆或艺术类分馆。但是，当大家进入威尔士馆的时候不约而同地想知道：书都在哪里？

解决建议 1：准确定位一本实用的书，而不是漫无目的地寻找某一类书籍。

解决建议 2：仔细考虑你的取舍。你可以通过登录图书馆的主页浏览网上书目，进一步找到书籍的编号以及所在的馆。一开始的时候建议你向图书馆的信息中心寻求帮助。不管怎样，通过实际操作借取一些书籍之后，你将会更熟练地掌握如何使用图书馆的资源。

解决建议 3：了解借阅体系。因为你所面对的是一个巨大的图书馆体系，图书按照系统分门别类收藏。你要学会使用美国国会图书馆借阅系统而不是杜威的数位排列系统，后者应用于许多高中或者是公用图书馆的书籍排序。如果你试图查找科幻类文学作品，你要知道这些书籍并不是集中收藏在一个区域的。

解决建议 4：如果你仍然选择在图书馆中神游，那么我们建议你从核心藏书部开始，该部位于图书馆西塔。核心藏书部的图书都是非常经典和流行的，因此藏书量相对较少，大约有 1.7 万册，便于查找相关资源。

印大的藏书如此之多，以至于现有的图书馆无法完全容纳全体藏书。图书馆的附属设施位于校园的旁边，储存了大约270 万册的书籍，其中包括书、手稿以及胶卷。为了便于保存图文资料，附属部的温度和湿度常年保持恒定（17 摄氏度，30%的相对湿度），这一温度环境与远古时期的猛犸巨兽洞穴中的温、湿度相似。

完成作业的程序

首先要下功夫研究一个课题，当然你必须对所选的论题有一定的了解。但是很多时候，大家在开始学做研究的时候对于文章的论题是没有概念的，对吗？因此，要圆满完成一份课业论文似乎是一个艰难的过程，但是下面有一些方法可以帮助你完成作业。

解决建议 1：请教导师、助教或者是同学有关他们是如何开展课业论文的研究和写作的。

解决建议 2：仔细检查课程阅读材料，看看从中是否可以找到一些论题或启发。

解决建议3：一旦确定了拟开展研究的论题之后，使用你自己最熟悉的搜索引擎查找与该论题相关的概念、论题的时效性、该领域的主要研究人员以及其他相关的信息。

解决建议4：即时记下你通过上述程序所引发的思考和论点。

解决建议5：如果可行，尝试到室外工作一段时间，或者打个盹，又或者是在阳光下静坐，让自己的思绪得以充分发挥。

解决建议6：想想看，有哪些方面自己已经掌握了，还有哪些问题自己仍然未知。

谨记：那些大家都趋之若鹜的资源并不总是可靠的，虽然也许人人都会以之作为课业的起点。比如说，维基百科网上的信息是任何人都可以上传、修改或者是变更的。所以，任何人都可以修改的信息，大家使用起来特别要注意准确性。

解决建议7：记录下一些自己的观点。

解决建议8：访问图书馆的网站，点击“资源门户”开始查找有关拟调研课题的文献和书籍资料。

如何找到准备口头报告或撰写论文的视频材料？

大家都知道视觉材料的影响力（你还不得不承认这一点，想必大家在开始阅读的时候，最先关注的不是文字而是书中的配图）。找到适用的视觉材料可以使你的课堂汇报课业在评分档次上区别开来。

解决建议1：如果有时间的话，可以不妨用多一点时间在谷歌引擎上搜索需要的图片，但是要注意使用图片的版权问题。要注意不要使用像素低、画质差的插图画。

解决建议2：通过登录图书馆网站链接美联社的图片资料库。具体方法是点击“资源门户”或者是在搜索栏中输入“美联社”字样。

美联社图片库是美联社的一个网上电子图片资料中心，其中存储了美联社最新的图片资料以及从超过5 000万幅打印和单反胶卷图片中选取的精华。该图片库包含了大约70万张图片，并且以日均数百张的更新速度从全球各地收集最新的图片。

解决建议3：登录美联社图片库，该图片库包括美联社刊发的最新图片以及美国报刊头版头条刊登的最新、最具新闻价值的图片。大家可以在做口头报告的时候选用。

解决建议4：在图片库中输入你要查找的图片内容类型，仔细思考一下你想要查找的对象图片。

解决建议5：要有耐心。因为图片的下载可能需要一定的时间，但是就图像本身而言稍微的等待是值得的。

解决建议6：把选取的图片下载到个人电脑中并备份到闪存盘或者是回邮给自己。

学习并快乐着

一个众所周知的事实是：没有什么堪比周一要交论文更能够破坏周末的休闲气氛。另一个事实是：时间不停流逝，周五转瞬就是新的周一。

解决建议1：把课业分成两个部分来考虑，即研究和撰写。

你可以整个周末都无所事事，等到周日才开始紧张，通宵工作以赶在周一前完成功课。

解决建议2：尽早开始研究工作，就是说一经充分了解课业的要求后就开始调研，更进一步说，从现在开始。

解决建议3：对，抛开此书，马上开始。

解决建议4：查找相关文献，回邮给自己或者打印出来，要确认自己懂得如何正确引用文献。

解决建议5：把功课扔到一边，与朋友一起厮混。

解决建议6：每隔几天读一遍自己选取的参考文献。好好想想自己究竟要表达什么意思。当你看到同学们才刚刚开始做研究的时候，表扬一下自己，因为自己已经领先于他人。

解决建议7：仔细阅读之前找到的参考文献，然后开始列出自己文章的提纲。

解决建议8：一旦当你意识到与其花费太多的时间去查找文章不如认真考虑自己的观点的时候，你的课业可以说完成一半了。下面，祝你好运！

第三章　图书馆的常客

在自修中心找不到空闲的集体学习平台?

集体学习平台是一个很妙的创意，也是威尔士图书馆一个最受欢迎的特点。但是，就学术研究本身而言，很多时候要使用集体学习中心的同学数量远远大于图书馆可提供的空闲位置数。

解决建议 1：在信息中心附近多转几圈，仔细搜索一下每个集体学习平台。如果看到只有一个人在使用一整个平台的时候，那么恭喜你，今天你走运!

解决建议 2：请信息中心的工作人员帮忙把那个放单的家伙赶走（这种得罪人的事情自己千万别做，因为把一个正在投入学习的同学赶走这样的事情最好留给工作人员去干）。

解决建议 3：尝试看一下图书馆西塔的五楼，那层楼配置了一些额外的学习平台。

解决建议 4：如果哪里都找不到可用的学习平台，记得充分利用等候的时间。与团队的其他成员商量一下，是否可以先使用个人学习平台的电脑，有没有一些工作是可以分别在网上做完后再集体汇报的?

解决建议 5：租借一部笔记本电脑，然后找一个空闲的位置。笔记本电脑可以在发行部借到，发行部位于信息中心的入口处。

被困电梯?

威尔士图书馆配备了 7 部公用电梯，不客气地说，这些电梯都很慢，还会时常出点小毛病。有些调皮的人经常恶作剧般地触碰电梯内的紧急救援按钮（在电梯门的左侧），当然，当电梯超载时也会发出警报声音。

为了避免长时间的等候，请你使用楼梯。从图书馆东塔一楼大厅到 10 楼共有 166 级台阶。

威尔士图书馆东塔收藏了大部分的书籍，共有 11 层。电梯只去到第 10 层。如果需要到 11 层借书，乘电梯到 10 楼然后再走楼梯。

解决建议 1：如果电梯停住或者电梯门打不开，最好立即按下电梯门楼层按键处右手边的紧急救援按钮寻求外部协助。

解决建议 2：按下标注有“紧急情况”的按钮然后对着通话器述说，保持冷静和头脑清晰。印大监控中心会应答你的紧急求助呼叫，因为该中心一周 7 天每天 24 小时不间断监控校园内的建筑设施的运转情况，如供暖、通风以及电梯故障等。电梯内的紧急呼救装置每天都会进行安全检查，以确保正常运作。

请注意：威尔士图书馆的墙壁是不隔音的，如果在图书馆里打电话聊天，这不是个好的主意。因为其他在附近自修的同学可能不经意间听到你聊天的每个字。

一旦无法在书籍到期之日前准时归还，你可以在网上申请延期。登录印大信息中心的网址，并点击“我的账户”链接。

需要还书却发现找不到停车位？

我们很清楚这是你在印大学习最担心的事情之一。不过不必紧张，看看以下的解决方法。

解决建议 1：到位于威尔士图书馆南塔的 3 台自动还书机处还书。

解决建议 2：图书馆附设的还书收集箱位于人行道的尽头，即马歇尔中心的北面，第七大街的汽车掉头处。要注意，到了夏天，还书箱可能会被植物遮掩。

解决建议 3：把书还到各个分馆，不管你在哪个馆借的书。各分馆的入口处一般设有外借和还书处。

印大的学生之前积极呼吁配置更多的临时还书箱，但是这种意见自 2002 年以来逐年下降。这应该归功于印大学生会主席积极兑现其在竞选时的承诺，即在校园各处增加更多的临时还书设施。所以希望大家不要辜负了学生会主席的努力，要好好利用这些新增的还书设施。

寻找一个自习圣地？

考虑到大家繁忙的课时和穿插其中的兼职、社会活动，要完成作业确实不易。如果没有一个良好的学习环境就更是难上加难了。

解决建议 1：主动避开日常生活中让你走神分心的东西。在校园的角落里找到适合学习的地方，威尔士图书馆或许能满足你的要求。

解决建议 2：当你需要一个安静的环境，可以去东塔的阅览室，去那里的学生都是认真学习的，或者试一下去东塔的图书上架区，那里的环境未必很漂亮但静谧可人。如果要进行小组形式的学习，西塔的 4 楼和 5 楼有大量的自修桌可供使用。

解决建议 3：试一下其他分馆。那里既安静又向全体学生开放且无分专业类别。你可以选择离宿舍或者离上课地点较近的一个分馆。

解决建议 4：如果心仪的地方已经被人捷足先登了，马上调整计划。先暂时到附近继续学习，等位子空出来了再过去。

解决建议 5：即使只是离开很短的时间，例如上洗手间或者买零食，也不要把私人物品留在位子上。手提电脑可是窃贼们的头号下手目标。

印第安纳大学的信息中心全天开放，一周工作 7 天。全年只关闭 5 天时间：感恩节、圣诞前夜及圣诞节、新年前夜以及新年当天。

学习到夜深时需要独自步行回家？

正因为你把作业都留到晚上，所以有时离开图书馆的时候已经是凌晨两点。做事拖拉已经够麻烦的，其他方面就不要再出什么事儿了。

解决建议 1：如无必要千万别在深夜独自步行回家。

解决建议 2：致电 812－855－SAFE 并搭乘印大接送车。该服务在周一至周五持续到凌晨两点，周六日到零点止。上车时须出示有效学生证。

解决建议 3：免费索取校巴上的运行时刻表并随身携带。说不定在你需要回宿舍的时候还能赶得上车。

解决建议 4：如果错过了末班车，就挑灯火明亮的大路走；同时留意遍布校园的闪烁着蓝灯的紧急求救电话。校园安全图可到女生事务科索取。

大家不应该成为暴力活动的受害者，提高自我防卫技能总是必要的。印大提供了全美大学中最多、最全的功夫培训项目。

第四章　噢！糟糕——危机管理的技巧

第一次考试就考砸了！

每一个学期都必须得分析教授们对你到底有什么要求，而你又应该怎样去向他们证明你已经朝着这个方向努力过了。从第一次考试的结果就能看得出你的判断到底有多准确。

解决建议1：仔细对比以往的考卷。看能不能梳理出导师心中的考察重点。把考试题目跟你平时的课堂笔记和读书笔记相互对照。

解决建议2：自我检讨复习方向是否有误，是否学习得还不够努力。

解决建议3：如果你觉得你对考试是认真准备过的，就跟你的导师约请辅导。不要为考得不好找借口，也不要求导师网开一面或者给你安排补考，而是应该就如何提高成绩征求他的意见。

解决建议4：投入更多的时间精力去学习，好好地准备下一次的考试。

帮助提高学习效率和写作水平的建议：到学生学术中心或登录该中心的网址 sac. indiana. edu 或者是写作辅导服务处 www. indiana. edu/ ~wts/寻求帮助。

准确定位自己的“学习风格”，可参考本书的网络链接，养成自身良好的学习习惯，使得学习得心应手。

明天就要交论文了，一个字还没写？

你是一个压力越大则表现越好的人吗？希望如此。

解决建议1：冷静面对现实不用慌张。调整好情绪有助于克服困难。

解决建议2：浏览课业要求，并温习课堂笔记（你上课有做笔记吧？别告诉我你压根儿没去上课）。

解决建议3：找出那些能概括课题的或有助于你展开论述的关键词。

解决建议4：在“高级学术搜索”的网上数据库里用上述的关键词进行搜寻。该数据库存有逾千篇文章，资料来源从《人物》杂志到《美国医学会杂志》应有尽有。

解决建议5：把对口的资料连接起来就可以破冰、开始写作了。

解决建议6：根据你的读书心得去拓展你的论点。

上网建议：使用图书馆主页的搜索引擎。该引擎可以一次性搜索针对性资源。与此同时，也不要忘记图书馆主页面上“询问馆员”一栏，该功能可以帮助你随时得到专业人员的技术协助。你可以在宿舍发一封电邮给馆员求教，这样一来就可以节省许多时间和精力。

熬通宵又保持第二天精力充沛？

在有床有电视的房间里通宵赶作业，效果未必理想。试一下威尔士图书馆全天开放的自修室吧！

解决建议1：在晚上10点左右找准你的位置。端坐桌边而非慵懒地陷在软凳或者沙发里。

解决建议2：做好计划，准备好一切学习用品。你也不想因为缺了什么而跑回宿舍拿或者被迫退而求其次而导致延误。

解决建议3：带上硬币零钱和纸币。威尔士图书馆大堂的自助贩卖机提供咸甜零食和苏打水。嚼口香糖亦有助于保持清醒。

解决建议4：设定手机，每小时响铃一次（不用担心。自修室是威尔士图书馆内唯一允许使用手机的工作场所。不过如果在阅览室响手机的话，你会后悔的），提醒自己起来散散步。

解决建议5：不断提醒自己只是今晚要通宵赶作业，而且这一个晚上很快就会过去。做完作业就可以尽情休息，直到导师布置下一个作业。

有实验研究过人类保持无睡眠的极限，最高纪录是8～10天。创造这个纪录的人是一个年仅17岁的高中生，他为了参加一个科技展览活动而保持11天不眠不休。研究报告指出，保持长时间不睡的结果就是身体的各项指标，如注意力、自我激励水平、认知能力以及其他的一些高级思维活动都显示出持续不断和显著的下降。但是，所有的指标在被试个体得到了1～2晚的充足睡眠后又自动恢复到正常水平。有趣的是，这个实验并没有指出，大多数大学生熬夜的真正目的是为了学习还是为了参加派对。

谷歌上搜到一篇参考文献，可要支付费用?

其实这些资料都由印大（布鲁明顿校区）图书馆统一购买，所以你一分钱都不用花。每年我们都花费巨资购买各类书籍、学术期刊和网上期刊订阅服务。你的钱还有其他更重要的用处，尤其是在周末的时候。

“图书馆资源”链接可以帮助你找到适用于具体专业课程的参考资源。该链接中的内容都是由了解该专业领域的馆员根据课程的内容和要求精挑细选。这些资源放在网上，供你在任何时间、地点使用，有时候并不必到图书馆。

解决建议 1：从来不用花钱购买文献。

解决建议 2：在谷歌上找到文献之后，把相关信息打印出来（如文章标题、出版日期、所在页码）。

解决建议 3：请图书馆管理员帮你调出那篇文章，我们可能已经有存档；如果手头没有而时间又允许的话，我们可以帮你搜集回来。或者我们可以在一个专门收集学术文献和相关引文的网上数据库找到一篇类似的给你。

解决建议 4：从本校最先进的网上数据库之一“高级学术搜索”开始搜寻资料而非从谷歌开始。

解决建议 5：“高级学术搜索”及其他网上数据库可以在图书馆网站上的“资源门户”一栏找得到，里面所有的资料都是免费的。因为印大已经为大家购买了网上期刊订阅服务。

解决建议 6：请跟我重复一遍：“我不会花钱去购买文献的!”

应对第一次的口头报告

如今课堂上进行口头汇报很流行，并俨然成为一种新兴的考试形式。为了帮你应对走上社会后的工作，大部分学科的教授们都越来越重视提高学生的公共演讲能力，所以最好是你自己能适应这种考查方式。

图书馆西塔 4 楼有一个口头汇报/演讲练习室供大家练习、录制以及回看自己的演讲。该室按照先到先得的原则登记使用，单次使用时间不超过 2 小时。如需使用，请咨询信息中心的发行部。

解决建议 1：组织一下你的思路。

解决建议 2：用完整的句子拟发言提纲但要保持意简言赅。

解决建议 3：刻苦练习。

解决建议 4：拍下练习时候的视频录像并回放。尽量客观地看待自己的表现，最好有朋友能给予批评意见。

解决建议 5：重新演练。

解决建议 6：做口头汇报前先深呼吸，甩甩手臂以减压，别忘了保持微笑。

解决建议 7：如果某些环节未能按计划执行，不用着急。如果你能够及时放松，自嘲一下，然后继续演讲，余下部分自会水到渠成顺利完成。

根据一本名为《世界之最》的书中记载的调查研究显示，美国人最恐惧的社会活动之首就是进行公开演讲。

如何避免上课迟到？

在印大（布鲁明顿校区）偌大的校园里认路不是件容易的事，即使你已经在那儿待过一段时间。当你还是新生的时候，可不想在众目睽睽之下公然迟到。

解决建议 1：给上学路上预留充足的时间。影响路途时间的因素包括天气、交通、迷路和偶遇朋友等变数。唯一不变的是 A 点到 B 点的距离。开学伊始，最难的是找到 B 点（参考第五章“如何对校园地形了熟于胸而不做一个路痴”）。

解决建议 2：如果你从威尔士图书馆出来，不要轻信大楼里的任何一个时钟，可能每一个时钟都走着不同时间，你根本吃不准哪一个才是准点的。

解决建议 3：你倒是可以信赖校园里那些红色的立式时钟，因为它们都是根据全球定位技术统一调谐过的（题外话：这些时钟不但会鸣钟报时，还能任意挑选可程控的一百首歌曲进行播放）。

解决建议 4：如果真的迟到了，就小心翼翼地尽量不要影响课堂，在进课室前脱下大衣，准备好笔记本，迅速找个位置坐下。

根据交通时间表估算一下游览整个校园所需的时间。前提是在分馆之间的平均步行速度，即保持在每小时 5 英里（迎风条件下）。

第五章　大学中的“大事”

如何接待周末访友?

作为一名大学生，你或许想让来自家乡的访友相信你是来高等学府求知的。幸好我们有一些资源能够帮助你证明你自己。

解决建议 1：造访莉莉图书馆。该馆位于第七大街箫华特喷泉的对面。部分有趣的馆藏包括：

——一项奥斯卡奖（1941 年向约翰·福特颁发的最佳导演奖）；

——乔治·华盛顿接受出任第一任美国总统的信件；

——古登堡圣经；

——奥森·威尔斯（美国著名导演）的手写剧本；

——全球规模最大的机械智力积木馆藏。

解决建议 2：温习外语俚语。威尔士图书馆存有大量不同类型的热门电影和视频，其中包括国外电影。另外在宿舍图书馆里也可以观赏国外电影，记得打开字幕以极视听之娱。

解决建议 3：造访威利故居。该馆位于布鲁明顿市中心第二大街第 307E 号。这栋房子建于 1835 年，主人是印大第一任校长安德鲁·威利。每年 3 月到 11 月，每周周二到周六，你可以在 10：00—14：00 这段时间里享受免费入场及导游服务，饱览该房子及其花园的秀美景色。

解决建议 4：最起码可以吹嘘一下印大（布鲁明顿校区）图书馆的超强实力并自豪地告诉来宾：

——布鲁明顿校区有 18 间图书馆；

——印大（布鲁明顿校区）图书馆于 2010 年荣获美国院校及研究型图书馆协会颁发的优秀学术型图书馆大奖（普通高校类别）；

——名列北美前 25 家顶级学术型图书馆；

——所收藏的民俗文物是全世界同类收藏中最大规模的。

省钱秘籍

很可能你现在是没有收入的，而你目前的花销也始终得连本带利偿还。背靠着图书馆的资源，你可以把钱花在更重要的地方，例如买多一个闪存盘以备不时之需。

在威尔士图书馆地下层或者西塔入口处，大家可以领取免费《纽约时报》，该报纸是由印大学生会友情赞助的。

解决建议 1：能借就不要买。你可以从印大图书馆借出以下物品：

——书籍（信息共享空间里的平装书能让你读书上瘾欲罢不能）；

——电影（录像带或光盘）；

——数码相机；

——录像机；

——手提电脑。

解决建议 2：每一次安装新的电脑软件都要买使用说明书？根本没这个必要。使用 24 ×7 IT Pro 版本的网上数据书吧。该系统以全文电子版本的格式存储了超过 2 000 本最新的信息技术专业书。你可以通过图书馆的网站进入该数据库。

解决建议 3：利用威尔士图书馆的资源低成本制作海报。你可以在信息共享空间里的多媒体工作站以远低于市场价的成本创作看上去很专业的海报或课堂汇报用具。

解决建议 4：充分利用学生可以享受的优惠参加在印大演艺厅或雅各布音乐学院举行的各项文娱活动。这些活动既有教育意义又振奋人心，还是免费的——你说这么充实有益的学生生活去哪里找？

如何选择专业？

考上像印大这样的重点院校好处多多。其中一个就是有机会接触到大量有意思的课程。可是选择哪一个专业却颇费踌躇。如何决定今后要从事的行业呢？

解决建议 1：问自己以下的问题：

——你喜欢做些什么？

——你的目标是什么？

——不同的职业发展方向各有什么前途？

——找工作对你来说重要么？

解决建议 2：试听不同的课程，看哪一门比较吸引你。

解决建议 3：觉得哪些人的工作比较有意思，就跟他们交谈，看他们以前是学什么的。很多时候你会发现他们所学专业跟其现在赖以谋生的工作关系不大。明白这一点之后再去做决定就不会患得患失了。

解决建议 4：浏览威尔士图书馆里的职业发展系列藏书室。地点就在信息共享空间的西南角。坐在舒服的椅子上规划未来，思考一下你还需要做些什么。

如何拯救地球？

在学生团队、印大管理层以及印大员工的共同努力下，印大（布鲁明顿校区）成为全美高校“循环使用”项目做得最好的校园之一。在校园内部，“物理星球”项目收集并循环使用汽车轮胎、电动车电池、废旧金属、氟氯化烃制冷剂、防冻剂、润滑油、各种木制的垫子以及大部分的有机原料。这一需要高度协作的废物循环利用项目目前每月可以循环再生 150 吨的废旧原料。

通过共同努力，我们可以让这个世界变得更美好。

解决建议 1：减少日常消耗。用各种方法去减少你的打印量，如设置双面打印。在咖啡厅只取一张餐巾。如果你平时是驾车上学的话，不时以步行或者坐车来代替。

解决建议 2：重复使用各种资源。你想想，图书馆就是回收再利用的榜样——里面的藏书已经重复使用了多少年呀！在使用图书馆藏书的时候，你就跟其他人一样，享受着共享宝贵资源的便利。

解决建议 3：循环使用。请充分利用遍布图书馆的可循环使用垃圾桶。把打印出来的废纸或查询 IDS 文献收录号的文件弃置在可回收垃圾箱而不是往垃圾桶里一扔了之。

如何对校园地形了熟于胸而不做一个路痴？

谁也不想成为那种在校园里左冲右突，鼻梁都快贴到地图上，似乎跟某个校园旅游团失去联络而茫然失措的人。

解决建议 1：在去布鲁明顿校区这个大迷宫冒险之前，先用校园地图来计划你的路线。使用地图的最关键之处在于你要找出自己身处何方。

解决建议 2：相信自己的直觉。即使所见大楼都是石灰岩外墙，而根本不知道自己会走到哪儿去，此时仍然要装作若无其事。如果你手头有一部 iPod，把耳机戴上更显从容淡定。一般情况下大家都会被你迷惑，为什么？因为他们也是装的。

解决建议 3：校园地图和威尔士图书馆的楼层指南均可在本书的附录里找得到。为了更隐蔽，把这本书藏在另外一本书里面，表面上好像在学习，其实暗地里在琢磨怎样去生命科学大楼。

如何在大课（超过 200 个同学）上交友？

在这个校园里有将近 4 万人在学习，你想认识一个朋友也不是那么容易的。虽然人海茫茫，但你总会找到自己的圈子。

解决建议 1：每天都坐在同一个位置。因为其他人也习惯于这样坐，而这会增加你们相互交流的机会。

解决建议 2：当大家都不再陌生了，就主动开腔聊天。例如，开开教授的玩笑。抱怨糟糕的天气，不经意地介绍一下自己。

解决建议 3：当导师布置阅读任务时，主动帮助新认识的同学学会使用网上借阅系统。这个系统不是很复杂，但足以让新生望而生畏。

分身有术？

你很忙。你有那么多的地方要去，那么多的人要见，恨不得有三头六臂。但如果你的确分身乏术，试一下以下的建议。

解决建议 1：从威尔士图书馆的媒体及外借服务部借一部数码相机。请人帮你拍一张照片。

解决建议 2：把相机带到信息中心靠西边尽头的多媒体中心。

解决建议 3：多媒体中心附近有一个问询台。请教那里的工作人员怎样使用绘图机。

解决建议 4：打印一幅跟你真人尺寸一样大小的图片。

解决建议 5：把图片贴在纸板上或者其他学习用具上并裁剪出真人大小的模样。

解决建议 6：用这个“克隆人”去替你上课，开宿舍会议或奔赴不可靠的约会。当你赢得“沉默寡言”的美名时可千万别觉得意外。

其他注意事项

威尔士图书馆楼层指南

在这栋大楼里，导向标识并非随处可见，电梯密封不透明，该如何认路呢？首先值得一提的是，大楼的双塔只在一楼和二楼大堂的那一层有连接。如果你要继续往上，就得从目的地所在塔楼的那边上去。例如你要去集体学习中心的那一层，就去西塔的资源共享空间旁边坐电梯。有一个残疾人专用通道位于大楼停车场那一边，就在太空咖啡店附近的大楼入口。另外一个在大楼北面。从第十大街沿着一条过道（屋檐下）走过来大堂就会找得到。

威尔士图书馆：事实和传说

事实 1

何曼 B 威尔士，从 1938—1962 年一直担任印大校长，从 1962—2000 年出任荣誉校长，校方亦因此以其名字命名校园里最大的图书馆以资纪念。作为一位备受尊敬的领导，他把印大建设成处于美国国内领先地位的公立大学之一。他名字里面的 B 前后没有用间隔号，是因为这个 B 不是他名字的一个缩写。

传说 1

威尔士图书馆没有下沉。虽然有些人道听途说拼命渲染。传闻中一个无知的建筑师在他 1969 年的图书馆设计中竟然漏算了书本的重量。事实上，图书馆比原先的设计还高了几英尺。“布鲁明顿校区的五英尺之下是一片三亿三千万年老、九十四英尺厚的石灰岩”，本校现任建筑师罗伯特·米度士说道，“当时图书馆开始施工时，石灰岩的顶部比想象中坚固。于是我们放弃爆破方案，改为提升建筑物的底部。”所以，我们要再次声明：威尔士图书馆没有在下沉。

事实 2

在 2006 年 12 月，几名工作人员在威尔士图书馆三楼工作，突然发现大楼外墙的两块石灰岩板有松脱迹象（那一天风雨交加天气恶劣）。自此之后，工作人员就全面更换了两个塔楼的平滑镶边石，并对塔楼连接处进行了清洁、防水和加固等维修处理。

找到自己的学习风格

你穿衣、剪发和布置房间都有与众不同的风格，那为什么不在学习上也摸索出适合自己的风格呢?

在过去的十多年，教育家们逐渐意识到世界上有不同类型的学生和不同的学习方式。在摸索个人学习风格的过程中，你可以改善你的学习习惯、应试技巧和记忆力。

后勤支援系统

校园里有很多能帮助你的人。可能你并不需要他们帮忙，或许你羞于开口。但需要帮忙的时候你还是得主动求助。

印第安纳大学（布鲁明顿校区）各分图书馆交通指南（略）

印第安纳大学（布鲁明顿校区）各分图书馆简介（略）

后　记
教育的自我认识

每一个国家、每一个民族都有自己的传统。传统具有独特性，是遗传密码，也是重要标识，是在纷繁复杂中能够很快检测到自我群属的文化基因。这是学习、借鉴别人时不应该丢失的，这是在国际化、现代化时不应该迷失的。认为白种人比黄种人高贵的论调简直就是胡扯，认为方块字不如拼音文字有智慧的论调同样是胡扯。

中国的教育历史悠久光辉，有自己独特的传统。对此，我们要有足够的自信。“我爱我家”可以爱到“敝帚自珍”的地步，因为那是“成我”“长我”的地方。我们要向他人学习，一方面是因为他们有些地方做得比我们好，另一方面是因为我们想成长得更好。

教育事业可以用发达或不发达来衡量，而教育实践往往只能用是否有效来评判。因此，笼统说一个国家的教育是先进还是落后，其实是很不确切的说法。没有强大实力做后盾的教育能先进到哪里？

识字教学和阅读教学搞了几千年，每一种语言文字背景下的实践既有成功的范例，也有失败的案例。至于高层次的教育，中国的经世致用之学与美国的实用主义教育这两种思想到底谁更先进，这是一个没有标准答案的问题，如果非得要个说得过去的结论，那就是谁最强大谁就最先进。

我们期待国家的强盛，那样，中华文化就可以传播得更广泛、更久远。这是这次美国之行催生的一个强烈的信念。同时，约翰·霍华德·佩恩的《家，甜蜜的家》（Home，Sweet Home）也不断在脑海里闪过，“哦，天下没有比家更好的地方！”[①]

感谢组织的关心，让我有机会体悟别样的教育；感谢“二美班”同

① 约翰·霍华德·佩恩（John Howard Payne，1791—1852），演员和作家。

学的分享，让我体悟得更多更深；感谢同事和家人的支持和帮助，让我能把体悟表达出来；感谢广东高等教育出版社，让我能把体悟分享出去。在此过程中，著名高等教育专家陈昌贵教授和著名高等教育与比较教育专家、长江学者特聘教授卢晓中教授认真评阅并热情推荐本书入库；汤贞敏研究员在文稿修改方面提出了很好的建议；同事刘焱鸿、李杼机、姚晓南、陈颖虹及凌玲诸君在文献搜集及文稿编审等方面给了很多的帮助，尤为致谢。此外，本书参阅和引用了许多文献和资料，有些还是大段大段引用的，衷心感谢各位作者，虽然我力争标注清楚，但难免有错漏，敬祈指正。从动念到成书，所有这一切都很不容易，当然，要在实践中有所借鉴就更不容易。这不纯然是自我安慰的话。

这篇作业做得怎么样，请大家批改。